中国北车年鉴

2008

中国北车年鉴编纂委员会

中国铁道出版社

北京

《中国北车年鉴》

（2008）

编纂委员会

苗黄胜　中国北车沈阳机车车辆有限责任公司董事长
孙永才　中国北车大连机车车辆有限公司党委书记
孙　凯　中国北车唐山轨道交通装备有限责任公司董事长、总经理
余卫平　中国北车唐山轨道客车有限责任公司董事长、总经理
宗保全　中国北车天津机辆轨道交通装备有限责任公司董事长、总经理
王东明　中国北车北京二七轨道交通装备有限责任公司董事长、总经理
宋治贵　中国北车北京南口轨道交通机械有限责任公司董事长、总经理
杨永林　中国北车大同电力机车有限责任公司董事长、总经理
张毅力　中国北车太原轨道交通装备有限责任公司董事长、总经理
徐印平　中国北车永济新时速电机电器有限责任公司董事长、总经理
贾世瑞　中国北车济南轨道交通装备有限责任公司董事长、总经理
陈　忻　中国北车西安轨道交通装备有限责任公司董事长、总经理
生春林　中国北车兰州金牛轨道交通装备有限责任公司党委书记
张　岩　中国北车大连机车研究所有限公司董事长、总经理
任玉君　中国北车青岛四方车辆研究所有限公司董事长、总经理

《中国北车年鉴》
（2008）
编辑出版工作人员

主　编　赵光兴

副主编　何凤华

编　辑　（按姓氏笔画为序）

王元珠　中国北车大连机车研究所有限公司信息中心主任

尹宝雨　中国北车大连机车车辆有限公司信息管理部副部长

乔英忍　中国北车大连机车研究所有限公司编审

刘玉芬　中国北车长春轨道客车股份有限公司企业文化部编辑

刘兴国　中国北车沈阳机车车辆有限责任公司总经理办公室秘书

安亚翔　中国北车南口轨道交通机械有限责任公司总经理助理兼办公室主任

孙　敬　中国北车西安轨道交通装备有限公司企业文化部经济师

吴宏道　中国北车唐山轨道客车有限责任公司企业文化部摄影记者

陈宗河　中国北车南口轨道交通机械有限责任公司办公室副主任

陈建强　中国北车股份有限公司办公室秘书处副处长

罗宗伟　中国北车齐齐哈尔轨道交通装备有限责任公司企业文化部副部长

赵　虎　中国北车股份有限公司董事会办公室主任

韩长城　中国北车济南轨道交通装备有限责任公司办公室秘书

程永陆　中国北车大连机车研究所有限公司副译审

2007年2月4日，中共中央政治局常委、全国人大常委会委员长吴邦国在中共辽宁省委书记李克强等陪同下，视察中国北车大连机车车辆有限公司研制的城轨车辆。

（摄影 胡天增）

2007年2月4日，中共中央政治局常委、国务院总理温家宝在国务委员陈至立陪同下，到中国北车长春轨道客车股份有限公司视察。（摄影 杨旸）

2007年6月28日，中共中央政治局常委、全国政协主席贾庆林到中国北车唐山轨道客车有限责任公司视察。（摄影 周力平）

2007年9月20日，中共中央政治局委员、国务院振兴东北老工业基地领导小组副组长张立昌到中国北车长春轨道客车股份有限公司视察。（摄影 杨旸）

2007年12月28日，中共中央政治局委员张德江到中国北车齐齐哈尔轨道交通装备有限责任公司视察。（摄影 由田）

2007年6月8日，中共中央政治局委员、国务院副总理曾培炎在中共辽宁省委书记李克强等陪同下，在沈阳装备制造业精品展览会上参观中国北车沈阳机车车辆有限责任公司展区。（摄影 杨东）

2007年9月15日，全国人大常委会副委员长、中国科学院院长路甬祥到中国北车唐山轨道客车有限责任公司视察CRH3型动车组项目。（摄影 吴宏道）

2007年6月6日，全国人大常委会副委员长、全国妇联主席顾秀莲到中国北车唐山轨道客车有限责任公司视察。（摄影 吴宏道）

2007年8月23日，铁道部部长刘志军到中国北车长春轨道客车股份有限公司，考察时速200公里CRH5型动车组项目进展情况。（摄影 杨旸）

国务院国资委派驻中国北车集团国有企业监事会主席季晓南到中国北车齐齐哈尔轨道交通装备有限责任公司检查工作。 （摄影 由田）

中国北方机车车辆工业集团公司总经理崔殿国到中国北车青岛四方车辆研究所有限公司检查指导工作。 （四方所公司提供）

中国北方机车车辆工业集团公司党委书记王立刚到中国北车大同电力机车有限责任公司检查指导工作。（摄影 李长海）

中国北方机车车辆工业集团公司副总经理奚国华到中国北车大同电力机车有限责任公司检查指导工作。（摄影 李长海）

中国北方机车车辆工业集团公司党委副书记、纪委书记林万里到中国北车北京南口轨道交通机械有限责任公司检查指导工作。（南口轨道机械公司提供）

中国北方机车车辆工业集团公司副总经理赵光兴到中国北车唐山轨道客车有限责任公司检查指导工作。（摄影　吴宏道）

中国北方机车车辆工业集团公司副总经理孙锴到中国北车济南轨道交通装备有限责任公司检查指导工作。　　（济南轨道装备公司提供）

中国北方机车车辆工业集团公司总会计师高志到中国北车天津机辆轨道交通装备有限责任公司检查指导工作。　　（天津轨道装备公司提供）

2007年1月18日至19日，中国北车集团公司2007年工作会议暨一届五次党委(扩大)会议在北京召开。（摄影 于文德）

2007年1月19日至20日，中国北车集团公司整体改制上市工作部署会在北京召开。（摄影 于文德）

2007年4月10日至11日，中国北车集团公司2007年经营管理工作会议在济南召开。

（摄影 于文德）

2007年2月2日至3日，中国北车集团公司2007年质量安全生产工作会议在北京召开。

（摄影 于文德）

2007年3月26日，中国北车集团公司2007年技术工作会议在齐齐哈尔召开。

（摄影 于文德）

2007年2月11日，大连机辆公司与庞巴迪公司签订大功率货运电力机车项目合同，与铁道部签订500台机车采购协议。

（摄影　胡天增）

2007年3月12日，同车公司与阿尔斯通公司签订大功率货运电力机车项目合同，与北京铁路局签订500台机车采购合同。

（摄影　李长海）

2007年10月24日，齐齐哈尔轨道装备公司向澳大利亚力拓集团公司出口240辆轴重35.7吨矿石车合同在墨尔本签订。

（齐齐哈尔轨道装备公司提供）

2007年6月20日，长客股份公司与泰国曼谷轨道交通公司在北京签订48辆地铁采购合同。

（长客股份公司提供）

“北车造”助推第六次铁路大提速

2007年4月18日，中国铁路正式实施第六次大提速。本次大提速实现了部分既有线货运列车最高时速120公里，客运列车部分区段最高时速250公里的目标。我国铁路既有线提速跻身世界铁路先进行列。中国北车集团公司作为我国轨道交通运输装备制造主导企业，充分发挥集团整体优势，以最优质的产品、最先进的技术、最主动的服务，确保大提速顺利实施。

时速200公里CRH5型动车组作为客运主力车型，担当京哈线客运提速重任，列车全程运营时间由原来最快的10小时35分缩短为7小时50分；构造时速为200公里的25T型客车担当福州至北京的直达特快旅客列车运用，全程运行时间与提速前比较，压缩14小时32分，成为本次大提速中压缩运行时间最多的提速旅客列车。

年鉴

铁路第六次大面
福州至北京直达特
福州 北京西

CRH

“北车造”助推第六次铁路大提速

和谐D3型电力机车作为货运牵引主型机车担当京沪线大提速牵引任务，52台机车于“4.18”前全部上线，由该型机车牵引的货物列车日开行22对，2007年内共有163台该型机车投入干线运用。目前在监控模式限速下运行，时速提高到83公里，牵引定数提高到5500吨以上。随着快捷重载新型货车的推出，该型机车的时速能达到100公里至120公里，牵引定数接近6000吨；2007年时速120公里的和谐D2型重载快捷货运主型电力机车业已进入批量生产阶段。中国北车集团公司加强货车产品开发，初步形成70吨级货车产品系列，为实现5000至5500吨列车编组、时速120公里货运目标提供精良装备。

北车城轨客车落户祖国各地

中国北车集团公司长期以来研制生产100多个品种5000余辆城市轨道客车，占国产城轨客车生产总量的80%，并有大量产品出口。城轨列车采用轻量化车体、交流传动，自动无人驾驶等先进技术，确立了中国北车在该技术领域的领跑优势。2007年，根据用户要求，开发设计深圳A型地铁车、沈阳1号线地铁车，北京地铁13号线加车、100%低地板轻轨车、天津滨海加车和长春轻轨车等6个新车型，联合设计并生产北京机场线直线电机自动无人驾驶客车。

北京首都机场快轨线列车

北京首都机场快轨线客车座位布置

北京地铁5号线列车

首都机场线直线电机自动无人驾驶城轨客车
（摄影 杨旸）

北京地铁13号列车

北京地铁13号线客车内景

（本版照片除署名外为李长海摄影）

北京地铁10号线列车

北京地铁10号线客车内景

大连城市快轨列车　　（大连机辆公司供稿）

武汉轻轨列车　　（摄影　杨旸）

广州地铁列车

上海地铁列车

深圳地铁列车

重庆单轨车　　　(摄影　杨旸)

北车城轨客车落户祖国各地

(本版照片除署名外为李长海摄影)

出口刚果（布）的CK_{6E}型内燃机车

出口哈萨克斯坦的客车

DA_{25}型250吨凹底平车

DQ_{35}型载重350吨新型钳夹车

出口越南的CK_{1E}型内燃机车

时速350公里CRH3型高速列车是国家“十一五”规划重点项目。中国北车集团公司把引进先进技术、搭建我国铁路时速350公里高速列车技术平台作为一项光荣使命，高度重视，平稳推进。到2007年底已具备月产1.5列高速列车铝合金车体能力，建立了世界一流高速列车生产线以及相应的工艺技术文件体系，确保2008年北京奥运会召开之前完整交出5列质量优良的时速350公里高速列车，投入京津城际客运专线运用。

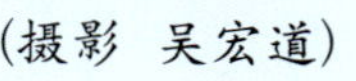

(摄影 吴宏道)

全力推进CRH3型高速列车项目进程

北车人真情奉献　建项目扶贫帮困

全民健身争创三个一流　科学发展打造三力北车

编 辑 说 明

一、《中国北车年鉴》（2008）是中国北车年鉴编纂委员会编辑出版的第七部年鉴，主要记述中国北车总部及所属企业2007年1月1日至12月31日生产经营等各项工作活动情况，是本年度内中国北车行政和党群各项工作活动情况的史册，是具有权威性和实用性的资料工具书。

二、本年鉴设特载、专文、大事记、概况、生产管理与市场营销、技术管理与质量管理、产品技术开发、技术引进对外合作、信息化建设、经营管理、人事劳资管理、党群工作、扶贫开发工作、下属企业、合资合作企业、学会·协会、人物·荣誉、统计资料和附录19个栏目。栏目下设类目、条目。条目为本年鉴的基本单元和记述信息数据资料的主要形式，是全书的主体。为强化本年鉴检索手段，除目录外，书后设立索引。

三、本年鉴关于中国北车总部和所属企业领导干部名单及职务变动的时间，仅登载集团公司任命的工厂、公司和总部行政、党群领导干部，其他由工厂、公司、研究所任命的领导干部不登载。

四、本年鉴主要由中国北车总部各部门及所属企业撰稿，经部门和单位领导审核。各企业的特约编委成员，以各企业上报名单为准。“人物·荣誉”栏目内的先进人物和先进集体，均以2007年度获得的荣誉称号为准；逝世人物以各下属企业提供的资料为准。鉴于全国和省级的党代会代表、人大代表和政协委员每届任期多年，原则上每届任期内只收录一次。

五、为了叙述简便，“中国北方机车车辆工业集团公司”简称“中国北车集团公司”或“集团公司”；股份公司所属企业名称前统一加“中国北车”，存续企业名称前仍保留“中国北车集团”字样；所属企业的名称除类目标题使用全称以外，一般使用本行业内部简称。

六、按照年鉴每一条目都应注明作者姓名的规范化要求，本年鉴除按条目注明作者之外，为简便起见，凡多个条目构成的一个类目由一人或多人共同撰稿的，仅在此类目末尾注明“××供稿”。

七、本年鉴编辑过程中，得到中国北车集团公司系统各级领导、各部门的大力支持和帮助；各特约编辑人员在文稿的修改编辑方面做了大量细致的工作；在出版过程中，得到中国铁道出版社和中国北车大连机车研究所公司的大力支持，谨致谢意。

八、由于编辑水平所限，本年鉴难免存在疏漏笔误之处，诚请读者指正。

编 辑 说 明

目　　录

特　　载

专　　文

大 事 记

概 况

生产管理与市场营销

技术管理与质量管理

产品技术开发

技术引进对外合作

信息化建设

经 营 管 理

人事劳资管理

党　群　工　作

扶贫开发工作

下　属　企　业

合资合作企业

学会·协会

人物·荣誉

统 计 资 料

附 录

索 引

特载

责任编辑　尹宝雨

深入贯彻落实科学发展观　努力开创中央企业又好又快发展新局面

——国务院国有资产监督管理委员会主任李荣融在中央企业负责人会议上的讲话(摘录)(2007年12月18日)

加快推进我国铁路现代化建设　为经济社会又好又快发展提供可靠运力保障

——铁道部部长刘志军在全国铁路科技大会上的讲话(摘录)(2007年9月9日)

深入贯彻落实科学发展观
努力开创中央企业又好又快发展新局面

——国务院国有资产监督管理委员会主任李荣融在中央企业负责人会议上的讲话（摘录）
（2007年12月18日）

同志们：

这次会议的主要任务是，贯彻落实党的十七大和中央经济工作会议精神，深入贯彻落实科学发展观，总结2007年工作，分析经济形势，部署2008年工作。国务院领导同志对这次会议十分重视，曾培炎副总理会前听取了汇报，下午还将亲临会议作重要讲话，我们要认真学习领会精神，很好地贯彻落实。

一、2007年中央企业改革发展情况

今年是第二个业绩考核任期的起步之年。中央企业以邓小平理论和“三个代表”重要思想为指导，深入贯彻落实科学发展观，深化改革，加快发展，强化管理，生产经营继续保持了良好发展态势。

——销售收入快速增长。1～11月，中央企业累计实现销售收入87162.2亿元，同比增长20.5%；实现销售收入同比增长的企业有143家，占93.5%，其中增幅高于上年同期的有79家；实现销售收入过千亿元的企业有21家，比上年同期增加7家。预计全年实现销售收入9.6万亿元，同比增长20%。

——经济效益大幅提高。1～11月，中央企业累计实现利润9186.6亿元，同比增长31.7%，其中净利润5522.1亿元，同比增长33%。净资产收益率11.7%，同比上升1.3个百分点，同比提高的企业有117家；总资产报酬率7.7%，同比上升0.8个百分点，同比上升的企业有128家。预计全年实现利润达到9800亿元，同比增长30%。

——效益增长基础日趋稳固。1～11月，中央企业实现利润同比增长的企业有139家，占90.8%；实现利润超过100亿元的企业有18家，比上年同期增加4家。盈利大户的分布，由石油石化、电力、电信扩大到船舶、汽车、航运、冶金等行业。交通运输、冶金、汽车、设备制造、商贸5个行业企业的增利额共计681.1亿元，占中央企业总增利额的30.8%。

——运行质量持续改进。1～11月，中央企业资产总额14.6万亿元，同比增长21%；资产总额超过1000亿元的企业有40家，比上年同期增加8家。净资产6.5万亿元，同比增长23%。平均资产负债率55.8%，同比下降0.7个百分点，同比下降的企业88家，比上年同期增加10家。总资产周转率0.65次，同比提高0.02次，同比提高的企业95家；流动资产周转率1.7次，同比提高0.02次，同比提高的企业91家；应收账款周转率12.07次，同比提高0.07次，同比提高的企业88家；成本费用利润率11.5%，同比提高1. 1个百分点，同比提高的企业121家；百元销售收入负担的成本费用89.5元，同比下降0.5元，同比下降的企业103家；成本费用增幅低于同期销售收入增幅0.7个百分点。

许多中央企业在快速发展的同时，整体

素质和实力进一步提高，竞争力明显增强，不但居于国内同行业的领先地位，在国际上也有较大影响。建筑行业，中交集团、中冶集团、中国建筑、中国中铁、中国铁建都是国内龙头企业，1～11月销售收入都在1000亿元以上，实现利润增幅都超过60%。中交集团在2007年全球最大225家承包商中排名第14位，居中资企业第一。煤炭行业两家企业的规模和实力都是世界一流水平，神华集团2007年煤炭产量将超过2亿吨，销量超过2.6亿吨，均居世界第一；百万吨死亡率低于美国等发达国家的水平。航运业，中远集团船队规模居世界第二，经济效益在全球同行业中名列前茅。造船业，中船集团、中船重工2007年新接订单、手持订单均居世界前列。设备制造业，东方电气集团发电设备产量连续三年排名世界第一，2007年将超过3000万千瓦。商贸业，中化集团、中粮集团、中国五矿均进入世界500强，这几年的成功转型进一步提升了企业的核心竞争力。中粮集团在食用油、葡萄酒、巧克力等几类产品中形成了知名品牌。

中央企业在快速发展的同时，积极履行社会责任，对经济社会发展的贡献进一步显现。在落实国家宏观调控政策、增加财政收入、保证市场供应、维护国家经济安全、促进国防现代化和航天事业发展等方面，中央企业发挥了重要作用。1～11月，中央企业上缴税金7654.3亿元，同比增长24%，比去年同期增加1481.8亿元。石油石化企业在国际原油价格高涨，国内外成品油价格严重倒挂的情况下，采取综合措施，确保成品油市场供应。商贸企业落实国家政策，积极组织粮、油、肉等食品供应，为稳定市场作出了贡献。建筑企业严格管理，确保工期，高质量完成奥运场馆和国家重点工程建设。军工企业按时保质保量完成军品科研和生产任务，航天科技等企业为我国首次月球探测工程的成功实施作出重要贡献。14家中央企业积极开展“优质服务年”活动，全面履行服务承诺，不断提升服务水平。两大电网企业供电的可靠性明显提高，平均供电可靠率，城市达到99.8%，农村达到99.5%。电信企业投诉率下降，消费者反映的热点问题有所减少。民航企业在异常天气增多的情况下，投诉率有所下降。旅游企业投诉率大幅下降，服务满意率达到近年新高。11家中央企业相继发布社会责任报告或可持续发展报告，自觉接受社会监督，获得普遍好评。

一年来，中央企业突出主业、突出创新、突出管理，加快改革发展步伐，各项工作都取得了积极进展。

（一）改革力度加大，经营机制进一步转换。

股份制改革步伐加快。今年以来，中央企业抓住资本市场快速发展的有利时机，加快整体上市和回归A股市场步伐。9家企业实现了境内外首次公开发行股票并上市，中国中铁实现了主业资产整体上市。中国远洋、中国神华、中国石油、中国铝业、中海油服、中海集装箱等6家企业H股回归A股。鞍钢股份、中国船舶等12家企业境内增发、配股。

董事会试点取得积极进展。19家试点企业各项工作有序推进，17家企业的外部董事达到或超过董事会成员的半数，3家企业进行了外部董事担任董事长的探索，绝大部分董事履职良好。实行了董事会年度工作报告制度，初步建立了外部董事人才库。一批中央企业借鉴董事会试点办法，向二、三级企业派出董事、监事，规范董事会运作，取得了较好效果。中央企业董事会试点工作得到了党中央、国务院的肯定。

深化企业内部三项制度改革取得新进展。今年又有22家中央企业的22个高管职位面向海内外公开招聘。兵器工业集团大力推进以“考评、用人、激励”为主要内容的“新三项制度”改革，全面提升了职工队伍整体素质。中国海油把收入分配和劳动用工制度改革扩展到存续公司。中国联通面向社会公开招聘15个省级分公司副总经理。南航集团公开招聘空乘人员和自费飞行学员，市场化用工改革步伐明显加快。

（二）调整步伐加快，主营业务进一步做强做大。

突出主业，加快重点行业和关键领域发展。1~9月，中央企业主业投资比例达到97.8%，比去年同期提高0.5个百分点。石油石化企业投资重点用于油气勘探开发、增加油气地质储量和油气生产能力。电信企业投资主要用于电信基础网络的建设、补充、完善和优化。电力企业加强电网和电源等主业项目建设，新能源建设规模进一步扩大，在新投产容量中，60万千瓦及以上火电机组容量占73.2%。华润集团逐步从石油产品经销和钢铁业务中退出，主业更加清晰，竞争能力稳步提高。

多种形式重组整合，积极构筑竞争优势。今年共有13家中央企业参与7次重组，中央企业户数减至152家。国投对中包公司及下属企业的破产重组改制，诚通集团对中唱公司及下属企业的托管重组改制，都取得了积极进展。宝钢重组新疆八一钢铁、武钢重组云南昆钢、中国建材联合重组部分地方水泥企业，扩大了企业规模，优化了资源配置。中铝公司收购云南铜业部分股权，实现了强强联合，增强了竞争优势。中央企业积极实施“走出去”战略，鞍钢收购澳大利亚金达必公司、中铝公司收购秘鲁铜业和开发澳大利亚奥鲁昆铝土矿项目、中冶集团收购阿富汗铜矿、中国五矿与俄罗斯北方钢厂签署战略合作框架协议，南航、国航先后加入天合联盟和星空联盟，中央企业配置全球资源、拓展海外市场步伐加快，国际化经营水平进一步提高。

关闭破产和困难企业重组脱困工作进入收尾阶段。列入总体规划的312家拟政策性破产企业基本完成项目审核工作，进入组织实施阶段。中包公司等4家企业整体重组脱困工作取得重要进展，债务重组基本完成。主辅分离辅业改制取得积极进展，76家企业上报方案并得到批复，涉及改制单位5043个，分流安置富余人员81.4万人。分离办社会职能工作稳步推进，共移交中央企业办中小学、公检法机构2021个，移交在职人员9万多人，退休教师近5万人，每年减轻企业负担48.7亿元。

（三）企业管理加强，提升效益的作用进一步显现。

加强资金成本管理，促进经济效益提高。中央企业针对管理“短板”，积极采取措施降本增效。国家电网推行输变电工程标准化建设，统一技术标准，简化设计程序，采用通用设备，优化管理流程，节省了工程投资和招标采购成本。今年以来，集中招标金额1210亿元，节约资金84.7亿元。中国石油增强集团资金控制力度，每天集中闲置资金平均余额达300亿元以上。中煤集团按生产环节逐层落实物耗、能耗控制指标，推行限额领料和限额承包，推广使用高效节能的新技术新工艺新材料，单耗整体管理水平有了显著提高。航空企业在航油价格居高不下的情况下，大力开展降本节支管理，成本费用总额增幅下降9个百分点。

加强投资管理和风险管理，内控机制进一步完善。中央企业普遍加强了投资管理，投资结构趋于合理，自有资金比重进一步增加。1~9月，中央企业投资中自有资金比重达到60%，石油石化、电信、冶金和汽车企业投资中自有资金比重分别达到79.5%、95.6%、70.7%和89%。一些企业还实行了固定资产项目投资后评价制度。不少企业积极开展全面风险管理，防范风险能力显著增强。中国华能、中国移动、中国联通、中国电信等所属的纽约上市公司，强化内控机制，均以零缺陷通过了萨班斯法案内部控制评审。中央企业“五五”普法和法律顾问制度建设取得积极进展，53家中央大型企业建立总法律顾问制度的目标按期实现，中央企业经营决策中法律论证和各类合同的法律审核把关进一步加强。

（四）自主创新和节能减排取得新成效。

中央企业以行业共性、关键技术研发为重点，进一步加大科技投入，攻克技术难关，加强知识产权保护，自主创新能力进一步提高。50家企业先后分两批开展国家级创新型企业试点工作，20家企业正在筹建国家工程实验室、国家工程技术中心和国家重点实验室。神华集团、中国农机院、中国钢研、中国化学工程等企业积极开展产业技术创新战略联盟的试点工作，探索建立产学研结合的技术创新体系。中央企业自主研制开发的1.5万吨世界最大自由锻造水压机、首套具有自主知识产权的船舶电站成套设备、百万千瓦级压水堆核电站、柴油机电控共轨技术、750千瓦和1300千瓦风电叶片、特高压试验基地等，填补了我国同类技术的空白，接近或达到国际先进水平。嫦娥一号绕月探测工程更成为我国企业自主创新、集成创新的典范。

中央企业认真落实节能减排责任，带头完成节能减排任务。今年前11个月，电力企业关停小火电机组1246万千瓦，比去年增加1012万千瓦，占“十一五”时期计划关停总量的29.2%；火力发电企业供电煤耗每千瓦时平均下降了6.2克标煤，减少二氧化硫排放138.5万吨。国家电网开展“以大代小”发电权交易，全年可节约572万吨标煤，减少二氧化硫排放6.74万吨。南方电网在全系统推行线损分压、分区、分线、分台区“四分”管理，综合线损率同比下降0.3个百分点，增加供电12亿千瓦时。石油石化企业积极实施节能减排达标考核，节能260万吨标煤，超额完成了全年计划；减少二氧化硫排放1.9万吨，减少化学需氧量（COD）排放426吨。钢铁企业瞄准同行业能耗先进指标，广泛开展节能技术攻关，吨钢综合能耗平均下降11千克标煤，二氧化硫排放同比下降1.44万吨。水泥企业带头加快淘汰落后装备，等量替代立窑水泥熟料25万吨。中央企业较好地完成了节能减排指标，发挥了表率作用。

（五）企业党建工作进一步加强。

中央企业进一步巩固和扩大先进性教育成果，建立和完善“长期受教育、永葆先进性”的长效机制，基层党组织建设和党员队伍建设得到加强，党组织战斗堡垒作用和党员先锋模范作用进一步发挥。中央企业系统（在京）代表团以良好的精神风貌出席了党的十七大，受到广泛关注和好评。中央企业采取多种形式学习贯彻党的十七大精神，紧密结合实际，研究制订工作方案和具体措施，促进企业深化改革加快发展。中国海油、宝钢认真研究现代企业制度下党组织发挥政治核心作用、把政治优势转化为核心竞争力的方法和途径，初步形成了一套制度性安排。中央企业积极实施《关于建立和完善中央企业职工代表大会制度的指导意见》，职代会建设得到进一步加强。紧密结合中央企业改革发展的新变化，继续深入开展“四好”领导班子建设，领导班子整体素质进一步提高。继续实施职工素质工程，加强班组长培训和高技能人才培养，组织开展职工技能大赛，收到很好效果。以构建惩治和预防腐败体系为主线，深入推进党风建设和反腐倡廉工作，积极开展企业纪检组长交流任职工作，促进了廉洁从业，规范了用权行为。

企业文化建设等各项工作也都取得了积极成效。

在充分肯定成绩的同时，我们也要清醒地看到，中央企业改革发展中还存在一些不可忽视的问题，公司治理结构还不完善，自主创新能力还不够强，管理还比较粗放，可持续发展的基础还不够牢固。从财务角度分析，突出的问题有以下三个：一是部分企业盈利基础不牢固，二是部分企业偿债风险加大，三是部分企业预算管理有待加强。这些问题都是企业经营的命门，事关企业生死存亡，必须引起高度重视。要认真分析原因，研究制定措施，有针对性地做好工作，逐步加以解决。

二、2008年的形势和任务

2008年是全面贯彻党的十七大精神，深入贯彻落实科学发展观的重要一年。党的十七大高举中国特色社会主义伟大旗帜，以邓小平理论和"三个代表"重要思想为指导，认真总结改革开放近30年来的伟大历史进程和党的十六大以来的工作，系统阐述科学发展观的深刻内涵和基本内容，明确提出了全面建设小康社会奋斗目标的新要求，是我们党团结带领全国人民坚定不移走中国特色社会主义道路，在新的历史起点上继续发展中国特色社会主义的政治宣言和行动纲领，是做好经济工作的重要指针。我们要认真学习、深刻领会、全面贯彻、扎实落实党的十七大精神，特别是要深化对中国特色社会主义的认识，坚持以公有制为主体、多种所有制经济共同发展的基本经济制度，牢记中央企业的责任和使命，发展壮大国有经济，增强国有经济的活力、控制力、影响力；要深化对科学发展观的认识，坚持国有资产管理体制和国有企业改革的正确方向，遵循企业发展规律，切实转变发展方式，不断提高发展质量和效益，努力实现中央企业又好又快发展。

前不久召开的中央经济工作会议，分析了当前我国经济形势和国际经济环境，明确提出了明年经济工作的指导思想和总体要求，深刻阐述了做好明年经济工作的大政方针和主要任务。关于明年的经济形势，胡锦涛总书记在讲话中作了深入分析。从国际上看，明年世界经济形势对我国发展总体有利，但各种不确定因素和潜在风险也在增加，金融市场风险增大，石油和粮食价格持续走高，贸易保护主义和投资保护主义加剧，国际竞争更加激烈。从国内看，我国经济社会发展总体形势是好的，但当前经济运行中一些长期积累的突出矛盾和问题还没有得到根本解决，同时还出现了一些值得注意的新情况、新问题。固定资产投资增长过快、信贷投放过多、外贸顺差过大等问题没有得到根本解决，经济增长由偏快转向过热的趋势尚未缓解，价格上涨压力加大，节能减排形势严峻，涉及人民群众切身利益的问题还比较突出。针对面临的形势，中央提出要把防止经济增长由偏快转为过热、防止价格由结构性上涨演变为明显通货膨胀作为当前宏观调控的首要任务，实施稳健的财政政策和从紧的货币政策。中央企业要高度关注宏观经济形势的变化，居安思危，未雨绸缪，深入分析汇率、利率、税率、能源原材料价格变化以及信贷从紧对企业发展的影响，及时调整发展战略和经营策略，制订切实有效的应对措施。要打好基础，练好内功，积极应对可能出现的各种风险和挑战，确保实现持续稳定发展。

*一要更加注重主业发展。*突出主业是我们一直强调和重视的企业发展战略，也是基业长青企业的普遍发展规律。近年来，中央企业之所以能够取得举世瞩目的发展成就，一个十分重要的原因就是坚持突出主业。同时也要看到，一些企业发展中仍存在精力过于分散、主业不强的问题，甚至个别企业超

出主业范围盲目投资，造成重大损失。突出主业需要恒心和毅力，特别是在我国经济高速发展时期，机会和诱惑很多，陷阱也很多，中央企业一定要始终坚持突出主业，集中力量发展主业，不仅要注重扩大主业规模，更要注重提升主业的盈利能力，在做优做强上下功夫。

二要更加注重基础管理。管理是企业永恒的主题，也是企业发展的基础，强化管理永无止境。近年来，中央企业普遍建立健全了各项规章制度，加强了战略管理、财务资金管理、成本管理和投资管理，标准、计量、定额、统计等基础工作也得到了加强。但也要看到，一些企业仍然存在基础管理薄弱，集团控制力不强等问题。经济形势好的时候，企业管理粗放的问题一定程度上可能被掩盖。一旦市场形势发生变化，问题就会显现出来，企业就有可能在激烈的市场竞争中被淘汰。中央企业一定要正视问题，查找差距，狠抓管理薄弱环节，夯实发展基础。

三要更加注重风险防范。风险防范是企业稳定发展的“防火墙”。近年来，中央企业普遍提高了风险防范意识，加强了风险管理，风险管控能力不断增强。但也存在着盲目对外担保、盲目贷款投资、违规进入高风险投资业务等现象，有的企业甚至因此陷入困境。企业在市场中生存发展，必然会面临各种风险，特别是在经济生活中不确定因素增多的情况下，潜在的风险更多，防范和控制风险尤为重要。中央企业要切实强化风险意识，加强对生产、经营、财务、投资等各个环节风险点的控制，把各类风险发生的可能性降到最低，做到风险可控。

四要更加注重自主创新。自主创新是企业赢得竞争优势的关键。近年来，中央企业积极推进自主创新，加大科技研发投入，开发了一批具有国际、国内领先水平的新技术、新产品，发展实力得到提升。但和世界一流企业相比，我们的自主创新能力还有很大差距。胡锦涛总书记在中央经济工作会议讲话中明确提出，中央企业要在自主创新中走在前列，这是对中央企业的殷切期望，也给我们提出了更高的要求。中央企业要按照总书记的指示，着眼于未来，瞄准世界先进水平，在集聚人才、技术研发、创立自主品牌方面下更大的功夫。

五要更加注重节能减排。节约资源、保护环境是我国的一项基本国策，关系人民群众切身利益和中华民族的生存发展。做好节能减排工作，是中央企业贯彻落实科学发展观，自觉履行社会责任的积极行动，也是提高发展质量和效益，实现可持续发展的重要措施。近年来，中央企业依靠科技进步，调整产业结构，淘汰落后生产能力，能耗、水耗、污染物排放等很多指标都处于行业领先水平，但与国际先进水平相比，还有不小差距。中央企业要从民族振兴和国家长远发展的战略高度，以对子孙后代高度负责的精神，做好节能减排工作，为全社会企业作出表率。

六要更加注重队伍建设。企业之间的竞争，归根到底是人才的竞争。没有一流的职工队伍，不可能成为一流的企业。应该说，我们中央企业的职工队伍是一支作风优良、能打硬仗的队伍。与世界一流企业相比，我们相当一部分企业领导人不比他们差，我们的职工技术尖子也不输给他们，但整体素质还是有不小差距。中央企业要以世界一流企业职工为标杆，兵对兵、将对将地查找差距，比学赶超，打造一流的职工队伍。

根据中央经济工作会议对明年经济工作的总体要求，2008 年国有资产管理体制改革和中央企业改革发展工作的总体思路是：全面贯彻党的十七大精神，高举中国特色社会主义伟大旗帜，以邓小平理论和“三个代表”重要思想为指导，深入贯彻落实科学发展观，遵循企业发展规律，深化改革，优化结构，强化管理，转变发展方式，完善国有资产管理体制和制度，加强和改进企业党建工作，力争在重点领域和关键环节取得新突破、新进展，努力实现中央企业又好又快发展，增强国有经济活力、控制力、影响力，为实现全面建设小康社会宏伟目标作出新贡献。

三、2008 年国资委的主要工作

（一）深入推进中央企业改革发展。

一是推进中央企业公司制股份制改革。

二是推进中央企业董事会试点工作。

三是推进中央企业重组调整。

（二）继续做好国有资产监管各项工作。

一是进一步完善国有资产监管法规规章体系。

二是进一步加强业绩考核。

三是进一步完善企业国有产权管理。

四是进一步完善出资人财务监督体系。

五是加强和完善监事会当期监督。

（三）以改革创新精神加强和改进中央企业党建工作。

四、2008 年中央企业要做好的主要工作

明年是中央企业第二个考核任期的第二年，是承上启下的重要一年。中央企业要着力于增强可持续发展能力，全面规划和落实各项工作，力争再上一个新台阶。

（一）推进机制创新，进一步增强企业活力。

要加快公司制股份制改革，积极引入战略投资者，推进产权多元化。已经实现部分资产上市的企业，要通过增资扩股、收购资产等方式，把优良主营业务资产逐步注入上市公司，实现整体上市。董事会试点企业要完善规章制度，规范董事会运作，充分发挥董事会的作用。各中央企业要参照董事会试点的制度性安排，推进子企业建立规范的董事会。要抓住经济效益好的有利时机，加大工作力度，加快推进企业内部三项制度改革，健全责任体系，将能力、业绩、贡献与收入分配紧密挂钩，真正建立起经营者能上能下、人员能进能出、收入能增能减的市场化机制。

（二）优化结构，进一步提高资源配置效率。

要拓展全球视野，树立大局观念，从国际产业结构调整和国有经济布局结构优化的全局，研究企业战略定位，把握调整重组的方向和步骤。围绕做强做大主业、增强核心竞争力，积极开展强强联合、上下游整合等多种形式的并购重组。主动剥离与主业发展无关的业务，将有限的资源集中投入到需要重点发展的核心领域和关键环节。加强企业内部资源整合，调整组织结构，压缩管理层级，缩短管理链条。优化产品结构，推动产业升级。加快主辅分离辅业改制和分离企业办社会职能步伐，剥离低效资产，提高资产质量和运行效率。有政策性破产任务的企业，要层层建立破产工作责任制，与地方政府建立推进破产工作、维护企业稳定的联合工作机制，认真做好职工思想教育工作，切实维护职工合法权益。高度重视并切实做好信访和维稳工作，畅通职工群众反映意愿和问题的渠道，防止发生大规模群体性事件。

（三）强化管理，进一步提高集团控制力。

要切实管好人、管好账本，创新集团管理模式。加强战略管理，科学制定和适时调整企业发展规划。加强财务基础管理，积极稳妥执行《企业会计准则》。加强成本费用控制。整合集团公司财务资源，强化重大财务事项集中管控，探索实施财务集中管理。加强投资管理，严格控制非主业投资，清理非持续盈利企业。建立健全内控体系，切实把好对外担保、应收账款、债务等风险管理关口。强化对子公司重大事项的管控，加强对二、三级企业和项目单位的监督检查，确保集团公司的管理理念、管理方法得到贯彻落实。有效开展对子企业的内部审计工作，完善内部监督机制。建立完善企业内部业绩考核体系，层层落实责任。建立健全法律风险防范机制，加快推进以总法律顾问制度为核心的企业法律顾问制度建设。要按照《中央企业信息化建设指导意见》积极推进信息化建设，落实资金、落实机构、落实人员，确保信息化建设目标如期实现。

（四）提高自主创新能力，进一步推动产业结构优化升级。

要围绕核心主业发展，加大研发投入，加强核心技术的研究开发，加快科技成果转化，用高新技术和先进适用技术改造提升传统产业。建立和完善企业技术创新机构，做好国家级创新型试点企业各项工作，积极申报国家科技计划、国家重点实验室，积极参与国家科技支撑计划项目。加快高新技术开发，增加技术创新储备，进一步提高原始创新、集成创新和引进消化吸收再创新能力。着力突破关键技术，加强产学研结合，吸引外部创新要素向企业积聚，合理配置各种创新资源。制定并实施企业知识产权战略，加强知识产权的创造、应用、管理与保护，有重点有步骤地构筑知识产权优势，形成一批自主知识产权和知名品牌。注重培养一线创新人才，建立有效的激励机制，进一步营造鼓励创新的环境。

（五）切实做好节能减排工作。

要认真贯彻落实《节能减排统计监测及考核实施方案和办法》，扎实推进节能减排的各项工作。加快结构调整和技术进步，坚决淘汰落后生产能力。完善组织体系，重点企业要设立专门工作机构，具体负责节能减排的监督、管理和考核，指导下属企业开展工作。建立健全监测体系，逐步夯实能源消耗及污染物排放的定额、计量、统计等基础工作，抓紧完善监测网络，建立自上而下的数据统计制度，比较全面地掌握节能减排工作情况。进一步落实责任制，完善奖惩机制，将节能减排目标完成情况纳入企业内部经营业绩考核，严格考核，严格奖惩。

（六）加强领导班子和职工队伍建设。

要深入开展“四好”班子创建活动，加强理论、能力、作风和制度建设，强化教育培养，提高领导班子的素质与能力。抓好选聘任用，优化领导班子结构。加强监督管理，引导领导班子树立良好的作风与形象，使各级领导班子成为带领广大职工求真务实、团结拼搏、开拓创新、创造佳绩的坚强核心。要大力实施“人才强企”战略，创造有利于人人成才的良好环境。高度重视班组建设，搞好班组长培训，健全班组规章制度，创建学习型班组。抓好中高级技工的培养，突出新知识、新技术和新工艺，强化各类专业技能训练，引导职工岗位成才。组织开展以节能降耗、降本增效、安全生产和革新创造等为重点的劳动竞赛，激励广大职工为企业改革发展建功立业、贡献聪明才智。探索建立集团一级职工职业技能大赛制度，鼓励职工在竞赛中提高技能，增长才干。

（七）积极履行企业社会责任。

要充分认识履行社会责任的重要意义，树立和深化社会责任意识，把社会责任理念和要求融入企业发展战略和经营管理全过程。建立社会责任沟通机制，有条件的企业要向社会发布社会责任报告或可持续发展报告，主动接受全社会的监督。举办“优质服务年”活动，是中央企业更好地服务社会，履行社会责任的积极行动，要在总结“优质服务年”经验的基础上，针对存在的突出矛盾和问题，进一步提高服务质量和水平，以优质的服务迎接奥运会的召开。国资委将于近期发布《关于中央企业履行社会责任的指导意见》，希望大家结合企业实际，认真贯彻落实。

这里我要讲一下稳妥启动中央企业国有资本经营预算工作的问题。建立国有资本经营预算制度，是有效落实出资人资本收益权的本质要求，是加快国有资本结构调整的重要手段，也更是促进企业健康稳定发展的重要举措。《国务院关于试行国有资本经营预算的意见》和《中央企业国有资本收益收取管理暂行办法》均已下发，有关问题已初步明确。中央企业向国资委申报国有资本收益，由国资委审核，财政部复核，国资委向中央企业下达收益上交通知。国有资本收益主要用于国有企业的资本性支出、国有经济结构调整、弥补改革成本、解决历史遗留问题。为稳妥做好国有资本经营预算管理工作，我们将进一步制订和完善中央企业利润分配、国有资本收益上交、支出管理等方面的制度文件，编制国有资本预算收支建议草案，及时下达国有资本经营收支预算，组织做好年度国有资本收益上交和支出管理工作，及时研究解决国有资本经营预算管理中遇到的问题。中央企业要高度重视、积极配合做好这项工作。纳入收益上交试点范围的116家企业，要切实加强组织领导，按时完成2006年度国有资本收益的申报上交工作。要结合年度财务决算，进一步加强集团内部子企业利润分配管理，规范利润分配行为，做好2007年度国有资本收益的申报与上交工作。2008年的企业预算编制要考虑国有资本经营预算收支因素，提前做好相关工作。

最后，我再强调一下安全生产工作。今年以来，中央企业高度重视安全生产工作，强化安全生产风险管理和长效机制建设，安全生产形势总体保持稳定。要进一步提高搞好安全生产重要性的认识，层层落实领导责任制。规范安全生产管理工作，推动现代安全管理体系建设，不断提升安全生产管理水平，减少较大以上事故的发生，实现安全生产形势的稳定好转。要加强境外中央企业的安全防范，进一步提高境外突发事件的应急处理能力。春节前，各企业要突出重点组织安全生产大检查，尤其是危险化学品、建筑施工、石油石化、煤炭等重点行业的企业要强化重、特大危险源控制，消除隐患和安全死角，严防重、特大安全事故发生。

同志们，2008年改革发展稳定各项工作十分艰巨。我们要牢记党中央、国务院的重托，在以胡锦涛同志为总书记的党中央领导下，全面落实党的十七大和中央经济工作会议精神，以邓小平理论和“三个代表”重要思想为指导，深入贯彻落实科学发展观，积极进取，开拓创新，扎实工作，努力实现中央企业又好又快发展，为全面建设小康社会、构建社会主义和谐社会作出新的更大贡献！

加快推进我国铁路现代化建设
为经济社会又好又快发展提供可靠运力保障

——铁道部部长刘志军在全国铁路科技大会上的讲话(摘录)
(2007年9月9日)

这次全国铁路科技大会，是在党的十七大即将召开、和谐铁路建设全面深入推进的关键时期召开的一次重要会议。会议的任务是，以科学发展观为指导，全面总结党的十六大以来铁路科技工作取得的显著成就和基本经验，深入分析铁路科技创新工作面临的新形势，明确今后一个时期铁路科技创新工作的主要目标和重点任务，动员全国铁路干部职工站在新起点，进一步提升铁路自主创新能力，加快实现我国铁路现代化，努力适应经济社会又好又快发展和人民群众日益增长的运输需求。

一、坚定不移地走中国特色铁路自主创新之路，我国铁路技术创新实现历史性跨越

党的十六大以来，在以胡锦涛同志为总书记的党中央和国务院正确领导下，铁道部党组坚持以科学发展观和构建社会主义和谐社会战略思想为指导，按照中央关于建设创新型国家的战略部署，紧密围绕“运能充足、装备先进、安全可靠、管理科学、节能环保、服务优质、内部和谐”的和谐铁路建设目标，着眼尽快缓解铁路严重制约国民经济和社会发展的“瓶颈”状况，确立并实施“先进、成熟、经济、适用、可靠”的技术方针，大力推进原始创新、集成创新和引进消化吸收再创新。历经五年不懈奋斗，走出了一条符合我国国情和路情的铁路自主创新之路，为全面加快铁路现代化进程，全面提升铁路服务经济社会发展的保障能力，提供了强有力的技术支撑。

1．青藏铁路工程建设技术和运营管理达到世界先进水平。按照“把青藏铁路建成世界一流高原铁路”的宏伟目标，科研人员和广大建设者大力弘扬“挑战极限、勇创一流”的青藏铁路精神，解放思想，开拓创新，勇攀科技高峰，在攻克多年冻土、高寒缺氧、生态脆弱三大世界性工程难题方面取得重要成果。2006年7月1日，胡锦涛总书记亲自出席通车庆祝大会、考察青藏铁路，并发表重要讲话，高度评价青藏铁路建设的伟大成就。青藏铁路通车后，按照胡锦涛总书记提出的青藏铁路运营管理要创世界一流水平的宏伟目标，铁道部确立了“安全持续稳定、运输畅通无阻、服务优质高效、环保全面达标”的四个具体目标，全面抓好青藏铁路运营管理工作。青藏铁路通车运营一年多来，全线设备、人员、管理经受了季节变化的考验，确保了运输安全畅通；进藏旅客列车开行非常成功，货物运输得到可靠保证，为促进青藏两省区经济社会又好又快发展作出了重要贡献。

2．既有线提速技术跻身世界先进行列。2007年4月18日，我国铁路成功实施第六次大面积提速调图，我国既有线提速技术一举实现质的跨越、进入世界先进行列。一是提速网络大。我国铁路第六次大面积提速时速200公里及以上线路延展里程一次达到6003公里，其中时速250公里的线路延展里程达到846公里，这在世界上绝无仅有。二是科技含量高。京哈、京沪、京广、陇海、沪昆、胶济、广深等既有繁忙干线，既开行时速200公里及以上动车组列车，又开行5000至6500吨货物列车和双层集装箱列车，这种速度、密度、重量并举的既有线提速技术和运输组织方式，在世界上独一无二。三是运输能力大幅度提升。客运和货运能力分别增长18%、12%，为经济社会发展作出了新的贡献。

3．机车车辆装备现代化取得重大进展。按照“引进先进技术，联合设计生产，打造中国品牌”总体要求，2004年我们成功引进了世界上最先进的时速200公里及以上分散动力型动车组技术、大功率交流传动电力和内燃机车技术，经过三年多技术创新，我国机辆装备技术水平实现重大跨越。通过统筹路内外资源，凭借国内巨大市场优势，实现动车组和大功率机车技术的低成本引进。经过消化吸收再创新，国内企业基本掌握动车组和大功率机车的九大核心技术和主要配套技术。由国内企业制造、拥有中国品牌的动车组和大功率机车国产化率达到70%以上。目前时速200公里及以上动车组和大功率机车已批量下线，促进了我国民族工业发展，形成了以重点企业为核心、配套企业为骨干、辐射上百家相关企业的国内机辆装备设计制造体系，并成功运用于铁路第六次大面积提速调图。与此同时，我国自主研制的载重70吨通用货车、80吨煤炭专用货车、100吨矿石和钢铁专用货车已投入运用；按照时速120公里技术要求制造、改造货车近50万辆，占全路货车保有量的71%。机辆装备技术水平的快速提升，加快了我国铁路现代化进程。

4．铁路重载运输技术达到世界先进水平。大秦铁路经过持续扩能改造和技术创新，在机车同步操纵技术、大吨位货车制造与使用技术方面取得了突破性进展，在世界上首次实现机车无线同步操纵技术与GSM-R技术结合，在运力资源配置和运输组织上形成了独特的集疏运体系，大幅度提升了这条重载铁路的运输能力。2007年年运量将突破3亿吨，成为世界上年运量最高的重载铁路，为加快发展我国及世界铁路重载运输提供了成功范例。

5．铁路客运专线建设技术取得重大突破。我们确立并坚决贯彻“以人为本、服务运输、强本简末、系统优化、着眼发展”建设理念，构建了具有中国特色的铁路客运专线技术标准体系，取得了技术创新的显著成果，在工务工程、无砟轨道、系统集成等方面取得重要突破，确保了高标准高质量推进客运专线建设。

6．铁路客站设计施工技术实现重大创新。我们坚持以人为本，借鉴世界铁路客站的文明成果，提出了功能性、系统性、先进性、文化性、经济性的铁路客站建设新理念，并实现了设计、施工的一系列创新。所有新客站站房设计宽敞通透、客流流线简洁顺畅，全部采用导向设施、咨询系统和垂直电梯、自动扶梯和自动代步梯等先进技术装备，实现无障碍行走；全部采用大跨度钢架结构、悬垂结构无柱雨棚、冷热电三联供等先进技术和建造工艺，更加环保和节能；所有新建大型客站按照现代化综合客运枢纽的要求，实现与城轨、地铁、公交，甚至航空港等多种交通方式的紧密衔接，为旅客创造“零换乘”环境。随着一大批设计先进、设施完备、功能完善、体现地域文化和时代特征的现代化铁路客站陆续建成，人民群众的出行环境将得到全面改善。

7．通信信号和信息化技术迈上新台阶。通过系统集成和自主研发，我们已经掌握时速200公里及以上、5分钟追踪的列车运行控制技术（CTCS2），并构建了GSM-R移动通信无线传输平台，标志着我国铁路通信信号技术向世界前沿迈出重大步伐。全路72条线路5000多个车站完成列车调度指挥系统（TDCS）建设，调度集中指挥系统（CTC）和GSM-R移动通信系统在部分干线投入运用；客票系统、货运计划系统、货运大客户管理信息系统、铁路建设项目管理信息系统等进一步完善，为转变铁路生产经营方式、提升铁路经营管理水平提供了有力的技术支撑。

8. 安全技术装备水平大幅提升。提速干线方面，建立线路三维精确定位系统，采用动车组综合检测车、轨检车、车载式检查仪等多种手段，实现了提速线路质量的全方位检测监控；建成信号微机检测系统，实现了电务设备运行状况的动态监测监控。机车车辆方面，主要干线建成5T系统，实现了客货列车运行状态的实时监控；主要编组站建成货运安全视频监控系统，大型技术作业站普遍安装超偏载检测装置和危险货物检测仪，强化了货运安全的检测监控。

技术创新大大推动了我国铁路运输生产力的发展，和谐铁路建设充满生机与活力。党的十六大以来这几年，是我国铁路现代化建设步伐最快、发展变化最大、成效最为显著的时期，也是铁路为经济社会发展作出突出贡献的时期。

铁路技术创新的丰硕成果和运输生产力发展取得的巨大成就，是党中央、国务院高度重视、亲切关怀的结果，是全国铁路干部职工团结协作、艰苦奋斗的结果，是广大专家学者和铁路科技工作者开拓创新、奋力攻坚的结果，是中国铁路工程、建筑、南车、北车、通号、铁通、物资总公司和清华大学、北京交通大学、西南交通大学和中南大学等高等院校积极参与、鼎力支持的结果。

我国铁路技术创新的基本经验是：坚持以科学发展观为统领，立足经济社会发展战略全局，以提高铁路自主创新能力为目标，以掌握先进装备核心技术为重点，着力构建以铁道部为主导，以企业为主体，面向铁路运输和铁路建设主战场，产学研相结合的铁路技术创新体系和保障机制，坚定不移地走中国特色铁路自主创新之路。这一基本经验的基本内涵是：

第一，技术创新必须瞄准世界一流水平。面对我国经济社会又好又快发展的迫切要求，面对我国人口、资源、环境问题日益突出的矛盾，面对实现铁路科学发展和安全发展的客观需要，我们的正确选择，就是抓住经济全球化的机遇，从我国国情和路情出发，高标准、高起点发展客运快速、货运重载铁路，大幅提升铁路运输效率和安全可靠性，把铁路的比较优势最大限度地发挥出来，使其真正成为综合交通运输体系的骨干。无论是青藏铁路建设、既有线提速、机车车辆装备，还是铁路重载运输，以及客运专线建设等关键领域的技术，我们的目标都定位在世界一流水平，并坚持不懈奋斗，要干就是最好的，要干就必保必成。

第二，技术创新必须坚持三种创新方式的有机结合。原始创新、集成创新和引进消化吸收再创新，是自主创新的三条重要途径。推进我国铁路现代化，完全依靠自己的力量，开展原始创新固然重要，但在世界铁路快速发展和铁路高新技术已经打开国界的背景下，特别是在改变我国铁路严重制约经济社会发展这块“短板”，刻不容缓、时不我待的形势下，必须在坚定不移地推动原始创新并取得一系列丰硕成果的同时，把集成创新、引进消化吸收再创新摆在更加突出的位置，依托重点工程项目，发挥后发优势，将世界铁路先进文明成果为我所用，从而在短短三年多时间掌握了先进动车组和大功率机车，以及其他一些重要装备的核心技术，取得了令世人刮目相看的业绩。

第三，技术创新必须充分发挥铁路管理体制优势。我国铁路管理体制的最大优势在于，能够统筹运用国内各种资源，集中力量办大事。对外，我们把所有市场需求集中起来，形成一个“拳头”，实现了对先进技术的低成本引进和核心技术的全面引进，确保了国家利益和铁路整体利益的最大化；对内，我们把铁路运输企业、装备制造企业、设计施工企业、科研院所等相关资源集中起来，以互利共赢为纽带，优化科技资源配置，形成了基础理论研究、应用研究开发、产品设计制造有机结合的发展格局。

第四，技术创新必须做强做大民族工业。无论是在原始创新、集成创新，还是在引进消化吸收再创新的过程中，我们不仅实现了铁路技术装备水平的快速提升，更重要的是以此为契机，围绕建设具有世界一流水平的国内装备制造业基地，把先进技术真正落户到国内企业，成功搭建了具有世界先进水平的机辆装备技术平台，快速提升了国内企业的研发、设计、制造管理水平，培育造就了一大批具有先进理念、掌握先进技术的高级管理人才和高技能人才，极大增强了我国装备制造业的可持续发展能力，为我国铁路现代化建设提供了强大的技术装备保障。

铁路技术创新的成功实践告诉我们，只要坚定不移地走中国特色铁路自主创新之路，全面提高铁路自主创新能力，我们就一定能够不断破解铁路技术进步的新课题，不断攀登铁路科技创新的新高峰，不断开创铁路现代化建设的新局面。

二、充分认识新形势下铁路科技创新工作的重大意义，切实增强铁路技术进步的紧迫感和使命感

落实科学发展观和建设创新型国家战略部署，对铁路科技创新工作提出了新的更高要求。以胡锦涛同志为总书记的党中央提出的科学发展观是中国特色社会主义事业不断取得新胜利的根本指针，党中央、国务院作出的建设创新型国家的战略决策，为我国科技事业蓬勃发展和社会主义现代化建设指明了方向。铁路作为国家重要的基础设施、国民经济的大动脉和大众化的交通工具，在建设创新型国家和实现经济社会又好又快发展中肩负着重大责任和艰巨任务。铁路具有占地少、能耗低、污染小、成本低、运量大、全天候的比较优势，加快铁路科技创新步伐，对加快构建符合科学发展要求的我国综合交通运输体系，具有不可替代的重要作用。铁路科技创新在我国现代化建设中占有重要位置，加快铁路科技创新步伐，对于全面落实《国家中长期科学和技术发展规划纲要》，推动我国交通运输领域技术创新工作，具有重要的示范带头作用。铁路技术创新和技术装备现代化涉及机械制造、工业材料、电子信息等众多领域，加快铁路技术创新步伐，对于带动和促进相关产业发展、振兴我国装备制造业，具有重要的拉动作用。

迎接我国铁路高速时代，对铁路科技创新工作提出了新的更高要求。以成功实施第六次大面积提速为重要标志，我国铁路拉开了向高速时代迈进的序幕。到 2010 年，我国将建成 7000 公里的客运专线，连同 12000 公里既有线提速线路，初步形成覆盖我国大部分地区的快速客运网。我国铁路高速时代的到来，为铁路科技创新工作创造了巨大空间，提供了广阔舞台。同时也对工程设计施工、机车车辆、通信信号、列车控制、调度指挥、旅客服务等重点领域的技术创新提出了新的更高要求。

突破铁路发展的关键技术“瓶颈”，对铁路科技创新工作提出了新的更高要求。从大规模铁路建设看，建设世界一流水平的客运专线，必须下力量深化高速铁路建设及运营管理等领域的基础理论研究和一些关键技术的提升。从技术装备现代化看，在现有技

术平台上，实现时速300公里及以上动车组技术和大功率机车技术的再创新，开发满足时速300公里速度级的通信信号、牵引供电技术系统，任务十分紧迫。从深化内涵扩大再生产看，巩固扩大提速调图成果，实现主要干线重载系列化，特别是大秦铁路4亿吨年运量目标，提高速密重条件下的运输指挥现代化水平，任务十分艰巨。从确保运输持续安全稳定看，加快构建提速安全保障体系，着力解决制约安全发展的技术难题，全面提高行车设备的技术可靠度和质量稳定性，有许多难题需要攻克。同时，我们在推进铁路信息化建设，建设节能环保型铁路，实现铁路运输服务质量的创新发展等各方面，都需要通过铁路技术创新，注入强大的发展动力，开辟新的发展空间。

三、站在新的历史起点上，加快实现我国铁路现代化

“十一五”铁路技术创新工作的总体要求是：坚持以科学发展观和构建社会主义和谐社会战略思想为指导，认真贯彻落实党中央、国务院关于建设创新型国家的战略决策，全面落实中央确定的“自主创新、重点跨越、支撑发展、引领未来”的科技发展指导方针，以建设创新型铁路为目标，以增强自主创新能力为核心，紧密围绕和谐铁路建设，全面推进原始创新、集成创新和引进消化吸收再创新，突破一批重大关键技术，加快完善铁路创新体系，发展壮大铁路科技人才队伍，不断提升铁路科技创新水平，为加快实现我国铁路现代化提供强有力的技术支撑。

“十一五”铁路技术创新的目标是：加快建立我国铁路客运专线建设和运营管理的成套技术体系；加快建立我国铁路动车组和大功率交流传动机车的技术体系；完善我国铁路既有线提速技术成套技术体系；完善我国高原铁路成套技术体系；系统掌握重载运输成套技术；尽快建成功能完善的信息系统；加快构建铁路安全技术体系；大力推广节能环保技术；加强创新平台和基地建设；加快培养具有世界水平的专家和创新团队。到2010年，我国铁路科技综合实力接近或达到世界先进水平，我国铁路现代化建设跃上一个新的平台。

当前和今后一个时期要着力抓好以下八项重点任务。

1. *系统掌握客运专线建设和运营管理技术*。建造技术方面，要全面掌握无砟轨道、高速道岔、高强度扣件等设计和施工技术，特别是要加大对无砟轨道技术的研究和创新。全面开展路基、桥梁、隧道等关键技术的试验研究，重点解决好软土地基处理、路基沉降控制、长大复杂隧道和水底隧道建设、大跨度桥梁建设、结构物耐久性等重大课题；尽快掌握运架梁、隧道掘进、轨道整正等技术；大力开展现代勘测设计技术应用研究，实现铁路勘测设计一体化、数字化、智能化。列车运行控制技术方面，加快掌握时速300公里列车运行控制系统技术（CTCS3级）以及相关重要设备的制造技术，形成具有自主知识产权、达到世界先进水平的客运专线列车运行控制技术体系。牵引供电技术方面，抓紧扶持和培养国内系统集成商，尽快掌握系统集成技术，推进牵引供电设备、材料和关键零部件的国产化；抓好检测监测技术研究，开发接触网综合检测设备以及变压器、断路器等关键设备动态监测和故障诊断系统，形成配套完善的检查检测体系。运营调度技术方面，尽快完成京津城际铁路运营调度系统试验，掌握客运专线运营调度系统的核心技术。系统集成技术方面，主要是深化对客运专线工务工程、牵引供电、通信信号、移动设备、运营调度和客运服务等六大系统技术集成研究，实现我国铁路客运专线系统集成技术的重大突破。

2. 推动机车车辆装备技术实现新跨越。大力推进核心技术和主要配套技术攻关，提升装备制造水平，确保按计划高质量实现国产化率目标；以整车控制系统仿真、转向架组装和承重试验、交流传动系统地面联调试验等技术为重点，全面掌握试验测试技术手段，提高自主研发设计能力。加快新产品研发，形成9600千瓦交流传动电力机车、时速200公里客运电力机车和大轴重、时速160公里货运电力机车的自主设计制造能力，尽快完成时速200至250公里16辆编组、时速300公里及以上动车组的研制，开发动车组卧车、餐车、行李车及时速200公里新型提速客车；深化载重70吨级通用货车技术研究，研发大轴重重载专用货车、大载重通用货车系列产品、新型双层集装箱车辆和时速160公里货车，加快货车升级换代步伐。加快动车组和大功率机车检修基地建设，建立先进完善的检修维护体系，确保动车组、大功率机车运用和维修质量。充分运用技术创新成果，改造传统机车车辆，大力提升既有机车车辆质量。

3. 进一步完善我国铁路重载运输技术体系。以大秦铁路重载运输为平台，深化重载运输成套技术研究，在建立我国铁路重载运输技术体系、突破重载运输技术难点上取得新进展。加快机车同步控制技术的消化吸收，实现技术装备的国产化，为大量开行万吨级重载组合列车提供技术保证。深化重载运输线路技术研究，全面掌握时速120公里、25吨轴重条件下路基、轨道、桥梁、隧道的修建技术，提高重载线路的养护维修水平。以提高通信信号设备的可靠性和适用性为目标，优化多司机无线通信、列尾传输技术，提高GSM-R无线通信运用质量。围绕大秦线实现年运量4亿吨目标，从货源组织、装卸能力、施工组织、港口协调等方面，系统研究和掌握重载运输组织技术，试验开行3万吨组合列车。借鉴大秦线扩能改造经验，统筹规划煤运通道系统改造，扩大重载运输范围，主要干线和重要支线实现5000至6000吨牵引定数系列化。

4. 加快推进铁路信息化建设。推进调度指挥信息化，在客运专线、既有繁忙干线和煤运通道，建成调度集中系统（CTC），实现列车调度集中控制指挥；在铁路干线及新建干线建成铁道部、铁路局、车站三级列车调度指挥系统（TDCS）；深入开展GSM-R应用技术研究，完善移动通信网络基础平台，为客运专线运输调度指挥和列车控制系统提供高效可靠的信息传输通道。推进客货营销信息化，加快应用自动售、检票系统和智能化、多功能的站车旅客服务系统，提高客运服务水平；加快开发货运营销及运力配置系统、货运信息综合服务系统，为旅客货主提供现代化的运输服务。加快推进经营管理信息化，统筹建设机车、车辆、工务、电务等业务信息管理系统，推广铁路建设项目管理信息系统，启动人力资源、全面预算、统计分析、铁路用地等管理信息系统建设，丰富办公信息系统功能，为铁路加快转变生产经营方式、提高经济发展质量提供现代化手段。要突出解决好信息共享和网络信息安全两个问题，最大限度地实现信息共享和硬件设施、接入通道共用，提高铁路各信息系统的安全性和抗灾害性。

5. 积极推进设备安全检查维修技术现代化。针对我国铁路客货列车共线运行、速密重并举的复杂运营条件和运输高负荷特点，研发和应用先进实用的安全保障技术，提高科技保安全的水平。加快发展行车安全综合监测技术，加强对固定、移动设备安全检查监测技术的研究，加快研制适合我国铁路特点的客运专线动态综合检测、轨道综合检测等大型综合性检测设备和轻量化、高精度、适合现场运用的小型动态检测设备；利用计算机网络技术，开发集信息采集、分析、诊断、评估、反馈和安全预警为一体的行车安全检测信息系统，实现对机车、车辆、线路、信号和列车运行状态的全面监测。加快发展防灾减灾技术，研究重大自然灾害预测预报防治技术，建立自然灾害地理信息数据库，在主要地质灾害易发地段建立自动报警监测系统，提高防范自然灾害的能力。加快发展快速抢险救援技术，建立覆盖全路的应急救援指挥体系，改善应急救援技术装备，提高快速反应和应急处理能力。

6．广泛推广节能环保新技术。着眼于建设资源节约型、环境友好型铁路，加强铁路节能环保技术的研究、推广和运用，更加充分体现铁路绿色环保的比较优势。研究推广机车节油、站车节水、电气化铁路无功动态补偿等节能技术，全面加强运输过程中的节能管理。在铁路沿线推广绿色照明及控制技术，扩大太阳能、地热能等新能源利用。积极开发和利用减振、降噪、废弃物处理、废气排放控制、电磁辐射防治等技术。广泛采用节能环保的新技术、新工艺、新材料、新设备，切实加强铁路建设领域的节能环保工作。

7．切实加强铁路基础理论研究。把握世界铁路发展的最新趋势，着眼于铁路现代化建设需要，重点研究客运专线无砟轨道、路基、隧道、桥梁等基础理论，高速重载机车车辆的轮轨关系、弓网关系、材料技术、制动系统、控制和诊断技术以及高速转向架、轻量化车体、动车组结构可靠性等基础理论，为掌握核心技术提供基础理论支持。加快建设轨道交通国家实验室、各专业高新技术实验室，完善既有国家重点实验室、科研机构和企业研发中心实验基地，为基础理论研究创造良好条件。适应客运高速、货运重载基本试验的需要，抓好铁路装备综合试验基地建设。

8．加快完善铁路技术标准体系。铁道部要充分发挥主导作用，组织有关部门和相关单位，紧密结合我国铁路技术快速发展的需要，制定中国铁路技术标准体系框架和编制规划。充分借鉴世界铁路先进成果，突出抓好客运专线建设和运营、重载铁路运输、既有线提速技术，以及机辆技术装备设计、制造、运用、维护等相关技术标准体系的建立和完善。建立健全质量技术监督体系，完善铁路工业产品质量认证和铁路工业产品生产许可制度。

四、凝聚全路干部职工的智慧和力量，为进一步加强自主创新、全面深入推进和谐铁路建设而奋斗

1．加强组织领导。各级领导干部要牢固树立和全面落实科学发展观，强化科学技术是第一生产力的观念，充分认识科技创新对于实现铁路又好又快发展的重要意义，带头学习新理论、新技术、新知识，提高科技素养和领导科技创新工作的能力。各单位主要领导要亲自组织制定本单位科技发展规划，亲自组织实施关系全局的重大科技创新项目，亲自抓好重大技术引进、消化吸收再创新、技术标准体系建设、知识产权保护等关系铁路科技创新全局性的工作，切实负起第一位的责任。

2．完善体制机制。铁道部发挥政府主导作用，制定全国铁路科技发展规划，建立科技开发投入和成果评价机制，统筹全路重大科技项目引进和重大项目科技攻关。各企业充分发挥技术创新主体作用，建立完善技术引进、产品研发、成果转化、投入保障、人才培养等一整套技术创新体系。各科研院校充分发挥骨干和基础作用，加强铁路基础理论研究和应用技术研究，培养铁路自主创新后备人才。以市场为纽带，完善运输企业、装备制造企业、设计施工企业与科研院所相结合的技术创新发展格局。铁道部设立铁路重大项目科技专项奖，对承担铁路重大科研项目和在自主创新上有重大突破的企业，给予政策支持和资金帮助，对在铁路技术创新中作出重大贡献的团队和个人进行表彰和奖励。

3．加强人才培养。紧密围绕和谐铁路建设，以培养造就经营管理人才、专业技术人才和技能人才为重点，建立完善人才引进、培养、使用的激励机制，为提升铁路自主创新能力提供智力支持和人才保障。依托铁路重大工程项目，统筹运用国内外培训资源，通过科技项目研发、国内外培训和学术交流等方式，大力培养铁路各类人才。加强高速、重载、安全、信息技术，以及金融、管理等方面高端人才引进。加强部校企战略合作，加快建设铁路现代化的人才培训基地，提高师资队伍素质，开发适应铁路改革发展要求、适用不同层次培训需求的新型教材，切实提高铁路人才培养和职工教育培训质量。

4．加大科技投入。按照铁路科技发展“十一五”规划，建立完善分层投入、分级管理、重点保障、滚动发展的科技投入保障机制，为全面提升铁路科技创新水平奠定坚实的物质基础。铁道部要制定科技投入规划，确保科技投入稳定增长。铁道部科技投入的重点是，支持铁路行业关键技术的自主创新和重大科技成果的推广应用，以及铁路基础性、前瞻性、公益性等方面研究工作。推进科研投资多元化，引导设计施工和装备制造企业增加科研投入，鼓励社会资本投资铁路科研开发领域，争取国家和地方政府对铁路技术创新的政策和资金支持。严格重大课题立项审批，管好用好科研经费，提高资金使用效率。

5．营造创新文化。教育引导全路干部职工强化创新意识，弘扬勇于创新、开拓进取的创新精神。加强科学精神和科普知识的宣传教育，提高铁路干部职工的科技素养。大张旗鼓地宣传科技创新成果和先进人物事迹，发挥典型示范的带动作用。鼓励职工群众广泛开展技术创新和合理化建议活动，营造人人关心铁路科技进步、人人参与铁路技术创新的生动局面。

建设创新型铁路、早日实现我国铁路现代化，是时代赋予我们这一代铁路人的光荣使命。让我们更加紧密地团结在以胡锦涛同志为总书记的党中央周围，深入落实科学发展观，认清形势，肩负重任，抓住机遇，扎实苦干，全面提升铁路自主创新能力，推动我国铁路又好又快发展，为建设创新型国家、促进我国经济社会全面协调可持续发展作出新的更大贡献。

专文

责任编辑　尹宝雨

加大改革力度　夯实管理基础　提高创新能力 为实现集团公司又好又快发展而努力

——总经理崔殿国在中国北车集团公司工作会议暨一届五次党委(扩大)会议上的报告(摘录)

(2007年1月18日)

同志们：

中国北车集团公司工作会议暨一届五次党委（扩大）会议主要任务是：深入贯彻党的十六届六中全会、中央经济工作会议精神，落实中央企业负责人会议工作部署和全国铁路工作会议有关要求，总结2006年工作，分析面临形势，部署2007年主要任务，动员全体员工进一步加大改革力度，夯实管理基础，提高创新能力，为实现集团公司又好又快发展而努力奋斗。

一、2006年工作回顾

2006年作为“十一五”开局之年，各项经营指标的全面完成和重点工作的顺利推进，对集团公司“十一五”规划的实施具有重要而特殊的意义。一年来，全集团按照年初工作会议暨一届三次党委（扩大）会议的总体部署，坚持技术引进与自主创新相结合，深入推进结构调整资源重组，积极应对市场变化以及主要原材料、能源价格上涨等严峻形势，不断强化成本控制和质量、安全等管理工作，保证了集团公司的持续发展。

生产经营稳步增长，销售、利润再创新高

技术引进全面展开，重点项目取得新进展

自主创新继续加强，产品研发成果显著

结构调整统筹运作，资源重组扎实推进

主辅分离有序推进，改制分流平稳过渡

企业改革走向深入，三项制度持续优化

企业管理不断夯实，业务流程更加规范

党建工作扎实开展，群团作用有效发挥

二、面临的形势和2007年工作主要目标

2007年是“十一五”规划实施的第二年，国民经济将继续保持又好又快发展。党的十七大即将胜利召开，全面建设小康社会和构建社会主义和谐社会将在科学发展的轨道上继续推进。中国铁路将实施第六次大面积提速，轨道交通运输装备产业继续保持较大的成长空间。集团公司改革、调整、创新、管理等各项工作进入一个新的阶段。

（一）国企改革深入推进，打造国际竞争力需全面加速

（二）市场机遇挑战并存，开拓多元市场需继续加强

（三）技术引进纵深发展，提高创新能力需全力推进

（四）规模扩大与效益、资金不匹配的问题日益突出，管理基础需大力夯实

根据形势变化、国家要求和集团公司自身发展的需要，2007年集团公司工作的总体思路是：**以科学发展观和构建社会主义和谐社会战略思想为指导，以打造国际竞争力为目标，加大改革调整力度，大力开拓国内外市场，提升自主创新能力，夯实基础管理，加强和改进党建思想政治工作，加快“实力北车、活力北车、凝聚力北车”建设步伐，确保完成各项工作任务，实现集团公**

司又好又快发展。

2007 年主要目标是:

经营业绩实现持续增长

改革改制取得明显成效

结构调整资源重组取得新进展

自主创新能力实现再提升

经营管理水平迈上新台阶

党建思想政治工作取得新成效

三、2007 年集团公司的重点工作

(一) 积极主动做好第六次大提速的各项服务工作

4 月 18 日铁路将实施第六次大面积提速调图。确保第六次大提速的圆满成功，不仅是全路工作的重中之重，也是我们北车集团公司必须高度关注、高度重视、首先抓好的一项重点工作。集团公司和所属企业要以最有力的领导、最严密的组织，做好各项支持服务工作。要保质保量按时提供相关机车车辆产品。这里面既包括技术引进的大功率电力机车、200 km/h动车组国产化产品，也包括提速需求的各型货车等。要严格产品质量控制，确保国产化动车组和大功率机车达到国外同类产品质量水平；要优化生产组织，保证产品进度，确保铁路运营需要。要提供良好的运行保证。特别要针对国产化产品，编制并提供完备的操作使用手册，主动做好各项培训工作，使用户熟练掌握产品性能，准确掌握操作要领。要主动跟踪服务，及时解决运营中的问题。包括建立服务组织机构，做好产品质量巡检，做好产品技术储备，派专人进行跟踪服务等。一定要以最优良的产品、最主动的服务，展示我们北车集团的形象，确保第六次大提速的顺利实施。

(二) 加大改革改制力度，加快推进结构调整资源重组

2007 年要认真贯彻落实国资委关于深化国有企业改革的方针政策和措施，积极推进企业改革与重组。加快股份制改革步伐，筹划制订集团公司整体改制方案。通过引入战略投资者、探索资本性融资等途径，改善集团公司资产结构，优化法人治理结构。加快推进子企业的股份制改造。继续深化企业内部三项制度改革，推进劳动人事分配制度进一步与市场接轨，实现人力资源市场化配置，实现能力、业绩、贡献与收入分配挂钩。立足主业发展，加快主辅分离辅业改制。2007 年集团公司将继续把主辅分离改制分流工作纳入效绩考核，强力推进，坚定不移，一抓到底，抓出成效。继续加快结构调整资源重组。要针对货车行业竞争态势的新动向，抓紧研究货车整车业务重组，既要进一步发挥齐车公司的带动作用，巩固和提升集团公司在货车领域的领先优势，也要使其他货车企业的特有优势得到进一步发展。对重要零部件的业务整合，我们要扩大视野，瞄准更广阔的国内外资源，统筹考虑，积极探索，提到议事日程。要继续按照“区域化和专业化相结合”的方针，按照“培育形成若干个主业突出、掌握核心技术、有较强竞争力、规模较大的区域化和专业化子公司”的目标要求，认真筹划和抓紧拟订其他相关企业相近业务的整合重组工作。

(三) 实施大营销大市场战略，加大市场开拓力度

要充分利用和整合集团内外资源，打造国际竞争力，加快形成轨道交通运输装备业务、相关多元化业务、国际业务并举的市场格局。在国内机车车辆上，要通过加强与政府主管部门和主要用户的沟通，争取理解和支持，力促建立符合市场经济规律的价格浮动机制。抓紧研究技术引进项目与国内传统机车、客车产品市场的衔接过渡问题，力争在后续市场占有相对优势，并取得合理价位。要继续加强集团公司内部调控力度。协调和平衡好集团内各企业之间的利益关系，既包括同类产品生产企业之间的关系，也包

括配件与主机企业之间的关系，通过规范营销和采购行为，维护集团整体利益。坚定不移地实施相关多元化发展战略，继续支持、鼓励所属企业利用优势资源，依托核心技术，大力开拓相关多元化市场。特别是要深入研究客户的现实需求和潜在需求，积极拓展服务业务，全方位、深层次、全寿命周期地满足客户需求，使服务业成为新的产业支柱。要确立和实施积极出口战略，建立国际业务指标考核体系和激励约束机制，充分利用集团公司的产品技术优势，大力提高自营进出口能力，在国际市场上打响“中国北车”的统一品牌。在推动产品出口的同时，积极开展技术输出和资本输出，实现跨国经营，把国际业务尽快打造成集团公司新的产业经济支柱，以达到长期稳定占领国际市场的目的。

（四）继续抓好技术引进消化吸收，全力推进自主创新

2007年要继续保持集团公司在高速动车组、大功率交流传动电力机车技术引进中的战略优势地位，并争取在大型养路机械工程车的技术引进项目上取得新收获。继续加强对技术引进消化吸收和国产化工作的组织、领导，加大对技术引进消化吸收和国产化工作重大事宜的决策、协调力度，进一步加强与铁道部、合作伙伴的高层沟通。充分利用好集团内外两种资源，切实保证技术引进国产化项目顺利推进，不断提高引进消化吸收和再创新能力。要继续整合和利用好两个研究所和分布在各企业、各领域、各层次的技术资源，不断完善与集团公司发展战略相适应的技术创新体系。统筹运用技术创新优势资源，努力争取集团公司整体进入国家创新型试点企业。建立和完善技术创新能力评价指标体系以及技术创新奖励体系，引导企业脚踏实地地提升技术创新能力。以典型产品开发为载体，突出知识的共享性，努力构建具有国际先进水平的产品技术平台。年内要在充分调研的基础上明确集团公司构建产品技术平台的总体工作方案，确定各产品技术平台的牵头单位，并在有条件的单位开展试点工作。

（五）围绕集团管控模式的进一步完善，着力夯实基础管理

2007年是集团公司的“基础管理年”。要重点通过战略管理、效绩管理、财务管理、干部人事管理等载体，进一步完善集团管控模式。要深化对标管理，引导各企业持续改进基础管理，不断提高经营管理水平。要抓好“十一五”规划的分解与落实，在战略框架下，将集团公司跨部门、跨企业分散的行动统一起来，根据战略合理配置资源，确保发展战略的有效实施和战略目标的实现。扎实推进效绩考核向效绩管理方向发展，在科学确定指标、严格规范考核的基础上，建立过程监控机制，通过分析，及时发现经营中存在的机遇和风险，提出管理建议，促进所属企业及时改善经营，提高效益。继续加强资金集中管理，坚定不移，且要加大力度。在加强债务性筹资、做好第二批企业债券发行工作的基础上，力争在资本性融资上有新的探索和突破。大力加强投资管理与监控，不断完善投资决策和专家论证程序，落实投资主体责任，确保投资收益。逐步建立“硬预算约束”机制和投资项目经济效益考核制度。加强资金使用管理，提高资金周转率，最大限度地发挥资金的使用效益。要在全集团范围内逐步推进全面预算管理体系的建设，全面加快财务物流一体化信息化工程的建设。进一步严肃财经纪律。加强财务风险管理与监控。重视和加强内部审计工作，不断增强风险预警与防范能力。

（六）加强和改进企业党建和人才工作

企业党组织的政治核心作用是国有企业的政治优势。我们要继续发扬这一优势，坚

持党管干部、党管人才和市场配置人才相结合的原则，进一步加强人才队伍和领导班子建设。改善人才队伍结构，推进集团公司人才资源共享。要从培养干部、优化结构目标出发，加大干部岗位交流、异地交流、上下交流工作力度。继续扩大厂级副职领导人员竞争上岗范围。积极研究推进市场化选聘企业领导人员，争取有所突破。要积极探索市场经济和现代企业制度条件下党组织发挥政治核心作用的方式和途径，加强和改进党建思想政治工作。进一步做好党风建设和反腐倡廉工作。不断完善职工代表大会制度。继续深入推行厂务公开。深入开展“创建学习型组织，争做知识型员工”活动，大力推进职工素质工程。加强工青妇等群众组织工作。扎实推进企业文化建设，努力构建和落实以企业价值观为核心的理念体系和行为准则。自觉履行企业社会责任，在构建社会主义和谐社会中发挥表率作用。

四、2007 年各企业的主要任务

各企业在贯彻执行集团公司六项重点工作的同时，还要具体抓好以下六项基本工作，确保全年效绩目标责任指标和各项重点工作的完成，为实现集团公司总体又好又快发展作出新的贡献。

（一）大力开拓市场，不断增加收入

铁路市场，要重点做好铁路第六次大提速产品的生产供应和各项服务工作，确保全国铁路第六次大面积提速的顺利实施。要继续加强客户关系管理，加大路外车市场开拓力度。城轨车辆市场，要发挥集团公司整体优势，在加快科研开发，不断提高城轨车辆产品竞争力的同时，整合市场营销。各相关企业分工合作、密切配合，确保哈尔滨、武汉、成都、深圳、杭州等城市新建地铁项目以及北京、天津、重庆城轨车辆增购项目投标取得成功。要深入研究城市轨道交通经营管理模式，积极争取参与城轨经营管理项目，拓展经营领域。要在认真做好市场细分，选准目标市场，明确市场定位的基础上，集中力量有选择、有重点地开拓相关多元化市场，做精做强，做出规模，做出效益。国际市场，要抓住当前有利形势，以内燃机车、客车（包括地铁、动车组）和货车为主要出口产品，尽快打破电力机车出口零的纪录，扩大以电机为主的配件出口业务，大力拓展国际市场，出口成交额力争达到 4 亿美元。各企业在大力开拓市场的同时，还要不断加强生产管理，提高合同兑现能力。要针对市场经济情况下的非均衡需求，加大市场预测力度，研究制定出各种需求形势下的生产组织预案，提高响应能力，确保及时满足用户需求。

（二）强力推进改制分流，不断增强竞争优势

各企业要在完成前三批改制分流工作的基础上，做好第四批改制分流单位的申报工作。第四批将是实施主辅分离的最后一批，政策机遇稍纵即逝。各企业务必充分认识加快主辅分离改制分流的战略意义，务必按照打造核心竞争力的要求，划清主辅边界，加快改制分流步伐。特别是目前经营形势较好的企业，更要提高认识，增强大局意识、危机意识和机遇意识，着力加强这方面的工作。各企业要进一步拓宽改革思路，把主辅分离辅业改制与推进企业战略性调整结合起来；充分利用主辅分离辅业改制政策消化企业的历史包袱；通过产权制度和劳动关系的改革为改制企业注入新的机制；坚持以改革促发展实现主业与辅业双赢。要不断提高主辅分离辅业改制的工作质量，积极探索辅业资产进场交易、引入战略投资者；科学设计辅业改制企业的股权结构，避免人人持股和平均持股；把改制与重组结合起来；要解决好改制中的遗留问题，不留隐患。要认真落实养老保险、失业保险、医疗保险、住房公

积金等社会保障政策，确保改革重组等工作顺利实施。东北地区各有关企业要继续按照厂办大集体改革试点要求，研究吃透国家和地方相关政策，做好相关工作，努力创造条件，积极稳妥推进。

（三）技术引进与自主研发相结合，不断提高创新能力

引进消化吸收再创新，要努力实现三个目标：第一，确保各项合同履行；第二，获得后续订单；第三，打造长期自主研发的能力。承担技术引进的各企业，一定要采取各种方式，掌握核心技术，提高系统集成能力和重要部件的研发制造能力。自主产品项目开发，要以350 km/h高速动车组、200 km/h长编组动车组和200 km/h新型机车客车的开发以及重载快运货车技术、新型城市轨道交通技术开发等为重点，同时继续鼓励和支持各企业依托核心技术拓展路外产品，逐步形成产业，培育集团公司新的经济增长点。要在抓好现有国家科技支撑项目以及集团公司“十一五”科技规划中确定的产品项目的同时，继续做好技术创新项目的申报工作，要用足新产品税收优惠、促进技术创新等各项激励政策，争取国家部委的项目、课题，建立高校、科研机构和企业的战略联盟，为企业获取更大利益。

（四）着力强化基础管理，不断向精细化水平迈进

任何创新都必须建立在扎实的基础之上。信息工作、标准化工作、规章制度、定额工作、计量和检测工作、教育培训等基础管理，要随着各种管理理念、管理方法和管理工具的更新而不断创新，但其基础性作用并不应因此而削弱。近年来，随着市场竞争的激烈演化，各企业普遍认识到了加强管理的重要性，并纷纷引入了一些现代化的管理理念、管理体系和工具，管理基础在不断夯实。但相对于形势发展来说，相对于企业各种硬件设施的改造来说，企业基础管理的相对薄弱已经构成了制约企业进一步创新发展的瓶颈。财务物流一体化信息工程建设的主要难点不是在信息技术上，而在于企业基础管理是否到位。财务管理必须依托强大的基础数据，依托科学的劳动定额、物耗定额、资金定额、费用定额以及规范的流程和完善的内控制度等才能发挥作用。各企业必须站在发展的高度，采取有力措施，切实加强基础管理，并依此推动企业成本控制、质量管理等向精细化水平迈进。要从管理流程的角度，对企业的供应链和价值链以及各个环节进行分析和改进，持续不断地消除企业运营中一切只增加成本而不产生附加值的活动。要将目标成本层层分解，落实到项目、到部门、到岗位，严格考核，向成本精细化管理迈进。质量管理，在加强内部流程控制的基础上，加强对供方质量的控制，严把原材料和配件采购关、质量关，切实提高产品实物质量。延伸服务质量，从狭义的售后服务拓展到售前、售中、售后全过程即广义的服务，不断提高用户的满意度。

（五）探索实施知识管理，不断提供智力支撑

人是生产力中第一活跃的因素。人才对于企业发展的重要性已无庸赘言。各企业近年来在人才建设上进行了大量的探索，不论是引进渠道的拓宽，还是激励措施的多样，以及培训工作的多频次和高强度，都是以前罕见的。但同样毋庸讳言的是，人才队伍的现状还不能适应国际化竞争的需要。我们必须继续把人才建设工作放在重要的位置上来抓，把事业激励、实践造就、机制促进、政策保障有机结合起来，加大人才引进、培养、使用、激励力度。要采用灵活多样的吸引人才政策，重点引进企业急需人才、高技能人才和高端人才；在择优接收普通高校毕业生的基础上，加大吸引重点院校毕业生的

力度。要在创新实践中识别人才，以重点领域、关键项目为依托，突出领军型人才的选拔培养，构建专业人才梯队。要不拘一格，大胆使用青年人才，注意发挥好老专家的“传帮带”作用。要以项目为载体，充分实现人力资源的共享等等。同时在人才培养和管理思路上也要注意进行适当调整或改进。要把人才建设纳入到企业整体发展战略的框架中去考量。人才建设不能单就人才论人才，要与企业发展相适应，要为企业发展服务。人才培训也要讲投入产出，要提高培训的针对性和有效性。要明确培训目标，慎重选择培训资源，保证必要的培训批次，注重培训效果。要在人才建设中探索实施知识管理。国际知名企业，在人力资源上很有竞争力，不仅表现在高层次人才的拥有量上，还表现在人才优势向生产力优势的转化上。支撑这些优势的，是系统而有效的知识管理。各企业要注意学习和借鉴知识管理的理念和方法，深化人才管理工作。要通过管理机制的构建与优化，将个人知识企业化，隐性知识显性化，建立企业良性发展的知识共享平台，保持企业的持续竞争优势。

（六）切实做好安全生产和维护稳定工作，确保改革发展顺利进行

要从“以人为本、安全健康”的高度充分认识安全工作的重要性，贯彻落实《安全生产法》，实现安全生产与改革发展同步规划、同步实施、同步发展，高度重视并下力量切实抓好安全生产工作，提高本质安全度。完善落实重大安全事故的应急预案，坚决防止重特大事故发生。当前，随着国际国内市场一体化形势的发展，市场环境更加复杂，企业面临更多不确定因素；主辅分离改制分流、结构调整资源重组的进程中，必然会带来利益格局的调整。不同区域、不同企业、不同群体利益的不平衡等，使稳定工作面临严峻挑战。影响稳定的因素，有历史遗留问题，有各地政策不统一、不连续产生的问题，有改革深化带来的问题，也有个别由于工作方法简单、干群关系紧张所导致的问题。要分别针对不同问题，采取有效措施进行化解。要站在构建社会主义和谐社会的高度和大局，正确处理好改革发展稳定的关系，把改革的力度、推进的进度与员工的心理承受程度统一起来，确保各项改革在稳定的前提下进行。任何一项关系职工切身利益措施的出台，都必须考虑周全，做到合法、合规、合理，不留隐患。要尽可能地让员工参与改革并分享改革成果。党政工团各级组织要发挥各自优势，善于统筹协调各方面利益关系，正确引导舆论，把问题和矛盾化解在萌芽状态。要切实加强对信访稳定工作的领导，进一步落实责任制，增强工作的预见性和敏感性，认真分析和解决信访稳定突出问题，有的放矢开展工作，建立应急预案，妥善应对不稳定事件特别是群体性事件，确保企业稳定，促进社会和谐。

同志们，我们面临的改革发展稳定任务艰巨，承担的使命也极为光荣。在加快“实力北车、活力北车、凝聚力北车”建设步伐，着力打造国际竞争力的进程中，各级领导干部务必要继续保持锐意进取、奋发有为的精神状态，务必要继续发扬顾全大局、勇挑重担、求真务实的工作作风，进一步增强紧迫感、责任感和使命感，抓住机遇，再接再厉，开拓创新，确保完成各项工作任务，全力推进集团公司又好又快发展，为党的十七大胜利召开献上一份厚礼，为推进中国轨道交通运输装备现代化和装备制造业现代化，不断作出新的贡献！

明确目标　把握重点　统筹推进
确保集团公司整体改制上市工作顺利实施

——总经理崔殿国在中国北车集团公司整体改制上市工作部署会议上的讲话（摘录）

（2007年6月2日）

同志们：

今天，召集集团公司所属各单位党政主要负责人及具体分管改制工作的领导参加会议，主要目的是让大家对集团公司整体改制上市方案有一个全局的认识，进一步统一思想，明确目标，坚定整体改制上市的信心和决心；对集团公司整体改制上市工作进程有一个清楚的了解，进一步把握重点，统筹推进，确保集团公司整体改制上市工作顺利实施。

一、明确目标，坚定不移地推进集团公司整体改制上市工作

实施集团公司整体改制上市，可以说是自2000年与铁道部脱钩、北车集团公司组建以来，又一次关系全局、影响深远的重大变革。如果说脱钩重组标志着政企分开，集团公司整体进入市场化经营，那么整体改制上市，则标志着我们在体制机制创新，打造具有国际竞争力的大公司大企业集团方面进入到一个新的阶段。实施整体改制上市将是一条充满荆棘的光明之路，虽然前进的道路中将会遇到各种各样的困难和风险，但我们既然选择了这条路，就必须坚定不移地向前走。实施集团公司整体改制上市，是集团公司担当行业领军企业，推动中国轨道交通运输装备现代化的需要，也是集团公司和所属各企业持续和谐快速发展的需要。全集团上下，特别是各级领导必须站在集团公司和各企业又好又快发展的战略高度，对工作的重要性、复杂性和紧迫性有一个清醒的认识，自觉地将思想认识和行动统一到集团公司的整体部署上来。

（一）*推进体制机制创新是集团公司组建以来的既定方针。*建立适应市场经济的现代企业制度，是中央早就确定的国有企业改革方向。推进集团公司和所属企业改革改制，是集团公司组建以来的既定方针。早在2001年，集团公司第一次领导干部会议就明确提出，“坚持管理体制改革与产品产业结构调整相结合，与技术改造、技术创新、产品创新相结合，与企业内部其他改革相结合，集团公司与厂所的体制改革相结合，经过两三年的努力，把集团公司和厂所全部改造成为有限责任公司或股份有限公司。”随后几年内，集团公司和所属企业两个层面的改革改制步伐虽然走得不是很快，但体制机制创新的基础性工作一直在扎实推进，主要表现在：一是深化三项制度改革，实施减员增效，并取得比较好的成果，集团公司职工人数从组建之初的近13万人减到了10万人以内；二是抓紧主辅分离改制分流和移交企业办社会职能，为企业改革发展创造了比较好的条件；三是按照专业化和区域化相结合的方针，实施结构调整和资源重组，并已取得阶段性的进展和实质性的突破。在强化三项基础性工作的同时，我们还确立并实施了“三个产业支柱”的大营销大市场战略，巩固壮大了轨道交通运输装备市场，相关多元化和国际市场开发取得新的进展。坚持原始创新、集成创新和引进消化吸收再创新的原则，一批自主创新项目相继研发成功。集团公司新造机车、客车企业全都进入了技术引进的行列，在未来市场格局中处于一个相对有利的地位。这一系列工作的开展和这一系列成效的取得，为集团公司整体改制上市创造了基本条件。

（二）推进集团公司整体改制上市的条件基本成熟。在抓好各项准备工作的基础上，根据企业内外形势的变化，集团公司在年初工作会议上正式提出：“2007年要认真贯彻落实国资委关于深化国有企业改革的方针政策和措施，积极推进企业改革与重组。加快股份制改革步伐，筹划制订集团公司整体改制方案。”按照这一工作部署，集团公司组织有关部室人员就整体改制上市工作进行了前期调研，并在此基础上进行了多次小范围研究讨论，形成初步框架性思路。在4月份召开的经营管理会议上，组织各单位主要负责人就集团公司整体改制上市的框架性思路进行了研讨。5月10日，集团公司整体改制上市领导小组和工作小组成立，集团公司整体改制上市工作全面启动。经过对有代表性的企业进行现场调研剖析以及反复的数据核对、测算，集团公司和中介机构对方案框架进行了数次修订，形成了目前这个初步方案。这个方案前两天已向国资委有关司局领导进行了沟通和汇报，基本得到了认可。根据目前我们对各方面情况的判断，集团公司推进整体改制上市的时机已基本成熟。我们认为经过努力，并采取切实有效的措施，实现集团公司整体改制上市的目标是完全可行的。一是在财务方面，通过扩大收入、节能挖潜等保障措施，以及业务、资产、人员的切分，拟上市股份公司的净资产收益率可以满足改制上市的要求。二是在行业发展方面，当前和今后一个时期是中国铁路和城市轨道交通建设的黄金机遇期。铁路和城市轨道交通运输装备市场的需求前景看好，集团公司相关多元化市场和国际市场开拓具有较大潜力，良好的市场前景对投资者具有较好的吸引力。三是在政策支持方面，国资委、证监会等国家机构大力支持和鼓励国有企业整体改制上市，集团公司的改制方案符合政策要求，经过努力可以获得相应的政策支持。四是在操作执行方面，这次拟进入股份公司的业务、资产和人员具有相对的完整性，股份公司和下属单位将保持母子公司体制。方案在充分考虑股份公司业务发展和满足上市要求的同时，兼顾了集团公司存续部分的生存发展问题，各利益相关者的合法权益得到了充分考虑和保障，对存续部分未来的管理方式和发展出路也给予了明确，坚持了改革发展稳定的统一。

（三）推进整体改制上市的节点目标和根本目标更加明确。根据目前的计划，集团公司整体改制上市工作从时段上主要分为两个节点目标，一是设立股份公司，二是发行股票并上市。确保改制上市成功，这是我们工作的第一目标，必须完成。在此基础上，根本目标是通过整体改制上市及其相关工作，推进集团公司体制创新，转换经营机制；推进集团公司结构调整，增强专业竞争优势；拓宽融资渠道，实现资本的积聚和集中，增强集团公司在国内外轨道交通运输装备市场上的影响力。迅速打造国际竞争力，实现“国内领先，国际知名”的目标，成为技术先进、结构合理、机制灵活、竞争力强的大公司大企业集团，这既是国资委对中央企业改革调整的要求，也是集团公司自身生存发展的需要。打造国际竞争力，必须要有一个适应市场经济和国际化竞争的体制机制平台，必须要有一个良好畅通的资本支持平台。这正是我们实施整体改制上市的基本考虑。

二、把握重点，高效有序地推进集团公司整体改制上市工作

集团公司整体改制上市是一个涉及方方面面的系统工程。要在这么短的时间内完成各项筹备工作，保证改制上市目标如期实现，我们必须把握重点，明确路径，高效有序地推进这项工作。

（一）要牢牢把握提高效益这个关键点。具备较高的净资产收益率是集团公司改制上市的一个关键点，它不仅决定了能否上市的问题，也决定了发行上市的融资规模。对此，各企业必须给予高度重视。首先是要做好资产的切割工作，也就是确保进入股份公司的业务、资产具有较高的赢利能力；其次要进一步扩大收入空间，严格控制成本费用；第三是利用低成本融资和上市募集的资金偿还长期贷款，降低财务费用。在整体改制上市工作的进程中，不论是集团公司改制工作小组还是所属各企业必须做到心中有数、措施得力。"心中有数"，就是必须做好数据的预算和测算，不仅在总量上，还必须落实到每一个企业、每一个业务单元、每一块资产，确保资产与效益的匹配；"措施得力"，就是要求达到的获利指标，必须分解落实到可支撑的工作项目上，分解落实到各企业的实际工作中，不折不扣地保证实现。

（二）要牢牢把握划清边界这个中心线。根据我们目前的盈利挖潜能力，要想集团公司所有资产和人员全部进入股份公司，很难达到上市要求的收益水平。为此，我们必须做好业务和资产、人员的划界工作。也就是说，要测算精准、划分清楚哪些进入股份公司，哪些留在集团公司。划清这个边界，是这次整体改制上市工作的中心线。根据改制上市要求和专业化、规模化发展的要求，集团公司现有业务、资产和人员划分的基本边界是：轨道交通运输装备整车制造、整车维修业务、重要配件生产等主业及相关资产、人员进入股份公司，其中作为主业的沈车公司因为存在搬迁改造问题，本次暂不进入。在制定方案的过程中，对于拟进入股份公司和拟留在集团公司的业务、资产和人员已经进行了一个初步的划分和测算。但要真正把工作做到位，还必须按照"一厂三测（策、册)"的要求进一步把工作做细，其中：测算的"测"就是按照划清业务资产边界的要求，做好每一个企业的每一个单位、每一项具体业务、资产、人员的测算；对策的"策"，就是每个企业的每一项工作都要有明确的目标和具体的措施；手册的"册"，就是每个企业要做哪些工作，什么时间完成等要有一个完整的布置。从今年5月31日基准日起，各企业内部人员的调动原则上要冻结。同时要抓紧土地和房产确权工作，抓紧做好全民所有制企业改组为一人有限责任公司，以及现有股份制企业少数股东的股份回购工作，避免因这方面的时间滞延，而影响改制上市的整体进度。

（三）要牢牢把握存续发展这个影响面。集团公司整体改制上市工作能否成功的首要标志是上市融资目标的实现。所以整个方案的实施必须确保这一点。与此同时，还必须对留在集团公司的存续资产、业务和人员有一个具体明确的妥善考虑和安置。这也是国务院国资委高度关注并一再强调的问题。主要是三点，一是预留资金的保障，包括承担社会职能的支出、离退休人员的支出、内退人员的支出、大集体改制以及部分工厂清算的支出等；二是发展出路的明确，包括退出、改制分流、移交社会等；三是存续部分要有责权明确、管理高效的责任主体。集团公司整体改制上市是一次重大的利益调整过程，决不仅仅是资产、业务的简单划分，在每一项工作的背后都牵扯着不同人员的切身利益。对存续部分这个影响面，也必须按照"一厂三测（策、册)"的要求，做到情况明、底数清、方案细、落到位，确保集团公司整体改制上市在和谐稳定的环境中进行，确保存续部分的利益得到保障、出路得到明确。

三、统筹推进，确保集团公司整体改制上市目标顺利实现

集团公司整体改制上市工作涉及的工作项点以及程序繁多，哪一项工作出现漏洞，哪一个环节发生堵塞，都将影响到改制上市的整体进度。能否统筹推进整体改制上市工作，确保各项工作顺利实施，是对我们各级领导、各级组织决断、调控、执行等能力的一次综合考验。

（一）*必须建立畅通高效的网络运作机制*。集团公司整体改制上市工作涉及到三大工作主体，包括集团公司总部、所属各单位以及集团公司所聘请的各个中介机构等。每一个主体内部能否分工合作、形成合力，三大工作主体之间能否协调一致，直接决定着改制上市工作的效率和效果。为此，必须加强整个项目运作的计划和控制，建立畅通高效的网络运作机制。集团公司所属各单位要严格按照集团公司的统一部署，将本单位承担的工作项目进一步细化分解，保证和集团公司的信息畅通，保证与中介机构的密切配合，保证与当地政府部门的协调沟通。集团公司整体改制上市是一个全方位、多维度的工作，在项目的实施过程中，各主体之间、各主体内部必须加强协作，及时沟通，密切配合。要坚决反对推诿扯皮、不负责任的做法，坚决反对强调客观、寻找借口的做法。对于集团公司已经明确的任务，必须不折不扣地做到位；对于尚不明确的方案，要主动想办法，提出自己的建议，而不是坐等拖延；对于改制过程中出现的新情况或不确定因素，要在第一时间进行反馈，确保问题早发现、早解决，确保各项工作有效衔接、按时完成。

（二）*必须建立严格规范的责任落实机制*。集团公司整体改制上市是一项任务艰巨、时间紧迫、协调难度大的工作，要做好这项工作，必须要有坚强有力的领导、扎实得力的队伍和严格规范的责任落实机制。各企业党政主要领导是本企业改制上市、股份公司运行、存续部分管理以及维护稳定等工作的第一责任人，不仅对拟进入股份公司的业务、资产和人员负责，也要对拟留在存续部分的业务、资产和人员负责。各企业都要按照集团公司的要求，建立严格规范的责任制，做到组织落实、人员落实、任务落实和时间落实。要指定分管领导，确定牵头部门，每一项工作都必须落实到具体人员，都必须明确工作标准、确定完成时间，并要有人督察验收。集团公司将把整体改制上市工作的推进情况，纳入到对各单位领导班子的效绩考核范围。集团公司整体改制上市是一个大的系统工程，不管是哪一项业务、哪一个单位或哪一个部门的工作做不到位，甚至哪一个数据说不清、测不准，都有可能导致相关工作时间拖延，影响整体改制进度，甚至影响改制方案的顺利实施。因此，凡参与集团公司整体改制上市工作的每一个人员，都必须树立严格的时间观念、精准的工作观念，做到任务不拖延、工作无失误。在哪一个环节、哪一个工作上出现问题，都要追究相关人员的责任。当前，首要的工作就是做好各中介机构到现场开展尽职调查的各项准备工作，包括明晰资产划界、解决相应确权、做好业务培训等。中介机构进场后，各企业要指定专人协助配合工作，并提供相应的办公条件和其他支持设施，确保法律事务、土地和资产评估、财务审计等尽职调查和相关工作的顺利开展。这方面的具体工作，集团公司还将召开各专业会议具体部署安排。

（三）必须建立及时有效的风险化解机制。集团公司整体改制上市工作虽然进行了精心的准备，进行了认真的调研和反复的测算、论证，但在实施的过程中间，由于内外部环境的不确定因素，依然可能存在各种各样的困难和问题，存在各种各样不可预料的风险和障碍。对此，我们必须要有一个清醒的认识，既不能对存在的困难掉以轻心，也不能因风险的出现而止步不前。我们必须做好充分的困难估计，做好有效的化解预案，确保整体改制上市工作的顺利实施和目标的全面实现。不管有多大困难和问题，集团公司整体改制上市工作的目标已定，决心已下，各企业务必要将思想统一到集团公司的部署上来，务必要对改制进程中可能遇到的困难和问题有一个清醒的认识，务必要提前做好各项预防化解工作，以确保集团公司整体改制上市工作的顺利实施。

四、坚持两手抓，确保今年改革发展稳定各项任务全面完成

全年各项工作的推进已经过去了 5 个多月。从年初以来集团公司和所属企业发展情况来看，总体形势良好。生产经营持续增长，销售收入和利润完成情况都要好于去年同期水平。技术引进消化吸收再创新向纵深发展，集团公司承担的技术引进消化吸收项目逐步进入批量交货期，销售收入增长明显。根据集团公司发展战略的调整和国资委对中央企业业绩考核办法的修订，集团公司对 2005 年版《效绩目标责任制实施办法》进行了修订，并按照新修订的实施办法，与所属企业签定了 2007 年度效绩目标责任书和任期目标责任书。各企业按照集团公司《关于加强基础管理工作的指导意见》，结合实际，狠抓落实，不断推进各项管理工作向规范化、精细化水平迈进，向管理要效益的成效逐步显现。同时，由于受市场需求结构变化，以及部分原材料价格依然保持较高幅度上涨的影响，各企业间发展并不平衡，部分企业经营面临较大困难。但不管是形势乐观还是面临较多经营困难，对企业经营都得抓紧。当前，集团公司整体改制上市工作即将全面展开，各企业在抓好各项筹备工作的同时，必须坚持两手抓，一手抓改制，一手抓经营，保持正常生产经营不受影响。发展是第一要务，确保生产经营持续递增，确保经济效益持续递增，这是企业的立身之本，也是改制上市成功之本、企业和谐稳定之本。集团公司的各项重点工作已经部署，各项经营目标已经确定，各企业务必全力以赴，统筹安排，确保生产经营快速发展，确保今年改革发展稳定各项任务全面完成。

同志们，集团公司整体改制上市，是当前摆在全集团面前的一项战略性工作。这是历史赋予我们的一项重任，也是历史给予我们的一次机遇。完成这项工作时间紧迫、任务艰巨。希望集团上下坚定信心，勇挑重担，统一意志，统一行动，推进集团公司整体改制上市各项工作顺利实施，确保集团公司整体改制上市目标的实现和又好又快地发展。

推进整体改制　转变发展方式
努力开创集团公司又好又快发展新局面

——总经理崔殿国在中国北车集团公司职工代表大会上的工作报告（摘录）

（2007年10月30日）

各位代表、同志们：

在党的十七大刚刚胜利闭幕，集团公司改革发展进入新阶段的重要时刻，召开集团公司职工代表大会，对于动员集团上下深入贯彻党的十七大精神，全面落实科学发展观，加快推进整体改制上市，切实转变发展方式，开创集团公司又好又快发展新局面，具有重要的现实和历史意义。

现在，我向大会作行政工作报告。报告共分四部分。

一、今年1~9月份集团公司改革发展基本情况

2007年是“十一五”规划实施的第二年，以集团公司整体改制上市全面运作、技术引进消化吸收纵深发展等为标志，集团公司改革、调整、创新、管理等工作进入一个新的阶段。1~9月份，全集团按照年初工作会议暨一届五次党委（扩大）会议的总体部署，以科学发展观和构建社会主义和谐社会战略思想为指导，以打造核心竞争力为目标，加大改革调整力度，大力开拓国内外市场，提升自主创新能力，夯实基础管理，全心全意依靠职工办企业，集团公司保持了又好又快发展的良好局面。

（一）经营业绩总体实现稳步增长。据财务快报统计，1~9月份，集团公司累计实现销售收入166亿元，较上年同期增长14亿元；实现利润总额3.97亿元，较上年同期增长2.26亿元；实现净利润2.77亿元，较上年同期增长2.08亿元。

（二）整体改制上市工作扎实有序推进。根据企业内外形势的变化，集团公司在年初工作会议上正式提出，“加快股份制改革步伐，筹划制订集团公司整体改制方案。”按照这一工作部署，集团公司组织有关人员就整体改制上市工作进行了前期调研，并在此基础上进行了多次研究讨论，形成初步框架性思路。在4月份召开的经营管理工作会议上，组织各单位主要负责人就集团公司整体改制上市的框架性思路进行了研讨。5月10日，集团公司整体改制上市领导小组和工作小组成立，整体改制上市工作全面启动。6月2日，集团公司召开了整体改制上市工作部署会。7月上旬，在广泛征求各方意见，认真测算各种数据，反复论证实施方案的基础上，集团公司整体改制上市方案上报国务院国资委审批。7月下旬，国资委开始征求国家发改委、财政部等相关部委的意见，并得到各部委明确表示支持的回复。目前，国资委正在起草上报国务院文件。同时，根据整体改制上市的基本操作路径，集团公司在所属有关企业所在地对应设立了一人有限责任公司，资产无偿划转、少数股权回购和职工股清退等工作已经完成。各新设一人公司已于8月1日开始正式运行。法律尽职调查、审计、资产评估等工作全面铺开。投资项目审批和备案工作抓紧进行。整体改制上市各项工作紧张有序推进。

式，推进各项战略工作，迅速打造核心竞争力就成为我们的基本选择。

三、实施整体改制上市的战略意义及推进目标

实施集团公司整体改制上市，可以说是自2000年与铁道部脱钩、北车集团公司组建以来，又一次关系全局、影响深远的重大变革。如果说脱钩重组标志着政企分开，集团公司整体进入市场化经营，那么整体改制上市，则标志着我们在体制机制创新，打造具有核心竞争力的大公司大企业集团方面进入到一个新的阶段。

（一）*实施整体改制上市是打造核心竞争力的战略需要。*党的十七大报告指出："实现未来经济发展目标，关键要在加快转变经济发展方式、完善社会主义市场经济体制方面取得重大进展"。具体到我们集团公司来说，关键就是要在转变发展方式、创新体制机制等方面取得重大进展。在经济全球化的今天，企业要参与国际竞争，必须要有一个适应市场经济和国际化竞争的体制机制平台，必须要有一个良好畅通的资本支持平台。借助这两个平台的建设，推进各项战略目标的实现，转变发展方式，打造核心竞争力，这正是我们实施整体改制上市的基本考虑。建立适应市场经济的现代企业制度，是中央早就确定的国有企业改革方向。推进集团公司和所属企业改革改制，是集团公司组建以来的既定方针。实施整体改制上市，是集团公司担当行业领军企业，推动中国轨道交通运输装备现代化的需要，也是集团公司和所属各企业又好又快发展的需要。

（二）*实施整体改制上市是顺应形势变化的现实选择。*根据目前对企业内外形势以及各方面情况的判断，我们认为，经过努力并采取切实有效的措施，实现集团公司整体改制上市的目标是完全可行的。一是在财务方面，通过扩大收入、节能挖潜等保障措施，以及业务、资产、人员的切分，拟上市股份公司的净资产收益率可以满足改制上市的要求。二是在行业发展方面，铁路和城市轨道交通运输装备市场的需求前景看好，集团公司相关多元化市场和国际市场开拓具有较大潜力，良好的市场前景对投资者具有较好的吸引力。三是在政策支持方面，国资委、证监会等国家部委大力支持和鼓励国有企业整体改制上市，集团公司的改制方案符合政策要求，经过努力可以获得相应的政策支持。四是在操作执行方面，这次拟进入股份公司的业务、资产和人员具有相对的完整性。方案在充分考虑股份公司业务发展和满足上市要求的同时，兼顾了集团公司存续部分的生存发展问题，各利益相关者的合法权益得到了充分考虑和保障，对存续部分未来的管理方式和发展出路也给予了明确，坚持了改革发展稳定的统一。

（三）*实施整体改制上市是转变发展方式的基本动力。*按照总体计划，集团公司整体改制上市工作主要分为两个节点目标，一是设立股份公司，二是上市。根本目标是通过整体改制上市及其相关工作，推进发展方式的转变和各项战略目标的实现。一是推进体制创新，转换经营机制，建立适应国际化竞争的现代企业制度；二是推进结构调整，增强竞争优势，逐步建立分、子公司管理和基于业务线条的事业部管理相结合的管理架构；三是拓宽融资渠道，优化产权结构，实现资本的积聚和集中，建立和保持良好畅通的资本支持平台；四是加快形成轨道交通运输装备业务、相关多元化业务、国际业务并举的市场格局，拓展市场空间，规避行业风险；五是加快构建具有国际先进水平的轨道交通运输装备及其关键系统和部件的技术平台，机车、客车、动车组及城轨车辆等主要技术和产品基本达到国际先进水平，铁路货车技术和产品达到国际先进水平；六是加快企业各项管理向规范化、精细化和高效化水平迈进，不断提升企业的价值创造能力。

四、开创又好又快发展新局面须全力抓好的战略工作

集团公司发展战略的核心目标，用一句话来说，就是全面落实科学发展观，建设“实力北车、活力北车、凝聚力北车”，打造“国内领先、国际知名”的创新型企业。用一组基本数据来说，就是保持经济效益的快速提升，2007 年股份公司实现净利润 7 亿元左右，2008 年实现净利润 12 亿元左右，并且今后每年保持适度增长。在企业发展和经济效益不断提高的基础上，职工收入保持增长。开创又好又快发展新局面，要继续坚持以人为本，保护好、发挥好各级各类人才的积极性和创造性，通过共同愿景凝聚人心，共同建设、共同享有改革发展成果；要继续加快经济发展方式的转变，大力推进改革改制、市场开拓、技术创新、强化管理、企业稳定等各项战略工作取得新进展。

（一）转机建制，坚定不移地推进整体改制上市工作。着眼转机建制，并以此推进各项战略工作，这是我们改制上市的既定目标，也是我们新的实践和探索。从目前集团公司整体改制上市工作情况看，总体进展明显，有些关键节点也取得了突破，但还不同程度地存在着影响改制进程的因素。下一步，在国务院对集团公司改制上市方案作出正式批复以后，成立股份公司、申请股票发行上市还有很多工作要做，还有很多问题需要研究解决。集团公司总部各部室及所属各企业，要继续保持高效畅通的项目运作机制，继续落实严格规范的责任制，确保各项工作责任到人、有效衔接、按时完成。为确保完成调整指标，确保整体改制上市目标成功实现，集团公司于 9 月下旬召开了经营管理座谈会，研究分析了经营管理中存在的主要问题，明确了利润调整指标和考核政策，并就如何抓好改制上市、生产经营、存续管理等工作进行了部署。所属各企业和集团公司总部各部室纷纷采取措施，外拓市场，内抓管理，努力提高经济效益。从目前情况看，经过努力，完成全年调整指标是完全可行的。股份公司成立后，将继续按照专业化和区域化相结合的结构调整方针，根据不同业务特点和不同区域环境特点，逐步对子公司进行专业化重组，建立分、子公司管理和基于业务线条的事业部管理相结合的管理架构，提升治理水平，提高竞争优势。

（二）扩大收入，坚定不移地实施大营销大市场战略。加快形成轨道交通运输装备业务、相关多元化业务、国际业务并举的市场格局，既是确保销售收入持续递增的根本途径，也是防范单一市场风险的必须选择。在国内轨道交通运输装备市场上，要继续加强与政府主管部门和主要用户的沟通，争取理解、支持，不断巩固和扩大市场份额，建立符合市场经济规律的价格浮动机制。要做好技术引进项目与国内传统机车、客车产品的市场衔接工作，力争国产化产品在后续市场占有相对优势，并取得合理价位。要继续保持货车领域的领跑优势，使轨道交通运输装备这一主要支柱产业进一步巩固壮大。坚定不移地实施相关多元化发展战略，所属企业都要充分利用优势资源，依托核心技术，大力开拓相关多元化市场。要在认真做好市场细分，选准目标市场，明确市场定位的基础上，立足长远，精心谋划，集中力量有选择、有重点地开拓相关多元化市场，做精做强，做出规模，做出效益，使这一业务板块成为支撑企业发展的重要产业支柱。要深入研究客户的现实需求和潜在需求，积极拓展轨道交通相关服务业务，全方位、深层次、全寿命周期地满足客户需求，使服务业成为这一支柱产业的重要组成部分。当前国际市场需求总体呈上升态势。各企业要抓住有利时机，以内燃机车、客车（包括地铁、动车组）和货车为主要出口产品，力争拓宽更多的市场区域，占有更多的市场份额。要依靠新的技术平台，尽快在电力机车出口上有所作为。利用国际产业转移的机会，发挥我们的优势，继续扩大各种零部件出口业务。要继续实施积极出口战略，建立和完善国际业务指标考核体系和激励约束机制，充分利用集团公司的产品技术优势，大力提高自营进出口能力，在国际市场上打响“中国北车”的统一品牌。在推动产品出口的同时，积极开展技术输出和资本输出，实现跨国经营，把国际业务尽快打造成集团公司新的产业支柱。

（三）提升能力，坚定不移地推进技术创新。打造具有国际先进水平的核心技术优势，进而掌握国内外市场竞争的主动权，也是直接影响又好又快发展的一项战略性工作。加快技术创新，必须坚持自主创新和引进消化吸收相结合的原则，一方面坚定不移地抓好自主项目的开发，一方面着力抓好引进技术的消化吸收再创新。在技术引进项目和总体布局上看，我们北车集团公司具有一定的战略优势。但要把这种战略优势真正转变为竞争优势，转变为企业的赢利能力，面临的挑战很多，要做的工作也很多。最主要的是产品质量、交货进度以及成本控制问题。要采取有力措施，确保国产化动车组和大功率机车达到国外同类产品质量水平；要加快产品结构调整，缩短企业转型时间，加强生产组织，提高合同兑现能力；要按照“以关键零部件产品国产化促进整机整车产品国产化”的原则，努力培育国内供应商体系，尽快形成国产化配件的规模化生产，强化成本控制；要努力抓好后续订单的签订和消化吸收再创新工作。继续加强自主创新项目的研发，加快构建具有国际先进水平的产品技术平台，在轨道交通运输装备系统集成能力以及关键部件研发上实现突破和跨越，掌握一批具有自主知识产权的核心技术。要努力推进并实现“五个转变”，即：从单一产品研发向强化构建产品技术平台转变；从机客货专业技术独立开发向强化共性技术的综合研发转变；从单纯的产品供应向为用户提供全面解决方案转变；从分散的子企业品牌向统一的集团公司品牌转变；从技术引进为主向技术输出为主转变。不仅要“引进来”，还要“走出去”，主动参与国际竞争，在获得经济效益的同时，不断提升集团公司的核心技术优势。

（四）着眼效益，坚定不移地强化基础管理。发展是第一要务，确保生产经营持续递增，确保经济效益持续递增，这是企业的立身之本，也是改制上市成功之本、企业和谐稳定之本。全面加强基础管理，是提高企业决策科学化的必然要求，是提高企业对市场应变能力的客观需要，也是提高企业经济效益的重要途径。要继续加强战略与投资管理、效绩动态管理、成本费用管理等，进一步提高管理实效，引导和促进所属企业持续强化基础管理，提高经济效益。要根据集团公司整体改制上市的进程和情况，着手研究分析基于上市公司层面的企业发展战略，做好“十一五”规划的修订工作。要结合集团公司整体改制上市带来的新要求，持续抓好重点效绩指标的动态监控与考核，通过效绩管理机制的转变，确保实现连续、稳定、均衡的经营业绩。要围绕集团公司《关于加强基础管理工作的指导意见》，抓落实、抓考核、抓整改。正确处理硬件改造与加强管理的关系，两手抓、两手都要硬。不光在投资扩能上下功夫，更要在优化组织方式，调动员工积极性、创造性等方面下功夫，要通过管理水平的不断提高释放企业产能，力争以最小的投入产生最大的效益。正确处理夯实基础与管理创新的关系，以国际先进水平为目标，建立健全制度体系、工作标准和管理流程，以数据对标、管理诊断、信息技术为手段，全面提高企业基础管理水平。正确处理基础管理与专业管理的关系，相互渗透、相互促进。要把成本费用管理和资金管理放在突出位置来抓。加强目标成本责任管理，持续不断地消除企业运营中一切只增加成本而不产生附加值的活动；继续有计划、有目标、有措施、有考核地开展节能降耗、节约挖潜活动，让“彻底杜绝浪费”成为企业基本的经营活动方式。在大力提高存量资产使用效益的同时，要特别关注增量资产的收益问题。进一步加强投资管理，做好投资论证，统筹资金使用，落实投资责任，规避投资风险，提高资本效益。

（五）共建和谐，坚定不移地抓好企业稳定。改革、发展、稳定三者之间是相互渗透、相互影响、相互促进的关系。当前，对集团公司来说，改革主要表现在整体改制上市，发展主要表现在效益指标的快速提升，稳定主要表现在存续企业的管理保障。我们必须要正确认识和处理改革、发展、稳定的关系，抓改制上市不动摇，抓生产经营不动摇，抓企业稳定不动摇，以改革促发展，以发展保稳定，以稳定为改革发展创造更好的环境和条件。随着各新设一人公司的成立和资产无偿划转工作的结束，集团公司拟上市部分与存续部分的业务、资产、人员边界基本划清。从2007年8月1日起，各新设一人公司正式运转，对外独立经营，并独立进行财务管理与会计核算。从法律意义上讲，拟上市企业与存续企业已成为两个相对独立的法人实体。但从集团公司层面，从存续企业和拟上市公司之间的相互影响来看，存续企业的管理依然是我们必须考虑和重点关注的一个问题。为加强存续企业的管理，集团公司成立了存续企业工作组。同时决定，存续企业的相关资金由集团公司集中管理，严格审批，专款专用。拟上市企业和对应的存续企业由一套领导班子进行管理，新设一人公司领导班子要同时对拟上市企业和对应的存续企业的改革、发展、稳定负责，集团公司一并进行考核。目前，各相关企业均已在领导班子成员中指定一名班子成员具体负责存续企业管理，并抽调相关业务人员组成专门部门与集团公司存续企业工作组对接，开展工作。各存续企业在做好资产经营与管理、内退及离退休人员管理等工作的同时，要重点按照859号文件抓好主辅分离改制分流工作，此项工作必须在2008年全部完成。同时，要加强对房改、医改、大集体改制等相关政策的研究。在法律法规和政策许可的范围内，妥善解决改革发展中出现的新问题或历史遗留问题，确保企业稳定，促进社会和谐。

同志们，全心全意依靠职工办企业，让职工参与改革发展，共享改革发展成果，是我们的一贯方针，也是保持企业又好又快发展的力量源泉。实施整体改制上市，迅速打造核心竞争力，实现“国内领先，国际知名”的战略目标，既是集团公司和所属企业又好又快发展的需要，也是广大职工安居乐业奔小康的需要。机遇前所未有，挑战也前所未有。机遇大于挑战，发展前景美好。让我们高举中国特色社会主义的伟大旗帜，在十七大精神的指引下，继续解放思想，转变观念，提高素质，继续以高度的责任感和饱满的热情，投入到集团公司改革发展的新征程，为开创集团公司又好又快发展新局面，为共同谱写美好生活新篇章而努力奋斗！

围绕战略目标 加强和改进党的工作 为集团公司又好又快发展提供政治保证

——党委书记王立刚在中国北车集团公司工作会议暨一届五次党委(扩大)会议上的报告(摘录)

（2007 年 1 月 18 日）

一、过去一年党的工作简要回顾

2006年是集团公司“十一五”开局之年，一年来，集团公司和所属各企业坚持以党的十六大和十六届五中、六中全会精神为指导，围绕落实集团公司中长期发展战略和“十一五”规划，积极应对市场需求结构变化以及主要原材料、能源价格上涨等严峻形势，加快实施技术引进消化吸收和国产化，深入推进结构调整资源重组，强化成本、质量控制和安全生产管理，大力加强人才队伍建设等工作，全面完成了集团公司“十一五”开局之年的改革发展目标。各级党组织坚持党的工作服务企业生产经营和改革发展稳定大局，深入贯彻《中组部、国资委党委关于加强中央企业党建工作的意见》和集团公司第一次党代会精神，按照年初集团公司工作会议暨一届三次党委（扩大）会议的总体部署，进一步加强和改进企业党的工作，狠抓工作落实，创新机制，提升效能，发挥优势，为完成集团公司全年改革发展目标提供了坚强的政治保证和组织保证。

（一）党组织政治核心作用有效发挥

（二）先进性教育长效机制建设取得成效

（三）领导班子和人才队伍建设得到加强

（四）党风建设和反腐倡廉工作得到深化

（五）宣传思想工作和企业文化建设取得新成效

（六）群团组织作用得到有效发挥

二、党的工作面临的形势

良好的宏观外部环境，为企业党组织开展党建工作提供了难得的机遇和舞台。党的十六届六中全会作出了《关于构建社会主义和谐社会若干重大问题的决定》。构建和谐社会，实现和谐发展的大政方针正在全党全国上下深入贯彻。胡锦涛总书记在庆祝建党85周年暨总结保持共产党员先进性教育活动大会上的重要讲话中，就不断保持和发展党的先进性，加强党的先进性建设作了重要论述。国资委党委书记李荣融在中央企业党建工作会议上，对今后一个时期中央企业党建工作作了部署。今年，党的十七大即将召开，全党全国上下将形成宣传贯彻党的十七大精神的浓厚氛围。建设创新型国家的步伐不断加快，对轨道交通装备的要求不断提升，必将进一步推进轨道交通装备制造业的发展。所有这些，都为企业实现持续、快速、和谐发展提供了难得的机遇和强大的动力，也为企业党组织加强和改进党建工作提供了施展作为的广阔舞台。如何更好地抢抓机遇，主动适应，迎接挑战，充分发挥政治优势，围绕中心，服务大局，如何创新体制机制，结合实际，提高党建工作的创新能力，是摆在我们面前的重要课题。我们要以新的思路开辟党建工作的空间，以新的举措促进党建工作与经济工作的有机结合，以新的机制激发广大党员投身企业改革发展。

轨道交通装备行业竞争激烈，集团公司加快发展任务紧迫，党的工作任务艰巨。集团公司成立以来，经过几年的发展，各方面工作取得了令人瞩目的成绩，确实有了较大的跨越和进步，党的工作不断创新进取，也取得了可喜的成绩。但新的形势和任务对企业党建工作提出了新的更高的要求。在经济全球化的大背景下，我国经济高速发展，集团公司的发展相对于整个社会的快速发展还有差距。随着入世五年的过渡期结束，我国轨道交通装备业也开始对外资全面开放，国际同行领先企业采取技术合作、合资经营、并购重组等手段纷纷在我国抢滩布点，国内已有一些军工企业和民营企业进入铁路装备制造业。由于市场需求有限，未来几年我国轨道运输装备制造企业竞争将更加激烈。在日趋激烈的竞争中，集团公司的生存发展面临严峻挑战。要实现我们的发展战略和经营目标，任务十分艰巨。党组织如何参与重大问题决策，发挥政治核心作用，更好地引导党员干部和职工树立危机意识和忧患意识，如何围绕生产经营中心，实施企业发展战略，鼓劲造势，优化环境，营造氛围，推动集团公司又好又快地发展，是需要我们深入研究、思考和解决的问题。

实现集团公司可持续发展，需要党的工作进一步融入中心服务大局。当前，企业发展战略更加清晰，发展步伐逐年加快，职工群众盼发展、促发展、得实惠的愿望更加强烈，我们加速发展的思想、物质和群众基础更加雄厚。但是，面临的矛盾和问题依然较多。生产经营任务繁重，需要各级党群组织鼓舞士气、凝聚力量，调动各方面积极因素，形成合力攻坚的局面。主辅分离改革改制进一步深化，涉及到利益格局再调整和重新分配，需要各级党群组织承担起统一人的思想认识、转变人的思想观念的责任。资源重组结构调整持续推进，一些体制性、历史遗留的深层次矛盾和问题更加凸显，要求各级党群组织承担起引领思想、融合文化的责任，在营造氛围、维护稳定上发挥作用。人才强企战略全面实施，需要各级党群组织承担起建设高素质职工队伍的责任，落实党管人才原则，在培育人才、聚集人才、留住人才、使用人才上发挥作用，为企业发展打造人力资源优势。各级党群组织要切实为解决好企业发展中的诸多问题，提供强有力的思想保证、组织保证和舆论引导，使广大干部党员和职工群众的思想和行动统一到集团公司决策上来，不断增强各级班子的进取心、广大党员干部的事业心、职工群众的责任心，激发、引导和保护好广大党员干部和职工群众的创业热情。

面对当前形势，企业党的各项工作要紧紧围绕集团公司的战略目标，在总结以往工作经验和成绩的基础上，思考、研究如何进一步深化、进一步创新、进一步提高。各级领导干部要认清形势，把准方向，开拓创新，勤奋工作，把各项工作落到实处。

三、2007年党的工作的主要任务

根据集团公司2007年工作的总体部署和要求，党的工作的总体思路是：**坚持以科学发展观和构建社会主义和谐社会战略思想为指导，深入贯彻《中组部、国资委党委关于加强中央企业党建工作的意见》和集团公司第一次党代会精神，发挥政治核心作用，紧紧围绕生产经营、改革改制、结构调整、技术创新、基础管理等中心工作，以加强党的先进性建设为主线，加强和改进党的工作，服务发展大局，为全面完成集团公司经营目标，推进集团公司又好又快发展，提供坚强的政治保证和组织保证。**

（一）围绕中心工作，发挥政治优势，确保集团公司各项任务目标完成

企业党政工团各级组织虽然责任分工不

同，但是工作目标一致，总的责任和目标相同，就是要牢牢树立起“发展是第一要务”的思想，齐心协力，共同奋斗，确保全面实现生产经营和改革发展目标。

1. *发挥组织优势，凝聚力量，形成合力，确保完成集团公司经营目标。*各级党组织要自觉融入企业中心工作，在确保完成集团公司目标任务上，进一步发挥组织优势。既要参与企业重大问题决策、保证监督经营指标和改革发展重点任务的完成，又要协同行政组织做好指标的分解落实。在年度任务目标和经营指标确定之后，除了行政系统要加强组织落实和检查考核外，党群领导和部门也要深入下去，了解情况，检查督促。只有深入到经营活动和改革的实践中，把情况搞清楚了，把问题找准了，党群组织开展活动才有目标，参与决策才有份量，党群组织的地位和形象才能真正树立起来。总之，各级党群组织要本着有利于生产经营活动、有利于推进改革改制、有利于提高经营效益的原则切实开展工作，注重在统一思想、科学决策、工作落实上发挥组织优势，强化组织保证，形成党政工团组织责任同负、风险共担、合力攻坚的良好局面。

2. *努力提高领导班子的决策水平和执行能力，发挥模范带头作用。*以高度的责任感搞好企业，是党中央对国有企业领导干部的政治要求，也是每个党员领导干部学习实践“三个代表”重要思想、贯彻落实科学发展观的具体体现。我们各级领导干部肩上挑着双重担子，既要保证国有资产的保值增值，又要保证职工群众的切身利益。各级领导班子和领导干部要做到在状态、负责任、讲团结、有干劲，不断增强决策水平和执行能力，增强领导企业加快改革发展的能力。在状态，就是要继续保持锐意进取、奋发有为的精神状态。负责任，就是要继续发扬顾全大局、勇挑重担、求真务实的工作作风。讲团结，就是要坚持民主集中制原则，重视加强工作中的沟通和感情上的交流，重视在企业的总目标上统一意志。有干劲，就是要进一步增强紧迫感和使命感，保持旺盛的工作热情，做到胜不骄、败不馁，在危急和关键时刻处乱不惊，坚韧不拔，成为职工的主心骨和领头人。

（二）加强和改进党的工作，充分体现党组织和党员的先进性

要将先进性教育转化为促进企业改革发展的长久动力，努力实现党建工作的科学化、规范化、制度化，更好地发挥党组织的政治核心作用和战斗堡垒作用。

1. *抓好保持党员先进性长效机制的贯彻落实。*要按照国资委党委要求，在党员领导干部中逐步建立起联系基层单位、基层党组织、困难职工和党员制度。加强对长效机制运行的检查指导，切实保证先进性教育长效机制各项制度贯穿于基层党组织各项工作之中，把先进性教育活动中行之有效的做法在实践中巩固发扬。进一步强化党组织保证监督作用。紧紧围绕生产经营、技术引进消化吸收、重大项目投资、资源重组结构调整、企业改革改制、基础管理等重点工作，在统一思想、科学决策、工作落实上发挥组织优势，强化组织保证。

2. *以“争做”活动和“双培”活动为载体，进一步加强基层党组织建设和党员队伍建设。*进一步加强党支部建设和政工干部队伍建设。按照“政治强、业务精、效率高、作风正”的要求，配齐、配强基层党支部书记，建设一支精干、高效的复合型政工干部队伍。贯彻落实《党支部工作细则》，建立健全有利于发挥党支部战斗堡垒作用、党员先锋模范作用的党支部工作管理体系，创新活动方式，提高工作效能。深化“争做”活动和“双培”活动，突出活动主题，结合企业工作重点，设计活动载体，发挥好党员的骨干作用，并把更多的骨干培养成党员。要把活动的落脚点放在提高党员思想政治素质、增强党员工作能力、发挥党员先锋模范作用上，用党员的先进性影响和带动干部职工。要健全完善党员教育评议制度，通过组织党员集中学习、总结成绩、查摆不足，召开民主生活会，搞好党性分析，促进党员思想政治素质和业务能力提高，使之成为党员经常受教育的基本措施。今年集团公司党委将组织开展党内“一先两优”评选表彰。

3．积极推进党务公开。推进党务公开，是加强集团公司党的先进性建设的重要措施。要指导各级党组织坚持以依法公开、先党内后党外，积极稳妥、逐步推进，实事求是、注重实效的原则，落实“四个”公开，即固定内容长期公开、常规工作定期公开、热点问题及时公开、重点事项适时公开，通过规范、适度、有效的公开，发展党内民主，保障党员权利，加强对党员干部权利的监督和制约，扩大党员、群众的知情权、参与权和监督权，增强党组织凝聚力。

4．加强对党群工作的考核评价。《中组部、国资委党委关于加强和改进中央企业党建工作的意见》强调指出：“逐步建立党务工作人员工作责任制和考核制，并纳入企业管理人员责任考核体系……，要着力解决企业党建工作的热点和难点问题，积极探索加强和改进中央企业党建工作的新路子”。《意见》对提高党群工作部门工作目标绩效评价考核的科学性和准确性提出了新的要求。各企业党委要贯彻落实《意见》精神，在不断实践、不断探索的基础上，研究制定符合企业实际的、科学、准确的党群工作评价体系。在评价内容上，要注重从党员和干部职工的精神面貌，党组织在夯实基础管理、推进自主创新等中心工作中的作用，本单位改革发展稳定实际工作情况评价党群工作。既要看党群工作的成果，又要看促进中心工作的成效；既要看现实的结果，又要看融入的过程；既要看当前的效果，又要看长远的作用。在评价方法上，要把听取领导机关、主管部门的意见与听取职工群众的评价有机结合起来，把定性评价与定量评价结合起来，改进党建思想政治工作内容过于宽泛、考核难以量化、成效不好检验等问题，更好地、更加具体地发挥党建和思想政治工作在企业两个文明建设中的服务保证作用。

（三）以创建“四好”班子为重点，加强领导班子、人才队伍建设

完成集团公司“十一五”规划，实现集团公司的战略目标，关键在于建设坚强的领导班子，带出一支高素质的人才队伍。

1．深化“四好”班子创建活动，增强领导班子整体功能。一是加强领导班子能力素质建设。要通过进一步健全完善两级中心组学习制度、建立和落实领导班子成员学习考核机制，促使各级班子自觉学习理论，努力提高政策理论水平。通过培训教育、召开民主生活会、班子述职等形式，进一步加强领导班子的思想政治建设。二是加强对领导班子的考察调整。建立以科学发展观为指导的领导班子及成员考察评价标准体系，使考察评价标准与集团公司对企业的效绩考核相统一，成为班子和成员自身建设的正确导向。三是坚持干部制度改革方向，增强领导班子活力。继续完善党政主要领导述职制度，明确述职内容、程序，做好征求意见、述职评价的反馈，增强述职效果。继续扩大厂级副职领导人员竞争上岗范围。对任期届满、试用期满的领导人员，集团公司党委在企业党委考核的基础上，有针对性地进行重点考察。积极研究推进市场化选聘企业领导人员。从培养干部、优化结构目标出发，加大干部岗位交流、异地交流、上下交流工作力度。把推进领导人员能上能下作为改革重

点，把制度建设好、落实好。

2．突出抓好后备干部队伍建设。要根据考察情况，有重点地确定一批优秀的后备干部，作为党政正职后备和重点岗位的后备，实施重点培养。各企业要按照相应比例要求，选好、配齐后备干部，以数量促质量，并坚持动态管理原则，根据年度考核情况和领导班子建设需要，及时调整后备干部队伍。各企业要提出后备干部年度培养计划措施，把后备干部放到艰苦岗位、重要岗位、不同岗位锻炼。对因职数限制不能进入领导班子的优秀后备干部，要通过交流、换岗等途径锻炼、使用。要制定并落实好后备干部管理办法，用制度规范后备干部管理。

3．全力做好人才培养开发工作。坚持党管干部原则，按照“管宏观、管政策、管协调、管服务”的总体要求，进一步落实人才建设工作责任，建立以党政主要领导负总责的人才工作目标责任制，加强组织领导，定期研究工作，及时发现和解决人才队伍建设工作中存在的问题，推进人才工作不断深化。认真贯彻落实集团公司《“十一五”人才队伍建设规划纲要》和《“十一五”专业技术人才队伍建设规划》，按照总体目标要求，进一步分解细化，推进实施。落实“五个一”和“1536”人才建设工程，制定专家人才管理办法，拓宽专家人才成长渠道。积极探索党管人才原则与市场化选聘人才的有机结合。认真研究建立集团公司内部人才资源共享的新机制，充分发挥集团公司人才总量优势，提高人才培养效率，缓解人才不足矛盾。针对人才队伍建设的任务和特点，加大学习型组织建设力度，倡导全员学习、终身学习的理念，引导职工坚持多形式、多渠道参与学习、培训。加快建立健全激励人才发挥作用的分配机制，进一步扩大公开招聘和竞争上岗，坚持精神鼓励和物质奖励相结合，引导广大职工树立创新光荣的价值观。在保证人才薪酬水平、提供事业发展舞台的同时，创造融洽和谐的人文环境。贯彻落实胡锦涛总书记关于社会主义荣辱观的重要论述，注重加强思想政治工作，引导各类人才树立正确的世界观、人生观、价值观，不断提高各类人才的政治思想素质。

4．以服务企业发展为目标，有针对性有重点地开展培训工作。要在做好培训需求调研的基础上，重点抓好以下培训工作。制定实施企业领导人员专题培训三年计划；配合后备干部队伍建设，加大青年干部培训力度，争取用三年时间使后备干部得到轮训；建立专家人才培训制度，促进高层次人才素质能力的提高；对各企业主要分厂、车间的党政领导开展岗位轮训，每年计划培训4～6期；根据实际情况，开展经贸、外语等专门人才培训，继续加大对紧缺专业工程师培训；围绕技术引进工作，贯彻服务与管理相结合方针，做好预培训和接力培训。

（四）大力推进党风建设和反腐倡廉工作，维护企业和谐稳定的发展局面

党风建设事关党和国家的生死存亡，事关集团公司改革发展稳定大局，事关党员干部的政治生命。各级党组织要认真贯彻落实中纪委七次全会精神，抓好党风建设和反腐倡廉工作。

1．继续推进惩防体系建设，全力抓好重点工作的落实。按照《实施纲要》对构建惩防体系几个时段的划分，2007年是实现惩防体系建设近期任务目标的最后一年，各企业要对这三年工作逐项进行自查。要以党风廉政建设责任制为龙头，完善运行机制，研究建立各项工作的检查标准和评价体系，重点工作推进落实情况要进行专项检查。要针对出现的新情况、新问题不断丰富体系内容，注意把反腐倡廉要求纳入管理流程和制度规范，在健全管理体系和内控机制中构建惩防体系。

2．深化反腐倡廉教育，推进廉洁文化建设。廉洁文化是企业文化的重要组成部分，是惩防体系建设的一项基本内容。要坚持以邓小平理论和“三个代表”重要思想为指导，以落实《实施纲要》为主线，围绕中心，融入管理，服务大局，大力开展以“廉洁从业、诚信守法、行为规范、道德高尚”为主要内容的廉洁文化建设，积极营造反腐倡廉的文化氛围，深化反腐倡廉教育，促进企业和谐稳定。要按照廉洁文化建设的总体要求，紧密结合企业文化建设的工作实际，认真做好廉洁文化建设规划方案的制定实施工作，加强组织协调，总结成功经验，探索内在规律，搞好示范引导，抓好工作落实。

3．以落实企业领导干部廉洁从业规定为重点，继续抓好廉洁自律工作。完善廉洁从业的纪律要求，修改完善集团公司《领导人员廉洁从业实施细则》。进一步健全廉洁从业的保障体系，提高廉洁从业的监督效果。中央办公厅下发的《关于党员领导干部报告个人有关事项的规定》，对领导干部的范围、报告事项、报告时间、受理部门等都作了具体规定，对于加强领导干部的管理和监督，促进廉洁从业，具有重要意义。按照《规定》所明确的党员领导干部范围，集团公司总部和所属企业中层以上领导人员都是报告的重要对象。要按中办通知要求，组织好首次集中报告个人重大事项的工作，也为今后工作开好头，打好基础。

4．保持惩处工作力度，严肃查办违法违纪案件。要从提高党的执政能力和为实现集团公司战略目标保驾护航的高度，重视和支持案件查处工作，不断提高执纪办案水平。要明确查案重点，围绕国有资产保值增值，结合企业改革发展重点工作，保持查案工作力度不减。加强案件管理工作，坚持“一案两报告”制度，既报告案件查处情况，也报告发案原因分析和预防措施，进一步强化办案治本功能。

5．围绕深化效绩管理，进一步抓好效能监察工作。要在进一步完善效能监察管理体系和工作机制的基础上，重点抓好以成本控制和质量管理为重点的经营管理中的效能监察，抓好以主辅分离改制分流为重点的改制、重组、产权变更效能监察，抓好以不良资产管理为重点的资产管理效能监察。同时抓好招标监督制度落实，完善和实施固定资产投资监督制度和物资采购监督制度。

（五）全面加强宣传思想政治工作和企业文化建设，为企业发展提供精神动力

要坚持以科学的理论武装人、以正确的舆论引导人、以先进的文化塑造人、以高尚的精神陶冶人，引导和激励广大员工投身到企业改革发展之中。

1．以增强实效性为目标，加强理论学习和思想教育工作。引入学习型企业的理念，将理论学习和员工的思想教育作为组织学习的重要内容，增强学习的实效性。针对集团公司深化改革改制、夯实管理基础、加快技术创新、推进文化建设等重点问题组织学习和研讨，有效地把理论学习与企业改革发展实践结合起来。深入开展普法教育和廉洁从业教育，制定实施普法规划，推进企业依法经营。切实加强思想政治工作理论研究，抓好思想政治工作研究体系建设，为集团公司改革发展提供理论支持。

2．以增进企业和谐为目标，深入推进精神文明创建工作。通过深入开展精神文明创建活动，不断推进和谐企业的建设。继续推进社会主义荣辱观教育和实践活动，推动“八荣八耻”的基本要求进企业、进社区、进家庭。深入开展企业形势任务教育，进一步加深员工对企业改革发展的理解和认同。各企业要按照重点突出、主题明确、循序渐进、逐步深入的原则，统筹安排好员工形势任务教育，引导员工不断转变思想、更新观

念。努力推进企业公共文化服务体系建设，不断加强爱国主义教育基地、厂史馆等企业公共文化阵地设施的建设，推进群众性文化活动的开展，支持群众性文化团体的建设，不断满足员工日益增长的精神文化需求。

3. 以聚人心塑形象为目标，进一步强化舆论宣传工作。继续按照整合资源、发挥合力的原则，推进大宣传格局的建设，推进企业舆论宣传工作再上新台阶。加强企业对外宣传工作，紧密围绕企业迎接党的十七大、铁路第六次大提速、企业技术引进、改革重组等重大专题，开展专题报道，为企业改革发展创造良好的舆论氛围。研究制定企业对外宣传的管理办法，进一步严肃对外宣传纪律。企业重大的对外宣传活动须事先向集团公司党委汇报，统一对外宣传口径，对外报道中要明确和不断强化“中国北车集团”品牌。

4. 以提升企业核心竞争力为目标，逐步规范企业文化建设。通过企业文化建设，努力培育企业的核心价值观，形成企业独特的竞争优势。要在企业文化调研诊断的基础上，继续开展北车企业文化咨询，在强化北车主流文化建设的基础上，研究构建适应集团战略发展需要的文化支持体系。

（六）充分发挥群众组织的作用，引导好、保护好、调动好职工群众的积极性

各级党委要加强对工会、共青团等群众组织的领导，支持工会、共青团组织依照各自的章程开展工作。工会组织在集团改革发展稳定中承担着重要职能，要充分发挥作用。要全面推进“创建学习型组织，争做知识型职工”活动，党委要加强领导，行政主要负责，工会要组织实施，团委要积极配合，把“创争”活动引向深入。各级工会组织要广泛开展群众性经济技术创新活动，充分调动广大职工的积极性和劳动热情，确保生产任务和各项经营指标的完成。要大力培养和挖掘先进典型，选树一批有代表性、有影响力的先进集体和模范人物，更好地发挥典型的引路作用和示范作用。切实搞好维权工作，既要维护职工群众的利益，还要维护企业的利益。各级工会组织要重点做好企业资源重组结构调整、改革改制主辅分离过程中的维权工作。深化厂务公开工作，指导各企业制定实施《厂务公开工作标准》，把厂务公开的要求融入到企业管理标准中去。落实职代会民主评议和民主监督权，按照党委要求抓好落实，努力提高民主评议企业领导干部工作的质量和效果。做好平等协商签订集体合同工作，构建和谐稳定的劳动关系。加强帮困救助工作，积极推进“三不让”承诺活动。

各级党组织要坚持以党建带团建的政治方向，重视和加强对共青团工作和青年工作的领导，认真落实集团公司党委《关于进一步加强和改进共青团工作的意见》，将共青团工作纳入基层党建工作考核体系。各级共青团组织要本着服务企业、服务青年的宗旨，以建团85周年为契机，立足组织职能创新，面向青年队伍整体建设，拓展工作领域，丰富工作内容。要以提高团员青年综合素质为着眼点，扎实推进青年“思想筑基、文明先锋、学习成才、创新创效、团建创新”五大行动。建立健全青年工作体系，团结、引导广大青年积极投身到企业改革发展、建设和谐企业的实践中。要切实加强领导，支持党的统战和科协、企协、体协、思想政治工作研究会等群众团体的工作，引导群众团体努力适应新形势，创新工作，为集团公司改革发展作出应有的贡献。

（七）党政工团各级组织形成合力，维护改革发展稳定大局

当前，集团公司改革发展任务艰巨，面临着诸多新的矛盾和问题。今年集团公司和所属各企业将强力推进主辅分离改制分流、

继续深化资源重组结构调整、大力加强基础管理，进一步转变经营机制，一些体制性、历史遗留的深层次矛盾和问题也将更加凸显。面对改革发展矛盾日益凸现的新形势，我们必须树立和谐发展的理念，既要坚持用改革的思路和办法来解决前进中的问题和矛盾，又要努力创造改革发展的和谐环境和条件，从而更好地推进改革发展。为此，党政工团各级组织要高度重视改革推进中的稳定工作。要进一步建立健全稳定工作责任制，加强组织领导，确保各项工作到位。要注重在源头上控制和减少不稳定因素，正确把握改革政策措施的制定，努力兼顾各方面的利益，使决策制定有牢固的群众基础，得到职工的理解和支持。要严格按政策按程序办事，做到公开、公平、公正、透明。要针对个别企业生产经营出现困难，职工收入相对较低的实际情况，一方面多做思想疏导工作，一方面要千方百计帮助特困职工、特殊群体解决实际困难。要按照《信访条例》规定，进一步调整和改进企业信访工作方式方法，依法规范和履行信访工作程序，畅通信访渠道，积极解决信访问题，杜绝受理过程中的不作为和简单化处理。要按照集团公司关于加强应急管理的总体部署，制定完善应急预案和快速反应机制，加强事前预防和不稳定因素排查，做到心中有数、防范在先。与此同时，要站在对党和国家负责、对企业财产和职工群众生命负责的高度，重视和抓好安全生产工作。各企业党委会要关注和讨论研究安全工作的重大问题，推动和保证重点工作的落实。

（八）加强总部作风建设，提升总部工作质量和服务水平

发挥集团整体优势，提高集团公司管控能力，集团公司总部负有十分重要的责任。总部建设要在进一步明确职能定位，健全管理机制，理顺权责关系，规范业务流程的同时，以强化“管理、监督、考核、协调、服务”等职能为重点，进一步加强作风建设，务求在思想观念、工作效率、工作质量、工作作风上有一个全新的变化，以实际行动为全集团作出表率。总部各部门要增强责任意识，深刻认识到肩负的责任，以对事业、对企业高度负责的态度，切实加强工作指导和沟通协调，充分调动各方面积极因素，认真慎重对待每一项决策，扎扎实实做好每一项工作。要强化服务基层的意识，切实转变思想作风和工作作风，加强调查研究，时刻了解、关注企业的需求和愿望，及时研究和解决企业的困难和问题。要增强团队意识，通力协作，密切配合，各部门之间、员工之间要进一步加强各项工作的协调性，保证集团公司各项任务目标的实现。总部机关党委要结合先进性教育长效机制建设，不断健全完善工作制度，加强党员教育管理，着力促进总部各级干部进一步提高认识问题、解决问题的能力。

“十一五”的蓝图已绘就，今年的任务已明确，让我们在国资委党委的正确领导下，紧紧围绕集团公司战略发展目标，加强和改进党的工作，强化责任，振奋精神，开拓进取，务求实效，奋力开创集团公司改革发展新局面，以优异的成绩迎接党的十七大的胜利召开！

统一思想 坚定信心 全力以赴 加快推进集团公司整体改制上市

——党委书记王立刚在中国北车集团公司整体改制上市工作部署会议上的讲话(摘录)

(2007年6月2日)

一、认清形势，统一思想，充分认识集团公司整体改制上市的重要意义

自集团公司在今年初的工作会上明确提出整体改制上市以来，紧锣密鼓地开展了相关工作。年初及时成立整体改制上市工作研究筹划小组进行前期筹划。在4月份经营管理工作会上，确立了集团公司整体改制上市框架性思路。5月初成立了整体改制上市领导小组、工作组和相应的各专业小组。随后，展开了调研及相关工作，聘请中国国际金融公司作为上市咨询机构帮助设计了整体改制上市总体方案。集团公司整体改制工作领导小组、工作小组和各专业组对总体方案进行了多次认真研究和修改。两天前集团公司整体改制上市初步方案已向国务院国资委有关部门作了汇报和沟通。5月31日集团公司召开总部员工大会，通报了整体改制上市总体方案，并作了全面的工作部署，对总部各部门、各工作小组提出了具体工作要求。随后，还将召开各系统的专业性会议，进一步落实各项工作要求。

对照初步方案，要实现集团公司整体改制上市目标，我们还有大量艰巨、复杂的工作要做，一些工作已经迫在眉睫。今天的集团公司整体改制上市工作部署会议，就是要进一步统一思想，明确任务，坚定信心，毫不动摇地推进集团公司整体改制上市工作。这是当前乃至今后一段时期集团公司各项工作的重中之重，全集团上下都要迅速行动、全力以赴，确保整体改制上市工作顺利实施。

（一）整体改制上市是集团公司自身生存发展的现实要求。集团公司脱钩重组以来，在母子公司管理体制建设、企业扭亏脱困、减员增效、技术创新、市场开拓、结构调整资源重组、主辅分离辅业改制等方面做了大量工作，取得了明显成效，为整体改制上市创造了条件，奠定了一定的基础，但受传统体制的影响，集团公司资源配置能力和经济调控能力还没有得到充分发挥，集团公司整体功能、管理体制、运行机制与市场发展的要求不适应的矛盾还未从根本上解决。目前，经营机制不活、盈利能力较弱、自身积累较慢、研发投入不足、资源配置能力较低等问题在一定程度上制约了集团公司和所属各企业的发展壮大。这些矛盾和问题归根结底集中反映在体制、机制上存在缺陷。我们面临的体制、机制转换任务十分紧迫。集团公司整体改制上市，就是要加快推进现代企业制度建设步伐，建立完善法人治理结构，为建设“实力北车、活力北车、凝聚力北车”提供机制上的保证。整体改制上市的过程，是大力推进体制创新和机制转换的过程。这将有利于集团公司大力推进结构调整资源重组，增强集团公司在中国轨道交通运输装备市场上的引领和带动作用，不断提升在国际市场上的竞争实力。

（二）整体改制上市是集团公司抓住机

遇迎接挑战的必要手段。我们与国际同行业几大公司相比，不论是经营规模、还是赢利能力，都有很大的差距。在国资委监管的中央企业机械行业中，我们目前的发展速度还相对较慢。我们更应深刻认识到，在同类央企中，处于同样的外部环境，如果我们出现了较大的差距，既不利于竞争实力的提高，更将面临着生存发展的巨大压力和挑战，将会在方方面面产生消极影响。实现整体改制上市后，集团公司就可以作为上市公司争取市场化的运作环境，通过改制上市转变经营机制，解决所属各企业的历史包袱问题；抢占先机建立资本市场融资平台，保持在行业竞争中的优势地位；通过大规模融资为所属各企业获得又好又快发展所必需的资金。如果我们不能牢固树立快速发展的信心和决心，不能尽快实现整体改制上市，无论在国内还是国际同行业，竞争力建设问题将根本无从谈起，集团公司和所属各企业就难以适应国内外市场竞争的新形势，就将被历史的潮流淘汰。整体改制上市体现了集团公司和所属各企业的共同利益，是集团公司和所属各企业的共同目标和共同责任。我们就是要抓住行业大发展的历史机遇，借助资本市场大发展的良好环境，更好地利用资本市场迅速实现资本的积聚和集中，通过对主营业务的横向扩张或产业链的纵向扩张，使我们的产业链更加完整和全面，进而扩大集团经营规模，做强做大，进一步提高盈利能力与抗风险能力，加快实现“国内领先、国际知名”的战略目标。

（三）*整体改制上市是增强竞争实力，确保国有资产保值增值的重要平台。*集团公司和所属各企业作为国有资产的经营主体，承担着国有资产保值增值的重任。这是国家、社会和投资者对我们国有企业的基本要求。从集团公司经营运行情况来看，尽管我们一直在千方百计努力畅通融资渠道，并且获得了200多亿元的综合授信额度，但由于融资渠道单一，单纯依靠贷款融资不仅加剧了财务费用的高额增长，而且资产负债率逐年攀升，加大了集团公司和各企业的经营风险，承担的国有资产保值增值任务艰巨、压力较大。由于缺乏国家资本金投入支持，资本金严重不足成为制约集团公司和所属各企业发展壮大的瓶颈，这一矛盾将会随着集团公司经营规模的不断扩大而进一步加剧。另一方面，国内资本市场的战略地位已经确立，大力发展资本市场成为国策，证监会与国资委相继出台一系列政策大力支持国有大型企业整体改制上市，当前我国资本市场呈现出快速发展壮大的良好势头。资本市场的实例证明，重组上市的大型国企几乎无一例外地都实现了国有资产的保值增值。因此，集团公司整体改制上市不仅是一个经济问题，也是一个重大的政治问题。集团公司和所属各企业的各级管理者、全体员工，一定要从政治的、全局的高度来看待集团公司整体改制上市工作，切实增强紧迫感和责任感，以对党和人民高度负责、对企业高度负责的态度和精神，迎难而上，扎实工作，推进集团公司整体改制上市工作的顺利实施。

二、明确目标，坚定信心，加快推进整体改制上市工作

（一）*准确把握大局，坚定整体改制上市的必胜信心。*整体改制上市，事关每个企业、每个员工的前途命运和根本利益，在实施过程中，有这样或那样的思想认识、出现这样那样矛盾是自然的。这么艰巨、复杂的系统工程，在实施过程中必然会面临许多实际困难和问题。推进难度是我们前所未遇的，对我们各级管理者来说面临的压力也是前所未遇的。但是不能因为工作难推进就不改制，不能因为有风险就不改制。我们既要正视各种困难和问题，更要看到机遇和优势。机遇是什么？就是国家政策对央企整体改制上市的大力支持；就是轨道交通运输装备行业大发展的市场机遇。优势在哪里？优势在我们具备了整体改制上市的基本条件和基础，我们有经过技术引进消化吸收再创新而确立和巩固的行业竞争优势，我们有通过战略性结构调整资源重组正在逐步形成的专业化优势，我们有经过辅业剥离分离、移交社会职能后在逐步形成的优良资产，我们也有经过近年来不断加强企业管理形成的良好管理基础，我们还有一大批懂管理、擅经营的各级管理者和一支素质优良的职工队伍。有了这些优势，可以说，就没有什么能难得住的，没有什么解决不了的。整体改制上市是大势所趋，是集团公司既定的大政方针。这就是当前各企业、各级经营管理者要把握的大局。开弓没有回头箭。我们要坚决摒弃那种疑虑观望的心态，坚决消除和克服畏难退缩的情绪，坚决摒弃求稳怕乱的思想，各级领导班子、各级管理者都要坚定必胜的信心，统一意志，统一行动，毫不动摇地加快推进整体改制上市的各项工作。

（二）*把握整体改制工作关键环节，积极稳步推进方案落实*。集团公司整体改制上市工作是一项政策性强、涉及面广、工作量大，艰巨而复杂的系统工程。对此，各企业在推进过程中一定要把握关键环节，确保取得实效。一是要加强宣传，搞好发动。集团公司整体改制上市已进入全面攻坚阶段，开展攻坚就必须形成强大的声势、营造浓厚的氛围。首先，各级管理者要把解放思想作为推进改制上市工作的第一道工序，把更新观念作为改制上市的第一道关口。通过解放思想，自觉摒弃那些模糊的认识、不合时宜的观念，为改制上市扫除各种思想障碍。党政工团各级组织要利用各种宣传阵地和舆论工具，广泛深入地开展宣传发动工作，在广大干部职工中大张旗鼓地宣传集团公司整体改制上市的重要性、必要性、可行性，进一步统一思想、提高认识、明确任务。要把集团公司整体改制上市总体方案讲清楚，不仅要把股份公司未来的发展前景宣传好，更要把留在集团公司的存续部分的各方面保障政策、保障措施宣传透彻，坚定广大干部职工支持、参与改制上市的信心，通过广泛的宣传发动，进一步增强深化改革、加快发展的责任感和紧迫感，把思想认识统一到确保实现集团公司整体改制上市大局上来，迅速形成强烈的改革改制氛围，形成全员参与改革改制、全员支持改革改制的良好局面。二是要加强领导，落实责任。集团公司已经成立了整体改制上市领导小组，设立了工作组，设立了股改办、改革小组、财务小组、战略投资计划小组、治理结构筹划小组、宣传小组等各专业工作小组。同时还从部分企业和有关部门抽调精干人员，充实到了各工作小组。各企业都要建立以党政一把手负总责、班子全体成员参加的领导机构，组织有关部门、调集精干力量组成相应的工作机构。企业党政主要负责人要切实承担起股改上市、股份公司运行、存续部分管理和维护稳定的第一责任。各企业要按照集团公司的总体要求，做好大量的基础工作，层层分解落实责任，制定详细工作计划，责任到人，抓紧时间落实好每一项工作计划。三是要坚定信心，扎实工作。要继续保持奋发有为的精神状态，发扬真抓实干的工作作风，扎扎实实地把改制上市的每一项工作做深、做细、做实。坚决反对推诿扯皮、工作拖拉、强调客观、寻找借口、不负责任、坐等观望等不良作风。要切实做好资产切割工作，确保进入股份公司的业务、资产具有较高的盈利能力；做好业务、资产、人员的划界工作，决不能影响改制上市整体进度；做好存续部分的利益保障工作，确保和谐稳定。对工作中出现的新情况、新问题，要深入剖析、抓紧研究，寻求对策，及时上报集团公司，以便协调解决。总之，各企业一定要集中精力、集中时间、集中人员，一心一意落实好整体改制上市方案，做到思想重视，队伍坚强，态度坚决，确保上市目标如期实现。整体改制上市工作对各企业各级管理者的综合素质和能力水平是一次严峻的考验，也是一次很好的检验，也可以说是试金石。集团公司将把整体改制上市工作作为检验企业领导班子和各级管理者的一个重要渠道，对表现好、有实绩的人员要表彰，要用好；对延误工作、无所作为的人员要批评，要追究责任。

（三）*要处理好改革发展稳定的关系，确保整体改制上市在和谐稳定的环境下推进*。改制上市的目的是为了加快发展，要坚持用发展的眼光看问题。在全力推进集团整体改制上市之际强调稳定，是为了确保改制上市工作顺利实施。这项工作触及深层次矛盾和问题较多，涉及范围广泛，各企业情况不尽相同，很难避免在某些局部环节或某些人员、某些群体中引起波动和不平衡，带来一定的稳定风险，需要我们各级管理者做好充分的思想准备。对各级领导班子来讲，既能推得开工作又能稳得住阵脚，这是对各级管理者经营管理能力和水平的考验。处理好改革发展与稳定的关系，首先要求各企业要站在集团公司改革发展的全局高度，全面把握整体改制上市的工作大局，及时掌握改制上市过程中的动态，做过深过细的宣传思想工作和政策解释工作。要充分发挥各级党组织和党员的作用，各级党组织要多做宣传发动和解释工作，发挥党组织的战斗堡垒作用和广大党员的先锋模范作用。二是要发挥好企业职代会作用，认真履行好民主程序。按照国务院国资委《关于进一步规范国有企业改制工作实施意见的通知》要求，涉及企业改制等方面的重大事项，特别是涉及职工切身利益的职工分流安置方案，必须经过职代会或职工大会审议通过，严格按规范程序操作，做到合法、合规、合程序，不留隐患，不留后遗症，并按照有关规定和程序及时向广大职工群众公布，充分听取职工意见，增加公开性和透明度，争取广大职工群众对改制的理解和支持，为整体改制顺利推进打下坚实的群众基础。三是要加强信访工作，及时化解各类矛盾。要认真学习贯彻《信访条例》和中共中央国务院《关于进一步加强新时期信访工作的意见》精神，贯彻落实集团公司《关于维护稳定工作的意见》要求，耐心细致地做好职工心理疏导、理顺情绪的工作，努力营造和谐稳定的良好氛围。各企业要在进一步排查矛盾和问题的基础上，务必制订好周密的预案，能够做到及早考虑、及早发现、及早处理。尤其要在改制过程中一对一地做好每一个职工的政策解释和思想疏导工作，确保和谐稳定的良好局面。各企业党委要在维护稳定方面多做工作，下大力量，要抓在点子上，确保整体改制上市各阶段任务按时完成。

三、进一步增强大局意识、责任意识，确保整体改制上市顺利实施

大家务必要对集团公司整体改制上市的意义、目标、任务有一个清醒而深刻的认识，进一步增强大局意识、责任意识，确保集团公司整体改制上市顺利实施。

（一）*要进一步增强大局意识*。我们的目标是坚定不移地实现集团公司整体改制上市。整体上市体现了集团公司和所属各企业的共同利益。各企业领导班子要进一步增强大局意识，正确认识和处理好局部利益和集团全局利益、当前发展和长远发展的关系。对每个班子、每个管理者来说，能不能做到顾全大局，说到底是一个政治态度问题、党性原则问题、组织纪律问题。各级管理者一定要从讲政治的高度看待这个问题，树立全集团一盘棋的思想，真正做到顾全大局，同心同德。当前，增强大局意识，就是要全力以赴贯彻落实集团公司整体改制上市方案和各项工作部署，确保改制上市各项政令畅通。这是集团公司对各企业提出的一条重要要求。集团公司党委将把各企业领导班子贯彻落实整体改制上市工作部署要求和业绩、表现作为考核班子和领导成员的重要依据。哪个企业出了问题，集团公司整体改制上市工作都将会受到影响。如果因哪一企业的原因，影响了集团公司整体上市的进程，将追究企业领导班子的责任。

（二）*要进一步增强责任意识*。经过几代人的艰苦奋斗，我们机车车辆工业取得了来之不易的成就，经过这几年的奋斗拼搏，我们北车集团公司实现了持续健康快速发展。在改革发展新的历史时期，在这重要的战略机遇期，我们北车集团公司作为我国机车车辆工业的领军企业，各级管理者有责任、有义务肩负起加快推进机车车辆工业现代化的重任，有责任、有义务肩负起振兴发展我国民族工业的历史责任。这是党和国家交给我们的政治责任，也是广大干部职工对我们的信任。当前，我们面临的发展机遇前所未有，面对的挑战也前所未有。抓住机遇全力以赴推进集团公司整体改制上市是我们担当行业领军的必然选择，是集团公司既定的大政方针，要求各级领导班子、各级管理者不能怕苦畏难，要敢于直面困难，攻坚克难，以高度的政治责任感，强烈的责任心，真抓实干，坚定不移地落实好集团公司整体改制上市的各项工作部署，同时要抓好日常的生产经营以及技术创新、基础管理等各方面工作，确保全面完成今年改革发展稳定各项工作任务，促进企业持续健康快速发展。

同志们，集团公司整体改制上市工作是当前一项最紧迫、最重要的工作任务。我们务必要统一思想，坚定信心，同心同德，扎实推进，为早日实现集团公司整体改制上市而努力奋斗！

深入贯彻党的十七大精神 为开创北车集团又好又快发展新局面而奋斗

——党委书记王立刚在中国北车集团公司职工代表大会上的讲话(摘录)

(2007年10月30日)

各位代表，同志们：

经过大会筹备组的精心筹备和各位代表的共同努力，集团公司职工代表大会圆满完成了各项议程，即将闭幕。这次会议，听取了崔总作的关于集团公司改革发展的工作报告，审议了《中国北车集团公司整体改制上市方案》，审议通过了《中国北车集团公司整体改制上市职工安置总体方案》。这次会议是一次认清形势、团结奋进的大会，是一次动员集团上下学习贯彻党的十七大精神，高举中国特色社会主义伟大旗帜，全面落实科学发展观，群策群力，攻坚克难，推动集团公司改革发展进入新的历史阶段的重要会议。

一、正确认识集团公司面临的形势，把握机遇发挥优势，攻坚克难迎接挑战

1．集团公司进入转变发展方式、加快发展步伐的重要战略机遇期。随着国民经济的快速发展，国家在进一步加大中央企业布局结构调整力度，加快培育具有国际竞争力的大公司、大企业集团，并在着力推进国有企业的股份制改革。国资委、证监会等有关部委相继出台了一系列政策大力支持国有大型企业整体改制上市。“积极推进中央企业引入战略投资者或整体改制上市”已成为当前和今后一个时期资本市场的热点和趋势。同时，我国资本市场呈现出快速发展壮大的良好势头。党的十七大报告强调，“深化国有企业公司制股份制改革，健全现代企业制度，优化国有经济布局和结构，增强国有经济活力、控制力、影响力。”十七大报告指出，“实现未来经济发展目标，关键要在加快转变经济发展方式、完善社会主义市场经济体制方面取得重大进展”。具体到我们集团公司来说，关键就是要在转变发展方式、创新体制机制等方面取得重大进展。良好的政策环境为集团公司转变发展方式、加快发展步伐提供了历史机遇。要紧紧抓住改革发展的重要战略机遇期，我们就必须要有一个适应市场经济和国际化竞争的体制机制平台，要有一个良好畅通的资本支持平台。我们要借助这两个平台的建设，转变发展方式，落实各项战略措施，建设“实力北车、活力北车、凝聚力北车”，实现“国内领先、国际知名”的战略目标。

2．集团公司正面临着加快体制转换、机制创新的紧迫任务。党的十七大报告指出“新时期最鲜明的特点是改革开放”，“新时期最显著的成就是快速发展”，“新时期最突出的标志是与时俱进”，这一系列精辟的论断高度概括了当今中国的时代特征和未来的发展趋势。随着改革开放的继续深入和经济全球化的不断加强，企业发展环境正在并持续发生着广泛而深刻的变化。当前和今后一段时期，集团公司既面临难得发展机遇，也面临新的更大挑战。集团公司脱钩重组以来，各方面工作取得了新的进展，经济效益逐年攀升，为整体改制上市创造了条件，奠定了一定的基础，但受传统体制的影响，集团公司资源配置能力和经济调控能力还没有得到充分发挥，集团公司整体功能、管理体制、运行机制与市场发展的要求不适应的矛盾还未从根本上解决。目前，经营机制不活、盈利能力较弱、自身积累较慢、研发投入不足、资源配置能力较低等问题在一定程度上制约了集团公司竞争能力的快速提高。我们与国际同行业几大公司相比，不论是经营规模、还是赢利能力，都有很大的差距。在国资委监管的中央企业机械行业中，我们目前的发展速度还相对较慢。我们面临的体制、机制转换任务十分紧迫。集团公司整体改制上市，就是要加快推进现代企业制度建设步伐，建立完善法人治理结构，为建设"实力北车、活力北车、凝聚力北车"提供机制上的保证。整体改制上市的过程，是大力推进体制创新和机制转换的过程。这将有利于集团公司大力推进结构调整资源重组，增强集团公司在中国轨道交通运输装备市场上的引领和带动作用，不断提升在国际市场上的竞争实力。我们一定要准确把握时代特征和未来的发展趋势，借十七大的东风，坚定信心，攻坚克难，抓住机遇，迎接挑战，全力以赴完成各项任务，努力实现又好又快发展。

3. 集团公司面临着良好的发展机遇，具备了又好又快发展的基础。整体改制上市，事关每个企业、每个职工的前途命运和根本利益。这么艰巨、复杂的系统工程，在实施过程中必然会面临许多实际困难和问题。推进难度是我们前所未遇的，对我们各企业来说面临的压力也是前所未遇的。因此，我们既要正视各种困难和问题，更要看到机遇和优势。机遇是什么？就是国家政策对中央企业整体改制上市的大力支持；就是轨道交通运输装备行业大发展的市场机遇。优势在哪里？优势在我们具备了通过实施整体改制上市实现又好又快发展的条件和基础。集团公司脱钩重组以来，在母子公司管理体制建设、企业扭亏脱困、减员增效、技术创新、市场开拓、结构调整、资源重组、主辅分离、辅业改制等方面做了大量工作，取得了明显成效。具体来讲，我们有经过技术引进消化吸收再创新而正在确立和巩固的行业竞争优势；有通过战略性结构调整资源重组正在逐步形成的专业化优势；有经过辅业剥离分离、移交社会职能后在逐步形成的优良资产；有经过近年来不断加强企业管理形成的良好管理基础；有懂管理、擅经营的各级领导班子和领导干部；更有一支作风朴实、素质优良、敢打硬仗的职工队伍。有了这些优势，可以说，就没有什么能难得住的，没有什么解决不了的。整体改制上市是大势所趋，是集团公司既定的大政方针。这就是当前各企业都要把握的大局。我们要坚定必胜的信心，统一意志，统一行动，毫不动摇地加快推进整体改制上市的各项工作。通过整体改制上市，大力推进体制创新和机制转换，全面提升核心竞争能力，推进集团公司又好又快发展，从而更好地体现我们作为中央企业肩负的"报效国家、服务社会、回报股东、关爱职工，兼顾各方利益，保持企业健康发展、稳定和谐"的历史责任。

二、坚定信心，团结奋进，确保各项工作落到实处

1. 党政工团形成合力攻坚的良好局面。今年是集团公司实现整体改制上市目标的关键年，明年是整体改制上市的攻坚年。党政工团齐心协力，齐抓共管，是实现企业又好又快发展的关键。党政工团各级组织要坚持以科学发展观为统领，以党的十七大精神为指导，自觉地保持党政工团齐心协力抓市场开拓、抓生产经营、抓技术创新、抓改革改制、抓企业管理的大经营局面；自觉地保持党政工团齐抓共管抓宣传、抓学习、抓廉洁、抓人心的大政工局面。以推进改革，强化管理，加快发展，维护稳定为目标，充分发挥优势，心往一处想，劲往一处使，实现各项工作的整体联动。各级党组织要积极探索和实践现代企业制度下发挥党组织政治核心作用的方法和途径，紧紧围绕中心，服务大局，深化“争做”和“双培”等主题实践活动，突出活动主题，结合企业中心工作，设计活动载体，增强活动的针对性和实效性。进一步提高党员思想政治素质，增强党员工作能力，发挥党员先锋模范作用，以党员的先进性影响和带动广大职工群众。各级工会组织要充分发挥优势，围绕确保生产任务和经营指标的完成，广泛开展活动，充分调动广大职工的生产积极性。要建设好职代会制度，充分发挥职代会在民主管理、民主决策和民主监督中的作用，不断增强职代会的议事能力和水平，推动企业健康可持续发展。各级团组织要大力推进青年文明先锋行动、学习成才行动、青年创新创效行动等活动，发挥青年的生力军作用。各级群众团体要努力适应新形势，创新工作思路，改进工作方式，使各项活动与企业的生产经营工作更加紧密地结合起来，为集团公司实现又好又快发展作出应有的贡献。只要党政工团各级组织风险共担，责任同负，目标同向，相互支持，形成合力攻坚的良好局面，我们的目标就一定能够实现。

2. 依靠职工，群策群力，全面完成各项任务。崔总在报告中明确了当前乃至今后一个时期要重点抓好的五方面战略性任务，即：转机建制，坚定不移地推进整体改制上市；扩大收入，坚定不移地实施大营销大市场战略；提升能力，坚定不移地推进技术创新；着眼效益，坚定不移地强化基础管理；共建和谐，坚定不移地抓好企业稳定。这五个坚定不移，是集团公司战略工作的重点。全心全意依靠职工办企业，让职工参与改革发展，共享改革发展成果，是我们的一贯方针，也是保持企业又好又快发展的力量源泉。广大职工群众是企业改革发展的主力军，职工群众中蕴藏着丰富的智慧和巨大的创造力，这是我们国有企业的政治优势和力量源泉。各企业要贯彻落实好“全心全意依靠职工群众办企业”的方针，进一步建立健全以职代会制度为基本形式的企业职工民主管理制度。各企业职代会要在党委领导下依法行使各项职权，董事会、经理层要积极支持职代会制度的落实，工会组织要认真落实职代会职权，履行好职代会工作机构的职责，充分发挥职工代表的作用。各级组织都要切实关心职工群众的疾苦，千方百计帮助职工群众解决实际困难，积极创造条件，不断改善职工生产、生活环境，努力做好困难职工的帮扶救助工作，切实把广大职工群众的积极性和创造性引导好、保护好、发挥好，有效实现企业发展与职工发展的和谐统一。广大干部职工要增强主人翁责任感和使命感，以实际行动落实好集团公司的战略部署，为促进集团公司又好又快发展贡献力量。广大职工代表不仅要在企业改革发展的实践中爱岗敬业，创一流业绩，发挥表率作用，做有理想、有道德、有文化、有纪律的时代先锋，而且要不断提高政治觉悟、业务技能和参与企业经营管理的能力，进一步提高综合素质，增强参政议政能力；要密切联系群众，代表职工合法权益，如实反映职工群众的意见和要求；要积极建言献策、集思广益，为谋求企业更大的发展发挥好作用。

3. 切实维护集团公司改革发展稳定大局。十七大报告进一步强调“社会稳定是人民群众的共同心愿，是改革发展的重要前提”。我们一定要加深理解、深刻领会、全面把握，正确认识和处理改革、发展与稳定之间的关系，全力维护改革发展稳定大局。当前，对集团公司来说，改革主要表现在整体改制上市，发展主要表现在效益指标的快速提升，稳定主要表现在存续企业的管理保障。我们必须要正确认识和处理改革、发展、稳定的关系，抓改制上市不动摇，抓生产经营不动摇，抓企业稳定不动摇，以改革促发展，以发展保稳定，以稳定为改革发展创造更好的环境和条件。这次职代会审议了集团公司整体改制上市方案，审议通过了整体改制上市职工安置总体方案。随着集团公司整体改制上市各项工作的深入，各方面问题和矛盾将逐步显现出来。各企业要进一步增强大局意识、政治意识和责任意识，切实做好维护企业改革发展稳定的相关工作。要深入细致地做好思想政治工作，把做人的工作融于做事的工作，把思想工作渗透于管理过程。每一项改革举措的出台、重大决策的做出、重要制度的推行，都要坚持舆论先行，尽可能向职工讲清楚、说明白。解答职工关注的热点问题要紧扣困惑不回避，敢于回答善于回答，观点鲜明，态度温和，深入浅出，平易近人，晓之以理，动之以情，实话服人。当前，特别是要围绕确保改制上市成功和存续企业改革、稳定，加强宣传思想工作，既要把股份公司未来的发展前景宣传好，更要把存续部分的各方面保障政策、保障措施宣传透彻。各企业领导班子要经常分析本单位维稳工作形势，深入做好矛盾纠纷排查工作，对不稳定因素发现得早、化解得了、控制得住、处置得好。要认真贯彻落实国资委、集团公司关于突发事件应急管理预案的一系列部署和要求，研究制定解决问题的具体措施，细化目标，分解任务，层层落实。同时要加强与地方党委、政府的沟通与联系，与地方信访维稳部门建立长期、稳定的工作联系并形成机制，有效化解突发性群体事件。要切实加强信访工作，疏通、拓宽职工群众反映意愿和问题的渠道，实事求是地分析和解决职工群众提出的要求和反映的问题，对暂时不能解决的要耐心解释，取得职工理解。各位职工代表要发挥自身优势，认真履行职责，多做鼓舞士气、稳定人心的宣传解释工作，引导广大干部职工积极支持企业改革发展，自觉维护企业稳定，形成全员参与改革改制、全员支持改革改制的良好氛围。总之，维护稳定，共建和谐，党政工团各级组织都有责任，各级领导干部、全体党员团员、职工代表都要发挥作用、当好模范，为推进集团公司整体改制上市，实现改革发展目标营造良好环境。

三、学习贯彻党的十七大精神，确保企业改革发展稳定目标全面实现

1. *认真学习贯彻党的十七大精神，要牢固树立“发展是第一要务”的思想。*党的十七大报告强调，“必须坚持把发展作为党执政兴国的第一要务”。这一重要论断，进一步说明在党面临的各项繁重任务中，发展始终是第一位的任务、根本的任务、中心的任务、压倒一切的任务。我们北车集团谋求的发展，就是建设“实力北车、活力北车、凝聚力北车”，实现“国内领先，国际知名”的目标，这既是集团公司和所属企业又好又快发展的需要，也是广大职工安居乐业奔小康的需要。这就要求我们各企业务必实现国有资产保值增值，实现企业经济效益最大化和利润最大化，让职工分享企业改革发展的成果，维护企业和职工队伍的稳定。在今后的改革发展中，我们做决策、谋思路、做工作都要紧紧围绕这些任务，谋求企业经济效益、社会效益和职工群众根本利益的最大化。实现国有资产保值增值，不仅仅是完成经济考核指标，更是国有企业的政治任务，我们必须强化政治观念。把企业做强做大才能实现国家利益、企业利益与职工利益的统一，我们必须进一步强化顾大局、识大体的责任意识。为职工群众办实事办好事、维护职工群众合法权益是各企业义不容辞的责任和义务，我们必须践行全心全意为人民服务这一党的根本宗旨,深入贯彻落实全心全意依靠职工群众办企业的方针,始终把实现好、维护好、发展好广大职工群众的根本利益作为一切工作的出发点和落脚点,做到企业发展为了职工、发展依靠职工、发展成果由职工共享,把企业带上发展之路,让职工走上富裕之路。

2. 认真学习贯彻党的十七大精神,要强化主动适应市场要求的创新意识。十七大报告强调"实践永无止境,创新永无止境",同时进一步提出了"提高自主创新能力,建设创新型国家"的战略要求。创新是一个民族进步的灵魂。创新是企业的生命,是集团公司实现"国内领先,国际知名"目标的不竭动力。在行业大发展、国内外市场竞争日趋激烈的经营环境下,企业生存发展的机遇存在于变革之中,其核心在于创新。我们要紧紧抓住技术引进的机遇,在消化吸收再创新方面下苦功夫。要进一步明确集团公司科技工作面临的机遇和挑战,明确完善创新体系等重要工作的方向和着力点,加快技术创新,推进产业技术升级。我们要在企业管理方面大胆创新。要因地制宜地在企业管理理念、管理模式、管理组织、管理方式上进行新的探索,建立适应市场竞争、符合现代企业制度要求的管理体系。我们要在引进人才和发挥人才作用方面大胆创新。要建立健全吸引、留住、使用人才的机制和平台,创造宽松的政策环境,使各类人才脱颖而出。我们要在企业文化建设方面大胆创新。要大力加强以创新为核心价值观的企业文化建设,进一步弘扬"诚信为本,创新为魂"的企业精神,在全集团大力倡导尊重劳动、尊重知识、尊重人才、尊重创造的风尚,努力营造勇于创新、追求成功、宽容失败、开放包容、崇尚竞争的创新文化。

3. 认真学习贯彻党的十七大精神,要立足企业实际,确保企业改革发展稳定目标全面实现。十七大报告深刻阐述了改革、发展、稳定三者之间相互渗透、相互影响、相互促进的辩证关系。我们要有"改革是动力"的深刻认识。尽管改革改制有风险,但不改革改制风险会更大,如果延误了改革的时机,势必影响发展步伐,导致更大的不稳定。因此,我们要深刻认识到,深化改革的目的是发展生产力,取得更大的发展,把集团公司做强做大,归根结底是为了进一步确保职工群众的利益。要有"发展是根本"的深刻认识。发展是硬道理,发展是根本,党的十七大报告强调把发展作为党执政兴国的第一要务。"聚精会神搞建设、一心一意谋发展"是我们的历史使命和政治责任。当前,集团公司改革发展处于关键时期,遇到困难和问题,我们应当正视;集团公司具有良好发展机遇和很大的发展潜力,我们更要紧紧把握。我们务必保持和发扬高度的政治责任感和历史使命感,围绕要务抓发展不动摇,咬定发展目标不放松;围绕经营抓党建,抓好党建促发展,党的建设任何时候都不能放松;企业靠职工发展,职工靠企业生存,职工队伍建设任何时候都不能放松;坚持以科学的理论武装人,以正确的舆论引导人,以高尚的精神塑造人,思想政治工作和企业文化建设任何时候都不能放松。要有"稳定是前提"的深刻认识。稳定是当前工作的大局,没有稳定的环境,什么事情都搞不成。在深化改革和加快发展中,对于出现的各种热点难点问题,各级组织必须及时深入地做好思想政治工作,为广大职工群众解疑释惑,使改革发展在和谐、稳定的环境中不断向前推进。

集团公司改革发展进入重要的战略机遇期,机遇前所未有,挑战也前所未有。形势催人奋进,前景鼓舞人心。让我们在党的十七大精神指引下,万众一心,群策群力,与时俱进,开拓创新,全面完成各项任务,为开创北车集团又好又快发展新局面而努力奋斗!

突破核心技术　构建产品平台　提升创新能力 为集团公司又好又快发展提供强劲动力

——副总经理兼总工程师奚国华在中国北车集团公司2007年技术工作会议上的报告(摘录)

（2007年3月26日）

同志们：

集团公司2007年度技术工作会议的主要任务是，贯彻落实集团公司工作会议暨一届五次党委（扩大）会议精神，总结2006年技术工作，分析当前技术工作面临的形势，谋划和部署2007年技术工作，动员全体科技工作者团结一致，积极进取，加强技术创新管理，做好技术引进自主研发，努力完善集团公司技术创新体系，快速提升技术创新能力，为实现集团公司又快又好地发展提供强劲动力。

一、全面落实“十一五”科技规划，集团公司技术工作开局良好

2006年，各企业认真贯彻落实集团公司科技大会精神和“十一五”科技规划要求，坚持自主创新和技术引进相结合，努力推进“五个转变”，抓住重点，扎实工作，“十一五”科技工作开局良好，在提升技术创新能力，做好技术引进消化吸收国产化和新产品开发工作等方面取得可喜成绩。

——技术工作重点开始向提升技术创新能力转变

集团公司首届科技大会成功召开。

技术创新能力建设取得成效。

在国家科技支撑计划立项中取得重大突破。

技术创新管理工作明显加强。

——技术引进工作取得了阶段性成果

技术引进项目主要节点目标基本实现。

培育具有国际竞争力的部件供应体系。

产品制造技术与国际接轨。

消化吸收和再创新工作全面展开。

——新产品开发成绩显著

在铁路运输装备方面继续引领货车发展。

在相关多元化方面保持地铁城轨领先优势。

以核心技术支撑集团公司国际化战略取得重要进展。

关键部件开发及核心技术研究取得突破。

二、正确分析当前技术工作面临的形势，明确工作思路

2007年是集团公司“十一五”规划深入实施的关键一年，改革发展将进入一个新的阶段，技术工作面临新的形势，任务非常繁重。

——构建和谐社会对我们开发高品质产品提出了新需求。构建以人为本的社会主义和谐社会，对轨道交通运输装备提出了更安全可靠、节能环保、舒适快捷、更人性化的要求。经济快速增长对轨道交通大发展的需求，在为我们研发高端轨道交通运输装备提供了广阔的市场空间的同时，也对企业提升技术标准和技术水平提出了更高要求。我们必须尽快开始构建集团公司具有国际先进水平的产品技术平台，提高市场响应速度，快速开发出满足社会和市场需求的高品质产品，承担起集团公司在构建和谐社会进程中的历史责任。

——国家实施创新战略为我们完善技术创新体系提供了新机遇。建设创新型国家，突出企业创新主体作用，提升企业技术创新能力，机遇难得形势大好。科技部、国资委和全总联合组织设立的创新型试点企业，将在三到五年内扩大到500家；发改委、科技部等相关部委，将依托大型企业建立一批国家工程研究中心、国家工程实验室、国家工程技术研究中心、国家重点实验室等，这些都将得到国家的强力支持。各级政府“十一五”期间的科技投入将大幅增加，今年仅中央科技投入将增长达20%，达到880多亿元；国家将制定更加优惠的财税政策，对企业研发投入允许以较大比例直接抵扣税收；在选择财政资助对象时，将向潜在的技术创新企业或受国家产业政策鼓励的创新型企业倾斜；国家还在努力完善市场激励机制，建立政府采购支持、自主创新产品认证、编制《国家自主创新产品目录》等政策，规范市场竞争秩序，鼓励企业自主创新。

建设创新型国家和创新型企业，都需要有必要的评价指标体系。国资委正在组织制定对国有企业的技术创新能力评价标准，在对经营管理者的业绩考核办法中加大了技术创新能力考核指标的权重。我们需要认真分析形势并提出自己的工作目标，加强技术创新管理工作。

我们必须关注和学习好相关政策，提高管理水平，很好地运用这些政策，抓住机遇，提高创新能力。

——技术引进工作向纵深发展对我们提出了新任务。在前一段引进的动车组和机车平台产品中，我们拿到了200 km/h和300 km/h两个欧洲标准的动车组及8轴、6轴1200 kW、1600 kW三个大功率电力机车和6000马力大功率内燃机车平台产品技术，集团公司在战略布局上占据了一定优势。下一步技术引进工作将向纵深发展，涉及到的领域更宽、内容更多、难度更大，许多深层次矛盾逐渐显现，对我们提出了新的任务。要把前一段取得的战略优势真正转变为研发能力和赢利能力上的竞争优势，我们需要在合同兑现、后续订单获取、成本控制和再创新能力培育等方面进行大量艰辛的工作，需要发挥技术人员作用，在项目实施的进度、质量和成本控制上实现“三个确保”，力争在后续市场竞争中占有相对优势。我们必须完成通过消化吸收引进技术形成集团公司竞争优势的光荣任务。

——集团公司又好又快发展对技术工作提出了更高要求。为适应国资委加大加快对中央企业的战略性调整力度和改组步伐的形势，今年集团公司将在整体改革方面作出重大举措，并大幅调整经营目标，将2010年的经营指标由300亿元调整到450亿元，明确了铁路运输装备业务、相关多元产品业务和国际业务三业并举的发展战略。为促进集团公司又好又快发展，2007年工作会议提出了集团公司技术工作五大目标：自主研发与技术引进相结合，消化吸收和国产化工作全面推进；技术创新体系进一步完善；科研投入比例保持适度增长；构建具有国际先进水平的整车、系统、关键部件三级产品技术平台开始启动；自主研发项目实现新突破。这对技术工作提出了更高要求。

争做行业领头企业是集团公司今后一个阶段的战略定位。在扎实推进“五个转变”的基础上提升技术创新能力是实现这一战略的根本，是集团公司生存和发展的灵魂，是集团公司技术工作的总纲，是2007年乃至今后一段时期集团公司技术工作的重点。2007年集团公司技术工作总体思路是：全面落实集团公司“十一五”科技规划要求，深入贯彻集团公司工作会议暨一届五次党委

(扩大)会议精神，以完善技术创新体系为主线，以构建产品技术平台为切入点，以典型产品开发为载体，以消化吸收和再创新为重要途径，加强技术创新管理，快速提升技术创新能力，为集团公司又好又快发展提供强劲动力。

三、积极进取，扎实做好 2007 重点技术工作

1. 全力以赴，确保铁路第六次大提速成功。集团公司今年技术工作的最重要、最紧迫任务之一是完成铁道部“4·18”大提速交给我们的各项工作。各企业一要认清形势，提高认识，加强组织，落实责任，整合资源，协同作战，形成合力，制定处理应对各种紧急情况和事件的措施预案，建立并完善长期稳定的安全技术保障机制。二要做好售后服务、现场服务和用户等相关人员的培训工作，做好备品配件的生产供应、调配管理等工作。三要选派设计、工艺技术人员和技术骨干，深入现场调研，加强与运用部门的联系和沟通，及时发现问题，认真分析研究，提出可行的解决方案，保持装备良好运行状态。特别是长客股份公司、大连机辆公司要按铁道部要求，按时完成 200 km/h 动车组、六轴大功率电力机车交付和各项试验任务，并确保国产化动车组和大功率电力机车达到国外同类产品质量水平。货车造修企业要按照铁道部统一部署，全面提高货车造修质量，提升货车整体制造、检修工艺水平，并对运用中的新造和提速改造货车进行全面的对标、对规检查，对车辆状况进行全面质量评估，确保提速货车技术状态良好，确保货车提速安全可靠，确保铁路第六次大提速顺利实施。为铁路第六次提速提供优质的技术服务和可靠的装备保障。

2. 做好技术引进工作，继续保持集团公司的战略优势地位。集团公司技术引进消化吸收工作正向纵深发展。2007 年，技术引进工作的目标是要继续保持集团公司在高速动车组、大功率交流传动机车技术引进中的战略优势地位，并在关键部件、核心技术的引进消化吸收中取得实质性突破；主要任务是确保合同兑现、获取后续订单、强化成本控制和消化吸收再创新。

确保合同兑现。技术引进相关企业要采取有效措施，克服一切困难，确保各项目合同兑现。

努力获取后续订单。高速动车组和大功率电力机车等后续订单，直接关系到集团公司“十一五”经营战略目标的实现，决定着集团公司生存与发展，意义重大，我们要高度重视，全力争取。

强化成本控制。成本控制是完成技术引进国产化工作的一项重要内容，除严格控制采购、生产成本外，最有效的途径是加快国产化进程，提高国产化率。要按照“以关键零部件产品国产化促进整机整车产品国产化”的原则，对已确定的国产化零部件，加快国产化进程，尽快形成规模化生产，降低成本。加强集团公司内部协作，按照国外标准，组织力量对进口零部件进行认真分析，研究其国产化的可行性与途径；对集团内部不生产的其他配件，按照实现共赢的原则，通过多种形式实现国产化，加快培育国内供应体系。

消化吸收再创新。各相关企业要沉下心来，以十年磨一剑的精神，从每个细节体会国外合作伙伴技术的精髓，学习技术管理经验，不断培育和提升企业的学习能力和知识管理能力，系统、全面、深入地消化吸收合作伙伴的关键技术，为构建集团公司产品技术平台奠定良好基础。消化吸收再创新的重点工作是快速突破并掌握制约企业发展的核心技术。集团公司将继续组织永济厂、研发中心等认真实施“充电机控制系统”消化吸收再创新工作，力争形成具有北车特点的消化吸收再创新模式，推广到功率模块、牵引变流器及其控制、网关等部件乃至整车项目的消化吸收再创新工作中，2007年重点要突破功率模块的核心技术。

3. *以市场为导向，以典型产品开发为重点，自主研发实现新突破*。以铁路市场、路外市场和国际市场需求为导向，以“十一五”科技规划中九项典型产品开发为重点，在构建产品技术平台的同时，加大产品开发力度，实现集团公司自主研发新突破。

分解落实“1239”集团公司“十一五”科技发展目标，2007年，要全面启动“时速350公里高速动车组研制”项目；重点开发时速200公里长编组动车组和时速200公里新型客车；完成时速200公里四轴交流传动客运电力机车设计和重点部件的试制等出车准备工作；开展25吨轴重时速120公里通用货车和30吨轴重车辆技术研究，加快研制时速160公里快速集装箱平车；完成直线电机车辆的交付和试验，开展“100%低地板轻轨车研制”，搞好地铁A型车的开发；做好高中低速磁浮技术研究和产品研发工作。

同时，要积极开发70吨级不锈钢煤炭/矿石漏斗车、70吨级毒品车等，完善70吨级货车产品系列；研发350吨钳夹车等特种车辆，继续巩固领跑货车优势。要依托核心技术拓展路外产品，积极做好大型养路机械技术引进和开发研制工作；完善集团公司起重机产品系列。要高度重视国际市场需求研究，尤其是认真完成好已签订合同的出口产品开发工作。

4. *统筹策划选择试点，开始产品技术平台的构建*。产品技术平台是企业实现竞争优势的可重用、共享的核心资源的集合。构建具有国际先进水平的整车、系统、部件三级产品技术平台，是完善集团公司技术创新体系的重要内容和核心组成部分，是快速提升集团公司技术创新能力工作的切入点和有力抓手，也是今后一段时间集团公司技术工作的重点之一。

2007年的工作重点：一是通过研讨、培训、宣传等方式，统一各级领导和技术人员的思想，取得共识，形成合力。二是提出集团公司构建三级产品技术平台指导意见，结合集团公司典型产品开发，在充分调研的基础上做好平台建设总体布局规划。三是在整车、系统、部件三个层面上分别选择一个产品技术平台试点，确定各产品技术平台试点的牵头单位。今年拟开始城轨车辆整机、网络控制系统和电机部件三个有代表性的产品技术平台试点工作。每一个具体产品技术平台，都是集团公司技术创新体系的有机组成部分，各牵头单位承担着光荣而神圣的使命，要站在集团公司的高度，开展好试点平台的构建工作，为全面构建集团公司产品技术平台积累经验。

5. *进一步完善集团公司技术创新体系*。保持技术投入比例适度增长是快速提升集团公司技术创新能力的重要保障，完善开放、协同、高效的技术创新体系是快速提升集团公司技术创新能力工作的主线。

保持技术投入比例适度增长。2007年集团公司总的技术投入比例要达到2.5%以上，并将在今后三年保持每年0.5%以上的增长，以实现“十一五”科技规划提出的到2010年达到4%的目标。要以效益和效率为中心，提高技术人员成本意识，加强技术经济分析，开展产品开发活动全成本控制，规范技术投入的使用，提高技术投入使用效率。

逐步形成技术创新激励机制。制定技术创新奖励制度对于建立技术创新激励机制具有十分重要的意义。集团公司正在通过制定相关奖励制度和办法，构建技术创新激励机制。今天的会议上，我们印发了《关于完善

集团公司技术创新奖励体系的意见》征求意见稿，供大家讨论。各企业要按照集团公司的总体思路和基本框架，结合企业实际，建立和完善各项奖励制度，规范企业技术创新相关的荣誉系列、奖励等级、相关待遇和遴选评定等标准，逐步形成企业创新激励机制，更好地调动和激发技术人员的积极性与创造性。

建立集团公司技术创新评价体系。科学评价企业的技术创新能力关系到企业的长远发展。今年各企业要积极配合，与集团公司共同完成建立技术创新评价体系工作，要系统地分析、设计技术创新统计指标，规范统计信息的来源、采集、汇总、分析和应用，完善集团公司技术创新统计制度，制定符合集团公司实际的技术能力评价方法与指标体系，及时掌握企业创新能力的发展态势、弱点和未来建设重点，脚踏实地地保持并提升企业的技术创新能力。集团公司正进行相关的咨询与研究，并将进行专题研讨和培训，为评估企业技术创新能力提供准确数据。

开展集团公司技术创新体系试点工作。今年，我们要在充分调研的基础上，遵循审慎进行、上下结合、充分论证、务求实效的原则，按照集团公司技术创新体系将由集团公司级、专业子公司和制造企业三个层次组成的总体思路，尝试在大连电力牵引研发中心、长春轨道客车研发中心和唐车公司技术中心开展试点工作，为完善适应集团公司发展战略的技术创新体系摸索和积累经验。

6．加强技术管理，为快速提升技术创新能力打好基础。技术管理特别是技术基础管理是快速提升集团公司技术创新能力的软肋。在集团公司基础管理年中，技术管理要重点做好以下几方面的工作。

加强专利工作。集团公司科技大会提出了“十一五”期间的“1515”专利战略目标。专利工作要按照确保总量的同时提高质量的原则，认真落实“十一五”期间专利工作动态指标，进而实现发明专利和有效专利大幅提升。各单位要在集团公司专利战略基础上，建立专利工作制度与机制，研究产品技术特点，形成企业专利战略，合理设置专利与企业技术秘密重点，从而建立集团公司知识产权防御体系。

加强在技术引进工作中的技术管理。前一段技术引进工作的实践使我们深刻地体会到，与国际先进企业的差距绝不仅是核心技术水平，技术管理水平的差距已直接制约着集团公司消化吸收引进技术的效果，制约着集团公司技术创新能力的快速提升。技术管理人员要加入到技术引进工作中，同样以“僵化、消化、优化”的原则，认真学习和吸收国外合作伙伴的技术管理精髓，改进我们的技术管理理念、原则、方法，逐步形成企业的技术管理规范和知识学习积累能力。各相关单位要认真收集挖掘、整理总结合作伙伴好的做法和经验，集团公司将适时组织交流学习，促进技术管理水平的整体提升。

加强技术创新人才队伍建设。温家宝总理在日前召开的国家科学技术奖励大会上强调：“科技发展归根到底靠人才。谁在人才上占有优势，谁就能在科技上占领制高点”。我们有条件有责任为技术创新人才队伍建设作出贡献。要按照“1536”专家工程目标，为组建集团公司技术咨询委员会和技术专家委员会做好准备，充分发挥技术专家在研究解决关键共性技术难题、跟踪国际行业技术发展趋势、研究集团公司技术发展方向和技术路线等工作中的作用。本次会议将成立集团公司网络控制技术专家组，今年还要组织转向架专家组对引进的技术进行交流研讨，继续发挥好技术专家组的作用，为消化吸收并突破关键技术作出更大贡献。要引入竞争机制，抓紧谋划对技术创新人才实施动态管理。要加强对技术创新管理队伍的建设，通

过做好企业产品数据管理和设计—工艺—制造流程管理工作，提高技术创新管理人员的技术、知识管理素质和水平。

加强政策研究，努力实现“抢点占位”和“创效获益”。国家建设以企业为主体的技术创新体系布点规划已全面展开，资源极其有限。在国家技术创新体系中抢点占位，是不可多得的历史机遇，对集团公司的发展意义重大。我们要加强政策研究，总体谋划，统筹运用技术创新优势资源，努力争取集团公司整体进入国家创新型试点企业行列。有条件的企业要积极争取进入到国家、地方和行业的创新体系框架中；努力在国家级、行业级研究中心和实验室建设中有所建树。各企业都要积极争取企业技术中心进入国家或省、市级企业技术中心行列。扩大北车集团在国家发改委、国资委、铁道部、科技部等政府部门的影响力，取得集团公司在行业技术创新体系中的优势地位。

要争取国家、部委和地方的项目和经费；建立高校、科研机构和企业的战略联盟；探索通过国家自主创新产品认证，进入《国家自主创新产品目录》的方法与途径；用好用足促进技术创新、新产品税收优惠等各项激励政策，为企业获取更大利益。

同志们，过去的一年，集团公司广大科技人员团结一致，开拓创新，奋发进取，取得了巨大成就。展望2007年，我们任重道远，使命神圣。我们要坚定信心，敢于创新，敢于争先，敢于跨越，真抓实干，协力攻坚，努力完善技术创新体系，快速提升技术创新能力，确保全面完成2007年技术工作各项任务，为集团公司又好又快发展提供强劲动力！

以科学发展观统领纪检监察工作
坚持不懈地加强党风建设和反腐倡廉工作

——党委副书记、纪委书记林万里在中国北车集团公司纪委书记座谈会上的讲话(摘录)

(2007年6月20日)

这次会议，传达学习了《中共中央纪委关于严格禁止利用职务上的便利谋取不正当利益的若干规定》，座谈交流了各单位上半年的工作进展情况和下半年的工作打算，研讨修改了集团公司关于加强廉洁文化建设的意见（征求意见稿）。会议开得很成功，既沟通了情况，交流了经验，又使大家相互借鉴，取长补短，这对我们下半年进一步加强党风建设和反腐倡廉工作，圆满完成全年纪检监察工作，促进企业又好又快发展，将会起到积极的作用。

一、关于上半年集团公司纪检监察工作的总体评价

听了大家发言，我对集团公司上半年纪检监察工作有了一个总体的感觉和评价，在工作上主要表现为五个方面的特点。

一是贯彻中央纪委第七次全会精神和胡锦涛总书记有关党风廉政建设，特别是在领导干部中树立和倡导八个方面的良好风气的讲话，态度积极、学习深入、贯彻坚决。首先利用中心组安排学习研讨，并按要求召开了专题民主生活会。有的组织辅导讲座、报告；有的把《人民日报》的八个评论编印成册，组织学习。其次是把学习和相关要求纳入对班子的考核和党风建设责任制。这紧跟了形势，突出了政治，体现了我们纪检监察干部高度的政治敏感和政治责任感。

二是牢牢抓住了惩防体系建设这个主线，在构建教育、制度、监督并重的惩防体系工作中，抓出了特色。在教育方面，不仅进行了廉政理论、党的政策、法纪条规、典型案例教育，还与地方检察机关、公安部门进行合作，开展了针对性教育共建活动。特别是重视了面对面的教育，开展廉洁谈话，有事要谈、诫勉要谈，提职要谈、转岗要谈。廉洁文化建设也已摆上了议事日程，有的已取得成效，在构筑思想道德防线方面做了大量的工作。在制度建设方面，通过对标检查来查找漏洞，完善制度，逐步形成惩防体系网络，建立惩防体系长效机制。在监督方面，抓住了重点、难点、热点和节点，实施了全过程的监督。一些重点的环节、重点的部门、重点的人员，群众关心的一些热点问题，企业在经营管理中的一些老大难问题，以及关键的时段、节日，进行全过程的教育监督。把教育、制度、监督紧密结合，逐步形成了让我们的干部通过廉洁教育不想腐败，通过制度建设不能腐败，通过有效监督不敢腐败的局面。

三是健全了党风廉政建设责任制。各企业高度重视领导干部的廉洁自律，许多企业运用诺廉、述廉、评廉、考廉相结合的方式，使整个工作从诺廉开始，通过述廉、评廉，再到考廉，形成了闭环体系，纳入绩效考核，实行一票否决，为我们的党风建设和反腐倡廉工作提供了一个可靠的制度保证。

四是围绕中心融入管理，结合企业形势和今年的中心工作，加大了效能监察力度。

各单位工作都有各自的特色，主要体现在严、细、实、新等方面，为企业加强管理，堵塞漏洞，降低成本，提高效率、效益，发挥了很好的作用。而且能够不断赋予效能监察新的载体、新的机制、新的办法，取得新的效果。

五是重视纪检监察队伍自身建设和素质的提高。有的单位提出要打造一流的纪检监察干部团队，有的采取措施加强了自身的学习培训。同时，在纪检监察审计资源的整合，目标的制定，力量统一协调，工作统一行动方面，迈出了新的步伐，作出了有益探索。

二、关于下半年纪检监察工作应突出抓好的几个重点

（一）要高度重视，继续深化廉洁从业教育，抓好领导干部八个方面良好作风的建设。特别是要抓好十七大报告、纪委工作报告的学习和会议精神的贯彻落实，进一步筑牢反腐倡廉道德防线。近期要组织好对中纪委关于严格禁止利用职务上的便利谋取不正当利益的若干规定的学习，领会精神，掌握尺度，严格要求，抓好落实。

（二）要把惩防体系建设工作不断推向深入。按照惩防体系建设三年规划，今年要取得阶段性成果。根据年初安排，下半年要进行对标检查，填平补齐，完善制度，为下一步形成长效机制，更好发挥作用打下坚固的基础。第三季度，集团公司要根据工作进展情况进行调研和总结，通过面上的检查发现问题，为推进惩防体系建设提出进一步的指导意见。关于惩防体系建设，重点要抓好三个方面：

（1）教育。教育就是要以人为本，预防为主，关键是要形成大宣教的格局。教育是惩防体系建设根本性的保障。一方面，教育的内容除了马列主义、毛泽东思想、邓小平理论、“三个代表”重要思想、科学发展观以外，还要重点对党纪条规，企业规章制度进行学习教育。第二方面是实践教育。包括典型案例的警示教育，模范人物的示范教育，廉洁自律加责任制的实践教育。第三方面是廉洁文化建设。要从知识层面上进行廉洁从业知识教育；从情感层面上关心人、引导人、感化人；从伦理层面上，培养党员干部的道德情操；从信仰信念层面上，牢固树立共产主义理想信念。廉洁文化建设要从这四个层面抓起，为惩防体系建设构筑根本性的思想保障。

（2）制度。现在集团公司正在整体改成股份公司上市融资，各个厂所也要改成有限责任公司。要建立法人治理结构，相应的公司章程、公司的基本管理制度以及与新公司章程相适应的一些制度体系，都要修订完善，一定把廉洁从业的要求贯穿进去。这是制度建设的一个方面。第二个方面是体制。建立法人治理结构，董事会、监事会、股东会、经理层，三会一层，党委、纪委的工作也要调整适应。我认为，公司制改革以后，党委发挥作用主要是通过五个渠道：一是通过双向进入，交叉任职，参与决策体现党委的政治领导。党委主要成员通过法定渠道进入董事会，董事、经理层符合条件的进入党委会，从体制上来保障党委参与企业重大问题决策，起到政治领导的作用。二是要坚持党管干部的原则，通过党管干部、党管人才，推荐干部，提拔聘用干部来体现党的组织领导。三是加强党委对思想政治工作的领导，通过领导“四有”职工队伍建设和企业文化建设，加强工会、共青团联系群众的桥梁纽带作用，来发挥思想领导的作用。四是通过基层党组织建设和“双培”活动，发挥党委的政治核心作用，党支部的战斗堡垒作用和党员的先锋模范作用。五是通过抓党风建设和反腐倡廉工作，通过构筑惩防体系，通过效能监察以及执纪办案，发挥党委的监督保证作用。第三个方面是机制。一是法人治理结构的权力制衡机制。董事会管什么，监事会管什么，股东会又该过问什么，总经理有哪些权利等等，这都是法定的。按照法人治理结构要求规范运行，形成权力制衡机制。二是结合惩防体系建设，通过教育也好、制度也好、监督也好，建立对权力运行的约束机制。三是通过绩效考核，用经济手段进行约束，形成激励约束机制。

(3) 监督。就是全过程的监督，全员的监督。这包括执行力的建设，没有执行力，制度就是一纸空文。效能监察是融入管理，体现我们纪检监察工作价值的最好平台。还有就是党风责任制和执纪办案，办案本身就是履行监督，在监督过程中发现案件线索，办案就是要让犯事的人受到惩处，警示教育他人。

（三）要高度重视和完善效能监察工作。效能监察，顾名思义，就是围绕效益、围绕能力（执行力）来开展监察工作。集团公司年初立项立了三项，一个是成本和质量，这是配合今年整个集团的基础管理年来进行的。第二个是辅业改制效能监察，过去主要是“859”改革，现在还多了全集团的股份制改革，各个厂所的公司制改革。第三个是不良资产管理效能监察。各单位自己选题立项，有的进行执行力的效能监察，有的进行自有资金的效能监察，从采购招标到废旧物资处理等等，这都很好。关于“自有资金”，因为我对全集团“自有资金”的历史渊源和现在的一些情况还不是很了解，我在想，地方检察院只要过问，就会定性为“小金库”，怎么办？我想了这么五句话，五个“合”，暂过渡一下。一是来源要合规；二是使用要合理；三是程序要合法；四是数额要合适；五是职工合意，也就是职工要满意，不能让职工举报你。这是一个过渡的办法。另外还有一个想法仅供参考，我们是否可采取对创收实行集体奖励的办法，工厂作出规定，给予集体奖励，规定使用范围，可以用于集体活动、集体福利和特殊奖励，授予车间一定权限来掌握使用。

（四）要重视来信来访和群众举报工作。对来信举报要认真加以梳理和线索初核，执纪办案一定要按照程序办理。同时，要注意关口前移，一个是教育的关口要前移。另一个是信息的关口要前移。信息一定要灵、要准，反应要迅速、要到位，不能因为我们信息不灵，或者是因为群众的举报来访没有及时加以了解、查处，结果就直接捅到检察院。这样我们就特别的被动，不仅要耗费更大的精力、财力，还会影响客户关系，影响营销渠道，影响企业形象。所以，执纪办案一定要敏感，有线索该初核要初核，该了解要了解，该怎么办就怎么办。要掌握好尺度，定性量纪一定要准确，要及时和集团公司纪委通气。再就是文案要严密，办成铁案，不能给以后留下隐患。在座有很多书记还负责稳定工作，一定要贯彻好集团公司稳定工作会议精神，把这项工作抓实。

（五）廉洁文化建设。集团公司纪委起草了一个意见，讨论中大家提出了很多很好的建议，下来后要认真作修改。国资委要求分三步走，今年是规划试点阶段，后三年是体系完善阶段，2010 年以后是长效机制建设阶段。关于廉洁文化建设的内容和形式，首先要抓好廉洁理念的提炼和培育，要把“廉洁从业、诚信守法、行为规范、道德高尚”作为廉洁文化的价值理念。其次是要搞好视觉文化建设，大家做了很多。如，OA 网上反腐倡廉教育网页，厂报、广播上的廉洁专栏和廉洁之声，组织编排、创作有关党风建设和反腐倡廉的文艺演出、电视专题片、漫画，印发廉洁手册，一些制度性的标语标牌，上墙、上网、上桌等等。第三是要抓好行为文化的养成。制度建设本身就有行为文化的内容，也叫制度文化，要把它加以完善，汇编成册，便于大家查找学习，规范行为，逐步养成按规矩做事的习惯。总之，文化的作用就是要让廉洁的理念、行为变成心理程序，变成自觉的行为规范。希望各单位能够结合自己的实际，抓出特色，抓出经验，集团公司将选择一两个单位作为试点，在惩防体系建设中，通过大家创造性的实践来综合出集团公司统一的东西，博采大家的众长，体现大家的实践，然后再归纳总结指导工作。这样，更有群众基础，更有实践意义。

（六）自身建设。当前，集团公司改制上市紧锣密鼓，各厂所要适应公司制改造，组织结构也会发生变化。但是，不管怎样变，我们纪检监察工作的地位和作用不会变，我们要通过更加努力的工作、发挥更大的作用来体现我们的地位。一个企业就好比一辆汽车，有三大系统。第一个系统是班子建设，这是方向机，企业发展战略、发展方向，要靠班子。第二个系统是动力系统，人力资源是企业发展的动力，人力资源建设是第一资源、第一动力。第三个系统是制动系统，我们纪检监察系统就是制动系统。有了这三大系统的保障，企业才敢驱动改革改制、管理创效、技术创新、市场开发这四个轮子。没有这三大系统，这四个轮子也不敢转。下一步我们也要探索通过资源整合、机构建设、机制形成来推进、强化纪检监察工作。全体纪检监察干部要坚定信心，坚守岗位，加强自身建设，提高业务能力，更好地完成今年的纪检监察工作任务，为集团公司又好又快发展发挥作用。

夯实管理基础　完善制度建设
为集团公司又好又快发展提供强有力的保证和支持

——副总经理赵光兴在中国北车集团公司劳资培训工作会议上的报告(摘录)

(2007年6月21日)

同志们:

这次会议的主要任务是贯彻集团公司经营工作会议和整体改制上市工作部署会议精神，总结2006年劳资培训工作，分析面临的形势，研究部署今后一个时期劳资培训工作，动员全体劳资培训人员积极应对形势变化，超前谋划积极思考，以建立市场化用工机制和适应市场变化的薪酬体系为目标，强化管理，夯实基础，推进改革，为集团公司又好又快的发展提供强有力的保证和支持。

一、2006年主要工作回顾

2006年是“十一五”开局之年，集团公司坚持技术引进与自主创新相结合，深入推进结构调整资源重组，积极应对市场变化以及主要原材料、能源价格上涨等严峻形势，不断强化成本控制和质量、安全等管理工作，实现了集团公司的持续发展。在这一年中，劳资培训工作按照沈阳会议的总体部署，在集团公司各级劳资培训人员的共同努力下，集团公司劳资培训工作取得了可喜成绩，各项指标都有明显改善，实现了“十一五”发展的开门红。

(一) 经营业绩持续增长，职工收入稳步提高

(二) 职工工资总量调控进一步加强，人工成本总量控制适度

(三) 职工总量控制成效显著

(四) 坚持推进分配制度改革，不断完善企业内部薪酬体系，强化分配制度的激励与约束作用

(五) 以技师为龙头的企业高技能人才队伍建设全面发展

(六) 以技术引进作为新的着力点，员工培训工作富有成效

(七) 劳资管理信息系统建设逐步完善，基础管理工作进一步加强

二、面临的形势和任务

(一) 进一步提高劳动生产率的问题又一次被摆在了突出位置，减员的任务尤其艰巨

北车集团组建以来，职工人数从组建之初的近13万人减少到了10万人以内，减员增效的成绩显著，是有目共睹的，这也为目前集团公司整体改制上市的实施奠定了一定的基础。但我们必须清醒地认识到，北车集团目前劳动生产率仍处于中低水平，加快发展的问题十分严峻，员工总量过剩的问题依然是整体上市的很大障碍。

目前集团公司要整体改制上市，如果不能迅速地、大幅度地提高劳动生产率，必将影响上市后企业发展能力。改制上市后企业将成为公众企业，其竞争能力将得到市场的进一步考验，评判企业经营业绩的标准也更加市场化。上市公司在资本市场上的表现最终将取决于企业的经营业绩，首当其冲的是企业盈利能力。企业盈利能力的提高一方面依靠市场的开拓，把“蛋糕”做大，一方面来自成本费用总额的降低，包括人工成本的

降低。而企业对人工成本的控制，途径只有两条，一是减少用工总量，二是控制人均人工成本。目前在我们人均人工成本水平并不具有明显的市场竞争力、已经无法继续降低的情况下，降低人工成本总量也只有通过减少用工总量来解决。

集团公司提出到“十一五”末劳动生产率要达到56万元/人的战略目标，这是对比国内外同类企业情况后，集团公司迈向“国内一流、国际知名”的阶段性目标。对照这一目标和我们企业目前的现状，大幅度提高劳动产率水平在相当程度上依赖于企业用工总量的减少。

然而企业经过多年连续不断的减员，无论是清理不在岗人员、规范劳动合同管理，还是通过主辅分离、辅业改制分流安置富余人员，特别是中小学移交工作，一定程度上已经消化了相当数量的非在岗人员和非主业用工。目前企业除了进一步通过改革改制分流富余人员外，实行批量减员或经济性裁员的可能不大。

同时企业正在进行的大规模工业化改造和产品结构调整，对人员的需求发生了较大变化。特别是目前技术引进国产化项目的实施已经进入关键阶段，企业对高素质劳动者的需求旺盛，急需补充相当数量的新员工，以改善队伍的技术、文化及年龄结构。但是如果企业不能兼顾职工总量控制和人员结构的调整问题，不仅影响企业年度经营目标的实现，而且也将对企业今后的持续发展产生不利影响。

一方面是减员增效的需要，另一方面是结构调整的需要，我们需要同时解决总量过剩和部分岗位人员不足的问题，两个问题的矛盾在近一个时期内将十分突出，这是我们不得不面对的新课题。现实情况是企业只有大力减员，才有可能为人员结构调整留出进人的空间。

（二）国民经济和铁路行业的快速发展以及社会平均工资快速增长促使职工工资增长预期提高

从目前各地2006年社平工资情况看，集团公司有11家所属企业职工平均工资低于当地社平工资，有的企业职工平均工资只有当地社会平均工资的40%。集团全体职工中有接近50%的人年平均收入低于当地社平工资。2000年集团公司职工平均工资高出全国平均水平36%，2003年高出15%，2005年高出不到7%，到2006年职工平均工资仅高出0.8%，基本上与全国城镇职工收入水平相当。

近年来在国民经济快速持续发展的背景下，国家机关和事业单位都大幅度提高工资，各地在近三年间连续提高当地最低工资标准，退休人员养老金水平也有大幅度提高。同时国家的铁路建设和铁路相关行业都在快速发展，职工工资大幅度增加。

这一系列变化直接影响到每个在职职工对收入水平的满意度，职工增加工资预期的不断增长，对企业内部分配工作的压力越来越大。

但是根据形势发展的要求和集团公司自身生存发展的需要，当前和今后一个时期内，提升企业的盈利能力将成为最主要的目标之一，可分配给员工的部分还要加以控制。在这种冲突中，如何建立职工工资正常增长机制是企业面临的一个难题。

（三）企业对高素质技能人才的迫切需求，对培训工作提出更高要求

随着技术引进项目的全面实施和产品的不断升级换代，企业对高素质技能人才的需求更加迫切。当前技术引进项目进入实施阶段，企业急需通过培训快速提高员工素质和技能。要通过出国培训、接力培训和基础培训等多种形式，集中精力开展大量有效的培训工作，使我们的员工在最短的时间内，了

解和掌握必要的先进生产技术技能，不仅要为我们生产世界最新机车车辆提供保障，也要为我们实现消化吸收再创新战略目标奠定坚实基础，这对培训工作提出了很高的要求。

人员能力与新任务存在的差距，员工在新标准、新流程面前表现出来的不适应都需要通过培训来解决。面对复杂繁重的技术引进培训工作，在短时间内快速提高员工素质和技能，需要我们在培训的针对性和有效性方面做更多工作。

（四）整体改制对劳资管理工作提出新要求

6月2日集团公司召开了整体改制上市工作部署会议，整体改制上市工作由此全面展开。实施集团公司整体改制上市，可以说是自2000年与铁道部脱钩、北车集团公司组建以来，又一次关系全局、影响深远的重大变革。如果说脱钩重组标志着政企分开、集团公司整体进入市场化经营，那么整体改制上市，则标志着我们在体制机制创新，打造具有国际竞争力的大公司大企业集团方面进入到一个新的阶段。

我们知道，每一次改革都是一次利益调整。整体改制上市这项工作更是涉及范围广泛、触及深层次矛盾和问题较多的一项重大变革。企业的主营业务进入股份公司，与主业关联度不大的辅业、生活后勤系统以及企业承担的社会服务职能将留在存续的企业继续实施辅业改制。按照人随资产走的原则，职工将面临不同的去向安排。各企业前期改革改制进展情况不同，在整体改制工作中，很难避免在某些局部环节或某些人员、某些群体中引起波动和不平衡，需要我们各级管理者做好充分的思想准备。这也是对我们管理能力和水平的考验。

三、2007年重点工作及要求

根据形势变化和集团公司自身发展的需要，2007年劳资培训工作的总体思路是：以“三个代表”重要思想和科学发展观为指导，认真贯彻落实集团公司工作会议和改制工作部署会议精神，以提升人力资源竞争力为目标，加强人工成本调控，深化和完善分配制度改革；加强职工总量控制，完善健全用工制度；加强职工培训，完善职工培训体系，深入开展高技能人才工程，夯实劳资培训基础管理工作，为全面完成集团生产经营目标，实现集团公司又好又快发展提供人力资源支持和保障。

（一）从完成集团公司整体改制的大局出发，以全面完成集团公司经营任务为目标，处理好改革、发展与稳定的关系

集团公司整体改制上市工作已全面启动，且时间安排非常紧迫，目前集团公司已正式下达了涉及所属企业业务、资产以及与之对应的组织机构、人员划分的原则，要真正把工作做到位，还必须按照“一厂三测（策、册）”的要求进一步把工作做细。目前中介机构已经进场，各阶段工作将陆续展开。所属企业劳资工作负责人和工作人员要充分认识到集团公司整体改制工作的重要意义，要按集团公司要求积极配合做好相关工作。

理顺员工劳动合同。这次集团公司股改工作人员重组的指导思想是以人为本，切实保障员工的各项合法权益；根据“人随资产走”的原则决定是否进入股份公司。各单位要依据这一原则，明确人员劳动关系和岗位关系。人员划分做到公开、公正，按照目前集团公司确定划入股份公司的业务范围，5月31日进入股份公司人员的人事令冻结。

各单位要对在岗和非在岗员工劳动合同进行全面清理，对长期不在岗人员要进行妥善安置，对在三级法人单位工作的职工原则上应与其用工主体即三级法人签订劳动合同。对正在实施859号文件改制的单位，要

按照职工代表大会通过的人员安置方案，做好人员安置和劳动合同变更工作，并注意做好改制单位人员安置情况在省级劳动部门的审核备案工作，尽早取得省级劳动部门的审核备案意见书，完成改制单位人员人事劳动关系以及各项社会保险关系的转移工作。股改后，企业与员工的劳动关系一定要做到明确规范，不留疑点。

积极稳妥分流安置富余人员。各单位要在认真分析、科学核定企业用工总量的基础上，要利用这次整体改制的机会，积极、稳妥地分流安置富余人员，调整主业用工人员结构。财政部《关于企业公司制改建有关国有资本管理与财务处理的暂行规定》（财企［2002］313号）中明确：“在公司制改建过程中，企业依照国家有关规定支付解除劳动合同职工的经济补偿金，以及为移交社会保障机构管理的职工一次性缴付的社会保险费，可从改建企业净资产中扣除或者以改建企业剥离资产的出售收入优先支付”。财政部《〈企业公司制改建有关国有资本管理与财务处理的暂行规定〉有关问题的补充通知》（财企业［2005］12号）中明确：“国有企业在分立式改建情况下，改建企业内退人员实行统一管理的，经批准可以从改建企业国有净资产中预提所需内退人员生活费及社会保险费等，并实行专户管理。预提数额以改建企业可支付的国有净资产为限，不足部分作为管理费用，由内退人员的统一管理单位据实承担。”

企业在人员安置工作中，务必注意政策的连续性，严格按照规定程序进行操作，做到依法合规，不留后遗症。对可能出现的较大不稳定因素，要提前做好排查化解工作，做好思想政治工作，建立有效的应急预案。务必要对改制进程中可能遇到的困难和问题有一个清醒的认识，务必要提前做好各项预防化解工作，以确保集团公司整体改制上市工作的顺利实施。

以改革促管理，全面提高劳资管理水平。集团公司整体改制上市工作是对我们劳资管理工作的一次全面检查，也是我们提高各项劳资管理工作的大好时机。各企业要对照国家相关法律法规，检查企业内部各项规章制度的建设和落实情况，从基础入手，把各项管理工作做扎实。通过这次整体改制上市工作，使我们在员工劳动关系管理、工资管理、各项社会保险管理以及基础信息管理等方面都有较大程度的提高，全面提升劳资管理水平。

（二）加强人工成本调控，特别关注整体改制工作中各单位工资政策执行情况

修订工效挂钩办法。2007年为适应国资委对北车集团工效挂钩办法的改变，加强工资总量的激励、调控和约束作用，根据对所属企业新的效绩目标责任制办法，结合集团公司技术引进项目实施对企业实行分类考核等实际情况，对工效挂钩办法进行修订，修订的主要内容：一是继续加大与效益挂钩力度，区分企业类别，适当调整工效挂钩指标的挂钩比例；二是加强、细化对产品质量的考核，按照北车集团质量责任追究办法中对质量责任追究内容的规定，细化结算工资的扣罚条款；三是继续鼓励企业扩大出口产品的市场份额，提高出口产品销售收入提取工资的额度；四是坚持效益决定工资原则，适当从严核定2007年挂钩指标。

加强工资总额管理。集团公司将根据各单位2007年效绩目标考核指标，重新核定下发工效挂钩工资含量系数，各单位工资总额的提取和发放必须严格执行集团公司工效挂钩办法的有关规定，工资提取必须控制在工效挂钩应提工资总额范围内，职工工资发放要严格遵循“两低于”原则。原则上企业当年工资总额增长幅度不能高于销售收入和增加值增长幅度，员工平均工资的增长幅度

不能高于企业总产值和增加值劳产率增长幅度。

在整体改制过程中，要特别注意做好工资总额的控制与管理工作。企业月度工资提取和发放要严格执行集团公司工效挂钩办法。原则上人工成本占销售收入比例和劳动分配率不能超过上年水平。集团公司将按月加强对所属企业工资发放动态管理和监控，企业月平均工资超过上年度月平均工资15%的，必须报集团公司审批。

（三）深化和完善分配制度改革，建立与现代企业制度相适应的企业内部薪酬管理体系

要认真总结2001年以来企业内部分配制度改革的经验，正确评估分配制度改革和企业内部工资制度运行情况，继续深化分配制度改革，完善企业薪酬体系，建立有效的分配激励机制。

完善企业内部工资管理制度。按照集团公司加强基础管理工作的统一要求，对企业内部涉及工资管理范畴的相关制度和工作规程进行一次清理，特别要注意将前一时期分配制度改革的成果制度化、工作流程化，促进工资管理水平的不断提高。今年集团公司将结合“基础管理年”活动，对部分企业工资分配政策制度建设和执行情况进行检查指导。

深化分配制度改革，完善企业内部薪酬体系。在巩固前一阶段改革成果的同时，按照建立与现代制度相适应的企业内部薪酬管理体系的要求，深化分配制度改革，不断强化分配的激励与约束作用。各类人员工资要逐步与市场劳动力工资价位接轨，对关键岗位人员分配要探索建立有效的长期激励机制。

近几个月来，财政部、国资委连续两次大范围的对企业职工工资情况进行调查。从调查的内容看出，国家十分关注企业中各类人员工资水平及其增长情况，企业与其所在地社会平均工资水平对比情况；关注低于社会平均工资水平人群分布情况以及职工工资偏低、增长缓慢等问题。我们要密切关注国家有关部委相关政策的变化情况，积极探索建立职工工资动态调整机制，在企业效益增长的同时，保持职工工资稳步增长。

继续完善经营管理者收入分配制度，规范职务消费行为。根据集团公司效绩目标责任考核办法及其指标体系中各考核要素权重的变化、所属企业经营情况的变化，以及2004年至2006年所属企业年薪制的实施情况，本着确定年薪的基本要素不变、年薪的基本构成不变、可比情况下基薪的总体水平不降的原则，对集团公司年薪制办法进行了修订。修订后的年薪制办法已经下发，请各单位认真贯彻落实。

集团公司将进一步扩大年薪制实行范围。制定下发对经营管理者的专项特别奖励办法；指导监督企业健全并贯彻执行职务消费有关制度。加强年薪管理，严格按考核结果兑现年薪。

（四）继续控制职工总量，规范劳动合同管理

严格控制职工总量。2007年集团公司对所属企业职工总量继续实行指令性计划管理，除了同以往一样下达限额人数和计划人数外，为改善职工队伍结构，在总量控制的前提下，依据各单位劳动效率高低，适当考虑现实需求，对各单位下达进人指导计划。为鼓励困难企业积极实施减员增效，集团公司继续给予资金支持，支持的重点仍是负有扭亏和减亏责任的特困企业或实行批量减员的困难企业。

从各企业情况看，绝大部分企业都存在有不同程度的富余人员，不仅困难企业要减员，目前效益好的企业，也应从生存和长远发展需要出发，通过各种渠道努力实现减

员。特别是目前某些效益较好的企业，随着技术引进、生产规模扩大，人员短缺的矛盾在短时间内显得较为突出，个别企业存在着为确保完成生产任务而不惜大量进人的倾向。目前为应对因生产任务不均衡而造成的人员临时短缺，企业在用工上应把握好以下原则：第一，挖潜提效，通过岗位培训、灵活安排生产班次等手段提高劳动效率，缓解人员不足的矛盾；第二，做好转岗培训和企业内部劳动力余缺的调剂；第三，采用灵活用工方式，尽可能以短期的临时性用工应对生产任务的临时增加；第四，要做好人员中长期需求规划。企业要瞄准国内甚至国际先进企业的劳动生产率水平，对自己劳动效率的增长要有明确的目标和完成计划，在此基础上做好人员中长期需求和分流计划，切不可只顾完成眼前任务而忽略了长远利益。

以规范和加强劳动合同管理为重点，健全和完善劳动用工制度。劳动合同管理是企业人力资源管理重要的基础工作之一，也是企业开展员工管理的主要依据。今年，集团公司将继续推进主辅分离、辅业改制工作，集体企业改制也将启动，包括这次整体改制上市工作，都将涉及到劳动合同的变更或解除问题。各单位要及时履行劳动合同的变更、解除或终止程序，管好用好劳动合同。

要把员工岗位管理纳入劳动合同管理范畴，在员工岗位管理中更多的引入市场化管理模式，在企业内部最大限度地实现员工的合理流动，营造有利于员工成长的内部竞争机制，更多的利用劳动合同来管理员工。继续谋求解决企业阶段性劳动力紧缺问题的灵活用工方式。在不违反国家相关规定的前提下，争取企业用工的主动权。

特别要注意对即将出台的劳动合同法的学习，劳动合同管理务必要做到依法办事，防止出现劳动争议。

（五）深入推进企业高技能人才培训工作

面对技术引进工作和市场对产品升级的迫切需要，我们必须认真贯彻落实《集团公司“十一五”人才队伍建设发展规划纲要》确定的发展目标和要求，在高技能人才队伍建设方面实现新的突破。

一是高技能人才成长要变行政要求为政策激励。要按照建设一流企业的要求，从增强企业核心竞争实力的角度出发，构建长效政策激励机制，将高技能人才的培养由行政要求转变为政策激励，真正实现“要我提高”为“我要提高”的积极进取风气。

二是高技能人才队伍要从量的发展变为质的飞跃。企业高技能人才队伍只有实现了“质”的转变，企业高技能人才队伍建设才真正步入了健康的发展轨道。企业应当通过严格的绩效考核、技能复核等管理方式，鼓励高技能人才积极参加攻关、带徒和培训等活动，发挥高技能人才在技术创新、生产技术攻关、传授技艺等方面的重要作用。

三是高技能人才要变单一技能为复合技能。鼓励技术工人由单一技能向复合技能发展。这既是企业的需要，也是员工个人成长发展的需要，对于降低企业的劳动成本、打通技术工人的成长通道都有着很现实的意义。企业应通过实施多工种培训和鉴定、岗位轮换、岗位合并等措施，努力培养一批技能型和复合型人才。

四是高技能人才要变技能操作型为知识技能型。以往，我们有许多高技能人才在攻难关、解难题方面颇有业绩，但没有提升为理论创新，他们解决问题的方法，往往变成了“独门绝技”，无法成为企业的共享成果。各单位应为高技能人才提供相应的平台，帮助他们将自己的工作实践从理论高度提炼、升华，成为技术成果，将他们由一个只会干的技能型人才，培养成为既有能力、又有智慧的知识技能型人才。

五是承担“十一五”主要技术引进项目的企业要发挥好表率作用。在深入开展高技能人才队伍建设方面，承担集团公司“十一五”重大技术引进项目的企业应当先走一步，紧紧抓住与国际先进企业直接合作的难得机遇，认真研究、吸收他们在技术工人队伍建设方面的先进理念和管理方法，在努力实现引进技术的消化吸收再创新目标的过程中，不断提高自己的工作标准和工作水平，力争在高技能人才队伍建设方面有所突破，在全系统发挥示范作用。

各单位要围绕集团公司生产经营中心任务，着力培养高技能人才，努力实现2007年高技能人才发展的各项目标，认真贯彻落实《集团公司技师管理办法》，积极开展技能比武和岗位练兵，为技术工人成长搭建平台。

（六）完善职工培训体系，编制技能培训规范

集团公司将继续指导企业全面推行ISO10015国际培训标准，建立科学规范的企业培训管理体系。各单位要建立规范的《培训管理手册》和《培训控制程序文件》。到2007年末集团公司一半以上的企业，实现企业培训管理体系符合ISO10015国际培训标准要求，并规范运转。

（七）强化基础管理工作

加强劳资、员工素质与培训管理信息的统计和分析工作。要不断提高相关人员的业务水平，保证统计信息的及时性和准确性。要做好统计分析工作，善于从纷繁的统计数据中获取有价值的信息，为领导决策提供有力依据。要加强人力资源信息化建设工作，2007年集团公司将着手开展全集团人力资源信息系统基础模块的开发。为此，要求各单位健全和完善人事档案库、工资库等基础数据库，为集团信息系统的顺畅运行做准备。

加强劳动定额管理。在认真总结长期实践工作经验的基础上，制定集团公司劳动定额管理办法，在现有劳动定额管理的基础上，推进具有北车特点的劳动定额管理模式的创新。

大力推行劳动定额标准化管理，全面落实国家对劳动定额标准化管理的要求，逐步建立起覆盖全北车集团的，先进、适用、充分反映机车车辆工业技术和制造水平的劳动定额标准体系，形成国家、行业、企业劳动定额标准体系。年内完成13个劳动定额标准的修订工作，启动剩余24个标准的修订。指导重点企业着手企业劳动定额标准的制定工作。

配合劳动定额标准化管理，推行《劳动定额标准制定系统》和《机车车辆工业劳动定额管理系统》两个软件，指导各单位建立和完善劳动定额管理专用网络，完善各类产品劳动定额数据库。最终实现劳动定额标准制定、技术定额制定、劳动定额日常管理全部实现计算机网络化管理。

同志们，我们面临的改革发展稳定任务艰巨，任重道远。我们要保持奋发有为的精神状态，发扬顾全大局、勇挑重担、求真务实的工作作风，坚定信心，真抓实干，协力攻坚，进一步增强紧迫感、责任感和使命感，确保完成各项工作任务，为集团公司又好又快发展提供强有力的保证和支持！

落实科学发展观　打好安全攻坚战
努力实现安全和谐发展

——副总经理孙锴在中国北车集团公司2007年安全生产工作会议上的工作报告（摘录）

（2007年2月2日）

一、关于2006年安全生产工作简要回顾

2006年，集团上下认真贯彻落实全国安全生产工作会议以及集团公司年度工作会议和安全生产工作会议精神，以科学发展观统领安全生产工作全局，坚持“安全第一、预防为主、综合治理”的方针和“标本兼治、重在治本、扎实推进”的原则，积极推进“安全法制、安全责任、安全科技、安全投入和安全文化”的安全“五要素”建设，持续深入开展安全质量标准化以及安全检查与整改，加强重大危险源监控和应急管理，进一步提升了安全基础管理水平，有效防范了重大安全事故，实现了年度安全生产工作目标，促进和保证了集团“十一五”开局的安全稳定和谐发展。

全年，集团没有发生重大安全事故和责任性工伤死亡事故，工伤死亡率为“零”；发生重伤事故2起（天津厂和大连机辆公司各发生一起，各重伤1人），比上年增加1起，重伤率为0.021‰；发生轻伤67起（轻伤67人），比上年减少6起，轻伤率为0.67‰。年度各项工伤频率均大大低于集团公司确定的年度安全生产指标和上报国资委的考核指标（死亡率为0.03‰、重伤率为0.1‰、轻伤率为2.6‰）。

（一）强化安全管理，实现了年度安全生产工作目标

1．召开年度工作会议，部署了全年安全生产工作。

2．开展安全质量标准化，有效提升了安全基础管理。

3．开展安全检查与整改，进一步整固了安全基础。

4．开展安全技改工作，进一步强化了本质安全。

5．加强危险源监控和应急管理，有效防范了重大事故。

6．开展安全教育培训，提高了全员的职业安全素质。

（二）安全生产管理工作当前存在的主要问题

1．本质安全方面存在的几个突出问题：一是危险源监控方面还存在一些较重大隐患；二是消防设施方面存在许多隐患问题；三是部分设备设施存在着许多隐患问题。

2．安全管理方面还存在的一些问题和不足：一是企业领导的安全责任意识还需要进一步提高；二是安全投入不足，本质安全度不高；三是安全“三同时”制度不落实；四是对应急管理工作重视不够；五是员工的职业安全素质不高；六是部分企业安全监管力量不足。

面对当前存在的各种安全问题和隐患，各级领导特别是企业第一管理者和安全主管领导、安全和消防主管部门及相关部门，必须进一步增强安全责任意识，正视存在的问题，积极采取有力措施，进一步加强和改进

安全管理工作，切实保证安全生产。

二、把握形势，提高认识，以科学发展观和构建和谐社会战略思想统领安全生产工作全局

（一）构建社会主义和谐社会对安全生产工作提出了更高的目标要求

党的十六届六中全会作出了《中共中央关于构建社会主义和谐社会若干重大问题的决定》，“民主法制、公平正义、诚信友爱、充满活力、安全有序、人与自然和谐相处”构成了和谐社会的六大基本特征。而这六大基本特征无一不和安全发展有着紧密联系，安全生产是构建和谐社会的关键因素，既是构建和谐社会的必然前提，又是构建和谐社会的重要保障。中央提出构建社会主义和谐社会的宏伟目标，对安全生产工作形成了一股强大的推动力，同时，对安全生产工作也提出了更高的目标要求。

前不久，中纪委、监察部与国家安监总局联合发布了《安全生产领域违法违纪行为政纪处分暂行规定》，表明了党和国家进一步强化落实安全发展观，依法抓好安全生产源头治理，建立长效机制，实现安全稳定局面的决心和力度。

今年 1 月 10 日，国务院安委会召开第五次全体会议，强调指出，要认真贯彻落实党的十六届六中全会和中央经济工作会议精神，以对人民群众生命财产安全高度负责的态度，全面贯彻落实科学发展观、安全发展观，进一步加大工作力度，狠抓安全生产责任和各项政策措施的落实，促进全国安全生产形势的稳定好转。2007 年作为安全生产的“落实”年和“攻坚”年，重点是抓好事故多发行业和领域安全生产重点难点问题的攻坚：一是狠抓企业主体责任和行业监管责任的落实，加快制订行业安全标准和规程，加大安全投入，提高从业人员素质；二是狠抓煤矿瓦斯治理和整顿关闭措施的落实，严防非法生产行为；三是狠抓安全许可制度和联合执法机制的落实，加强对高危行业安全生产的源头治理，加大基层联合执法力度，深入开展重点行业和领域安全专项整治；四是狠抓安全生产“十一五”规划和 12 项治本之策的落实，进一步完善有关配套措施，建立安全生产的长效机制；五是狠抓执法监督和事故责任追究的落实，完善安全生产法律体系，规范监管监察执法行为，加大对事故责任者的处罚力度，依法查处每一起事故。

1 月 24 日至 25 日，全国安全生产工作会议在北京召开，会议的总体要求是：以邓小平理论和“三个代表”重要思想为指导，深入学习贯彻中央领导安全生产重要讲话，用科学发展观和“安全发展”指导原则统领安全生产工作，服从服务于加快构建社会主义和谐社会大局，坚持”安全第一、预防为主、综合治理”方针，抓紧落实党中央、国务院关于加强安全生产的一系列政策措施，坚定不移地把煤矿安全两个攻坚战推向纵深，扎实有效地做好各重点行业领域安全专项整治工作，坚决遏制重特大事故，继续减少事故总量，完成《国务院关于进一步加强安全生产工作的决定》确定的到 2007 年的目标任务，推动和实现全国安全生产状况的稳定好转，迎接党的十七大的胜利召开。

我们一定要认真学习贯彻落实党的十六届六中全会和国务院安委会第五次全体会议、2007 年全国安全生产工作会议精神，全面理解安全生产与构建社会主义和谐社会的重要关系，进一步提高对安全生产工作极端重要性的认识，充分认清并正确把握安全生产工作当前面临的形势，动员全集团各级领导干部和广大员工，按照党中央、国务院的安排部署和国资委、国家安监局的指示精神，切实把安全发展观贯穿到加强安全生产的具体工作中去，扎扎实实地做好安全生产工作。

(二)改革发展面临新的机遇与挑战,安全生产工作面临着新的形势要求

一是安全生产形势相对稳定好转,但不容盲目乐观。二是市场和经营环境变化,安全管理工作面临新挑战。三是企业重组改革,对安全生产工作提出了新要求。

面对安全生产工作面临的新形势、新挑战、新任务,我们必须充分认清安全生产工作的严峻性、艰巨性、复杂性和经常性、长期性,密切关注和研究市场经营形势和环境变化以及企业重组改革给安全生产工作带来的许多新情况、新问题,积极适应形势发展要求,做好充足的思想准备,结合实际研究制订措施对策,以积极进取、开拓创新的精神,坚定信心、坚持不懈、持之以恒地抓好安全生产工作。

三、全面落实安全发展观,积极推进“五要素”建设,打好安全生产攻坚战

2007年,集团安全生产工作的总体要求是:以党的十六届六中全会精神为指导,以科学发展观和构建和谐社会战略思想统领安全生产工作全局,树立和落实安全发展观,坚持“安全第一、预防为主、综合治理”的工作方针,坚持“以人为本、安全健康”理念,坚持实施安全生产与改革发展的“三同步”发展战略,坚持“标本兼治、重在治本、扎实推进”的工作原则,积极推进安全“五要素”建设,奋力打好安全生产攻坚战,大力提升安全管理水平,努力构建长效机制,实现安全生产的长治久安,为集团“十一五”的改革发展提供安全稳定和谐保障。

2007年,集团安全生产的工作目标是:年度轻伤率不超过2.6‰,重伤率不超过0.1‰,内控工伤死亡率不超过0.03‰,努力实现“零”死亡目标,严防重大人身伤亡事故和火灾爆炸事故。

按照集团公司2007年安全生产工作的总体要求,为完成上述目标任务,我们要重点做好以下几方面工作:

(一)完善安全法制,抓住源头治本,构建长效机制

1. 健全安全管理制度体系,强化安全法制建设。抓好安全生产必须“标本兼治、重在治本”,建立长效机制,实现长治久安的安全稳定和谐局面,需要完善的安全法制来保证。今年上半年,集团公司将组织修订完成集团的《安全法规制度汇编》并下发各所属企业。同时,要进一步检查督促各所属企业贯彻落实国家有关政策法规贯彻落实情况和集团公司《关于加强和规范安全生产工作的规定》的执行情况,已制订《规定》实施细则的企业,要进一步检查贯彻落实情况,不断改进完善;尚未制订《规定》实施细则的企业,要在上半年抓紧制订出台并保证落实。要积极建立完善安全生产的制度体系,推进安全法制建设,通过政策导向,引导全体员工增强安全法制观念,依靠政策治本,抓住源头治本,努力构建安全生产的长效机制。

2. 修订《安全技术操作规程》,规范安全基础管理。为适应产品开发、技术引进和工艺改进的现实需要,结合安全质量标准化的考核评级标准,按照国家有关安全技术规定和新产品的技术工艺标准要求,上半年,将组织修订完成集团的《安全技术操作规程》并下发执行。各所属企业要参照修订完善本企业的《安全技术操作规程》,并进一步细化制订《岗位作业标准》,规范各环节、各岗位的安全作业行为,杜绝违章作业现象,规范安全生产秩序,进一步加强和规范安全生产的基础管理。

(二)严格落实安全责任制,完善激励约束机制

1. 进一步明确落实第一管理者的安全

责任。安全生产是构建和谐社会的前提与保障。企业第一管理者作为安全生产的第一责任人，一定要树立正确的政绩观，牢固树立安全发展观，进一步增强安全法制观念和安全责任意识，正确把握并处理好“安全生产与经营发展、保证安全与和谐稳定、本质安全与员工的安危健康、安全投入与提高效益”的“四个关系”，真正把“安全第一”放在首位，认真履行《安全生产法》明确规定的六项责任，切实把安全生产工作纳入企业发展战略的整体布局统筹谋划，坚持安全生产与改革发展同步规划、同步实施和同步发展的“三同步”制度，明确落实安全生产工作目标、主要任务和保证措施，努力建设本质安全型企业，实现企业的安全稳定和谐发展。各级领导干部特别是企业领导班子成员要认真转变工作作风，以与时俱进、求真务实、扎实推进的工作作风，严格按照安全生产“两定期”制度要求，定期分析安全生产形势，了解掌握本企业安全生产状态，深入分析研究安全生产问题，亲自带队定期组织开展安全检查与隐患排查整改，切实下力量抓好安全生产工作。

2. 认真落实安全责任制，健全激励约束机制。当前，国家把安全生产作为构建和谐社会的一个重要保障因素予以高度重视。各地政府陆续出台了相关的安全生产考核办法，对各所属企业下达了年度安全生产考核指标，并实施了力度很大的经济奖罚措施。因此，集团公司也将研究制订出台与地方政府安全考核相对应的《安全生产考核奖罚办法》，明确落实企业第一管理者和安全主管领导和主管部门以及全员的安全责任，调动企业做好安全生产工作的积极性。

各所属企业要进一步完善落实本企业的安全责任制、指标任务，将安全生产任务、目标和责任层层分解，明确落实到各级领导干部、各部门、各下属单位、各作业岗位及每个员工，形成安全生产各级领导重视、人人有责任、人人有指标、全员参与保安全的良好局面。同时，各所属企业也要进一步修订完善安全生产奖惩考核办法，对安全生产工作突出的单位和个人，及时进行必要的奖励，以此激发全体员工积极做好安全生产工作的热情和动力；对发生的安全事故，要按照“四不放过”原则，认真组织调查处理，对责任单位和责任者以及负有责任的有关领导，追究责任，严肃处理，以警示全员，汲取教训。通过完善激励约束机制，努力构建安全生产的长效机制，切实保证安全生产。

（三）保证安全投入，创建本质安全型企业

1. 建立安全投入制度，保证必需的安全投入。安全生产需要标本兼治，安全投入是切实保障安全生产的最基本要素。没有安全投入，保证不了本质安全，安全生产只能是空谈。为建立安全投入的长效机制，国务院关于《进一步加强安全生产工作的决定》明确要求建立企业的安全投入制度，保证必需的安全投入。去年年底，国家财政部和安监总局联合发布了《高危行业企业安全生产费用财务管理暂行办法》，对企业建立安全生产的费用制度、安全费用的提取标准、使用与管理、财务监督等方面作出了明确规定。集团公司《关于加强和规范安全生产工作的规定》，也结合实际，进一步明确了企业各项安全费用的提取标准和使用管理规定。

因此，各所属企业要进一步提高认识，正确把握和处理好安全投入与提高经济效益的关系，充分认识到安全投入所带来的巨大的社会效益和潜在的经济效益，认真贯彻落实国务院《决定》和财政部与安监总局的《安全生产费用财务管理暂行办法》以及集团公司《关于加强和规范安全生产工作的规定》，建立并严格执行安全投入制度，在年度财务预算中要详细列支安全技术措施费、劳动保护费和职业卫生费、消防安全费等各项安全费用的科目，保证各项安全费用的足额提取和正常使用。经营相对困难的企业，也要千方百计克服困难，按照集团公司《规定》的最低标准，努力保证各项安全投入落实到位，依靠安全投入保安全。

2. 认真制订安全投入计划，落实责任目标。各所属企业要按照安全质量标准化的考核标准要求，将集团公司安全大检查和企业日常安全检查发现的突出问题和安全隐患，以及频发安全事故的项点、部位，加强特殊工种的劳动防护措施，加强重大危险源的监控和预警防范措施，整治职业危害、防治职业病等方面，作为年度安全技术措施费、劳动保护费、消防安全费、职业卫生费等各项安全投入的重点项目，认真研究制订各项安全费用的年度实施计划，明确落实责任和目标措施，制订具体的实施保证措施。

集团公司将进一步加大对安全投入的监督检查与考核力度，督促企业建立安全投入制度，加强各项安全费用的使用与管理，保证安全投入计划的落实。通过落实安全投入，应用科学先进、安全的技术装备和安全防护手段与监控措施，整治安全隐患，稳固安全基础，不断改进提升安全科技水平，大力提高本质安全度，切实保障员工的安全健康，努力创建本质安全型企业。

（四）加大安全技改力度，大力提高本质安全度

依靠科技进步，采取安全的科技防范手段，加快实施安全技术改造，是提高本质安全度最有效的措施和手段。

各所属企业在保证安全投入的基础上，要进一步加大安全技改力度，针对去年安全大检查发现的一些重大安全隐患整治、重大和重要级危险源的监控防范措施的整改、安全质量标准化不合格项点的整改，及各类机电设备设施安全防护措施的整改特别是加装新型天车吊钩限位保护装置等方面，作为今年安全技术改造的重点工作，确保落实。

各所属企业要全面展开加装 QLXC-37 型天车吊钩限位保护装置的安全技改工作，今年要争取完成改造计划总数的 80%左右，有条件的企业应当在年内全部完成改造任务。同时，集团公司将进一步加强此项安全技改工作的检查指导，督促企业加快改造进度，依靠科技提高起重机械的安全防护水平，提高本质安全度，坚决杜绝因此而发生的死亡和未遂事故。

（五）培育构建安全文化，创建安全发展的软环境

安全文化是企业文化的重要组成部分，是保障企业安全生产的重要软环境，对于企业安全生产工作具有重要意义。安全文化是指导和约束企业及员工安全行为的价值理念和行为规范。安全理念是安全文化的核心和灵魂，安全价值观是安全理念的价值体现。

培育构建安全文化是强化安全基础的一项长期性、战略性任务，更是一项复杂的系统工程。我们要着重在以下几个方面下功夫，积极培育构建具有自身特色的企业安全文化，努力构建安全发展的软环境。

1. 彰显“人性”管理，积极培育安全理念。首先，安全管理要体现人性化。要坚持“以人为本”的管理理念，始终把员工的安全健康放在首位，充分体现人文关怀，努力创建和谐的生产工作环境，激发员工爱岗敬业、精益求精、确保安全的内在动力，大力倡导和培育“细节决定成败、素质决定行为、规范决定安全”的安全理念。通过安全文化的潜移默化影响，让“我要安全”真正成为员工的“潜意识”和“惯性思维”，努力形成“目标同向、责任同担、成果共享，以安全为幸福、以安全为信誉、以安全为荣耀、以安全为形象、以安全为品牌”的全员

安全价值观。其次，安全文化建设要体现规范化、科学化。要充分学习运用科学先进的安全管理模式，建立完善安全管理制度体系，来逐步规范统一员工的安全观念和行为举止，从观念上建立，从行为上规范，从制度上约束，从措施上保证，努力建立和形成一套员工认可并自觉遵循的“工作按程序，作业按标准，行为按规范，考核按绩效”的安全行为规范。

2. 坚持“人本”思想，大力提升全员的安全素质。员工的职业安全素质是保证和实现安全生产的决定因素。我们要坚持“以人为本”理念，进一步加强安全教育培训，大力提升全员的职业安全素质。一是要大力开展岗位行为养成教育，提高员工对“安全在精神、安全在作风、安全在管理、安全在行为、安全在习惯、安全在养成”的认识，培育员工安全意识、安全作风、安全习惯和安全行为的养成，培育员工高度负责的敬业精神、科学求实的态度和严细规范的工作作风。二是要积极开展多层次的安全教育培训，不断强化员工岗位技术、技能、技巧的训练，切实提高员工的执行力、落实力和安全行为能力，全面提高员工的职业安全素质，努力实现人与人、人与制度、人与设备、人与环境的和谐统一。今年，集团公司将计划组织以加强安全应急管理和安全“三同时”方面为重点内容的专题培训。各所属企业要结合国家注册安全工程师考试和特殊工种持证上岗考试等方面，开展多层次的安全教育培训。

3. 营造“人文”氛围，努力创建安全软环境。我们要将培育安全文化与构建和谐社会的宏伟目标结合起来，与积极推动安全“五要素”建设以及安全管理创新有机结合起来，利用各种宣传载体和媒介，大张旗鼓地开展创建安全文化活动，积极学习借鉴国内外成功企业先进经验，努力构建具有自身特色的企业安全文化，使安全发展观在全集团和全体员工中形成普遍共识，使安全理念和安全价值观融入到各级管理者和每个员工脑海中，落实到行动上，努力营造领导重视、人人有责、全员参与的安全文化氛围，创建安全发展软环境，齐奏安全发展的同一首歌。

（六）强化基础，不断创新，大力提升安全管理水平

1. 理顺管理职能，强化落实安全监管职责。各所属企业要认真学习、正确掌握国家和集团公司有关安全管理规定要求，理顺管理职能和管理关系，对国有控股及相对控股（合并财务报表）的下属独立法人单位（无论是中外合资控股企业还是内资控股企业），以及对尚未与企业分离的所属生活区的人群聚集场所等，都要进行和加强安全监管工作。近两年来，集团公司实施资产和业务重组整合的几个企业，要进一步理顺管理关系，明确职责，加强安全监管工作，保证安全监管到位，彻底堵塞安全管理的漏洞和死角，使集团的安全管理工作全部处于受控状态。

2. 持续开展安全大检查，进一步加强安全监管。开展安全检查并持续整改，是深入落实安全生产责任制，督促基层单位做好安全工作，督促教育员工严守安全操作规程，及时发现安全隐患并积极整改，保证和实现安全生产的重要措施和手段。各所属企业要进一步加强安全检查工作。今年，集团公司将对所属企业进行一次全面的安全大检查。检查的重点内容是，生产现场的本质安全情况与存在的安全隐患整改情况，以及安全管理方面，如集团公司《关于加强和规范安全生产工作的规定》实施细则的制订与落实情况、安全“两定期”制度及安全生产责任制的贯彻落实情况、安全“三同时”制度的贯彻执行情况、各项安全投入费用计划的

制订与落实情况、安全技术改造项目的实施情况、重大危险源的监控防范措施落实情况、防范重大安全事故的应急管理与应急预案的落实情况等。集团公司安全大检查，将按照新制订的《安全生产考核奖罚办法》的考核内容进行重点检查和考核打分，并严格兑现奖罚，以督促企业进一步加强安全生产管理工作。

3. *检查落实安全“三同时”规定，认真抓好源头治理*。以往的安全大检查发现，由于企业对建设（技改）项目中的安全“三同时”不够重视，企业负责技改的职能部门对国家关于安全“三同时”方面的政策法规了解掌握不够，致使许多建设（技改）项目没有严格执行“三同时”规定，存在着许多先天性的安全隐患。今年，集团公司将结合安全大检查，重点针对建设（技改）项目的安全“三同时”规定的执行情况，如建设项目的安全专项投入与项目明细的落实，以及按照国家有关规定开展安全预评价和安全专项验收等重点内容，进行专项检查，着重抓好安全隐患的源头治理。

4. *加强消防安全管理工作，预防火灾爆炸事故*。消防安全是安全生产工作的重要组成部分。国家安监总局已明确将消防安全方面的火灾爆炸事故纳入安全事故统计之中。目前，集团公司也已明确将消防安全管理工作纳入安全生产管理职能，并将火灾爆炸事故等消防安全事故纳入安全事故的重要项点考核。因此，各所属企业要进一步理顺管理职能，进一步加强消防安全管理工作，强化企业内部专兼职消防管理队伍建设，保证必须的消防安全投入，配备必要的消防设施，完善消防管理措施，着重做好重点防火、防爆部位的消防安全工作，积极防范火灾爆炸事故。

5. *加强重大危险源的监控防范，预防重大安全事故*。没有发生事故不等于安全。重大和重要级危险源，是可能引发重特大安全事故的主要场所和部位。没有发生过重大安全事故，不能说明我们在重大危险源监控管理方面就比较完善、不存在问题。对此，我们千万不能掉以轻心。各所属企业一定要高度重视重大和重要级危险源的监控防范工作，认真开展危险源辩识与评价工作，积极采用科学先进的安全技术手段和防范措施，完善制订针对各类油品库和站房、各类动力燃气站房和管道、压力容器和管道等重点易燃易爆场所、部位，各类危化品储存区等重大和重要级危险源，以及生活与文化娱乐等人群密集场所等各应急控制部位和项点的监控防范措施，切实加强重大和重要级危险源的监控防范工作。集团公司将进一步加大检查与考核力度，积极组织推广应用科学先进的监控预警手段，督促所属企业整改完善监控防范措施，进一步加强重大和重要级危险源的监控防范工作，严密防范重大安全事故。

6. *加强应急管理，增强突发重大安全事故的应对能力*。完善制定并落实应急预案，是防范重大安全事故，减少事故损失的重要保证措施。根据国资委和国家安监总局的部署要求，我们要进一步加强安全应急管理体系建设，积极做好安全预防工作，在完善落实集团重特大安全生产事故总体应急预案的基础上，进一步完善应急预案体系。各所属企业要全面修订完善并认真落实本企业防范重特大安全生产事故的总体应急预案，以及针对各重大和重要级危险源、以及人群密集场所的单项应急预案，完善制订防范重大事故的应急救援预案与响应措施，认真落实到各重点监控部位、各有关人员，并适时组织进行相关预案的学习培训，演练预案的各项内容，熟悉掌握应急救援职责、事故报告及救援程序、步骤和应采取的措施，提高实战经验，不断完善预案。年底前，各所属企业总体应急预案和单项预案全部要上报集团公司备案。同时，我们要坚持“预防为主、防患于未然”的原则，积极探索安全发展规律，研究建立重大安全事故的预警机制，采用科学先进的预测、预警、预防技术手段，努力实现及时准确预警，科学地预防重大安全事故的发生，大力增强应对安全风险和突发重大安全事故的处置能力，进一步加强应急管理工作。

7. 巩固安全质量标准化成果，不断创新安全基础管理。通过开展安全质量标准化评级工作的实践证明，安全质量标准化，是加强企业安全管理的有效手段和措施。因此，我们要进一步深化开展安全质量标准化工作，已通过安全质量标准化评审的企业，要巩固评级成果，严防评审后的管理下滑现象，坚持严格按照安全质量标准化的标准要求，持续改进，不断强化安全基础管理，进一步提升安全管理水平。已评审为二级的企业，要努力整改提高，向一级企业标准看齐，有条件的企业，要争取尽快通过一级企业评审。唐山厂和唐山客车公司要在去年初评的基础上，加快安全质量标准化工作的整改进度，长客股份公司要对其所属的唐山客车公司开展安全质量标准化工作给予指导帮助。这两个企业要争取在上半年内通过一级企业评审。

在深化开展安全质量标准化工作的基础上，我们要积极学习借鉴国内外先进企业的安全管理经验，结合实际，不断研究改进完善我们的安全管理体系与模式，大力提升安全管理水平，努力实现安全管理创新。

同志们，抓好安全生产工作，是我们的崇高使命和义不容辞的责任，是全面落实科学发展观的必然要求，是构建和谐社会的迫切需要。我们一定要认真贯彻落实党的十六届六中全会和国务院安委会第五次全体会议、全国安全生产工作会议，以及集团公司工作会议精神，坚持以构建和谐社会为己任，以科学发展观统领安全生产工作全局，进一步增强抓好安全生产工作的责任感、紧迫感和使命感，坚定信心，团结一致，打好安全攻坚战，创新性地做好安全生产工作，为集团“十一五”的改革发展开创安全稳定和谐的生产经营局面而努力奋斗！

加强财务管理　改善财务状况
为集团公司又好又快发展贡献力量

——总会计师高志在中国北车集团公司2007年度财务工作会议上的报告(摘录)

（2007年3月11日）

同志们：

中国北车集团公司财务工作会议的主要任务是：贯彻集团公司工作会议精神，总结2006年度财务工作，部署2007年财务主要工作；分解下达2007年度效绩目标责任制财务指标；专题研究固定资产投资项目贷款资金回收管理办法、新企业会计准则实施工作安排、集团公司财务会计基础工作规范。

一、2006年财务工作回顾

2006年是“十一五”的开局之年，集团公司坚持技术引进与自主创新相结合，深入推进结构调整资源重组，积极应对市场变化以及主要原材料、能源价格上涨等严峻形势，不断强化成本控制和质量、安全等管理工作，保证了集团公司的持续发展，主要经营指标再创新高。

（一）生产经营稳步增长，主要财务指标又创新高

（二）拓宽融资渠道，改善负债结构，资金集中管理初见成效

（三）财务物流一体化信息工程建设取得较大进展

（四）成本费用管理见成效，盈利能力有所提高

（五）会计信息质量稳步提高，账销案存资产处理基本结束

（六）改革改制有序推进，相关财务工作开展积极有效

（七）财务队伍建设创新，重点课题研究取得成果

二、2007年财务工作部署

（一）谋求集团整体上市，建立资本金筹集渠道

2007年，集团公司将加大集团整体的改革改制改组力度，积极谋求集团公司整体上市，通过上市发行股票增加资本金，建立资本金筹集渠道，能够保证集团公司快速发展的资金支持。

1．整体上市是集团公司发展壮大迫切的需要。国资委主任李荣融前不久一次讲话说：中央企业要实现投资主体的多元化，股份制也将成为中央企业的主要实现形式。单一的国有投资主体，阻碍了国有企业建立现代企业制度的步伐，中央企业要通过规范上市、中外合资、相互参股、并购重组等方式实现投资主体的多元化。随着集团公司近年来销售收入的快速增长，资本金相对企业规模不足的问题已经显现，未来矛盾将会进一步加剧。集团公司要成为国内领先、国际知名的国际大企业，规模和实力都还需要快速加强，目前我们正面临着这样的发展机遇。我们的发展需要大量的投入，但效益回报在未来才能实现，虽然我们现在拥有良好的融资渠道，但都是单一的债权性融资，导致我们资产负债率进一步上升，财务风险较大，一旦遇到市场波动，财务风险就会转化为实实在在的经营困难，我们就会丧失发展的良机。可以说，实现集团公司整体上市，既是

国家宏观经济发展的要求，更是集团公司自身发展迫切的需要。

2．集团公司整体上市是可行的。近几年集团公司技术引进全面展开，新造机车、客车企业全都进入了技术引进的行列，在未来市场格局中处于一个相对有利的地位，从2007年开始，机、客车开始批量交货，同时集团公司货车也处于新一轮快速发展时期，继续引领着铁路货车的技术发展。集团公司主营业务的发展前景是看得见的，在资本市场上，只要有好的团队、好的项目、好的前景，上市融资就会十分顺利。目前国内资本市场日趋完善，有效进行资源配置的功能日趋显现，国际资本市场进一步向中国开放，中国概念大受欢迎，国家对于中央企业整体上市，在政策上是积极支持的，因此集团公司实现整体上市的外部条件也是具备的。

3．集团公司整体上市面临的困难。集团公司实现整体上市，还面临着一些实际困难。首先我们企业的土地都是行政划拨的，要改制上市按要求就得交土地出让金获得土地使用权；其次我们企业内部都还存在着经济增加值较少的部门和环节，影响了企业的盈利水平，净资产收益率水平较低；再次从我们企业过去的发展看，产品价格机制、原材料价格波动对我们影响太大，效益增长跟不上规模的增长，部分企业还出现巨额亏损的情况，这是不能适应上市发展的。

无论面临多大的困难，都不能动摇我们整体上市的决心，整体上市是集团公司适应市场经济、抵御风险，顺利快速发展，确保未来战略实现的必经之路。我们要下大力气开展工作，克服种种困难，扎扎实实抓好企业经营管理，实现集团公司的整体上市目标。

（二）预算管理深化细化，成本管理取得实效，提高企业盈利能力

集团公司2007年的经营目标是实现销售收入260亿元以上、实现净利润2亿元以上。长期以来，所处经营环境决定了机车车辆行业都是处于保本微利状态，而近年来由于产品结构变动较大、原材料价格高位运行、企业经营的固定费用持续增长等多种因素影响，我们的利润增长与销售收入增长并不同步，收入增长的边际贡献没有体现。为顺利完成集团公司2007年度经营目标，我们要做好以下工作。

1．按照绩效考核办法，集团公司在2007年要完成绩效考核办法的修订，我们重点是做好财务指标设定和相关评分办法的修订，考核办法要适应集团公司未来几年的发展战略。

2．组织做好集团公司2007年度财务预算的编报工作；开展集团公司内部预算管理工作的经验交流，总结推广先进经验；对于集团公司重点技术引进项目，相关企业要编制科学合理的财务收支预算，建立项目预算管理体系，保证项目进程中的各项收支受预算的管理与控制；对于需上报集团公司批准的固定资产投资项目，企业要在预算的基础上编制项目可行性报告，力求准确合理。

3．集团公司组织好各企业可比主产品成本的对标工作，定期通报各企业成本费用总体情况，加强集团内部成本管理经验的交流，在对标或通报中成本费用水平相对较高的企业，应进行具体、详细的分析，提出具体落实的应对措施。

4．集团公司要组织对亏损企业和重点企业进行调研，全面分析企业经营面临的困难和存在的问题，提出改善措施。

5．各企业要积极开展资产周转率分析，采取积极措施，严格控制各类资产占用资金水平，主动开展资产占用水平的对标工作。

（三）加强资金管理，改善融资结构，努力提高资金使用效率

1. 针对集团公司资金管理需要，制定并完善《固定资产投资项目贷款资金回收管理办法》、《中国北车集团公司技术引进消化吸收和国产化项目流动资金贷款管理办法》、《资金集中管理办法》等有关制度。

2. 为改善融资结构、降低融资成本，在去年发行的20亿元短期融资券到期后，继续发行20~25亿元的短期融资券，同时做好第二批企业债券发行的准备工作。

3. 各企业要加快应收账款回收速度，降低存货占用资金水平，及时办理购销结算，避免出现银行存款和贷款双高现象。

4. 各企业要采取措施，贯彻落实集团公司本地账户余额管理办法，保证集团公司沉淀资金的高效运用。

5. 在进行项目投资可行性研究时，企业主管财务领导和财务部门要积极参与，确保项目投资经济合理。

6. 固定资产项目投资资金应严格按照项目预算及规定程序进行使用，确保资金安全，集团公司对企业资金状况进行定期跟踪分析，对风险较大的企业进行预警。

（四）加强会计核算工作，提高会计信息质量，做好新《企业会计准则》、《企业财务通则》实施准备工作

财务月报和财务决算是集团公司各级企业领导全面掌握所属企业定期经营状况最直接的信息，是企业进行经济活动分析和经营决策的基础，是国资委、监事会对集团公司进行监督管理的重要依据，同时也是一个企业财务管理水平高低的直接反映。加强会计核算，做好财务月报和财务决算的编报，提高会计信息质量，是我们财务管理最基本的日常工作，也是最重要的工作之一。2007年，我们要严格按照国资委和集团公司关于2006年度财务决算编报的要求，组织好2006年度财务决算工作，按时保质完成编报工作；进一步健全、完善财务月报编报机制和程序，按年度预算努力保持收入与成本费用的均衡，保证编报及时、数据准确；加强经济活动分析工作，力求准确反映企业经营管理情况和存在的问题，为各级领导经营决策提供及时可靠的信息。

集团公司定于2008年1月1日开始执行新《企业会计准则》，新《企业会计准则》是我国在面对市场经济逐步完善、经济全球化的经济环境下进行的又一次会计变革，集团公司及所属企业必须在2007年做好以下会计准则转换的准备工作，确保相关工作的顺利衔接。

1. 制定集团公司执行新《企业会计准则》工作安排，所属企业根据集团公司工作安排制定本企业工作安排。

2. 组织多种形式的培训与学习，对全集团财会人员进行新《企业会计准则》的普及教育。集团公司组织所属二级企业总会计师、财务部门负责人、部分业务骨干的培训工作，所属二级企业负责对本企业及下属单位财会人员的培训工作。

3. 修订完善会计核算有关制度和会计政策。

4. 测算分析会计准则转换对企业财务状况和经营成果的影响。

5. 做好向国资委申请执行新《企业会计准则》的有关工作。

（五）着力夯实财务会计管理基础工作，促使财务管理更加精细化

财务管理要做到精细化，必须依托科学的劳动定额、物耗定额、资金定额、费用定额以及规范细化的流程和完善的内控制度作为基础，而目前我们企业现状普遍存在较大的差距。集团公司将2007年定位为“基础管理年”，我们要乘势而为，全面贯彻落实，着力夯实财务会计管理基础工作，促使财务管理更加精细化。

集团公司要组织制定适用于集团公司的

《内部财务会计控制规范》、《财务会计基础工作规范》，所属企业对照集团公司制定的规范，结合本单位具体情况进行具体化，严格按照《内部财务会计控制规范》开展工作，对照《财务会计基础工作规范》在本企业及下属单位开展财务会计基础工作的自查与整改工作，集团公司将组织对所属企业财务管理基础工作开展情况进行抽查。

各企业要分析研究本单位成本费用各项定额管理工作的现状，对不合理和不完善的环节进行重点分析，提出有效措施进行整改完善，提高成本费用管理基础工作，集团公司要适时组织企业进行交流，对于先进的、科学的提高成本费用管理基础工作的方法与措施，要在集团内进行宣传与推广。

已经在2006年实现财务物流一体化管理信息系统上线运行的企业，要积极总结经验，完善相关规章制度，努力提高运行效果，并向集团公司提交验收申请，集团公司组织验收工作；尚未实现财务物流一体化管理信息系统上线运行的企业，要确保在上半年内完成上线目标；结合系统的运行，对相关业务基础工作和业务流程进行调研和研讨，力争年内制定集团公司相对科学合理的财务物流管理信息系统基础管理规范和业务流程标准；在所属企业完成系统上线运行的同时，要做好集团公司总部财务物流一体化的信息汇集工作。

（六）积极参与改革改制工作，做好配套的财务工作

实践证明，在开展企业改革改制工作的各个时期，财务领导和财务部门是否参与以及工作开展全面细致程度，在一定程度上将影响改革改制方案是否科学合理、改革改制进程能否顺利进行。集团公司在2007年要加大改革改制力度，积极推进企业改革与重组，财务领导和财务部门要积极参与，做好以下工作。

1．积极参与各项改革改制研究，制定改革改制方案中的财务管理部分，对相关企业改革改制前后财务状况和经营成果进行分析和预测。

2．组织做好改革改制工作中的财务审计、资产评估和产权管理工作。

3．改革改制方案被批复后，按照批复和有关制度做好账务处理和其他财务管理工作，对于改革改制后相关企业形成的关联交易，要制定出切实可行的方案。

4．做好改革改制中新设立企业的财务管理体制和财务管理制度的建设工作。对按859号文件改制分流企业的财务管理和会计核算，在过渡期内给予足够的指导和咨询。

（七）加强人才队伍建设，做好重点课题的研究

2007年，集团公司将继续加强财会队伍的建设，组织好各级财会人员的培训工作，充分发挥集团公司财务管理专家作用，做好重点课题的研究工作。

1．集团公司和各企业分层次组织好集团公司财务干部、财务专家、业务骨干和一般财会人员的业务培训工作；各企业要采取积极措施，促进财会人员加强学习、提高专业技能，努力培养高素质的业务骨干。

2．完善修订集团公司总会计师考核办法，做好2007年度企业总会计师的考核工作。

3．结合集团公司财务管理重点工作，围绕“资本运作”“资金管理”“财务物流一体化信息工程”“新会计准则”“财务会计基础工作”“预算管理”六个方面开展重点课题研究，集团公司将分别组织六个课题组开展工作；集团公司财务管理专家是重点课题的主要研究人员，要积极按照课题组工作安排开展工作，做好自己的研究工作；各企业做好课题研究的配合与支持工作。

4．在年底组织做好两年一次的集团公

司财务管理专家选拔工作。

三、开展 2007 年财务工作的要求

(一) 加强学习，与时俱进，以饱满的热情开展工作

当前，我们国家经济社会进入了一个全新的发展阶段，国民经济持续高速增长，融入全球经济的程度越来越高，社会主义市场经济体制日趋完善，我们企业面临着快速变化的经济环境。对我们集团公司来讲，引进消化吸收替代了完全自主开发，国际购销业务快速增长，原材料价格随国际市场影响波动；对我们财务工作来讲，新《企业会计制度》开启了又一次会计变革，国际国内资本市场为我们提供了资本运作的平台，丰富的金融及衍生工具供我们选择使用。作为企业从事财会工作的同志，尤其是财务干部，如果不加强学习，丰富更新知识，就不可能称职的开展工作。

1. 1993 年开始实施《两则》《两制》，2001 年颁布《企业会计制度》，2006 年又出台了新《企业会计准则》，十几年来会计制度在不断的变化，财政部 2006 年底也修订发布了《企业财务通则》，国家财政税收法规也在不断的调整变化。会计制度以及其他政策法规都是为经济服务的，必须适应我国社会主义市场经济的发展，我们财会人员要尽快全面掌握这些新知识、新变化，我们才能正确的进行会计核算、财务分析，才能为企业的经营发展出谋划策。

2. 面对复杂多变的经济环境，集团公司要又好又快的发展，还需要我们财会人员掌握更加全面的经济知识，具备较高的宏观经济判断能力。进行项目投资方案研究时，需要对未来进行前瞻性预测，同时采用先进全面的经济效益测算方法进行经济效益综合测算；了解、关注债券市场和国内外股票市场，我们集团公司的发展还需要大量长期资金的支持，资本性融资迫在眉睫；国际购销业务的增多，要能够熟练运用信用证、保函等方式方法，回避经营风险；原材料价格波动大，可以通过期货市场锁定价格，实现套期保值。

3. 信息技术的发展，对企业管理带来的变革是巨大的，在这方面我们企业和一些国内外大型企业比较，还有很大的差距。我们从 2004 年开始在集团内推动财务物流一体化信息工程的建设，到现在取得了一定的进展，但距我们的目标还很远，通过先进的信息化技术和手段，优化企业资源配置，全方位提高竞争力，是集团公司和各企业发展壮大的必经之路。目前我们财务领导干部和财会人员企业管理信息化方面的理念和知识还有欠缺，需要加强学习迅速提高。

(二) 结合企业实际情况，紧密围绕生产经营开展工作

财务工作是为企业生产经营服务的，2007 年各企业需要做好“大力开拓市场，不断增加收入；强力推进改制分流，不断增强竞争优势；技术引进与自主研发相结合，不断提高创新能力；着力强化基础管理，不断向精细化水平迈进；探索实施知识管理，不断提供智力支持；切实做好安全生产和维护稳定工作，确保改革发展顺利进行”六项基本工作，全面完成集团公司下达的效绩目标责任指标，任务是比较重的，各企业财务领导和财务部门要结合本单位实际情况，努力提高财务管理水平，为本单位全面完成 2007 年生产经营任务贡献力量。

1. 近年来，规模扩大导致的资金短缺问题一直困扰着我们企业的发展。作为财务部门，我们一定要发挥主观能动性，掌控企业资金运转的全面情况，预测企业未来现金流量情况，分析研究加快企业各类资产周转效率，采取措施降低资金成本，严格控制资金风险，努力缓解资金紧张的局面。现在集团公司资金集中借贷了，个别企业有了依赖

思想，这是不对的，也是很危险的。越是困难，越要加紧研究探索，提高我们资金管理水平。

2．对于成本费用的控制，一刻也不能放松。企业进行生产经营就是为了盈利，反过来讲企业要盈利才能够生存与发展，这个道理大家都清楚。集团公司近年的快速发展过程中，利润增长与销售收入总量增长不匹配的矛盾十分突出，企业成本费用水平随销售收入快速增长，上去了就下不来。加强成本费用控制，一是要坚定观念，做企业就是要多创造利润，这是出资者的需要、是国家的需要、是社会的需要，是企业员工的需要，更是企业长远生存发展的需要；二是要从设计、工艺、制造和采购等环节入手，通过对比找差距，也要通过对装备、资产占用水平进行优劣分析，采取措施努力提高成本费用管理水平；三是要从企业管理体制、组织机构、管理流程和机制上做文章，通过有效的改革改制改组措施，将创造增加值较低的部门、环节的活力激发出来，提高企业综合盈利能力。另外，成本费用的控制绝不能先松后紧，各企业要努力保持年度内各期间成本费用与销售收入的匹配，这对于成本费用的控制是十分重要的。

3．财务工作在企业内部管理中处于中心环节的位置，财务部门要做好与企业其他部门的相互协作工作。财务部门主抓的工作，开展工作的内容和方式方法要和其他参与部门协商，财务部门参与其他部门主抓的工作，要积极配合，只有部门间通力协作，企业管理效果才能得到充分发挥。同时，财务部门还要加强与地方财政、税务等部门的沟通与联系，学习请教财税政策，积极配合监事会和内审的监督检查工作。集团公司的财务工作要自觉地接受监事会的监督和检查，充分认识到接受检查的过程就是一个提高工作水平的过程，通过监事会的监督和检查，将全面提高集团公司财务工作的质量。

（三）加强人才队伍建设，为财务工作不断提供智力支持

要做好财务工作，为集团公司的经营发展服好务，需要一支强有力的财会人员队伍作支撑，这是不容置疑的。近两年来，集团公司及所属企业在财会人才队伍建设上做了大量的工作，但应该说我们人才队伍的现状还不能适应集团公司发展的需要，集团公司有财会人员近二千人，目前拥有高级会计师资格的不到二百人，不到10%的比例，超过一半的财会人员是助理会计师和会计员职称，人员结构并不合理。我们必须把财会人才队伍建设放在重要的位置上来抓，建立灵活的、适宜的财务干部和财会人员的任用机制；大胆使用人才，鼓励在工作中探索和创新，着力培养骨干力量；加强财会人员的再教育工作，组织目标明确的培训，全面提高财会人员的业务知识和综合能力。

同志们，在集团公司加快“实力北车、活力北车、凝聚力北车”建设步伐，着力打造国际竞争力的进程中，我们财务工作面临的任务艰巨而光荣。全体财会人员要继续保持锐意进取、奋发向上的精神状态，发扬求真务实的工作作风，增强大局意识、服务意识、创新意识，贯彻集团公司工作会议精神，全面落实集团公司行政工作要点，努力提高集团公司财务管理水平，为集团公司又好又快的发展贡献力量！

紧扣企业第一要务　展示工会组织作为
为实现集团公司新的发展目标而努力奋斗

——工会主席董宇在中国北车集团公司工会二届二次全委会议上的工作报告(摘录)

(2007 年 3 月 31 日)

各位委员、同志们：

现在，我代表中国北方机车车辆工业集团公司工会第二届常委会，向全委会报告工作，请审议。

一、过去一年工会工作的简要回顾

(一) 致力于促进第一要务，在实现发展目标中展示新作为

(二) 致力于提高职工素质，全面推进创争活动进入新阶段

(三) 致力于构建和谐北车，民主管理工作水平有了新提高

(四) 致力于完善三项机制，帮困救助活动取得新成效

(五) 致力于提高工作水平，工会组织自身建设得到新加强

简要回顾一年来的工会工作，我们主要有以下几点体会，这也是在新形势下做好工会工作的几点实践感悟。

第一，做好工会工作，必须自觉接受党委领导，主动争取行政支持。

第二，融入企业中心，必须抓住生产经营中的主要矛盾，开展实实在在的工作。

第三，构建和谐企业，必须紧紧把握发展和谐劳动关系这一工会工作的主线。

第四，提升工作水平，必须不断加强工会干部队伍建设，提升履职能力。

二、工会工作面临的基本形势

(一) 构建和谐北车，要求工会组织展示新作为

十六届六中全会开启了构建和谐社会的新起点。基于此，集团公司作出了加快建设“三力”北车步伐的决定，这是构建和谐北车的客观要求。由此而来，集团公司内部的企业改制、资源重组、自主创新将在更大范围、更深层次上展开，企业组织结构、职工队伍结构和既有利益关系等都将发生重大变化。

构建和谐北车，发展是前提。要求调动全集团各方面积极因素，形成“共谋发展、共享成果”的良性互动局面，切实提高企业抢抓机遇、应对挑战、加快发展的能力。在这个过程中，集团公司各级工会组织担负着重要责任，必须要有所作为，努力提供“五个保障”，即政治保障，建立健全职代会和厂务公开制度，提高企业民主管理水平，全心全意依靠职工搞改革办企业；法律保障，抓好“两个合同”的签订履行，积极推进建立规范有序、公正合理、互利共赢、和谐稳定的新型劳动关系；文化保障，推动企业文化建设，积极倡导建立诚实守信的新型人际关系；动力保障，全面推进“创建学习型组织，争做知识型职工”活动，努力打造技能一流、敢打硬仗、昂扬进取、充满活力的员工团队；环境保障，高度重视做好改革改制中的民主管理和思想政治工作，营造公平、公开、公正的企业环境，聚合全员力量，确保大局稳定，促进企业发展，促进职工发展，促进职工和企业协调共同发展。

(二) 实现新的经营目标，给工会工作提出了新任务

集团公司2007年的经营目标是，销售收入达到260亿元以上，较2006年增长38亿元，增幅18%；实现净利润2亿元以上，较2006年增长2000万元，增幅11%；劳动生产率达到人均31万元以上，较2006年增长4.2万元，增幅16%，三大主要指标的增长速度全部要达到两位数。

实现这个新的经营目标，集团公司面临着良好的机遇，积蓄了一定的优势，但同时又面临着严峻的考验，存在着较大的差距。从工会工作角度讲，发挥组织优势，促进实现这个新目标，这是当前面临的突出任务。增加销售收入，依赖于大力开拓国内外市场，向客户提供优质的产品和服务；扩大利润空间，提高盈利能力，要求降低人、财、物成本；而提高劳动生产率，对职工素质和职业技能提出了新的要求。这些都要求我们各级工会组织要切实提高服务大局的能力，努力提高职工队伍整体素质，打造与国际一流企业相适应的高技能职工队伍；主动融入生产经营中心，深化职工经济技术创新工程，激发活力，展现作为；最大限度地把广大职工的思想和行动统一到集团公司发展目标上来，把智慧和力量凝聚到为加快集团公司发展建功立业上来，确保实现新的目标。

(三) 加大改革改制力度，给工会工作提出了新课题

今年，集团公司将进一步明确整体改制方案，强力推进主辅分离改制分流，不断深化三项制度改革。将坚持区域化与专业化相结合，进一步优化资源配置，推进客车、动车组、机车新造业务的整合，谋划推进货车以及重要零部件等业务的整合。

随着改革力度的加大，工会组织融入大局，配合企业推进改革改制的作用将表现的更加重要；随着改革向深层次发展，对于我们个体而言，就是一场实实在在的革命，是既有利益的再调整和再分配，涉及到思想观念、利益调整、劳动关系、职工安置等一系列问题将日益突出，保持企业和职工队伍稳定的压力不断增大。工会组织积极主动做好广大职工包括部分领导干部的思想稳定工作，维护职工合法权益的任务十分繁重；随着主辅分离改制分流企业的逐渐增加，改制企业中的厂级职工代表和工会会员代表如何设置，对改制企业工会组织如何管理，成为一个新的课题；而跨区域结构调整资源重组的推进，工会的组织设置和管理层级又将如何确定，等等，都需要进行研究。这些问题，工会组织绕不开，躲不过，必须直面应对，探索实践，积极解决。

(四) 夯实企业基础管理，给工会工作提出了新要求

集团公司把今年确定为“基础管理年”，将从集团层面的战略管理、效绩管理、财务管理、干部人事管理到企业层面的质量管理、安全管理、成本管理、定额管理以及标准化管理，等等，都将在现有水平上进一步强化、夯实、提升，切实“终结”粗放式管理，全面推行精细化管理。

夯实基础管理，对工会工作提出了一个新的要求，就是要全面提高广大职工的规则意识和标准化意识，这也是履行集体合同和劳动合同的客观要求。在中国轨道交通装备与国际接轨的进程中，我们集团抓住了历史性的机遇，正在引进吸收发达国家的先进技术，但能不能用世界一流的技术、一流的设备，制造出一流的产品，这对我们来说，是当前面临的最直接最现实也是最严峻的考验。走不好这一步，在市场竞争中迟早要打败仗。我们常说，细节决定成败，在新一轮技术引进中，规则和标准的严格执行至关重要，决定着我们与国际接轨的成败。所以，加强对全员的规则意识、标准化意识、诚信

意识教育，在广大职工中牢固树立起按标准操作、按规矩做人、诚信守法的理念，是企业对工会工作提出的新要求。

（五）提升自主创新能力，给工会工作提出了新目标

创新是一种精神状态，更是一种实际行动，一种勇于否定自我的人生境界。应对国内外市场的激烈竞争，集团公司把提升自主创新能力放到了十分突出的位置，将自主研发与技术引进相结合，全面推进消化吸收和国产化工作，进一步完善技术创新体系，目标是努力争取集团公司整体进入国家创新型试点企业行列。企业在创新、在变化，作为企业中的工会组织，必须主动出击、以变应变，把是否推进企业的改革发展稳定作为衡量标准，把推进工会工作现代化作为大的方向，积极推进工会工作的创新，在创新中展现工会组织作为，在创新中提高服务职工、服务企业的水平。这是建设创新型企业对工会工作提出的新目标。

三、2007年工会工作的主要任务

根据工会工作面临的形势和集团公司2007年工作的总体安排，结合铁总十二届八次执委会议和中央企业工会工作会议的部署，集团公司工会今年工作的总体思路是：**以邓小平理论、“三个代表”重要思想和科学发展观为指导，认真贯彻党的十六届六中全会精神，以促进实现经营目标为重点，广泛开展职工经济技术创新和劳动竞赛活动；以创建学习型班组为重点，全面推进创争活动，提高职工队伍素质，提升企业管理水平；以促进和谐企业建设为重点，深化民主管理，推进“三不让”活动；以推进工会工作思路创新为重点，加强工会自身建设，为实现集团公司2007年改革发展目标、维护大局稳定作出新的贡献。**

（一）紧紧抓住实现经营目标，广泛开展职工经济技术创新活动

1．做好生产任务紧张时的劳动竞赛和息工待产期间的思想稳定工作。市场的不断变化和市场经济按订单生产、按客户要求交货的特点，使企业中的生产组织呈现出非均衡性。在生产任务紧张时，工会一方面要组织职工开展达产达标、提高质量、降低成本、保证安全等主题劳动竞赛，充分调动广大职工的积极性和创造性，确保各项指标的完成；另一方面要通过开展到生产现场慰问等活动，关注加班抢产中职工的身心健康，使职工感受到组织的关心和爱护。在生产任务相对不足时，要主动配合党政做好职工思想政治工作，帮助困难职工安排好生活，适时开展技术练兵和业务培训，稳定队伍，积蓄力量。

2．做好技术引进中的难点攻关和“标准化意识”教育活动。各级工会要密切关注本企业引进项目进展情况，针对技术引进实施中遇到的难点，以引进消化再创新、集成创新和自主创新为重点，以提高质量、占领市场，打造北车品牌，提供优质的轨道交通装备为主攻方向，组织职工广泛开展技术攻关和提合理化建议、操作技术达标等竞赛活动；要通过运用来自企业内外的正反两方面的典型案例等形式，教育职工普遍树立起“品质至上”的理念、质量“零缺陷”的追求和严格按规则执行的标准意识，确保按期交车，确保国产车质量达到原型车标准。按照铁总和国资委的部署，技术引进主导企业和相关企业要在调研的基础上，制订活动方案，开展以标准化操作为主要内容的劳动竞赛，促进技术引进消化吸收和国产化工作向着预期目标迈进。

3．加强职工代表安全巡查工作。深入抓好《安全生产法》、《职业病防治法》、工会劳动保护《三个条例》等有关安全生产和职工劳动保护法律法规的宣传教育。依法做好安全生产和劳动保护的群众监督工作，针

对不安全隐患和惯性安全事故，组织职工代表定期进行安全巡视，发现隐患，督促整改，促进提高现场管理者和操作者的安全意识。对检查中存在的不安全隐患，要组织进行“回头看”，加强跟踪检查。健全工会劳动保护三级网络和安全信息反馈机制，畅通工会安全信息反馈渠道，及时发现、反馈安全信息；对于重大不安全隐患，要直接向企业第一管理者报告，促进企业安全生产，切实维护职工的安全权。

（二）紧紧抓住提高职工素质，全力推进创争活动深入发展

1. 扎实推进创建学习型班组活动。各级工会组织要在班组建设中主动参与，发挥作用。要把集团公司加强基础管理的要求融入到创建学习型班组活动之中，加强班组基础建设。要紧密结合各企业实际和职工队伍实际，在发动职工充分讨论的基础上，完善学习型班组和知识型职工评价标准。国资委非常重视班组建设，组织编写的《班组建设与管理》一书已基本定稿。这本教材出版后，要按照国资委安排，周密制订计划，组织开展新一轮班组建设骨干培训，着力提升班组长的组织协调、控制沟通和开拓创新能力，以此带动提高班组建设水平。集团公司工会将继续开展创争活动论文征集，推广优秀成果。

2. 广泛开展技能大赛活动。今年下半年，集团公司将举办数控类设备操作职业技能大赛，各单位工会组织要主动配合做好组织筹备工作。要以集团公司技能大赛为契机，积极组织开展多工种、多层次的技能大赛。要与现有的产品相配套，把目标放在促进提高产品实物质量，重点放在车间一级的技能比赛，大工种以车间为单位，小工种跨车间联合进行，创造更多的机会，动员更多的职工，参与技能大赛，争当技术能手，展示才华，查找差距，形成全员性的练兵氛围；要大力宣传比赛中涌现出的各类技术能手，树立职工身边看得见、学得了的技术典型。要继续开展好读书自学和推广职工先进操作法活动。

3. 大力加强创争活动宣传报道。要充分利用和发挥好各种宣传阵地和舆论媒体的作用，有计划、不间断地宣传创争活动。要及时发现总结来自基层、来自实践、来自职工的新鲜经验，培养和推广既体现时代精神，又具有企业特点的先进典型。集团公司工会将筹备召开创争活动表彰会暨创建学习型班组论坛，交流活动经验，评选表彰先进，分享来自班组创建的优秀案例。

4. 积极推进企业文化建设。工会组织在企业文化建设中承担着重要职责。今年的一项重点工作，就是要组织力量，编辑《感动北车》一书，为广大职工著书立说，用职工的笔墨反映自己做的事和职工身边的事，引导职工、教育职工、激励职工，宣传倡导广大职工认同的价值观，推进企业文化建设。今年编第一集，以后力争每年推出一集，为广大职工搭建一个共建共享、展示自我的平台。

（三）紧紧抓住构建和谐北车，积极推进维权机制建设

1. 加强重组改制过程中的民主管理。重组改制中的民主管理直接影响企业的稳定和重组改制企业的发展。要认真落实有关规定，规范改制民主程序，改制政策、产权转让和涉及职工切身利益的其他重大事项，都要及时公开，接受职工监督。集团公司工会将制订《加强调整重组和改制分流中民主管理的意见》，各企业工会也要结合各自实际，制订具体的办法和程序，支持企业稳步推进改革改制，维护职工合法权益，保持企业大局稳定。

2. 发展完善职工代表大会制度。要协调督促企业按期召开职代会。集团公司工会

在年初制定了《召开职代会报告备案制度》，要认真抓好落实。集团公司工会将对各企业召开职代会情况定期进行通报和反馈。要继续探索规范职代会表决程序，审议事关职工切身利益的方案时，应以投票方式进行表决。要组织职工代表加强对职代会决议落实情况的督查督办，做好职代会提案工作。要全面落实职代会评议领导干部制度，评议情况要及时向集团公司工会报告，作为向集团公司领导听取各单位党政领导述职的反馈内容。

3．深入开展厂务公开工作。按照国资委的要求，集团公司工会要做好全集团厂务公开工作的自查自报，并接受其他中央企业的互查。各单位工会要广开公开渠道，从职工最关注、最敏感的问题入手，重点抓好企业改革发展稳定和生产经营中的重点、关系职工切身利益的热点、企业领导人员廉洁自律的敏感点等问题的公开。要不断拓展公开的内容和深度，根据国资委的要求，民主评议领导人员、提取职工教育经费、领导人员的职务消费等内容必须公开。要认真履行厂务公开第一协调人职能，按照企业管理标准化的要求，结合企业实际，制定《厂务公开工作标准》，明确公开的内容、程序、时间、范围、责任主体等，把厂务公开的要求融入到企业管理标准中去。

4．积极促进构建和谐劳动关系。今年的重点工作，一是组织开展集体合同和劳动合同签订履行情况专项调研检查。各单位工会一方面要推动“两个合同”的签订，要把强化基础管理、按标准操作纳入集体合同内容；另一方面要带领职工诚信履约，兑现合同条款。二是按照全总和国资委关于职工董事、监事工作制度有关规定，制定集团公司《职工董事、职工监事工作管理制度》，明确和规范职工董事、职工监事的任职条件、产生程序、工作职责等。要积极推行职工董事、职工监事由职代会或职工大会选举、对职代会负责、向职代会述职制度，切实增强职工董事、职工监事的责任意识。《劳动合同法》颁布后，要认真组织学习宣传和贯彻落实。

5．高度重视职工的利益诉求。要拓宽企情民意表达渠道，搭建多种形式的沟通平台，进一步畅通信息渠道。要积极运用网络等现代信息手段，充分发挥工会组织体系优势，及时收集、掌握、分析职工工作、生活情况和思想动态，及时发现影响稳定的苗头和倾向性问题，协助党委及早处理。要进一步发挥劳动争议调解和法律援助机制的作用，积极主动地正视矛盾、调处矛盾，最大限度地增加和谐因素，促进劳动关系的和谐发展。要加强领导，积极主动做好工会信访工作。

（四）紧紧抓住增强企业凝聚力，积极开展帮困救助和职工文体活动

1．积极推进“三不让”活动。要紧紧围绕职工群众生活中的突出困难问题，继续健全以“送温暖工程”为龙头的帮困救助机制，以医疗互助合作为重点的互助合作补充保险机制，以爱心助学为载体的互助互济机制。要按照铁总和国资委群工局要求，以“三个机制”为基础，推动“三不让”活动的深入开展，努力实现“三不让”目标。要统筹协调，调动各方积极性，多方筹集资金，把企业的关怀送给最需要得到帮扶的困难职工。要不断提高送温暖工作水平，在现有条件下，积极探索为困难职工家庭送就业信息、送脱困信心，增强困难职工脱困能力。要周密制订方案，主动协调安排，坚持做好重大节日期间的专项送温暖活动。

2．广泛开展职工文体活动。办好集团公司第二届运动会是今年文体工作的一件大事。集团公司党政领导对这次运动会十分重视。我们的要求是“不干则已，要干就干出

水平来"，一定要按照预定计划，本着节俭原则，精心筹备，认真组织，通过第二届运动会，展示北车集团崭新形象和北车职工的时代风采。要站在增强企业凝聚力、锻炼团队、提高素质的高度，认识文体活动的重要作用，研究新形势下广大职工对精神文化的需求特点，发挥好各种业余文体活动组织的作用，突出群众性原则，广泛开展小型多样、健康向上、职工欢迎的文体活动，尽可能地吸引更多的职工参与进来，努力满足职工的文化需求，推进和谐企业、和谐社区建设。

（五）紧紧抓住提升工作水平，努力加强工会组织自身建设

1. 加强工会组织建设。认真落实《企业工会工作条例》和集团公司《工会组织办法》。适应企业重组调整和改制分流，及时做好相关单位工会组织的撤并整合，理顺组织关系。主动配合党委调整企业领导班子，履行工会主席人选调整民主程序。要充分尊重工会会员的选举权，按期换届改选。要认真落实集团公司新的《工会工作考核办法》，加强对工会工作效果、效率的评价考核。加强对女职工工作的领导和支持，继续开展巾帼立功竞赛活动和女职工素质提升工程。要落实全总、铁总要求，继续做好农民工加入工会工作，维护好农民工的合法权益。

2. 加强工会干部队伍建设。要落实好《2007—2010 年集团公司工会干部培训规划》。加强与铁总沟通，力争一至两年内对新上任工会主席、副主席进行一次岗位培训。举办好工会办公室主任暨信息工作培训班和工会生产宣教部长培训班，促进转变作风，提高工作水平。集团公司工会工作专家组已经组建，要积极开展活动，发挥作用。各单位工会要制订好本单位的培训计划，加强工会干部培训。各类培训都要紧密结合工作需要和提升素质的要求，体现分层施教、按需施教，突出培训主题，提高培训质量。

3. 加强工会财务资产监督管理。要加强工会经费收缴，保证工会经费及时足额拨缴和上解。个别工会经费拖欠较多的单位，要加强沟通，与企业协商提出解决措施。要突出资金安全，强化对工会经费使用的审计监督，坚持工会主席离任审计制度，继续开展工会财务经济责任审计。加强基础管理，积极推进工会会计基础工作规范化达标，全面推行工会经费预算管理制度，管好用好经费，为工会工作提供资金保障。

四、积极推进工会工作创新

（一）着眼于实践社会主义维权观，深化工会工作观念思路创新

维权是工会的基脉。中国特色社会主义工会维权观，体现了党对维权工作的要求，适应了时代发展，拓展了维权内涵。各企业工会要在坚持"促进企业发展、维护职工权益"原则指导下，结合实际，勇于实践，走出一条不断促进集团公司现代化发展的工会工作新路子。企业作为微观经济主体，企业工会作为基层工会组织，观念创新的重点要坚持根植于实践的土壤，着眼于理念的创新和工作思路的探索。作为新时期的工会干部，要紧密结合当前的工作实际，着重强化"五种意识"，即强化参与融入、服务中心的意识；强化因企制宜、超前谋划、主动适应的意识；强化虚功实做、务求实效的意识；强化在维护企业的整体利益中维护职工的具体权益，和谐发展、互利共赢的"大维权"意识；强化敢于自我否定、主动自我加压、勇于超越传统的创新意识，以此促进思维方式的不断转变。新思路必然带来新行动。在具体实践中，既要突出重点服务企业大局，又要研究工会工作自身的规律特点，把握工作主线，加大劳动关系协调力度；既要促进企业增效，又要推动建立职工工资增长机制，实现"共建共享"；既要全面促进企业

改革发展稳定，又要及时了解各个利益群体的不同利益诉求，扩大集体协商面，提高履约率，全面维护职工的合法权益。

（二）着眼于提高维权效能，深化工会工作机制制度创新

机制和制度带有根本性、稳定性和长期性。因此，我们强调完善的体制机制和制度体系，是提高维权效能，促进企业和谐，维护职工权益的重要保证。当前，按照十六届六中全会的要求和胡锦涛总书记在刚刚闭幕的全国政协十届五次会议工青妇界委员联络组讨论会议上的重要讲话精神，要着眼于劳动关系的建立、运行、监督、调处等环节，建立完善“四个机制”，即利益协调机制，要推进公平公正，确保职工群众共享改革发展成果；诉求表达机制，要拓展民意表达渠道，充分反映职工的意愿和要求；矛盾调处机制，要促进劳动关系协调发展，维护职工队伍的稳定团结和企业和谐；权益保障机制，要维护好职工的整体利益和具体利益，切实解决职工工作学习生活中的困难，以此促进提高维权工作的效能。一个完整的机制体系具备制度、载体、方法和动力四个层面。推进机制创新，要运用系统观念，研究如何形成体系并能够有效运转。在实际工作中，深化厂务公开，要研究如何充分发挥职代会载体作用；推进创争活动，要研究增强来自企业的源动力、工会的推动力和职工的自发力；加强职代会建设，要研究落实职工的知情权、表决权和监督权；开展帮困救助送温暖，要研究如何把送物质与送精神相结合、输血与造血相结合，等等，都需要通过深层次的研究探讨，总结经验，创新机制，为提高维权效能提供保证。

（三）着眼于发展和谐劳动关系，深化工会工作内容途径创新

工会是劳动关系的产物。发展和谐劳动关系是企业工会的根本目标。深化工会工作内容创新，要求紧紧围绕这个目标，从工会四项基本职能出发，着重在方式方法上探求实现内容的新途径。从教育职能看，随着职工文化素质的提高、信息技术的发展、网络对生活的深度改变等，传统的学习已经不能适应当代职工的需求，要求创新形势任务教育手段，努力把企业的发展战略转化为职工群众的自觉行为；要求突出提高素质，创建学习型组织，培养知识型职工，适应现代化企业发展需要。从参与职能看，以职代会为基本形式的职工民主管理正向多元化发展，要求民主管理体系要与公司治理结构有机融合。从维护职能看，如何更好地体现“两个维护”，在维护企业利益中维护职工利益，在维护整体利益中维护具体利益，需要不断探索实践。从建设职能看，要积极创新劳动竞赛，拓展劳动竞赛的内涵，优化劳动竞赛的载体，提高劳动竞赛的绩效，充分调动全体职工的积极性、主动性和创造性，在建设“三力”北车中发挥主力军作用。同时，要积极创新职工之家的内涵，提高工会组织自身建设水平。这四项职能涵括了工会工作方方面面的内容，各单位工会要结合实际，突出重点，在继承中创新，积极探索新的方式方法和实现途径。

各位委员、同志们！站在新一年的春天，盘点去年，我们取得了很大成绩，倍感欣慰；安排今年，我们肩负的责任重大，不敢有丝毫懈怠。我们务必保持高昂的工作热情和良好的精神状态，紧扣第一要务，突出工作重点，发挥工会组织优势，展示工会组织作为，团结动员广大职工，为迎接党的十七大的胜利召开、为实现集团公司新的发展目标而努力奋斗！

大事记

责任编辑　韩长城

中国北车集团公司2007年大事记

中国北车集团公司 2007年大事记

1　月

17日　集团公司党员代表大会在北京召开。会议选举产生集团公司出席中央企业系统（在京）党代表会议的代表。

18～19日　集团公司2007年工作会议暨一届五次党委（扩大）会议在北京召开。集团公司总经理崔殿国作题为《加大改革力度，夯实管理基础，提高创新能力，为实现集团公司又好又快发展而努力》的工作报告；党委书记王立刚作题为《围绕战略目标，加强和改进党的工作，为集团公司又好又快发展提供政治保证》的工作报告。

19～20日　集团公司召开党风建设和反腐倡廉工作会议。

25日　长客股份公司签订孟加拉米轨客车项目、斯里兰卡宽轨客车项目国内采购合同，共计80辆米轨客车和100辆宽轨客车。

27日　集团公司下发通报，对同车公司“1·14”旅客列车行车隐性事故责任人作出严肃处理。

28日　青岛四方法维莱轨道制动有限公司举行开业庆典暨第一台制动系统下线仪式。

同月　集团公司副总经理兼总工程师奚国华、长客股份公司副总工程师赵明花被聘为国家“863”计划现代交通技术领域专家。

2　月

1日　齐车公司成为中国机电产品进出口商会会员。

2～3日　集团公司2007年度安全生产工作会议在北京召开。

4日　中共中央政治局常委、全国人大常委会委员长吴邦国在李克强、张文岳等省市领导陪同下视察大连机辆公司生产的城市快轨车。

4日　中共中央政治局常委、国务院总理温家宝在国务委员陈至立等陪同下到长客股份公司视察。

10日　集团公司电力牵引研发中心开发研制的上海低速磁浮试验列车电气系统在上海磁浮发展研究中心投入使用。

11日　大连机辆公司与铁道部签订500台大功率交流传动电力机车采购协议，总金额113亿元人民币；与庞巴迪公司签订大功率交流传动六轴货运电力机车部件采购合同和制造技术合作协议。

12日　齐车公司与澳大利亚签订100辆C3型集装箱平车和配件的出口合同。

12日　兰州厂制造的首台青藏线进口起重机160吨臂架平车交付用户。

15日　长客股份公司签订伊朗马什哈德市轻轨车辆项目采购合同，共计60辆70%低地板轻轨车，合同总金额约为9300万欧元。

3　月

9日　铁道部部长刘志军在国家铁道试验基地考察由同车公司与法国阿尔斯通公司

联合设计制造的“和谐”2型大功率交流传动电力机车。

11~12日 集团公司召开2007年度财务工作会议。

12日 同车公司与法国阿尔斯通公司签订大功率交流传动六轴电力机车项目进口部件采购合同和技术合作合同；与北京铁路局、中国技术进出口总公司签订500台大功率交流传动六轴电力机车项目采购合同，合同总金额113亿元。

12日 大连所与ALSTOM公司签订机车电控系统技术转让协议。

16日 集团公司自主开发350公里/小时动车组获国家财政部2006年应用技术研究与开发资金课题预算3397万元。

26日 集团公司在齐车公司召开2007年度技术工作会议。

28~29日 集团公司在齐车公司召开货车产品技术平台研讨会。

30日 首列200公里/小时国产化动车组CRH5“和谐”号在长客股份公司整列编组下线。

31日 集团公司工会召开二届二次全委会议。

同月 长客股份公司被确立为全国首批103家国家创新型试点单位。

4 月

10~11日 集团公司2007年经营管理工作会议在济南召开，集团公司总经理崔殿国作题为《强化基础管理，创新体制机制，全力推进集团公司又好又快发展》的工作报告；党委书记王立刚作题为《认清形势，坚定信心，为实现集团公司又好又快发展而奋斗》的讲话。

14日 由同车公司、锻造公司、制修公司、机车实业公司、印度斯麦肯公司共同出资的大同斯麦肯轨道运输设备有限责任公司正式成立。

15~17日 共青团中国北车集团二届二次全委（扩大）会议暨北车青年志愿者服务总队成立大会在齐车公司召开。

16日 二七机车公司与奥地利普拉塞-陶依尔公司（PLASSER）签订AMH800型路基处理车进口部件采购合同和技术合作合同；与北京、上海、武汉铁路局和广铁集团公司签订总价值19.98亿元人民币的AMH800型路基处理车采购合同。

18日 在中国铁路第六次大提速中，长客股份公司制造的“和谐号”CRH5动车组和大连机辆公司制造的“和谐”3型电力机车成为客货运输主力。

29日 在铁道部召开的“铁路自主创新”新闻发布会上，集团公司所属大连机辆公司、长客股份公司、同车公司、永济厂、四方所五企业负责人回答媒体提问。

30日 长客股份公司签订上海轨道交通7号线192辆地铁车辆的采购合同。

下旬 长客股份公司、唐山轨道客车公司铝合金分厂铆钳班、大连机辆公司机修厂电子班获全国“五一”劳动奖状。

5 月

10日 集团公司成立整体改制上市领导小组和工作小组，整体改制上市工作全面启动。

10日 大连机辆公司签订20台出口缅甸电传动内燃机车合同。

11日 齐车公司技术中心产品试验研究室获国家认可委员会认可资格。

13日 天津厂实验室检测工作通过国家实验室认可。

18日 首台国内组装“和谐”2型大功率交流传动电力机车在同车公司下线。

22日 集团公司首次维护稳定工作会议在北京召开。

22日 齐车公司载重350吨新型钳夹车样车通过部级技术审查。

24日 全国政协常委孙永福到大连机辆公司视察。

25日 长客股份公司举行高速列车制造基地暨工程试验中心开工仪式。

27日 铁道部副总工程师、运输局局长张曙光到唐山轨道客车公司考察CRH3动车组项目进展情况。

同月 铁道部2007年铁路货车质量抽查结果揭晓，集团公司所属企业新造、厂修均获第一名。

6 月

2日 集团公司整体改制上市工作部署会议在北京召开。

4日 中华全国总工会副主席、书记处第一书记孙春兰到唐山轨道客车公司视察。

8日 中共中央政治局委员、国务院副总理曾培炎在李克强、张文岳、陈政高等省市领导陪同下参观沈车公司产品。

8日 二七机车公司出口刚果（布）交通部大洋铁路公司的2台CK_{6E}型内燃机车交付出厂。

8日 大连机辆公司签订4台出口刚果（金）机车和配件采购合同。

11日 济南厂自主研发的“真空式组合卫生间”和“水冲式组合卫生间”在2008北京奥运会卫生间采购项目上中标。

12日 集团公司参加上海国际城轨交通展。

20日 集团公司召开所属部分企业纪委书记座谈会。

20日 长客股份公司与泰国曼谷轨道交通公签订48辆地铁车辆采购合同，合同总金额约6500万美元。

20日 哈车公司研制的DA_{25}型250吨凹底平车交付用户。

21～22日 集团公司召开2007年度劳资培训工作会议。

23日 永济厂首次中标深圳地铁项目4列蓄电池式电机车及后配套车辆。

28日 中共中央政治局常委、全国政协主席贾庆林视到唐山轨道客车公司视察时速350公里动车组项目。

下旬 集团公司党委表彰43个先进基层党组织、67名优秀共产党员、45名优秀党务工作者。

同月 在全国铁路总工会第六次大提速

表彰中，2个集体获火车头奖杯、7名个人获火车头奖章；集团公司工会表彰第六次大提速先进集团和先进个人，14个集体获北车劳动奖状、31名个人获北车劳动奖章。

7　月

2日　集团公司下发通知，要求相关企业在所在地对应设立一人有限责任公司。

3日　长客股份公司与天津滨海快速交通有限公司签订36辆不锈钢轻轨车辆采购合同。

6日　永济厂获得中国船级社（CCS）颁发的首个国内机电领域产品认证证书。

19日　集团公司下发通知，决定全权委托长客股份公司对唐山轨道客车公司进行管理，并代集团公司行使出资人权利。

22日　齐车公司为澳洲中集公司生产的C3型集装箱平车在大连港装船运往澳大利亚。

24日　中国北车澳大利亚公司在悉尼注册成立。

24日　二七机车厂公司与瑞士斯彼诺公司（SPENO）签订GMC96型钢轨打磨列车技术转让协议；与北京铁路局签订总价值13亿元的10列GMC96型钢轨打磨列车采购合同。

25日　集团公司党委召开一届六次全体会议，王立刚作题为《加强改进党建工作，充分发挥政治优势，为实现集团公司又好又快发展提供保证》的工作报告，崔殿国作题为《一手抓整体改制，一手抓生产经营，确保今年改革发展稳定各项任务目标全面完成》的工作报告。

8　月

1日　集团公司所属新设一人有限责任公司开始正式运行。

6日　集团公司召开改革发展报告会，国务院国资委监事会主席季晓南作国有企业整体改制上市专题报告。

9日　太原轨道装备公司首台TY6B机械传动接触网作业车试制成功。

10日　兰州轨道装备公司签订9台出口印度14吨工矿机车订单。

15日　全国人大常委会副委员长、全国妇联主席顾秀莲到唐车公司视察350公里/小时动车组生产线。

17日　天津轨道装备公司弹簧产品首次进入新加坡市场。

18～20日　集团公司第二届运动会在齐齐哈尔轨道装备公司举行。

20日　集团公司与长春市人民政府签署战略合作备忘录。

23日　铁道部部长刘志军到长客股份公司视察。

28日　中国科协常务副主席、党组书记邓楠到长客股份公司考察。

28～30日　集团公司分片召开党建工作检查调研座谈会。

30日　齐齐哈尔轨道装备公司研制的世界载重最大的450吨落下孔车首次装载成功。

同月　在国家发改委下达的2007年重

大装备自主化专项中央预算内专项资金（国债）投资计划中，集团公司国产化项目获1.11亿元国债资金支持。

同月 在国家质检总局公示的“中国名牌产品”中，长客股份公司生产的CRC牌轨道客车首次入围“中国名牌产品”。

同月 永济电机电器公司承担的“十一五”国家科技支撑计划“适应复杂工况的大功率风力发电机产业化项目”与科技部正式签署任务书。

9 月

3日 中共中央政治局委员、国务院副总理曾培炎到长客股份公司视察。

5日 济南轨道装备公司与韩国签订首批环保产品出口合同。

7日 首列首都国际机场线直线电机车辆在长客股份公司下线，首次实现国内城轨车辆自动无人驾驶运营。

12日 齐齐哈尔轨道装备公司与新西兰签订24辆轨枕运输车出口合同。

15日 全国人大常委会副委员长、中国科学院院长路甬祥到唐山轨道客车公司视察CRH3动车组项目。

20日 中共中央政治局委员、国务院振兴东北老工业基地领导小组副组长张立昌到长客股份公司视察。

20日 唐山轨道客车公司技术中心被认定为国家级技术中心。

25～26日 集团公司经营管理座谈会在北京召开。

同月 集团公司7个项目被评为“铁路重大科技成果”。

同月 大连所与美国GE公司签署进一步合作协议，成为GE公司的翻译服务供应商。

10 月

9日 中国铁路动车组技术引进与国产化推进现场会在长客股份公司召开。

13日 集团公司领导接见出席党的十七大代表常贵春。

18日 兰州轨道装备公司生产的工矿机车首次出口印度。

24日 齐齐哈尔轨道装备公司与澳大利亚力拓集团公司签订240辆35.7吨轴重矿石车出口合同。

26日 集团公司存续企业资源调查工作会议在北京召开。

30日 集团公司召开首次职工代表大会，总经理崔殿国作题为《推进整体改制，转变发展方式，努力开创集团公司又好又快发展新局面》的工作报告，党委书记王立刚作题为《深入贯彻党的十七大精神，为开创北车集团又好又快发展新局面而奋斗》的重要讲话；会议审议通过了《中国北车集团公司整体改制上市职工安置总体方案》。

30日 长客股份公司与伊朗布扎公司签订地铁铝合金车体供货合同，合同总金额1.3亿元人民币。

11 月

2日 集团公司党委发出通知，对学习贯彻党的十七大精神作出安排。

2日 集团公司荣获国务院国资委颁发的科技创新特别奖。

8~10日 集团公司党委举办党的十七大精神学习辅导培训班。

9日 永济电机电器公司生产的5种工矿电机车获得矿用产品安全标志证书。

9~12日 集团公司第三届职业技能大赛暨第二届青年技能大赛在大连机辆公司举行。

15日 中国高速列车工程试验中心在长客股份公司奠基。

16日 永济电机电器公司自主研制的国内最大功率电传动轨道车通过铁道部科技司技术评审。

22日 集团公司党委在西安召开“双培”主题实践活动经验交流现场会。

22日 长客股份公司签订北京地铁13号线扩编增购电动客车项目合同，共计112辆，合计总金额6.5亿元。

24日 集团公司9家下属企业创造的19项新记录成功入选第十二批中国企业新记录。

25日 永济电机电器公司主持起草的机械行业标准《高原铁路机车用旋转电机技术要求》通过机械工业高原电工产品环境技术标准化技术委员会审查。

同月 南口轨道机械公司首批电机配套产品样件通过庞巴迪公司检验，正式进入北京地铁4号线市场。

12 月

2日 长春轨道装备公司首批出口印度420根车轴在大连装船。

3日 四方所自主研发的首批大连电车制动控制系统全部交付使用。

4日 同车公司制造的“和谐2”型大功率电力机车正式在大秦线运行。

7日 长客股份公司签订上海市轨道交通6号线工程车辆采购合同，共计168辆，合同总金额10.2亿元。

7日 集团公司牵引研发中心实验站通过国家实验室体系（CNAS-CL01）认证。

14日 齐齐哈尔轨道装备公司获中启计量体系认证中心颁发的《测量管理体系认证证书》。

24日 中共中央政治局委员张德江到长客股份公司视察。

26日 集团公司举行专家人才受聘仪式，共聘任11名首席专家、44名资深专家和352名专家。

（陈建强　供稿）

概 况

责任编辑　韩长城

行政工作概述

党群工作概述

中国北车集团公司总部行政机构设置

中国北车集团公司总部党群组织机构设置

中国北车集团公司领导成员名单

中国北车集团公司副总师级、总师助理领导名单

中国北车集团公司总部部室负责人名单

中车进出口有限责任公司负责人名单

北京北车物流发展有限责任公司负责人名单

大连电力牵引技术研究开发中心负责人名单

行政工作概述

【综述】 2007年是中国北车集团公司"十一五"规划实施的第二年，以集团公司整体改制上市全面运作、技术引进消化吸收纵深发展等为标志，集团公司改革、调整、创新、管理等工作进入一个新阶段。全集团以科学发展观和构建社会主义和谐社会战略思想为指导，以打造核心竞争力为目标，加大改革调整力度，大力开拓国内外市场，提升自主创新能力，夯实基础管理，改革发展稳定各项工作再创佳绩，营业收入和利润指标再创新高，集团公司保持了又好又快发展的良好局面。

【生产经营】 2007年,集团公司工作的主要特点是整体改制上市和技术引进、生产经营并行开展,改革发展稳定各项工作的复杂程度和困难程度明显增强。为适应改革发展形势的要求,对"十一五"战略目标以及2007年度主要效益指标作了必要调增。全年新造业务累计实现销售收入164.72亿元,比上年增加32.21亿元。其中:新造电力机车销售收入33.78亿元,比上年增加13.9亿元;新造内燃机车销售收入8.8亿元,比上年减少1.7亿元;新造客车销售收入20.8亿元,比上年减少4.13亿元;新造动车组销售收入19.5亿元;新造城轨地铁车辆销售收入13.84亿元,比上年减少3.74亿元;新造货车销售收入68亿元,比上年增加8.38亿元。修理业务累计实现销售收入46.52亿元,比上年增加3.35亿元。其中:修理电力机车收入3.55亿元,比上年减少4000万元;修理内燃机车收入8.94亿元,比上年增加2.16亿元;修理客车收入12.33亿元,比上年减少3800万元;修理货车收入21.7亿元,比上年增加1.97亿元。机车车辆配件业务实现销售收入26.28亿元。相关多元化产品实现销售收入10.59亿元。出口产品实现销售收入11.8亿元。2007年集团公司累计实现营业收入295亿元,其中主营业务收入271亿元,比上年增加42.4亿元,增长18.5%;实现利润总额5.04亿元,比上年增加1.3亿元,增长34.8%;实现净利润3.84亿元,比上年增加2.07亿元,增长118%。营业收入和利润均创历史最好水平,全面超额完成国资委下达的经营业绩考核指标,实现国有资产的增值。

【整体改制上市工作】 根据企业内外形势的变化，集团公司在2007年初工作会议上正式提出："加快股份制改革步伐，筹划制订集团公司整体改制方案。"集团公司组织有关人员就整体改制上市工作进行了前期调研，并进行多次研究讨论，形成初步框架性思路。在4月召开的经营管理工作会议上，组织各单位主要负责人就集团公司整体改制上市的框架性思路进行了研讨。5月10日，成立集团公司整体改制上市领导小组和工作小组，整体改制上市工作全面启动。6月2日，集团公司召开整体改制上市工作部署会。7月上旬，在广泛征求各方意见，认真测算各种数据，反复论证实施方案的基础上，集团公司整体改制上市方案上报国务院国资委审批。7月下旬，国资委开始征求国家发改委、财政部等相关部委的意见，并得到各部委明确表示支持的回复。同时，根据整体改制上市的基本操作路径，集团公司在所属有关企业所在地对应设立一人有限责任公司，资产无偿划转、少数股权回购和职工股清退等工作已完成。各新设一人公司已于8月1日开始正式运行。法律尽职调查、审计、资产评估等工作全面铺开。投资项目审批和备案工作年内正在进行。

【市场开拓】 在2007年机车车辆市场招议标中，集团公司及所属企业与用户加强沟通、协调，取得较好业绩，在保持较高市场份额的同时，在争取用户价格支持方面有新的突破，产品获利能力有新的提高。全年新造传统机车招标18.83亿元，中国北车集团公司中标9.87亿元，占总量的52.4%；新造客车招标22.2亿元，集团公司中标12.3亿元，占总量的55.3%；新造部购货车及自备货车招标165.9亿元，集团公司中标79.65亿元，占总量的48%。修理机车招标36.4亿元，集团公司中标13.9亿元，占总量的38.3%；修理客车招标16.7亿元，集团公司中标7.1亿元，占总量的42.5%；修理货车招标23.8亿元，集团公司中标10.7亿元，占总量的45%；工业系统货车转K2转向架改造招标22.9亿元，集团公司中标9.48亿元，占总量的41.4%。国内城轨地铁车辆市场招标，集团公司中标72.2亿元。永济电机电器公司相关多元化市场继续保持规模发展，油田电机、风力发电机等全年新签合同10亿元以上，实现销售收入7.38亿元。大连机辆公司继续加大船用柴油机市场开拓力度，共签订32台船用柴油机及其配套设备的供货合同，合同金额1.5亿元，实现销售收入1亿元。济南轨道装备公司整合多经资源，加大开拓力度，全年实现相关产品销售收入1.25亿元。同车公司、南口轨道机械公司等相关多元化产品实现批量销售。集团公司将国际市场开拓作为单列指标纳入效绩考核范畴，加大激励约束力度。2007年，全集团签订出口合同超过6亿美元。为更好地开拓国际市场，组建成立北车澳大利亚公司并开始营业，国际市场业务保持较快发展势头。

【技术引进技术合作】 继大连机辆公司率先完成第一单60台电力机车交付任务后，长客200公里/小时动车组开始交付使用。集团公司首批60台和谐型电力机车和5列和谐型动车组投入铁路第六次大提速。5月18日，同车公司首台和谐D2大功率电力机车下线，提前43天完成技术引进工作责任目标。截至2007年底，由集团公司所属企业生产的大功率交流传动电力机车已累计交付260台（不含16台原装车），其中大连机辆公司和二七轨道装备公司生产204台，同车公司生产56台；长客股份公司200公里/小时动车组完成交车近20列。大连大功率内燃机车项目首台车正在组装。唐山350公里/小时动车组完成3列铝合金车体生产，首列车进入总装配。大连机辆公司与庞巴迪公司、同车公司与阿尔斯通公司在轴功率1600千瓦、六轴大功率干线主型电力机车上的合作项目已分别完成合同签署，总金额均为113亿元。二七轨道装备公司转产电力机车进入实质性阶段，并成功签订路基处理车、钢轨打磨列车两个大型养路机械工程车技术引进项目合同，总金额约33亿元。

【新产品新技术自主研发】 时速200公里客运电力机车完成技术设计。基本掌握网络控制技术，在城轨产品中首次设计配套网络控制系统，并正在为200公里/小时交流传动电力机车自主研发网络控制系统。完成北京机场线直线电机地铁车辆开发研制，首次实现了自动无人驾驶，时速达110公里，为2008奥运会提供了优质产品。完成北京十号线、二号线地铁车辆的研制。继续领跑货车技术发展方向，自主研制的载重70吨通用货车、80吨煤炭专用货车、100吨矿石和钢铁专用货车等已投入运用。80吨级铝合金和不锈钢两种运煤敞车、70吨级沥青罐车等10多项产品完成样机试制。以典型产品开发为载体，集团公司技术创新体系和产品技术平台建设工作扎实推进。根据整体改制上市的总体发展战略，初步形成北车股份技术创新体系的完善思路，并开展了科学技术中心建设项目的筹备工作。集团公司整体进入到第二批国家创新型试点企业中。在国务院国资委 2004～2006 年中央企业任期考核中，集团公司荣获“科技创新特别奖”。

【主辅分离改制分流】 集团公司继续把主辅分离改制分流工作纳入效绩考核，积极推进前三批改制分流方案的实施、收尾工作，完成第四批改制分流总体方案上报。2007 年完成 21 个单位改制工作，分流安置人员 1607 人，发生补偿金和内退费用 6907 万元。截至 2007 年底，集团公司累计完成 103 户企业改制，分流安置 7497 人，补偿金和内退费用总额 3.5 亿元。

【三项制度改革】 集团公司不断加强领导班子建设，继续严格控制职数，深化竞争上岗工作，加大干部交流，2007 年共调整领导人员 77 名。初步建立专家人才制度，组织开展集团公司首批专家人才选拔评审工作，共评出首席专家 11 名、资深专家 45 名、专家 352 名。新组建集团公司网络控制技术专家组。有效发挥各专家组功能，开展了国家工程院院士申报工作。加强培训工作的针对性和有效性，持续推进职工培训和高技能人才工程，半数以上企业建立培训管理体系并规范运转。加强技师管理，举办集团公司第三届职业技能大赛暨第二届青年职业技能大赛。继续加强用工总量控制，截至 2007 年底，全集团职工总数为 96523 人，比上年减少 2777 人。进一步完善工效挂钩办法和经营者年薪制办法，激励和约束机制有效发挥作用。加强工资管理，逐月对所属企业工资和人工成本进行动态监控。在经济效益实现增长的同时，职工收入实现相应增长目标，人均收入增幅超过 18%。

【企业管理工作】 4 月，根据集团公司发展战略的调整和国资委新修订的中央企业业绩考核办法，集团公司对 2005 年版《效绩目标责任制实施办法》进行了修订，将效绩目标责任制的实施与战略管理结合起来，强化激励与约束，突出发挥效绩目标考核在集团管控中的导向功能。9 月，按照整体改制上市的盈利预测，集团公司对各企业的年度利润考核指标进行了调整。深化效绩管理，制订实施了重点效绩指标动态监控与考核办法。对大连机辆公司六轴大功率交流传动电力机车项目以及同车公司八轴大功率交流传动电力机车项目进行结项验收，并兑现风险保证金奖励。进一步改善融资结构，降低融资成本，成功发行 10 亿元短期融资券。加强流动资金管理和固定资产投资项目贷款管理，进一步明确了各企业的还款责任和考核办法。所属企业财务物流一体化管理信息系统均实现上线目标。按照集团公司《固定资产投资责任制实施办法（试行）》，组织 8 个企业签订项目责任书。技术引进消化吸收国产化技术改造工作进展顺利，共获得国债专项资金支持 1.11 亿元。全年固定资产投资共计完成 29 亿多元。集团公司信息化建设总体规划和项目实施工作进展顺利。提出集团公司物料标识代码编制的初步框架方案；同车公司、长客股份公司（唐山轨道客车公司）、齐齐哈尔轨道装备公司等企业 ERP 系统建设工作取得阶段性成果；办公自动化二期工程初步完成，07 版办公自动化系统已在部分企业上线运行。为推进各企业加强基础管理，不断向规范化、精细化水平迈进，集团公司将 2007 年定为“基础管理年”，研究下发《关于加强基础管理工作的指导意见》和《企业基础管理工作规范（暂行）》。天津轨道装备公司积极推进节能减排工作，在社会效益和经济效益上均取得明显成效。

（陈建强　供稿）

党群工作概述

【综述】 2007年，中国北车集团公司各级党组织坚持党的工作服务企业生产经营和改革发展稳定大局，加强和改进党建和思想政治工作，发挥组织优势，为完成集团公司全年改革发展目标，推进改革、调整、创新、管理等各方面工作提供了坚强的政治保证。

【参与决策和保证监督】 集团公司党委认真研究关系企业改革发展稳定的大事，紧紧围绕生产经营、改革改制、技术引进、主辅分离、结构调整、资源重组、基础管理等重大问题，参与决策，推动决策方案实施。由集团公司党委常委组成的改制上市工作领导小组，认真研究重组改制过程中的重大问题，集体决策，把握方向。从解决职工特别是各级领导干部的思想观念问题抓起，组织召开整体改制上市工作动员会和工作部署会，开展改制上市形势任务宣讲等活动。召开集团公司职代会，审议整体改制上市方案，讨论通过整体改制上市职工安置总体方案。结合集团公司改制上市工作，就股份公司组织管理模式、组织结构、岗位设置等进行了设计和筹划，并对股份公司架构下企业党组织设置和管理模式进行了调研，提出初步方案。组织召开维护稳定工作会议，对做好维稳工作进行专题部署，保证改革改制在和谐稳定的环境下稳步推进。所属各企业党委充分发挥思想引领、把关定向、凝聚队伍、督导落实的作用。针对2007年繁重的生产经营任务，各企业党委做了大量艰苦细致、卓有成效的工作，在鼓舞士气、组织协调、推进工作落实上发挥了积极作用。齐车公司党委确立并推行“以一流工作，创一流业绩”的理念，为加快企业发展、提升经营绩效提供了重要保证。大连机辆公司党委把党组织活动与打赢和谐D3型电力机车生产攻坚战紧密结合起来，有效促进了生产经营任务的全面完成。长客股份公司党委针对动车组现场作业中存在的问题，组织开展了“整顿作业秩序，净化作业环境”活动。同车公司党委围绕和谐D2型电力机车批量生产，创新工作思路，党政联合成立督导组和工作组，有力推进了技术引进项目各节点的顺利实施。西安厂党委从建立健全制度入手，参与重大问题决策的广度和深度不断延伸。济南厂党委围绕工厂管理年目标，加强和改进党建工作，促进了企业内部改革不断深化和经营管理进一步加强。长客厂党委、唐山厂党委在企业重组分立过程中，承担压力，化解矛盾，维护了企业稳定。

【先进性长效机制建设】 集团公司党委落实国资委党委工作部署，进一步深化基层党组织先进性长效机制建设。对贯彻落实中央关于先进性建设长效机制的四个文件情况进行调研、检查和总结，加强先进性长效机制建设工作得到国资委党委的充分肯定。制定实施《关于推行党务公开的指导意见》，不断深化党务公开工作。“双培”活动搭建平台，融入中心，在促进企业重点工作任务完成和党的先进性建设方面取得明显成效，为创新党员教育管理方式、完善先进性建设长效机制积累了经验。进一步规范党员民主评议工作，加强党员教育、评议和管理，促进了党员先进性建设。按照集团公司党委关于召开党代会程序规定，6家企业召开党代会，进行党委换届工作。在建党86周年，集团公司党委组织评选表彰了一批先进基层党组织、优秀党员和优秀党务工作者，“创先争优”活动不断深化。沈车公司党委深入开展以创“六好”党支部为主题的基层党支部建设达标活动，通过加强对党支部的考核，进一步提升基层党支部工作水平。永济厂党委把各项经营指标细化、量化到党员主题实践活动的考核中，充分发挥党员的先锋模范作用，为工厂实现扭亏增盈作出积极贡献。太原厂党委开展“以立项保质量、以质量促发展”主题活动，党员岗位质量承诺和主题立项攻关活动取得实效。一批先进党组织和优秀党员分别受到国资委党委及地方省市党委的表彰。围绕十七大召开，集团公司党委组织推荐中央企业十七大代表建议名单，二七机车公司常桂春当选为十七大代表。

【领导班子和人才队伍建设】 集团公司党委从规范领导班子民主生活会入手，进一步抓好民主集中制建设。召开以作风建设和贯彻十七大精神为主题的两级领导班子民主生活会。强化两级党委理论中心组学习，不断拓展学习内涵、创新学习方法，注重理论学习与企业改革发展实际的紧密结合，着力在领导班子思想政治建设、提高决策水平上下功夫。集团公司党委中心组理论学习的经验和做法在国资委党委召开的“中央企业党委中心组理论学习交流会议”上作了经验介绍。发挥两级领导班子在先进性建设中的核心作用，不断深化“四好”班子创建活动。加强企业领导班子考核、考察和调整，全年对6个企业的领导班子进行了考察，调整领导人员77名。坚持人事干部制度改革，对5个企业补充的11名领导班子成员实行竞争上岗。继续严格控制领导班子职数，坚持领导人员任职年龄制度、试用期、任期制和公示制度。加强对中层以上干部的管理和监督，首次落实240多名领导干部述职报告和意见反馈，其中6个单位12名党政正职向集团公司党委常委会述职。结合效绩目标责任指标的落实和效绩管理动态监控，对未完成当期经营指标的有关企业主要领导实行了组织谈话、诫勉谈话，明确整改期限。加强后备干部队伍建设，各企业按要求调整、建立后备干部队伍。坚持党管人才原则，制定实施《“五个一”和“1536”高层次人才队伍建设实施计划》，进一步加强各专业人才队伍建设。初步建立专家人才制度，确立首席专家、资深专家和专家三个层次及评价标准，畅通了专业人才发展渠道，组织开展了首批专家人才选拔、聘任工作，高层次人才建设计划稳步实施。加大人才培训工作力度，共举办各类培训班29期，培训各级各类人员1057名。

【党风建设和反腐倡廉工作】 集团公司党委坚持把党风建设和反腐倡廉工作作为企业持续健康发展的重要保证，把构建惩防体系作为全集团改革发展的基础性建设和反腐倡廉工作的主线。通过分解落实惩防体系建设责任，进一步增强各级领导干部和业务部门抓党风建设工作的责任意识、主体意识、主动意识。坚持重在建设，制定实施领导班子和干部队伍建设、投资决策和投资管理、资金管理和财务风险防范等一系列制度规范，制度体系日趋完善，全集团惩防体系建设第一阶段的工作目标基本实现。切实推进廉洁文化建设，组织开展廉洁文化建设调研，制定加强廉洁文化建设的指导意见，营造反腐倡廉的文化氛围。认真做好治理商业贿赂工作，重点就产权交易环节的自查自纠工作进行检查评估。坚持不懈抓好领导人员廉洁从业，首次组织开展领导干部报告个人有关事项的工作。落实《党内监督条例》，广泛开展诺廉、述廉、议廉活动，全集团领导干部实行廉洁承诺1837人、议廉评廉2150人，实施领导干部任职谈话571人、诫勉谈话86人。坚持依法依纪查办案件，全集团共受理信访举报123件，查处违法违纪案件14件，处理党员干部21人。立项开展效能监察60余项，避免经济损失433万元，挽回经济损失363万元，节约资金3300多万元。

【宣传思想工作和企业文化建设】 集团公司和所属企业党委以加强思想教育、培育良好习惯、提升企业形象、培育优秀文化为重点，进一步加强宣传思想工作和企业文化建设。各级党组织不断探索和创新宣传思想工作的方式和方法，强化正面引导，紧密围绕成本、质量、安全、技术等生产经营中的关键环节和改革改制等重点工作，开展主题突出、形式多样的形势任务教育活动。“五五”普法宣传教育、统战工作、思想政治研究会工作、反邪教工作、综合治理等工作取得实效。大力加强对外宣传工作，集团公司建立新闻信息报送与考核机制。坚持“三贴近”原则，加强重点新闻的策划，统筹组织了“4·18”大提速、国家装备制造业集中宣传、管理年专题和迎接十七大专题等新闻报道活动，提升了集团形象。各企业加强生产经营、市场开拓、技术创新等重点工作的对外报道，一系列专题报道新闻稿被有关报刊、网站登载，取得明显效果。坚持“立足实际、突出重点、继承创新、循序渐进”的原则，集团公司适时启动理念体系构建工作和集团企业形象识别系统改进设计工作。所属企业结合各自特点，开展了富有特色的企业文化建设工作。二七机车公司党委开展了“从细节做起，培养好作风，建设好文化，生产高质量机车”大讨论活动。南口厂党委开展了“迎百年厂庆，弘天佑精神，促企业发展”主题活动。天津厂党委积极建设和谐企业文化，广泛宣贯“三不愧”理念、奋进精神和“确认”意识，用文化鼓舞士气，凝聚力量。

【群团工作】 集团公司工会组织紧紧围绕整体改制上市，广泛宣传集团公司改革改制形势任务以及《公司法》等现代企业制度知识；认真履行改制工作中的民主程序，加强民主管理，推进改制工作平稳实施。针对企业各个阶段的经营重点和难点，主动抓好形势任务宣传教育。抓住技术引进、提高质量、安全生产等关键项点，开展了多层面、多方位、多角度的职工经济技术创新活动和劳动竞赛活动。注重发挥劳模的典型示范和引领作用。“五一”前夕，全集团有3个集体、2名个人分别获得“全国五一劳动奖状”和“全国五一劳动奖章”，5个集体、34名个人获得省部级先进称号。集团公司向22个集体、56名个人分别颁发“北车劳动奖状”和“北车劳动奖章”。紧紧围绕提高职工素质，以创建学习型班组为重点，“创争”活动取得明显成效。召开了集团公司首次职工代表大会，并以落实职代会各项职权为重点，不断发展和完善职工代表大会制度。厂务公开工作在巩固、规范的基础上进一步深化。加强工会自身建设，进一步提升各级工会组织服务职工、服务企业的水平。共青团组织以提高青年综合素质为着眼点，在加强青年思想教育，推进青年文明先锋行动、学习成才行动、创新创效行动、团组织自身建设等方面做了大量工作，取得新的成绩。大力选树、宣传优秀青年典型，开展集团公司第二届十大杰出青年评选活动，营造了良好的学先进、赶先进氛围。组织集团公司第二届青年职业技能大赛，大力推进青工技能振兴活动，为广大青年学技练功、脱颖而出提供了舞台。成立北车青年志愿者服务总队，组建机构，制定章程，开展活动。科协、企协、体协等群众团体，在促进企业发展和维护大局稳定中发挥了积极作用。

（陈建强　供稿）

中国北车集团公司总部行政机构设置（2007 年）

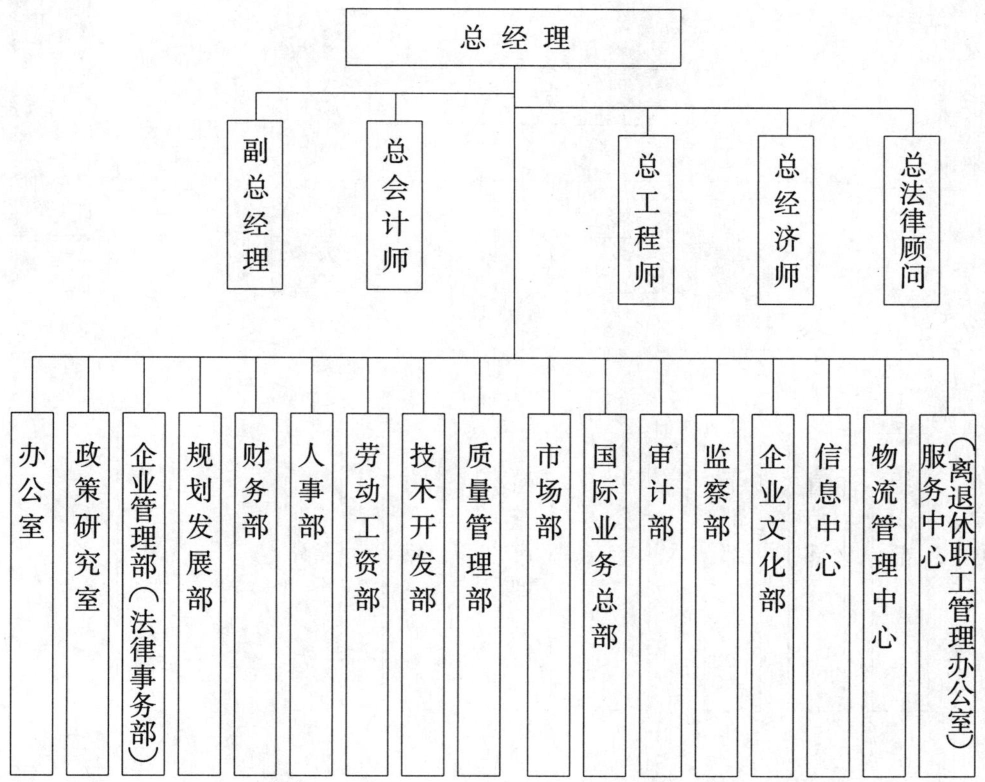

注：1. 人事部与党委组织部、党委干部部为一个机构；企业管理部与法律事务部、企业文化部与党委宣传部、服务中心与离退休职工管理办公室均为一个机构两块牌子。

2. 监察部与纪委合署办公。

中国北车集团公司总部党群组织机构设置(2007年)

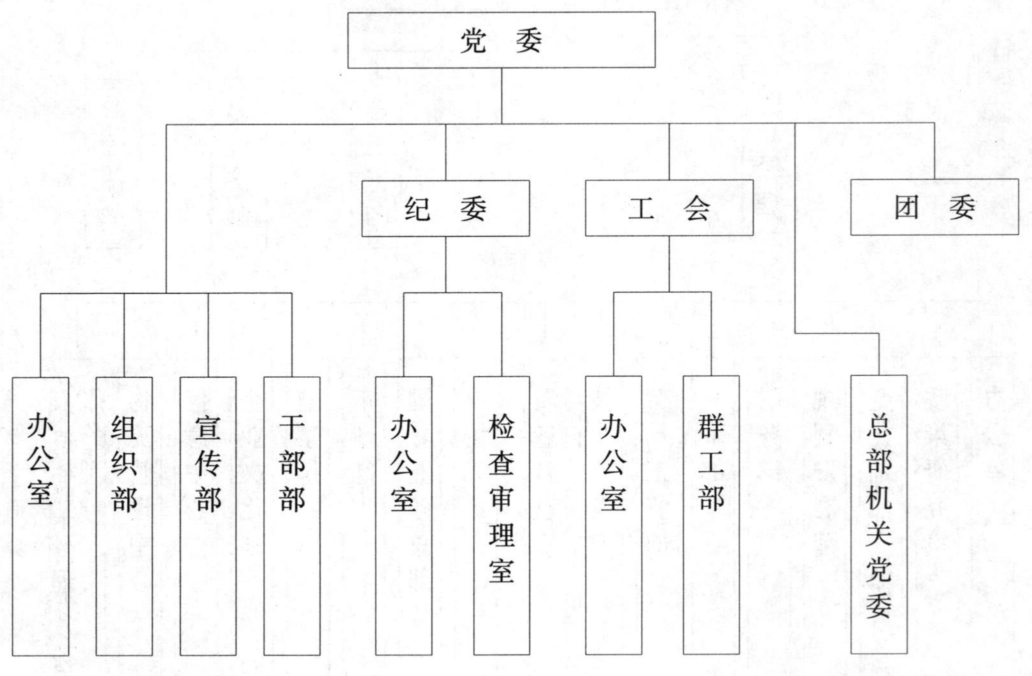

注：1. 党委组织部、党委干部部与人事部为一个机构；党委宣传部与企业文化部为一个机构。

2. 纪委与监察部合署办公。

(王光建　供稿)

中国北车集团公司领导成员名单（2007 年）

崔殿国　总经理、党委副书记
王立刚　党委书记、副总经理
赵光兴　副总经理、党委常委
孙　锴　副总经理、党委常委
奚国华　副总经理兼总工程师、党委常委
高　志　总会计师、党委常委
林万里　党委副书记、纪委书记
刘克鲜　总经济师、总法律顾问
董　宇　工会主席

中国北车集团公司副总师级、总师助理领导名单(2007 年)

副总工程师　王星明　王勇智（3 月 19 日免）　王雁平
石晓丁（11 月 27 日任）　那利明（11 月 27 日任）
副总经济师　曹国炳
纪委副书记　陈方平
工会副主席　张双成
总工程师助理　安春生　谢步明　黄俊辉
总经济师助理　何凤华　程冬然　张振翔　肖胜贺（2 月 28 日退休）
陈大勇（3 月 19 日任）
总会计师助理　朱三华

中国北车集团公司总部部室负责人名单

(2007年)

行 政 系 统

办公室

主　　任　何凤华(兼)

副 主 任　赵　虎　李海林

政策研究室

副 主 任　肖胜贺(常务,2月28日退休)

王利春

李晓思(12月26日任)

企业管理部

部　　长　王怀忠

部长助理　张德华　陈晓毅

法律事务部

主　　任　王怀忠(兼)

规划发展部

部　　长　王雁平(兼)

副 部 长　曹卫东

部长助理　燕汉民　张　纯

财务部

部　　长　鄢德佳

副 部 长　王　健　陆建洲

部长助理　张　玲(6月4日任)

人事部

部　　长　程冬然(兼)

副 部 长　王光建(常务)　姚国玲

张之明

部长助理　张利明

劳动工资部

部　　长　郭法娥

副 部 长　钱士明　赵　莉

技术开发部

部　　长　梁　兵

副 部 长　任　健

唐献康(3月19日免)

质量管理部

部　　长　安春生(兼)

副 部 长　富荣彪

部长助理　陆　浔

市场部

部　　长　张振翔(兼)

副 部 长　张　军　冯　琳

国际业务总部

部　　长　曹国炳(兼)

副 部 长　陈大勇(常务)

审计部

部　　长　张继良

监察部

部　　长　张维新

部长助理　王　勇

企业文化部

部 长 谭晓峰

副部长 金秀荣(常务,9月30日退休)

信息中心

主 任 唐献康(3月19日任)

副主任 王顺强(6月4日任)

物流管理中心

主 任 梁 弢(兼)

副主任 张艳霞 杜鹏远

服务中心(离退休职工管理办公室)

主 任 王 树

副主任 徐建刚 安新建

党 群 系 统

党委办公室

主 任 何凤华(兼)

副主任 赵 虎 李海林

党委组织部

部 长 程冬然

副部长 王光建(常务) 姚国玲 张之明

部长助理 张利明

党委宣传部

部 长 谭晓峰

副部长 金秀荣(常务,9月30日退休)

党委干部部

部 长 程冬然(兼)

副部长 王光建(常务) 姚国玲 张之明

部长助理 张利明

纪委办公室

主 任 张维新

纪委检查审理室

主 任 何素清

工会办公室

主 任 陈之琮

工会群工部

部 长 张毅峰

团 委

书 记 谭晓峰(兼)

副书记 魏 东

总部机关党委

书 记 林万里(兼,3月13日任)

副书记 戴庆珍 何凤华(兼)

中车进出口有限责任公司负责人名单

董 事 长 曹国炳(3月19日任)
总 经 理 陈大勇(3月19日任)
副总经理 董伦云(3月19日任)
王　浩(3月19日任)
刘　明(3月19日任)

北京北车物流发展有限责任公司负责人名单

总经理 梁　弢
副总经理 张艳霞　杜鹏远

大连电力牵引技术研究开发中心负责人名单

总经理 谢步明(兼,6月4日任)
副总经理 郭建斌(6月4日任)

(王光建　供稿)

生产管理与市场营销

责任编辑　韩长城

生产与市场营销

物资管理

安全生产管理

生产与市场营销

【综述】 2007年，中国北车集团公司贯彻生产与市场营销工作战略，发挥集团公司整体优势，应对日趋激烈的市场竞争，组织协调所属企业参与国有铁路产品制造和修理的投标，以寻求合理的投标报价和集团公司整体利益的最大化；协调所属企业向国铁以外企业销售机车车辆主机及配件产品，加强企业自备货车销售价格行业自律工作，使销售价格日趋合理，在有序竞争中改善企业的经营状况；随时向所属企业发布机车车辆产品市场需求信息，做好信息跟踪服务工作；针对原材料上涨引发内燃机车、电力机车、客车、货车制造和厂修成本增大的情况，及时向铁道部主管部门如实反映，并做好沟通工作，使所属企业在招标价格合理调整中得到适当补偿。集团公司所属企业抢抓机遇，发挥产品研发创新优势，不断开拓市场，圆满完成各项生产经营目标，为铁路运输和城市轨道交通事业的发展作出贡献。

【机车车辆招议标情况】 2007年，铁道部实际安排用于招议标采购机车车辆的购置费122.9亿元，比上年减少35.6亿元，减幅22.5%。中国北车集团公司所属企业中标总金额为58.5亿元，占机车车辆产品实际购置总额的47.6%，比上年中标总金额减少19.1亿元，减幅24.6%。其中，内燃机车为零，与上年相同；电力机车为零，比上年减少19.2亿元，减幅100%；客车10.6亿元，比上年减少0.6亿元，减幅5.4%；货车47.9亿元，比上年增加0.7亿元，增幅1.5%。

2007年，铁道部安排招议标采购内燃机车20台，比上年减少16台，减幅44.4%。其中中国北车集团公司中标为零，与上年相同。铁道部安排招议标采购电力机车零台，比上年减少399台，减幅100%。铁道部安排招议标采购客车545辆，比上年减少82辆，减幅13.1%。其中中国北车集团公司中标267辆，比上年减少129辆，减幅3.6%。铁道部安排招议标采购货车25258辆，比上年减少181辆，减幅0.7%。其中中国北车集团公司中标11998辆，比上年减少331辆，减幅2.7%。综合统计，中国北车集团公司中标的机车车辆产品数量占铁道部招议标总量的比例分别为：内燃机车为零，电力机车为零，客车占49%，货车占47.5%。

2007年集团公司通过引进技术合作生产，向铁道部生产销售大功率时速120公里和谐D2型交流传动电力机车56台，和谐D3型交流传动电力机车163台，时速200公里动车组192辆（24组）。

【企业自备车销售】 2007年，中国北车集团公司向国内企业销售自备内燃机车186台，比上年增加11台，增幅6.3%；销售自备电力机车25台，比上年增加21台，增幅525%；销售自备客车99辆，比上年减少270辆，减幅为73.2%；销售城轨车辆358辆，比上年增加31辆，增幅9.5%；销售自备货车6641辆，比上年增加2305辆，增幅53.2%。 （吕连第）

【机车制造】 中国北车集团公司所属企业中，从事铁路机车制造企业共3家，主要生产内燃机车、电力机车及其配件。内燃机车制造企业有大连机辆公司、二七轨道装备公司2家，具有年产内燃机车350台的生产能力。从事电力机车制造的企业有同车公司、大连机辆公司、二七轨道装备公司3家，具有年产电力机车280台的生产能力。

2007年，制造各型内燃机车212台，比上年增加3台，增幅1.4%。其中，大连机辆公司制造147台，二七轨道装备公司制造65台。制造各车型数量分别为：东风4B型5台，东风4DK型11台，东风4DH型13台，东风4DD型20台，东风5B型2台，东风5DD型10台，东风7C型20台，东风7G型11台，东风10DD型42台，其他各型78台。

2007年，制造各型电力机车244台，比上年增加9台，增幅3.8%。其中，同车公司制造81台，大连机辆公司制造163台。制造各车型数量分别为：韶山3型2台，韶山4型21台，韶山7型2台，和谐D2型56台，和谐D3型163台。

【内燃机车修理】 中国北车集团公司所属企业中，从事内燃机车修理的有沈车公司、唐山轨道装备公司、大连机辆公司、二七轨道装备公司、兰州轨道装备公司共5家企业，具备年修内燃机车550台的生产能力。其中，沈车公司主要厂修东风4型、东风5型内燃机车；唐山轨道装备公司主要厂修东风4型、东风7型、东风8B型内燃机车；大连机辆公司主要厂修东风4型和东风10型内燃机车；二七轨道装备公司主要厂修东风7型内燃机车；兰州轨道装备公司主要厂修东风4型和东风5型内燃机车。

2007年，内燃机车厂修完成538台，比上年增加110台，增幅25.7%。其中，沈车公司完成85台，大连机辆公司完成80台，唐山轨道装备公司完成144台，二七轨道装备公司完成77台，兰州轨道装备公司完成152台。修理各车型数量分别为：东风4A型4台，东风4B型264台，东风4C型78台，东风4D型88台，东风5型10台，东风7A型13台，东风7B型14台，东风7C型41台，东风7D型7台，东风8B型18台，东风10型1台。

【电力机车修理】 中国北车集团公司所属企业中，从事电力机车修理的有太原轨道装备公司、唐山轨道装备公司、同车公司、兰州轨道装备公司共4家企业，具备年修电力机车200台的生产能力，主要厂修韶山1型、韶山3型、韶山4型、韶山7型、韶山8型、韶山9型电力机车。

2007年，电力机车厂修完成153台，比上年增加19台，增幅14.2%。其中太原轨道装备公司完成128台，唐山轨道装备公司完成4台，同车公司完成8台，兰州轨道装备公司完成13台。修理各车型数量分别为：韶山1型10台，韶山3型50台，韶山4型19台，韶山7型40台，韶山8型11台，韶山9型23台。 （吕连第　于行飞）

【客车及动车组制造】 中国北车集团公司所属企业中，从事铁路客车、动车组制造的有长客股份公司、唐山轨道客车公司、大连机辆公司3家企业，具备年生产铁路客车、动车组2000辆的生产能力。

2007年，新造铁路客车724辆，比上年减少283辆，减幅28.1%。其中，长客股份公司生产378辆，唐山轨道客车公司生产346辆。全部采用耐候钢制造，均装有空调装置，其中25T型提速客车生产257辆。动车组生产192辆（24组），比上年增加192辆，全部由长客股份公司生产。

【城市地铁、轻轨车辆制造】 中国北车集团公司所属企业中，从事城市地铁、轻轨车辆制造的有长客股份公司、大连机辆公司、唐山轨道客车公司3家企业，具备年生产城市地铁、轻轨车辆700辆的生产能力。

2007年，新造城市地铁、轻轨车辆379辆，比上年减少74辆，减幅16.3%，全部由长客股份公司生产。

【货车制造】 中国北车集团公司所属企业中，从事铁路货车制造的有齐齐哈尔轨道装备公司、哈尔滨轨道装备公司、沈车公司、大连机辆公司、太原轨道装备公司、济南轨道装备公司、西安轨道装备公司 7 家企业，具备年新造铁路货车 20000 辆的生产能力。

2007 年，新造铁路货车 18749 辆，比上年增加 296 辆，增幅 1.6%。其中，齐齐哈尔轨道装备公司生产 7641 辆、哈尔滨轨道装备公司生产 174 辆、沈车公司生产 2191 辆、大连机辆公司生产 970 辆、太原轨道装备公司生产 1253 辆、济南轨道装备公司生产 3384 辆、西安轨道装备公司生产 3136 辆。

【提速货车制造】 从 1999 年开始，中国北车集团公司所属货车制造企业按铁道部购置计划，为国有铁路批量生产的提速货车（时速为 100 ~ 120 公里）逐年增加，截至 2007 年底，已累计生产提速货车 86219 辆，占铁道部购置提速货车总量的 49.1%。从 2005 年开始为铁路跨越式发展研发并大批量生产了 70 吨级及 70 吨级以上铁路敞车、棚车、罐车、漏斗车，将逐步替代已运用 30 余年的 60 吨级铁路货车。

【客车修理】 中国北车集团公司所属企业中，从事客车修理的有长春轨道装备公司、唐山轨道装备公司、西安轨道装备公司 3 家企业，具有年修客车 1900 辆的能力，均具备空调客车检修资质。

2007 年，修理客车完成 1898 辆，比上年增加 95 辆，增幅 5.3%。其中，长春轨道装备公司完成 680 辆、唐山轨道装备公司完成 763 辆、西安轨道装备公司完成 455 辆。修理各车型数量分别为：硬座车 893 辆，硬卧车 581 辆，餐车 51 辆，软席车 194 辆，行李车 42 辆，双层客车 65 辆，发电车 47 辆，其他客车 25 辆。

【货车修理】 中国北车集团公司所属企业中，从事货车修理的有齐齐哈尔轨道装备公司、哈尔滨轨道装备公司、沈车公司、太原轨道装备公司、西安轨道装备公司 5 家企业，具备年厂修货车 25000 辆的能力。

2007 年，厂修货车完成 25340 辆，比上年减少 505 辆，减幅 2%。其中，齐齐哈尔轨道装备公司完成 2400 辆，哈尔滨轨道装备公司完成 5231 辆，沈车公司完成 10113 辆，太原轨道装备公司完成 3413 辆，西安轨道装备公司完成 4183 辆。修理各车型数量分别为：敞平车 15283 辆，棚车 2971 辆，罐车 5884 辆，矿煤车 292 辆，大平车 18 辆，检衡车 10 辆，长轨车 295 辆，水泥罐车 587 辆。为完成全路既有货车提速改造 10 万辆的目标，除向铁路局提供改造急需转 K2 转向架之外，还完成提速改造货车 17476 辆。

（吕连第　杨楠桢）

【配件生产销售】 中国北车集团公司所属企业中，从事配件生产的有齐齐哈尔轨道装备公司、沈车公司、天津轨道装备公司、南口轨道机械公司、永济电机电器公司、长春轨道装备公司、大连所公司、四方所公司 8 家企业。此外其他企业也均生产配件。

2007 年，集团公司完成铁路机车车辆配件 354.7 万件（套），实现销售收入 26.3 亿元，其中供集团内 8.7 亿元，供集团外 17.6 亿元。在配件合同执行过程中，除个别用户因需求发生变化销减部分合同外，其余合同全部兑现。合同外还多供了一部分用户临时求援的急需配件。

【货车配件订货会】 1 月，中国北车集团公司与中国南车集团公司联合在南京市召开机车车辆配件会议。会上总结了 2006 年机车车辆和配件经营销售情况，分析了 2007 年机车车辆和配件经营销售形势，并就如何搞好 2007 年经营工作提出了建议。各单位主管厂级领导和负责配件订货、销售人员等路内外代表 110 多人参加会议。（王　为）

【城轨业务重要会议】 2007年4月6日，集团公司召开城市轨道交通业务发展工作小组第三次会议。会议由集团公司城轨业务工作小组副组长、副总工程师兼规划发展部部长王雁平主持，集团公司所属长客股份公司、大连机辆公司、唐山厂、二七厂、永济厂、大连所和四方所等企业的城轨业务负责人员分别介绍了各自企业2006年城轨业务工作情况以及2007年开展的主要工作。集团公司副总经理、城市轨道交通业务发展工作小组组长奚国华发表重要讲话，全面总结了2006年集团公司城轨业务工作，对2007年国内城轨市场情况进行分析，提出2007年集团公司城轨业务的重点工作和目标。与会人员认真研究和讨论了2007年城轨业务发展的相关工作。 （张 辉）

物 资 管 理

【综述】 2007年,中国北车集团公司在国际钢材市场价格上涨、出口增加和国内需求拉动,国内钢铁市场资源紧张,价格波动较大的情况下,本着保障供应、降低成本的原则,加强物资采购管理,提高管理水平,确保企业正常生产经营。

【物资供应】 根据国际国内钢铁市场的变化和国家钢铁政策的调整导致的市场变化,加强与鞍钢、武钢、本钢、太钢、包钢、汉轧、长春金享等钢厂和冷弯型钢厂沟通与合作,组织乙字钢、H型钢、轴坯、耐候板、冷弯型钢、不锈钢等造车专用物资的资源落实与订货工作,确保供应及时,并争取合理价格,努力降低采购成本。

全年供应耐候钢板16.5万吨,比上年增加3.5万吨。其中集中采购13.08万吨,比上年增加4万吨;乙字钢2.07万吨;H型钢8815吨;冷弯型钢4.1万吨;TCS不锈钢3054吨,冷弯中梁2180吨;轴坯4.3万吨,其中货车轴坯3.8万吨,机车轴坯5000吨;弹簧钢3500吨;车轮8000个。2007年,物流公司实现销售收入14.5亿元,比上年增加6亿元。

进一步扩大集中采购物资的范围,下半年部分车轮集中采购数量达8000余个。为天津轨道装备公司进行了弹簧钢的采购与供应。做好C80B型敞车用不锈钢的订货及准备工作,为企业生产赢得时间。根据机车车辆技术引进生产需求变化,为了替代大功率机车用进口材料,降低材料采购成本,积极与鞍钢进行沟通,开发新材料,批量供应了同车公司与法国阿尔斯通合作生产电力机车所需的钢板8000余吨,提供大连机辆公司与美国EMD公司合作生产的大功率内燃机车试制所需钢板1000余吨。

【物资管理】 2007年初，召开有15个单位参加的2006年集中管理物资核销工作会议，提高对集团公司集中管理物资工作的认识，做好核销工作。

年内，组织有关企业参加油品供应会议，落实2007年柴油供应指标。10月，组织十几个企业物资计划人员参加的用户座谈会，交流沟通产品质量、发货运输与使用等各方面情况。参加铁道部运输局装备部组织的C80B型敞车和经济型不锈钢的技术审查会，了解新产品设计制造与新材料使用情况。积极协调处理货车轴坯质量问题，通过调剂等措施，尽快解决质量问题。

11月，组织召开有关企业物资处长参加的物资管理工作研讨会，针对当前的物资管理现状及技术引进、消化吸收过程中给物资管理供应工作带来的问题和集团公司整体上市工作中遇到的新的问题，统一认识，研究对策。

（张艳霞 供稿）

安全生产管理

【综述】 2007年,集团上下认真贯彻落实党的十七大精神和全国及集团公司安全生产工作会议精神,着力推进“安全法制、安全责任、安全科技、安全投入和安全文化”的“五要素”建设,积极创新安全管理,持续深入开展安全质量标准化和隐患排查治理,加强重大危险源监控和应急管理,安全管理水平进一步提升,实现了年度安全生产工作目标,促进和保证了集团生产经营的安全稳定发展。

【安全生产指标】 全年,集团未发生重大及以上级别的安全生产事故,发生责任性工伤死亡事故1起,工伤死亡率为0.01‰;未发生重伤事故,重伤率为零;发生轻伤52起(轻伤52人),比上年减少15起,轻伤率为0.56‰,比上年下降16.4个百分点。年度各项工伤频率均低于集团公司确定的死亡率0.03‰、重伤率0.1‰、轻伤率2.6‰年度安全生产指标和国资委的考核指标。

【安全生产事故】 3月2日,齐车公司铸钢分厂在维修铸钢电炉变压器时,发生一起维修电工触电死亡事故,死亡1人。4月24日,长客股份公司在南昌铁路局南昌车辆段进行外出售后服务时,发生一起售后作业人员触电死亡事故(死亡1人),吉林省安监局根据南昌铁路局安监室和事故调查组的调查结论,出据事故结论报告,认定事故属于非企业责任的个人意外事故。9月14日,长春轨道装备公司在承揽安装喷漆烘干室排风除尘装置的外包作业时,发生一起高空坠落死亡事故(死亡1人),长春市安监局根据事故调查组的调查结论,出据事故结论报告,认定事故属于非企业责任性死亡事故。

【安全生产规章制度建设】 为加强安全生产基础管理,集团公司组织编写了集团公司《安全技术操作规程》,下发各所属企业执行,对于进一步加强各所属企业安全生产的基础管理,规范全员的安全作业行为具有重要的指导意义。

集团公司制订并试行新的《安全生产检查考评办法》,在年度安全大检查中,实施百分制的安全检查考核,其中,安全事故考核占30分,安全基础管理和本质安全水平占70分,共分34个考核项、72个考核子项,对企业的本质安全和安全管理基础进行全面的检查考核。19个所属企业(牡丹江厂因重组停产未查)的检查考核平均得分为80.96分。检查考核得分在90分以上的有同车公司、沈车公司和长客股份公司,其中同车公司得分最高(94.7分)。70分以下的有兰州轨道装备公司和大连所公司,其中大连所公司得分最低(65.5分)。新的安全检查考核机制科学、规范,更加细化和全面深入地反映了企业安全管理的真实水平,有力地促进了各所属企业安全管理水平的全面提升。

【安全生产隐患排查治理】 根据国务院安委会和国家安监总局与国资委的安排部署,2007年6~9月,集团公司组织各所属企业开展了安全生产隐患排查治理专项行动。各所属企业高度重视,认真组织开展隐患排查治理,共查出安全隐患3075项,对排查发现的隐患及时制订落实整改措施进行整改,当期整改2801项,当期整改率为91%,短期内个别难以整改的隐患,大都制定了落实整改计划,年内大部分都完成了整改。7月份,国家安监总局有关领导代表国务院安委会办公室到集团公司检查关于开展安全生产隐患排查治理专项行动工作情况,对集团公司组织开展此项活动做法给予充分肯定。11~12月份,集团公司组织开展了安全隐患排查治理“回头看”活动。通过持续开展隐患排查治理专项行动，进一步巩固了安全基础，有效地提高了本质安全度和安全管理水平。

【安全质量标准化】 齐齐哈尔轨道装备公司在安全质量标准化企业复评工作中，加大投入，精心组织，2007年以957.23分通过了安全质量标准化一级企业评审。唐山轨道客车公司和唐山轨道装备公司，分别以950.07分和953.39分通过一级企业评审。截至2007年底，集团公司已有11家所属企业通过了一级企业评审，占全国已通过一级企业评审110家的10%，平均分高达955分以上，其中，长客股份公司得分为968.35分，位居全国最高分；其余8家所属企业也分别在本省内率先通过二级企业评审（只有牡丹江厂因重组停产未评审）。集团公司的安全质量标准化工作，已连续两年居于全国领先水平，得到国家安监总局和中国机械工业安全卫生协会领导的充分肯定。

【安全投入与安全技术改造】 集团公司针对上年开展安全生产隐患排查治理专项行动发现的一些较大的安全隐患，组织各所属企业加大安全投入，全年累计投入安全技术措施费用约2000多万元，大力开展以整治安全隐患为重点的安全技术改造，有效提升了本质安全水平。其中，已对60%左右的起重机械（天车）加装改造了具有国家专利技术的QLXC-37型吊钩限位保护装置，提高了天车的安全可靠性，杜绝了因天车吊钩坠落而造成的安全事故。

【重大危险源监控与应急管理】 根据国家和集团公司的部署要求，结合开展安全质量标准化工作，各所属企业都按照重大危险源的监控标准要求，对各级各类重大和重要危险源进行了危险辩识和建档登记，并制定落实了重大和重要级危险源的监控防范措施。制定了集团公司《防范重大安全生产事故的总体应急预案》，并向国家应急指挥中心和国资委上报备案。按照《安全生产事故应急预案导则》，组织各所属企业重新修订《防范重大安全生产事故总体应急预案》以及针对各重大和重要危险源的单项应急预案，并向国家应急指挥中心和属地应急管理部门上报备案。通过制订《防范安全生产事故的应急预案》，增强了广大员工的应急防范意识，并促进了各所属企业进一步完善落实重大和重要级危险源的监控和应急防范措施，加强了安全生产的应急管理工作。

【安全生产工作会议】 2007年2月，集团公司在北京召开2007年度安全生产工作会议，总结上年度工作，交流经验，分析查找问题和不足，研究部署全年安全生产工作，下达考核指标。会议下发了集团公司年度安全生产工作的总体安排意见，制订落实了各项工作实施计划，明确提出了工作要求和目标。

针对2006年和2007年初，唐山厂和长客股份公司售后人员在路局车辆段以及路局机务段司机在兰州厂分别连续发生高压接触网触电死伤事故的情况，5月份，集团公司在北京及时组织机客车有关企业主管售后服务与安全生产的领导及安全部门负责人，召开了加强外出作业安全管理专题会议，认真分析事故案例，查找事故原因，研究制定了关于加强外出作业的有关制度措施，明确提出了加强外出作业的有关要求，进一步加强了外出作业的安全管理。

（张　军　供稿）

技术管理与质量管理

责任编辑　程永陆

科技发展与管理

质量管理

标准化工作

科技发展与管理

【综述】 2007年,根据"十一五"科技规划和改制上市工作要求,集团公司适应产品结构、产业结构、组织结构调整的进程,完善开放、协同、高效的技术创新体系,在国家技术创新体系中占据重要位置,积极组织落实国家科技支撑计划,取得了工作成效。落实集团公司基础管理年工作部署,技术创新基础管理水平有较大提升。有序进行集团公司三级产品技术平台构建工作,评出集团公司首批11名首席专家和45名资深专家,组织成立集团公司网络控制技术专家组,"1536"人才工程目标正在逐步实现。顺利实现集团公司整体进入国家创新型试点企业行列的目标,成为第二批184家国家创新型试点企业之一。长客股份公司申请建设"高速列车系统集成国家工程实验室",唐山轨道装备公司技术中心成为国家级企业技术中心。集团公司共有6个技术中心进入国家级企业技术中心行列,占中央企业国家级企业技术中心中总数的5%以上。所属9家企业的19项记录进入中国企业新纪录,其中17项是技术创新方面的纪录。 (梁 兵 侯 波)

【技术工作会议】 3月26日,集团公司在齐齐哈尔召开2007年度技术工作会议。集团公司副总经理兼总工程师奚国华作题为《突破核心技术,构建产品平台,提升创新能力,为集团公司又好又快发展提供强劲动力》的工作报告。中科院创新发展研究中心连燕华教授作《政府创新政策与企业创新管理》的专题报告。会上,组织成立网络控制技术专家组,表彰了集团公司专利工作优秀个人和先进单位;表彰了2006年度科技成果奖励项目,下发了《关于完善集团公司技术创新奖励体系的意见(征求意见稿)》、《技术创新体系建设》等文件。

(侯 波)

【19项科技创新成果入选中国企业新纪录】

11月24日,在中国企业联合会、中国企业家协会于北京发布的第十二批中国企业新记录中,中国北车集团有9家下属公司创造的19项新记录成功入选企业新纪录。至此,中国北车集团已有29项科技创新成果入选中国企业新纪录。中国北车集团公司此次入选的新纪录中,有17项为产品研发及技术创新成果,2项为循环经济和环境保护方面的成果,充分展示了北车集团在行业内雄厚的竞争实力与良好的创新机制和创新能力。其中,长客股份公司生产的CRH5型200公里/小时动车组,技术先进、安全可靠、乘坐舒适度高、最高运行速度达250公里/小时,创国内首列高速铝合金动车组时速新纪录;齐齐哈尔轨道装备公司研制的450吨落下孔车,车长70米,高4米,落下孔长16.1米,最大宽度2.35米,为国内首创;同车公司建设的中水回用工程,采用格栅、气浮、生物接触氧化、二次沉淀、石英砂过滤和加氯消毒等多项先进的污水处理及中水回用工艺,创国内同行业污水处理及中水回用工艺新纪录。 (贾 锋)

【荣获国家和铁道部科技成果奖项目】 在国资委2004年到2006年中央企业任期考核中,集团公司获得"科技创新特别奖",是全国15家获此殊荣的中央企业之一。在铁路科技大会上,集团公司"时速200公里等级提速系统工程"、"大秦线2万吨重载组合列车系统集成创新"2项成果获2007年度铁路重大科技成果特等奖;"青藏铁路客车供氧系统","既有铁路货车(C. P. G型车)120公里/小时提速技术","大秦线C_{80}型铝合金、C_{80B}型不锈钢重载运煤敞车","大秦线机车重载牵引适应性改造技术"4

项成果获 2007 年度铁路重大科技成果二等奖；“转 K2 型转向架”获 2004～2006 年度铁路重大科技成果一等奖。在 2007 年度铁道学会颁发的科学技术奖中，集团公司“时速 200 公里等级提速系统工程”、“大秦线 2 万吨重载组合列车系统集成创新”2 项成果获特等奖；“既有铁路货车（C．P．G 型车）120 公里/小时提速技术”，“青藏铁路客车供氧系统”，“大秦线 C_{80} 型铝合金、C_{80B} 型不锈钢重载运煤敞车”，“大秦线—机车重载牵引适应性改造技术”4 项成果获得二等奖；“青藏铁路 GCD470 型电传动重型轨道车”等 7 项成果获得三等奖。2006 年度铁道学会科学技术奖因故于 2007 年颁发，集团公司“转 K2 型转向架”获一等奖；“电力牵引交流传动试验系统”，“D_{11}、D_{5A} 型凹底平车”，“T11BK 型长钢轨列车组”，“货车用 13 号小间隙车钩”，“ZN315-LSA1 型增压器”5 项成果获二等奖；“同车转向架作业法”等 5 项成果获三等奖。

【集团公司科技成果奖项目】 经集团公司科技成果奖励评审委员会评定，集团公司决定授予“C_{80} /C_{80B} 型运煤敞车”等 41 个项目“2007 年度中国北车集团公司科技成果奖”。其中 C_{80}/C_{80B} 型运煤敞车、载重 450 吨落下孔车、不锈钢 B 型地铁列车、TCN 网关研究开发 4 项成果获特等奖，X_{4K} 型集装箱平车、铁路货车不锈钢焊接技术的研究及应用等 18 项成果获一等奖，车辆无焊缝热收口储风缸、1520 宽轨空气弹簧转向架等 13 项成果获二等奖，XK45-9/540 型蓄电池式交流传动工矿电机车等 6 项成果获三等奖。集团公司对 60 个获奖集体、441 名获奖个人进行了表彰。

【铁路第六次大提速产品技术保障】 年初，集团公司下发《做好迎接铁路第六次大提速有关工作》的通知，就第六次大提速中涉及产品生产、试验和技术保障等提出具体要求和布置。重点完成和谐 $_{D}3$ 型大功率交流传动电力机车、200 公里/小时 CRH5 型高速动车组两个技术引进项目产品的交付；组织开展“造修零故障，运用无辆故”活动，制定提速货车故障处理及检修技术方案，完成货车集中整治，确保提速货车达到标准要求。加强与运用部门的联系和沟通，选派技术骨干深入现场，做好备品配件的生产供应，保证设备的运行状态。组织编制提速列车专项培训教材，对现场服务和列车使用作业人员进行技术培训，提高能力，满足铁路第六次大提速的需要。

【科技计划与项目管理】 2007 年，集团公司加强科研项目的管理工作，清理历年延续课题，规范科研计划 A、B 类项目管理。本年集团公司科技研究开发计划由新立课题 87 项、跨年度课题 102 项和延续课题 22 项三部分共计 211 项构成。列入 A 类的课题有 68 项，集团公司对 A 类项目进行重点管理。集团公司向铁道部申报科研项目 50 项，当年新承担铁道部科研计划项目 6 项。

【科研投入与经费管理】 2007 年，集团公司加大科技投入力度，技术投入比例为 2.82%，实现技术投入总额 87295 万元。国家“十一五”科技支撑计划“高速轮轨铁路引进、消化吸收与创新”项目开始实施，首批国家下拨经费 3397 万元到位。集团公司承担的国家产业技术研究与开发项目《大秦铁路 2 万吨重载运输技术装备研制——大功率交流传动电力机车研制》获国家经费 1225 万元。集团公司承担铁道部科研项目 6 项获得铁道部项目投资 420 万元。集团公司集中使用科研经费 4515 万元。

【科技项目评审与成果鉴定】 集团公司加强对科研项目的评审与成果鉴定工作，完成

"X_{4K} 型集装箱专用平车"等 39 项科研成果的鉴定。其中"青藏铁路旅客列车集便系统"和"机车整体卫生间"2 项成果达到国际领先水平;"GN_{70}(GN_{70H})型粘油罐车"等 14 项成果达到国际先进水平;"TCN 网关"等 14 项成果达到国内领先水平;"工矿车系列逆变器"等 9 项成果达到国内先进水平,"DA_{21} 型 210 吨提速凹底平车"部分指标达到国际同类产品先进水平。2007 年,共完成科研项目验收 46 项。

【专利工作】 2007 年,集团公司在抓好以专利为重点的知识产权工作方面取得可喜成绩,提出了知识产权防御体系建设初步设想。年内,申报专利 370 项,获得授权专利 128 项,拥有授权专利数 394 项,拥有授权发明专利数 13 项,提前一年实现"1515"专利战略中日均申报一项专利的目标,发明专利申报数占申报总量比例超过 15%。长客股份公司的"CRC"被评为中国著名品牌。 (侯 波)

【CRC 牌轨道客车荣获"中国名牌产品"称号】 9 月 11 日,在中国名牌产品暨中国世界名牌产品表彰大会上,长客股份公司生产的 CRC 牌轨道客车荣获"中国名牌产品"称号,受到国家质检总局的表彰并接受由国家质检总局颁发的证书及奖牌。中国名牌产品是指实物质量达到国际同类产品先进水平、在国内同类产品中处于领先地位、市场占有率和知名度居行业前列、用户满意度高、具有较强市场竞争力的产品。中国名牌产品证书的有效期为三年。企业产品一旦通过终审,获得"中国名牌产品"称号,在有效期内,可在获得中国名牌产品称号的产品及其包装、装潢、说明书、广告宣传以及有关材料中使用统一规定的中国名牌产品标志。

【长客股份公司高速列车制造基地暨工程试验中心建设】 5 月 25 日,举行中国北车集团长客股份公司高速列车制造基地暨工程试验中心开工仪式。此项目完成后,长客股份公司将具备 350 公里/小时及以上动车组和 120 公里/小时及以上城市轨道车辆的研发试验能力,形成年产 100 列(800 辆)高速动车组的生产能力,产品研发和制造技术将达到世界一流水平。其中动车组和城市轨道车辆的最高试验速度将分别实现 240 公里/小时、120 公里/小时,该公司将成为世界上试验速度最高的高速列车试验基地。11 月 15 日,举行中国高速列车工程试验中心奠基暨长春轨道交通装备制造产业园区揭牌仪式。高速列车工程试验中心主要承担铁路客车、动车组、城市轨道车辆的研究试验、技术开发和相关产品的开发、制造业务。项目建成后,该试验中心将成为具有国际先进水平的高速列车和城轨车辆研发、试验基地。工程试验中心拟建于长春轨道交通装备制造产业园。12 月 18 日,长客股份公司与长春市绿园区人民政府正式签署建设"高速列车工程试验中心"协议。

【齐车公司技术中心产品试验研究室获国家资格认可】 5 月 11 日,经中国合格评定国家认可委员会(CNAS)审定,齐车公司技术中心产品试验研究室符合 ISO/IEC17025:2005《检测和校准实验室能力的通用要求》的要求,具备所申报的检测能力,决定自 2007 年 5 月 11 日起,授予齐车公司产品试验研究室中国合格评定国家认可委员会(CNAS)认可资格。认可能力范围包括铁路货车整车及零部件的 11 类 19 个试验项目,并允许其按照 CNAS-R01《认可标识和认可状态声明管理规则》的规定,使用认可标识。齐车公司技术中心成为中国铁路货车制造企业中第一个获得 CNAS 认可资格的产品试验研究室。

【高速货车转向架项目通过科技部立项】 8月，齐车公司申报的国家科技支撑计划“160~200公里/小时高速货车转向架及其配套系列货车研制”项目顺利通过国家科技部立项审查。这是齐车公司新产品开发项目首次在国家三大科技计划（863计划、973计划、支撑计划）立项并一举申报成功的项目，使公司获得了国家科技计划项目专项资金2000万元。在国家科技部评审该项目前，黑龙江省科技厅于8月14日在哈尔滨组织召开该项目及课题可行性论证会。与会专家审阅了齐车公司提交的相关技术资料，听取了项目可行性研究报告、概算申报书和课题申报书汇报。专家组对该项目给予高度评价和充分肯定，认为该项目符合《国家中长期科学与技术发展规划纲要》和《中长期铁路网规划》，定位准确合理，实现后可以将我国铁路高速货车转向架及其配套货车技术提升到世界先进水平。

【天津厂检测工作通过国家认可】 5月13日，经过中国合格评定国家认可委员会的严格审核，天津厂实验室检测工作通过国家实验室认可，获得了检测工作在国内和国际市场上的通行证。2007年5月11日至13日，中国合格评定国家认可委员会派专家组到天津厂进行现场评审。此次评审涉及“金属材料及金属产品”、“坐标法几何量检测”和“热处理炉温检测”等项目，专家组按照中国合格评定国家认可委员会《检测实验能力认可准则》进行软件和硬件的详细审核，并在现场逐项进行实际检测和比对分析以及提问考试，最后得出了评审通过认可的结论。专家组成员一致认为，天津厂检测人员具有较高的技术素质和较强的业务能力，保证了内部管理体系运行的有效性，其环境条件也满足实验室要求，特别是对天津厂在质量监督方面的有效控制能力给予了很高评价。

【电力牵引研发中心实验站通过国家认证】 12月7日，中国合格评定国家认可委员会评审组，对大连电力牵引研发中心实验站进行国家实验室体系（CNAS-CL01）认证。经过为期两天的现场审核，大连电力牵引研发中心顺利通过CNAS-CL01体系认证，并被推荐注册。

【永济电机电器公司技术中心成立】 12月11日，永济新时速电机电器有限责任公司技术中心成立。该中心是由原来的永济厂技术中心调整重组而成，属国家级技术中心。该技术中心下设科研管理部、牵引电机技术研究所、风力电机技术研究所、电力电子技术研究所、工艺技术研究所、绝缘技术研究所和试验基地。

【大秦线大功率电力机车项目获国家资金支持】 8月15日，由中国北车集团公司承担的国家产业技术研究与开发项目《大秦铁路2万吨重载运输技术装备研制——大功率交流传动电力机车研制》，获得国家1225万元项目研制经费支持。该项目的主要任务是，依据《国家重大技术装备研制和重大产业技术开发专项规划》，针对我国目前铁路运能和运量不足等问题，依托大秦铁路建设工程，在引进消化吸收大功率交流传动电力机车的基础上，研制出用于大秦铁路2万吨重载运输的大功率交流传动电力机车。该项目由集团公司组织，同车公司牵头，永济厂、大连所、四方所、大连电力牵引研发中心以及北京交通大学、西南交通大学等单位共同承担研制任务。项目研制期3年，2008年交车并完成各种试验。

【永济电机新能源项目获政府资金支持】 2007年，永济电机电器公司共申报政府科技资金支持项目27项，其中国家级项目5项，省级项目22项。申报的国家科技支撑计划项目《大功率风电机组研制与示范》获得国家资金支持250万元。同时，永济电机电器公司充分利用西安国家经济技术开发区的有利条件，争取省、市政府对高新技术产业的优惠政策，申报的功率模块重大科技创新专项、风电高新技术产业发展专项等项目先后通过评审和立项，获得专项扶持及配套资金450万元。该公司与长客股份公司签订的国家科技支撑计划新型城市轨道交通技术《100%低地板轻轨车牵引电动机》获得项目资金支持160万元。

【大连所机车冷却系统研制获国家资金支持】 10月，大连所向科技部申请的“电力机车、动车组冷却系统研制”项目，经科技部和财政部审查后，认定符合科研院所技术开发专项要求，获得专项资金支持。该专项资金是国家为加速中央级科研单位开发研究实力和持续创新能力的提升，促进科研院所改革和发展而设立的。获得国家科技部科研资金支持，使大连所的科研费用得到有效补充，有利于加速科研档次的提升，为今后申报国家新产品打下良好基础。

【C_{80}型运煤敞车等通过铁道部鉴定】 3月29日，铁道部科技司会同运输局在北京组织专家对齐车公司研制的C_{80}型铝合金运煤敞车、C_{80B}型不锈钢运煤敞车和重载列车货车用RFC牵引杆三项科技成果进行鉴定。会议听取了三项成果的研制、制造工艺、质量检查、经济效益分析、试验、运用及用户评价报告。鉴定委员会审查了相关技术资料，一致同意通过三项科技成果的鉴定。C_{80}型铝合金运煤敞车、C_{80B}型不锈钢运煤敞车及重载列车货车用牵引杆的研制成功，实现了大秦线既有主型运煤敞车的升级换代，填补多项国内空白，达到国内领先和国际先进水平，满足了大秦线开行2万吨重载列车的运输需求，使中国铁路重载运输技术水平跨入世界先进行列，并全面提升货车技术水平，延长了车辆检修周期、使用寿命、质量保证期，提高了车辆使用效率、铁路运输安全可靠性和车辆综合经济效益。

【铁路起重机设计方案通过部级技术审查】 6月21日，铁道部运输局装备部会同科技司组织专家组，对齐车公司160吨定长臂铁路起重机改造为伸缩臂铁路起重机和新造100吨伸缩臂铁路起重机设计方案进行技术审查。专家组在听取有关汇报并审阅相关技术资料后认为，160吨定长臂铁路起重机改造为伸缩臂起重机设计方案，大量采用目前国内大吨位伸缩臂起重设备的成熟技术，提高了整机的性能和使用的可靠性，对新制的部件如吊臂、转台等主要钢结构通过有限元分析计算等手段进行优化，符合相关技术规范的要求。专家组一致同意160吨定长臂铁路起重机改造为伸缩臂起重机设计方案和100吨伸缩臂式铁路起重机设计方案通过审查，可以进行样机试制。

【GCD-1000型重型轨道车通过铁道部技术评审】 由永济电机电器公司自主研制的国内最大功率电传动轨道车，在青藏铁路西－格线完成5000公里工业运行考核后，于11月16日顺利通过铁道部科技司技术评审。在铁道部科技司主持的“GCD-1000型重型轨道车”技术评审会上，听取了永济电机电器公司GCD-1000型重型轨道车设计研制报告、试制工作报告和铁道部质检中心的检验报告，审阅了设计、检验及运行多项资料，就该车技术性能及优化完善进行了认真讨论。评审会认为，该车针对青藏铁路特殊环境，选用电喷柴油机、低温起动预热装置、高原电器及控制系统，能够适应高原铁路牵引需要。GCD-1000型重型轨道车是国内功率最大的电传动轨道车，具有技术先进、设计合理、安全可靠、功率大、速度高、牵引能力强等优点，是适应我国铁路工务部门高速重载牵引需要的轨道车“精品”。该车同时具有独特的工频发电功能，可为施工作业现场提供大功率交流电源。（贾　锋）

质量管理

【综述】 2007年，质量管理工作认真贯彻集团公司工作会议和科技大会会议精神，结合集团公司“十一五”发展规划，以技术引进为载体，学习借鉴国外先进企业的管理经验，进一步夯实技术基础工作，通过实施产品质量攻关、质量改进和严格过程控制，不断提高产品实物质量；强化全体员工质量安全意识，制定质量责任追究制度，建立法律依据。所属企业进一步提高质量管理体系的适用性和有效性，确保按照ISO9001标准建立的质量管理体系适用、充分、有效。学习借鉴先进的质量管理理念和方法，在技术引进项目中推行项目质量计划管理，对产品研发和质量改进全过程进行识别、策划，实施全过程的质量控制；加强对供应商的管理，有效控制外购件质量，保证引进技术产品达到原型车水平。造修产品在同行业对比中，取得优良成绩；在铁路第六次大提速过程中，识别影响行车安全的重要因素并实施有效控制，确保没有出现重大、大行车责任事故和批量质量问题，保证了铁路第六次大提速的顺利实施。

【质量管理规章制度制定】 修订下发《中国北车集团公司质量责任追究制度》（北车质［2007］68号），要求各企业认真贯彻落实，并结合文件要求，进一步健全、完善企业逐级质量责任追究制度。组织质量专家在总结以往经验的基础上，借鉴国外先进企业的管理方法和理念，制定《中国北车集团公司质量计划编制说明》（北车质［2007］139号），明确要求各企业在进行技术引进、产品出口和新产品开发时按照《说明》的要求，制定相关产品的质量计划，减少产品开发和制造风险，确保产品质量。制定《中国北车集团公司供应商管理办法（试行）》（北车质［2007］140号），加强对供应商的管理，有效控制外购件质量，降低因外购件质量问题给企业带来的质量损失，把住产品的质量源头。

【质量整改】 4月，针对和谐D3电力机车在运用过程中发生的砂箱、扫石器、电机接地等质量问题，指导有关企业进行质量改进，及时跟踪整改工作开展情况，保证和谐D3电力机车的制造质量。在“1·14”事故发生后，铁道部运输局装备部领导要求，由南、北车集团组织，用4个月左右的时间，对在用机车的整体车轮用电涡流探伤方法进行全面普查，确保铁路运输安全。南、北车集团高度重视，协商成立南、北车集团“整体车轮排查”专项领导小组和工作组，指导、协调此项工作。在北京召开关于开展普查全路在用机车整体车轮的工作会议，会后下发正式文件，要求各企业遵照执行。南、北车集团集中采购检测设备，并选派高素质工程技术人员和专家参加涡流检测培训教材的审定和涡流检测工作程序的制定工作；按照开展该项工作的要求，抓紧安排培训探伤人员143人。从5月8日至9月30日，组织探伤人员到18个铁路局、57个机务段，共检查机车3869台、备用轮对1060对，探伤检查机车整体轮27644对。经过排查，确认了被检查的车轮辐板不存在焊修及裂纹，在用轮对可以保证运输安全。该项工作完成后，得到铁道部运输局装备部领导的肯定。7月，按照铁道部及集团公司的要求，组织成立集团配线质量专家组，对长客股份公司CRH5型动车组预布线工作进行初步审查，形成《200公里/小时动车组配线初审意见》。召开配线质量评审会，对配线质量改进情况进行重新复审，认为经过长客股份公司努力，预布线工作有了明显改观，能够满足200公里/小时动车组配线的质量要求。经现场测试，每辆车由原来的100多个电气布线质量问题点下降到3～4个问题点，质量改进工作得到了铁道部领导的肯定。7月，组织集团内有关专家在二七机车公司召开和谐D3型电力机车工艺质量评审会，对二七机车公司的和谐D3型电力机车总组装工艺、钢结构生产工艺和质量控制文件等进行审查，指出工艺文件和质量控制中存在的问题，并提出了改进意见。8月，贯彻《中国北车集团公司质量计划编制说明》精神，组织集团内专家对二七机车公司编制的和谐D3型电力机车和出口古巴机车质量计划进行审查，提出了改进意见和建议。年内这两项质量计划正在实施验证过程中。11月，为了保证唐山轨道装备公司200辆春运车合同项目的顺利实施，对唐山轨道装备公司200辆春运车的质量、成本、交货期进行检查督促。由于该项目要在3个月内完成，且价格低、质量要求高，着重督促检查了该项目的质量计划编制情况和设计更改、采购控制、工艺验证、现场审核、开工评定等的策划、执行情况。

【产品实物质量】 3月，在铁道部运输局装备部于沈阳局苏家屯车辆段组织的货车质量抽查评比活动中，集团公司所属企业的新造和厂修货车保持了较好成绩。其中新造车济南厂、沈车公司、太原厂、齐车公司和西安厂分别获得了第一、第三、第四、第五和第七名；厂修车西安厂、哈车公司、沈车公司和太原厂分别获得了第一、第三、第六和第七名。

【产品质量监督抽查】 年初，集团公司及时转发《铁道部产品质量监督检验计划》，明确要求各企业认真吸取以往在铁道部组织的监督抽查中的经验教训；认真落实所抽查产品的标准的适用性及关键项点的要求。2007年，铁道部共组织安排356个厂项抽查，合格252个厂项，合格率69.04%；共抽查北车集团所属企业11个厂项，合格10个厂项，合格率90.91%，未达到北车集团公司监督抽查合格率100%的指标。

【质量事故】 2007年1月14日11时38分，韶山7C型0050号机车在承担牵引由兰州开往广州的K228次旅客列车任务时，列车运行至郑州局陇海上行线渑池—义马间K750+696处，机车运行方向第一条动轮左侧车轮崩裂脱轨，造成中断上行线行车3小时24分（含拆装接触网时间），构成旅客列车脱轨险性事故。韶山7C型0050号机车系同车公司2000年8月制造出厂的产品，配属兰州西机务段，2005年12月，兰州西机务段在对该车进行中修时，更换了同车公司大修后的轮对。崩裂轮对为第一条动轮左侧车轮（德国进口54－12），在轮辐部位裂为三块，其中断面弧长为820毫米断块上有45×20毫米的旧痕，断面弧长为1357毫米断块上有100×28毫米的旧痕，断面弧长为1715毫米断块上有三处旧痕，分别为145×30、60×20、36×10毫米。以上裂纹处于轮辐同一圆周，距车轮踏面360毫米。经现场勘查和崩裂车轮样块理化分析，以及对同车公司制造过程的调查分析，认定造成此次事故的直接原因是：由于同车公司的车工白永平在加工54－12车轮时，出现严重扎刀质量问题，为了逃避经济处罚，不按规定程序，无视《中国铁路机车用粗制辗钢车轮订货技术条件》中5.4条款不允许焊修的有关规定，严重违反工艺纪律，在工段长裴京中组织下进行违法焊修所致。

【质量服务】 按照铁道部的有关部署，为确保第六次提速顺利进行，集团公司成立第六次大提速技术服务工作领导小组和工作组，负责领导、部署、协调和指导第六次大提速技术服务工作。集团公司组织赴有关局、段访问，进一步了解所属企业技术服务情况，听取局、段对集团公司技术服务的要求和建议，做好第六次提速的协调指导工作。各企业加强领导，建立高效运转的工作机制，强化技术服务管理，完善责任制，采取切实有效的技术措施，加强对提速机车车辆的安全监控和检查，及时处理发现的问题，确保机、客、货车良好的技术状态。科学配置服务站点，合理储备配件，并配备必要的资源和手段，积极主动地做好技术准备和提速服务工作。上报技术服务工作计划，及时汇报售后服务工作及运用产品质量情况，遇有突发性涉及运输安全的质量方面问题，立即向集团公司报告，并迅速反应，积极采取得力措施，及时妥善解决。经过集团公司全体员工的共同努力，圆满完成了铁道部第六次大提速的服务工作。

【质量培训】 根据集团公司“十一五”科技发展规划和人才培养规划，结合企业急需开展的专业培训，制定2007年度质量管理专项业务人员培训计划，并按计划开展培训工作。5月，与法国BV公司（中国）合作，在北京举办企业质量管理负责人培训班，培训内容为国际铁路行业标准（IRIS），集团公司所属各企业负责质量管理的副总工程师、质量部门负责人及集团公司质量专家共34人参加了培训。7月9日至20日，组织集团公司所属企业环保、质量、工艺人员一行28人赴新加坡和香港业务培训和考察，本次培训和考察内容主要是由新加坡和香港两地的著名大学教授、管理专家和企业领军人物讲解新加坡国情及发展概况、新加坡企业如何开展环境保护工作及如何推进清洁生产、中国与国际化机械制造业在质量管理和工艺管理方面的对比、先进制造企业如何开展标准化工作和如何有效控制产品质量等。9月，在西南交通大学举办第一期无损检测技术专题培训班，集团公司所属企业30名探伤主管和业务骨干参加了培训。通过培训，使学员们了解掌握当今国内外铁路无损检测技术的发展趋势，掌握机械零部件常见缺陷对疲劳寿命影响的评估方法，掌握质量管理体系的建立、实施与改进的途径以及工艺技术管理等方面的知识。11月，在西南交通大学举办中国北车集团第三期质量技术专题培训班，共有来自所属企业的副总师、质量部长和质量管理骨干29人参加培训。通过专家授课、学员交流，了解国外机车车辆企业的管理模式、国内外铁路发展方向及先进的质量管理知识，提高企业质量管理队伍人员的技术业务素质。

【质量月活动】 9月，按照中共中央宣传部、国家质检总局、国家发改委、全国总工会和共青团中央联合发文关于开展“2007年全国质量月”活动的要求，组织所属企业开展了质量月活动。质量月活动的主题为：质量安全共同的责任。要求深入贯彻落实国务院质量工作会议精神，全面开展质量整治、确保安全活动，动员和引导全社会增强质量法制意识，促进企业提高质量，形成质量振兴、人人有责的良好社会氛围，努力提高质量进步对经济和社会发展的贡献率，以实际行动迎接党的十七大召开。集团公司要求各企业结合自身实际情况，认真组织活动。

【TQC小组活动】 6月，根据中国铁道企业管理协会企协［2007］3号文件安排，集团公司组织所属企业开展了2007年度铁道部优秀质量管理小组及全国优秀质量管理小组评审推荐工作。按照中质协小组字［2004］1号文件“关于修改《QC小组活动成果发表评审标准》的说明”要求，开展了本年度质量管理小组活动成果评审、推荐工作。按照总体工作安排，集团公司于6月中旬在济南组织召开2007年度质量管理小组成果审定与经验交流会，对所属企业推荐上报的优秀质量管理小组进行了审定、评选。择优推荐18个优秀QC小组为铁道部优秀QC小组，并在此基础上建议推荐一个全国优秀QC小组。根据铁道企协质委会的工作要求，选派4个优秀质量管理小组成果参加中国铁道企协、铁路总工会、铁道团委联合举办的“哈铁杯”质量管理小组成果邀请赛。推荐的优秀成果已获得铁道部和国家主管部门批准（企协［2007］17号）。长客股份公司“电镀车间闪亮QC小组”等18个小组被评为2007年度“铁道部优秀质量管理小组”；济南厂“提高车轴成品一次交检合格率QC小组”被命名为“全国优秀QC小组”。2007年度被评为国家级、铁道部级和集团公司级的优秀QC小组成果由集团公司给予一次性奖励。

【技术成果参展】 9月，组织所属企业参加在北京举行的第八届中国国际现代化铁路技术装备展。11月，组织所属企业参加在上海举行的城市轨道交通技术设备展览和国家发改委组织的第九届工业博览会。两次展览重点宣传了集团公司的各种机车车辆产品和技术创新成就，树立北车集团公司的企业形象，打造“中国北车”市场品牌。

【机车检修单元建设】 从2006年5月起，经过学习发动、开展预布线单元建设、制定机车检修单元建设方案，严格按照推进计划实施、阶段性检查及对问题的整改、编制并审定检修单元质量控制标准、自查整改、总结等主要阶段，有序推进机车检修单元建设工作。至2007年底，各企业机车检修单元全部建设完成。在各企业的共同努力下，通过技术创新、管理创新、机制创新，构建全新的机车检修质量控制平台，实现提升机车检修质量，提高劳动生产效率，降低机车检修成本，基本实现了机车检查单元建设的目标。机车检修单元建设工作在实施工序再造优化工艺布局、细化工艺文件健全完善工艺基础、提升工艺装备水平增强机车检修能力、深化现场管理改善作业环境、强化质量控制提升产品质量、健全管理制度完善质量管理体系和提升员工素质等方面发挥了重要作用，使企业管理水平和机车检修质量得到明显提高。

【理化、计量、无损检测工作】 10月，举办1期理化检验人员复审培训班，集团公司所属企业共有69人参加培训，其中：化学二级复审通过44人，金相二级复审通过10人，力学二级复审通过15人。全年共举办5期磁粉、渗透、射线和超声波探伤操作人员取证上岗培训班，集团公司所属企业共有358人参加培训，其中：磁粉探伤取得Ⅱ级证书175人，Ⅰ级证书31人，未取得证书4人；渗透取得Ⅱ级证书56人，Ⅰ级证书3人；射线取得Ⅱ级证书15人，Ⅰ级证书6人，未取得证书1人；超声波探伤取得Ⅱ级证书60人，Ⅰ级证书2人，未取得证书5人。落实《中国北车集团公司计量工作管理办法（试行）》，加强计量管理，推进ISO10012《测量管理体系 测量过程和测量设备要求》测量管理体系的建立，以及ISO17025《检测和校准实验室能力的通用要求》标准的宣贯。至年底，有90%的企业通过了测量管理体系评审考核，齐齐哈尔轨道装备公司、唐山轨道客车公司和天津轨道装备公司等企业通过了中国实验室国家认可委员会评审考核，取得中国实验室国家认可资格证。所属企业积极参与铁路计量技术委员会的工作，由集团公司主办、齐齐哈尔轨道装备公司承办的第二届铁路计量技术委员会成立大会于9月中旬在齐齐哈尔召开，这是机车车辆工业系统首次承办铁路计量工作会议。集团公司所属企业新增计委会委员9人。举办2期计量培训考核班，保证人员持证上岗。

（富荣彪 供稿）

标准化工作

【综述】 2007年，标准化工作认真贯彻集团公司工作会议精神，充分利用技术引进消化吸收的契机，组织对引进的先进标准进行研究分析和消化吸收、转化工作，努力实现与国际先进水平接轨。积极开展集团公司企业标准体系研究和集团企业标准体系建设工作，持续提升标准化管理水平和标准水平，充分发挥标准化工作在技术引进、自主创新和提高产品质量等方面的保证和促进作用，为集团技术创新平台建设打下坚实的基础。

【标准化工作要点】 加强对标准化工作的指导，年初集团公司制定下发《2007年标准化工作要点》，提出标准化工作的指导思想及重点工作。包括北车集团公司标准体系建设、做好技术引进标准的消化吸收转化、加强标准化队伍建设和参与国家标准、铁道行业标准的制（修）定工作等重点工作，提出具体要求，明确了集团公司标准化水平的方向。

【企业标准体系建设】 组织开展中国北车集团标准体系研究，完成《中国北车集团公司标准体系研究报告》和《中国北车集团公司标准体系》等课题报告。通过开展集团公司标准体系研究，摸清集团标准化工作底数，找出工作差距，明确任务和目标，提出由集团公司标准体系和所属企业标准体系二级体系构成的集团公司标准体系框架。开展北车集团标准体系建设工作，组织有关单位按照计划进行《中国北车集团标准制定管理工作细则》、《标准的幅面与格式》、《物料编码标识标准》和《企业技术标准编号方法》等制度和集团公司标准的起草工作。

【国际先进标准采用】 结合技术引进工作，组织开展《引进内、电机车国外标准体系及标准转化的研究》和《技术引进动车组标准体系转化的研究》等铁道部课题的研究工作，对大功率内燃、电力机车和200公里/小时以上动车组采用标准、标准转化和标准体系建设进行分析研究。

【标准信息检索系统】 2007年，继续组织“北车标准信息检索系统”的维护工作。系统中1240项标准得到更新，其中国家、行业标准693项，国际、国外标准547项。2007年底，针对“北车标准信息检索系统”运行中暴露的问题，组织对原版标准信息检索系统进行二次开发，进一步改进完善检索系统性能。

（裘敬发 供稿）

产品技术开发

责任编辑　程永陆

机车新产品新技术开发

车辆及其他新产品新技术开发

研发中心建设

机车新产品新技术开发

【综述】 2007年，中国北车集团公司在重点做好技术引进项目机车的消化吸收和国产化工作的同时，积极开发新产品和新技术，以满足不同市场、不同客户的各种需要。大连机辆公司研制了系列化模块化东风10DDA型调车机车，设计了东风10DDB型、东风5DDA型和东风10BD型模块化调车机车、出口缅甸的CKD7B型机车、出口刚果的CKD7C型机车；二七机车公司研制了GK1E31型模块化工矿机车、出口刚果（布）CK6E型机车，设计了出口越南CK1E型机车。太原轨道装备公司继上年成功进行韶山7C、7D、9型3种电力机车的大修之后，又成功完成首台韶山7E型电力机车的轻大修。

【东风8B型内燃机车研制】 9月25日，由大连机辆公司研制的东风8B型3002号货运内燃机车落成并交付使用，该机车的动力装置为改进型12V280ZJ型柴油机，最大运用功率为3820千瓦。机车主传动系统采用交-直流电传动，采用内走廊整体承载式车体；电气控制系统采用微机控制，司机室内设有彩色显示屏，采用JZ-7型空气制动机。该机车配属山西地方铁路集团公司，主要担负煤炭运输任务。

【GK1E31型模块化工矿机车研制】 GK1E31型模块化工矿机车由二七机车公司于2007年7月完成开发试制并交付使用。该型机车以EQ4012B、EQ4012C型液力换向传动箱作为动力传递枢矩，在同一车架平台上实现EQ6240ZJ、EQ6240ZJB型柴油机换装，从而形成机车功率等级为1000和1100千瓦、轴重23吨和25吨的系列产品。机车具有各模块可互换、功能可选配、适应批量生产制造等优点。该型机车具有以下主要结构特点：更改了车架的结构，双层走板改为单层走板；采用V型冷却室以增大传动箱的散热和检修空间；在保持双工况传动箱的同时增加单工况功能；转向架可选择干式或湿式润滑、单侧或双侧制动；预热系统可选择预热炉或热电保障装置；空气系统可选择单塔或双塔干燥器，活塞式、螺杆式或旋片式空气压缩机；司机室可选择单操纵台或双操纵台，其中座椅、瞭望窗玻璃、衣物柜、刮雨器、电暖器、冰箱、饮水机等设备也可根据用户的不同要求点装。

【东风10DDA型模块化调车机车研制】 东风10DDA型模块化调车机车由大连机辆公司研制。该型机车以东风10DD型机车施工图纸为基础重新设计。重点解决如下问题：按铁道部对新造机车的规范化要求进行设计，重点解决油水、空气管路、电气线路、司机室等规范化设计问题，提高机车基本制造质量；采用模块化设计手段，改善机车制造工艺，提高机车的通用互换性；按照商品化要求，改善机车的外观；解决机车由于设计问题而出现的惯性质量问题。该型机车已于2007年7月完成研制并交付用户使用。

【出口刚果(布)CK6E型内燃机车研制】 6月8日，二七机车公司举行向刚果（布）交通部大洋铁路公司交付2台CK6E型内燃机车的出厂仪式。刚果（布）交通部长和刚果（布）驻华大使及参赞、大洋铁路公司总经理，中国CMEC公司、路桥公司代表等嘉宾出席仪式。CK6E型机车根据客户要求，进行了重大设计改进，采用中国内燃机车制造的多项成熟技术，并在机车定置试验台上进行了必要的试验。这2台机车的交付，标志着北车集团公司在向非洲国家出口机车方面取得了新成绩，也标志着二七机车公司出口内燃机车的设计能力和试验手段进一步增强。

【首台韶山7E型电力机车轻大修试运】 4月10日，太原轨道装备公司首台轻大修韶山7E型006号电力机车一次试运合格。韶山7E型机车是国产先进的客运直流传动电力机车之一，独立通风系统、辅助变流技术、微机控制系统、新型供电装置等许多新技术、新成果在该型机车上得到广泛应用。首次对韶山7E型电力机车进行轻大修，在调试阶段遇到不少技术难题。在公司领导、技术人员、调试人员的密切配合下，这些技术问题被逐个攻克，保证了机车如期试运且一次试运合格。（贯 锋 供稿）

车辆及其他新产品新技术开发

【综述】 2007年，中国北车集团公司继续坚持“为中国和世界铁路提供精良装备”的服务宗旨，针对国内和国际市场需求，开发研制出一大批技术先进、性能卓越的客、货运车辆新产品和其他新产品。唐山轨道客车公司制造的25T新型高档客车构造速度达200公里/小时，为第六次铁路大提速作出了贡献。长客股份公司研制成功北京机场线直线电机自动无人驾驶车，为2008奥运会准备了安全、舒适、快捷的新型交通工具。集团公司研制成功出口蒙古的国际联运专用客车，载重量达350吨、专门装运国产600兆瓦发电机定子等大型货物的DQ35型钳夹车，70吨级新型底开门运煤专用车，23吨轴重不锈钢精细化工品、低压液化气罐车，DA21型210吨提速凹底平车，TY6B型320马力机械传动接触网作业车，NS1003型100吨伸缩臂式铁路起重机、挖泥船绞车变频控制系统，出口韩国的永磁直驱风力发电机等新产品，其中有多项产品填补了我国的空白。

【25T型客车研制】 4月6日，由唐山轨道客车公司制造的44辆25T型客车在完成最后的调试、整备后，整列编组出厂，用于4月18日开始的第六次铁路大提速。在生产过程中，公司把精细制造的理念贯穿于生产全过程，加工、装配、检测等每一道工序均严格按图纸、工艺标准施工作业。为确保车辆运行安全可靠，车内装饰全部采用具有良好防火和阻燃性能的材料，整列车采用可编程序控制器（PLC），自动实现对电气系统的监视和控制。此外，安装的网络监控系统，对运行客车的行车安全进行全程监测和诊断。该批客车在设计中充分体现人性化的设计理念，设置模压玻璃钢墙顶板，使整个客室的颜色协调，为旅客旅行营造温馨舒适的旅行环境。客车内洗脸室、厕所的地板采用深色仿大理石地板，具有良好的防滑性能，在软卧车和高级软卧车的每一个铺位设置了液晶电视，满足旅客旅途中休闲娱乐方面的需求。该批客车上下车位置还安装了新式自动脚蹬，适用于不同站台高度的旅客上下车。25T型客车构造速度为200公里/小时，运营速度为160公里/小时，包括高级软卧车、软卧车、硬卧车、硬座车和餐车共5个车型，用于北京至福州区间的运营。

【蒙古国际联运客车研制】 蒙古国际联运客车由唐山轨道客车公司研制并生产，由软卧车、高级软卧车、餐车、发电车、行李车五个品种组成（五个车种共16辆）。该产品车辆限界符合GB146.1《标准轨距铁路机车车辆限界》和GOST9238—83中的1-BM要求，车钩采用CA-3车钩及G1型缓冲器（可更换为15号车钩），可与蒙方现有车辆联挂。每车配备轨距1435毫米（209T）和1520毫米的客车转向架各两台，可以互换。空气制动采用№292型和№305型空气分配阀；采用双管制供风（压力为5公斤），必要时双管供风可转换为单管供风；一位端一位角设蜗轮蜗杆式手制动机。采用发电车集中供电，供电制式为交流三相四线制，交流380伏，50赫兹。适应温度：-50℃～+40℃，车辆在正常的使用和维护条件下使用寿命为30年。

【北京机场直线电机自动无人驾驶车研制】9月7日，北京机场首列直线电机自动无人驾驶城轨客车在长客股份公司下线。该车为全程自动控制无人驾驶车，客车装有摄像监控系统，车内情况可同步显示在地面指挥中心的大屏幕监视系统上，从而实现远程调度和安全监控。其独特的控制系统使该车能在无人驾驶下保证列车运行精度和停车精度。其中，停车精度达250毫米以内，而一般车辆在300～500毫米之间。车辆轻量化设计效果显著，比普通地铁车减重10吨以上；车辆结构更加先进，提高了火灾突发时的旅客逃生机会。由于专为机场线设计，该车车内座椅上方设有行李架。车内安装有8套乘客信息显示系统，可实时传送地面视频信号到车辆的媒体播放系统，乘客可以方便地在车上观看奥运比赛。车辆最大宽度3.2米，列车采用4辆编组，全部为动车，定员710人，最高运行速度110公里/小时。

【出口伊朗轻轨车设计开发】 2月15日，长客股份公司和中信国际合作公司组成的联合体，与伊朗马仁哈德城市铁路公司正式签订轻轨车辆项目采购合同。该项目共计采购60辆70%低地板轻轨车，合同总金额约为9300万欧元。此次签约采购的轻轨车，全面采用欧洲设计和试验标准，车辆全长29.7米、宽2.65米，由3个模块铰接组成，地板面高度为380/655毫米，碳钢车体，最小通过曲线半径为25米，各项配置较高。年内，已按照合同要求进行设计开发。

【25T型电务试验车研制】 该车由唐山轨道客车公司分别为上海铁路局和太原铁路局研制并生产。电务试验车动态检测系统是对铁路通信相关设备及系统运用状态进行动态检测的综合系统，对检测数据进行统计分析，分有线检测和无线检测。该车构造速度170公里/小时，定员14人；采用CW-200K型无摇枕转向架、15号C级钢车钩及小间隙钩舌、橡胶风挡、车顶单元式35千瓦空调机组；由发电车集中供电及本车柴油机供电，采用交流三相四线制，电压为交流380伏，频率50赫兹；分两路供电；车下设两台40千瓦风冷柴油机组。平面布置为：两端设通过台；一位端设厕所、洗脸室、厨房、储物柜（下部为鞋柜)、电开水炉及小走廊；中部依次为乘务室、三个软卧包间、一个工作间、侧走廊及会议室；二位端为储藏间、鞋柜及小走廊。上海铁路局的电务车增设非接触式弓网检测装置；太原铁路局的电务车加装检测天线共21组。

【牵引试验车研制】 该车由唐山轨道客车公司为太原铁路局研制并生产，具备2万吨列车试验能力。在纵向2000千牛压力作用下，车体钢结构不发生塑性变形，即最大应力值不超过材料的屈服极限。具备重载列车高强度下的抗拉、抗压冲击能力和高强度运行过程中可靠的数据记录及处理能力。该牵引试验车具有试验能力强、生活设施齐全、工作生活条件优越、适应能力强等特点。

【红外线检测车研制】 该车由唐山轨道客车公司为太原铁路局研制，是用于对地面轴温探头的安装方位偏差进行红外线检测的试验车，共1辆，已交付用户使用。该车的主要特点是：可以在环温45℃、相对湿度小于99%的条件下全天候工作；最高运行速度160公里/小时，不受晴、雨天气的限制，全国各干线均适用；能兼容检测客车、货车及双角度等各种形式的红外线轴温探测装

置；实施集中控制、集中测量和集中显示，为值班操作人员提供方便。（任　健）

【TY6B 型 320 马力机械传动接触网作业车研制】 8 月初，由太原轨道装备公司亮箭工程车公司研制的首台TY6B 型机械传动接触网作业车顺利出厂。该车系二轴式机械传动配置，目前市场上使用的二轴作业车绝大多数功率在 290 马力以下，而TY6B 型接触网作业车装车功率达 320 马力，牵引性能良好，可作为牵引车使用，扩大了功能范围，市场优势明显。（贯　锋）

【DQ35型钳夹车通过技术审查】 该车由齐齐哈尔轨道装备公司在D38 型载重 380 吨钳夹车的基础上研制，主要用于运输国产 600 兆瓦发电机定子。2006 年 7 月完成该车的总体方案设计，2007 年 1 月完成一辆样车试制，随后进行了各项试验。5 月，铁道部组织完成该样车的技术审查。DQ35 型钳夹车采用 3E 轴构架式转向架，商业运营速度空车时为 100 公里/小时、重车时为 60 公里/小时；车体主要承载结构采用国产高强度钢材，液压系统泵站实现集成化，并采用电磁比例控制方式和进口液压元件，具有侧移、起升、内外导向、称重、监测和遥控操作功能。该车载重 350 吨，在运输 600 兆瓦发电机定子时不超重、过桥不限速，满载 350 吨货物运输时过桥速度可达到 42 公里/小时。

【KM70A型底开门运煤专用车研制】 该车由齐齐哈尔轨道装备公司开发研制，主要用于装运煤炭等散装货物，也可用于其他厂矿企业运输矿石、砂石、焦炭、木材及机械设备等。2006 年 10 月完成方案设计，同年 12 月通过铁道部运输局装备部组织的设计方案审查，2007 年 1 月完成样车试制，2 月，完成车体强度及刚度、冲击、车辆动力学等试验，3 月，通过铁道部组织的样车技术审查，4 月，开始批量生产。该车车体采用全钢焊接结构，主要梁件和板件材料采用高强度耐候钢；车钩缓冲装置采用 E 级钢 17 型车钩，配套 17 型锻造钩尾框、MT-2 型缓冲器、120 型控制阀、305 × 254 毫米整体旋压密封式制动缸、ST2-250 型双向闸瓦间隙自动调整器、KZW-A 型空重车自动调整装置；采用转 K6 型转向架。该车载重 69 吨、自重 ≤24.6 吨、商业运营速度 120 公里/小时。

【70 吨级新型底开门煤车研制】 该车由齐齐哈尔轨道装备公司根据铁道部科技开发计划安排于 2007 年 10 月研制成功，主要用于装运煤炭、矿石等散粒货物，可满足固定编组、循环使用、定点装卸的电站、港口、选煤、钢铁等企业的运输需要。该车车体采用不锈钢材料，提高了耐腐蚀性能，配套采用提升技术性能的转向架、车钩缓冲装置及制动系统，可实现取消辅修，段修周期为 2 年，厂修周期为 12 年，使用寿命达 35 年。该车经过对框架式整体承载结构的优化，提高端侧墙刚度及纵向力传递能力，降低车体不锈钢结构应力水平，提高了车体整体承载能力和结构可靠性；对底门开闭机构进行优化设计，提升相关配件技术性能，满足了延长使用寿命和检修周期、降低维护检修费用的要求；对侧柱间距进行优化，提高了侧板平面度质量；对承载结构进行优化，提高下侧梁空间位置，取消端墙外侧板的枕内钢地板，减轻了车体自重，方便日常应用、维护和检修。

【23 吨轴重不锈钢精细化工品罐车研制】 该车由西安轨道装备公司根据铁路货运重载技术政策，为提高铁路货运能力和满足用户需要而研制开发。该课题列入中国北车集团公司科技研究开发计划。2006 年 3 月，铁道部以运装货车［2006］65 号文批复设计方

案。11月，完成样车试制并进行了厂级鉴定。随后由四方所对该车进行了静强度、冲击试验及动力学试验。2007年7月，铁道部以科技装［2007］102号文批复图样和车型号，并通过铁道部科技司、运输局组织的技术审查。该车供在中国准轨铁路使用，适宜运输有防腐、保洁要求的冰醋酸、乙二醇及类似的丁酸、丙酸等精细化工品介质，罐体涂刷隔热胶后，其也可用于运输丙烯酸酯类介质，装卸方式为上装上卸。该车车辆长度和加排设施可完全满足用户现有的地面装卸设施需要，装运冰醋酸时比G60XK型罐车单车载重增加8吨，每延米重为7.5吨/米。采用有中梁结构，由罐体装配、加温套和加温管路装配、底架装配、侧梯及走台、底架附属件、制动装置、车钩缓冲装置及转K6型转向架等部件组成。为提高卸净率，罐体采用圆截面直锥斜底结构。为避免罐带松动，采用压板式罐与底架连接。为满足重载要求，中梁采用屈服强度为450兆帕斯卡的高强度热轧乙字型钢。制动装置采用座式120型货车制动机、KZW-A型空重车自动调整装置，手制动采用NSW型手制动机。钩缓装置采用E级钢17型车钩、MT-2型缓冲器。

【23吨轴重低压液化气罐车研制】 该车由西安轨道装备公司根据铁路货运重载技术政策，为满足市场对装运二甲醚、碳5等介质的运输需求而研制开发。2006年8月，西安轨道装备公司分别将二甲醚、碳5罐车的建议设计参数上报国家质检总局，国家质检总局以［2006］质检特便字第3056号函予以批准。2007年3月，铁道部以运装货车［2007］187号文件批复了该种罐车的设计技术条件并印发了设计方案审查意见。该种罐车供在中国准轨铁路使用，用于装运二甲醚、碳5及物化性质与其相近的正丁烷、异丁烷、丁烯、异丁烯、丁二烯等液化气介质，装运方式为上装上卸。分带押运间和不带押运间两种车型，车体均为无中梁结构。罐车主要由罐体、加排装置、牵枕装置、风手制动、钩缓、押运间、转向架等组成。罐体采用圆柱形筒体、材质为16MnR；在加排装置设计中，解决了既有罐车存在的问题；牵枕装置采用70吨级轻、粘罐车成熟结构；采用17型E级钢车钩、HN-1型缓冲器、大自重车辆专用的转K6型转向架；制动装置符合运装货车［2006］179号文件要求，采用改进型120阀、KZW-A型空重车自动调整装置及脱轨自动制动装置等铁道部推广应用的新技术，能满足铁路货运重载提速的要求。

【70吨级对二甲苯罐车研制】 该车由西安轨道装备公司研制，供在中国准轨铁路使用，用于装运对二甲苯及类似介质。2006年11月，正式立项研制70吨级对二甲苯罐车。2007年2月，设计方案通过铁道部运输局装备部组织的技术方案审查。3月，铁道部运输局以运装货车［2007］187号文件批复了设计技术条件并印发了设计方案审查意见。8月，样车通过厂级鉴定。由于该车整体结构与GN70型粘油罐车相同，所以样车未进行动力学、静强度及冲击试验。9月，通过了铁道部运输局组织的样车技术审查。该车整体结构与GN70型粘油罐车相同，系后者的功能性改进型设计，在其基础上取消了下排油装置，装卸方式采用上装上卸，相应对加热装置进行了局部调整。该车的主要特点是：整体结构与GN70型罐车的相同，便于车辆运用管理、制造及检修；单车载重67吨，比G17B型罐车提高10吨，比G17D型罐车提高14吨，符合铁路货运重载技术政策；采用斜底结构罐体，提高了介质卸净率；采用A41XV新型不锈钢呼吸式安全阀、

新型压杆式加温管进汽接头、助开式人孔，提高了运用可靠性；采用铁道部推广应用的70吨级铁路货车新技术、新工艺，制动系统符合“三化一互换”设计制造的要求，满足铁路货运提速重载的相关要求。

【70吨级煤焦油罐车研制】 该车由西安轨道装备公司研制，供在中国准轨铁路使用，用于装运煤焦油及类似介质，装卸方式为上装下卸。该车于2006年11月立项研制，同年12月完成技术调研。2007年2月，该车设计方案通过铁道部运输局装备部组织的技术方案审查，5月完成施工图设计，10月完成样车试制。12月，完成线路动力学、车体静强度及冲击试验。该车整体结构与GJ70型液碱罐车基本相同，采用有中梁结构，由罐体、加温套及加温管路、侧梯及走台、底架装配、底架附属件、罐与底架装配、下排油装置、风手制动装置、钩缓装置、转向架等组成。该车载重69吨，自重≤24.6吨，轴重23.4吨，罐体总容积57.1立方米，商业运营速度120公里/小时。

【70吨级增设侧门煤炭漏斗车研制】 该车由太原轨道装备公司在继承KM70型煤炭漏斗车主要结构特点基础上经进一步改进设计而研制。该车降低了局部节点应力水平，提高了车体整体承载能力和使用可靠性，可最大限度地满足自动化、半自动化焊接工艺的要求。在侧墙上增设了4个上翻式下侧门，拓展了KM70型煤炭漏斗车的卸货方式。在侧墙两端开观察孔，以方便在进行列检作业时观察制动缸鞲鞴行程；取消底架枕内钢地板，增大基础制动装置和转向架检修作业空间；在底架两端部设置安全栏杆，增强作业安全防护，提高人员操作的安全性；对扶梯的梯阶和立柱进行人性化设计，使之更方便工作人员攀登；下部传动轴采用新型厚壁空心钢管材料，以减轻车体自重；减速器组成的手轮、轴承盖、减速箱盖等配件采用铸形含油尼龙材质，以减轻重量，降低腐蚀和磨耗。5月，铁道部运输局组织对设计方案及设计任务建议书进行审查，并以运装货车电［2007］1524号电报进行了批复。6月，完成工作图设计和有关技术文件编制，并完成一辆样车试制。7月，四方所对样车进行了车体静强度试验。11月，对样车进行了厂级技术鉴定。该车载重70吨，自重≤23.8吨，商业运营速度120公里/小时。传动形式为采用两级传动、顶锁机构，装卸方式为上装下卸、底开门及侧开门卸货。

【DA21型210吨提速凹底平车研制】 DA21型210吨提速凹底平车由哈尔滨轨道装备公司根据中铁特货运输有限责任公司授标合同（编号ZTTH-2006-MM-025）及中国北车集团公司科技研究开发计划（编号2007NHA011）研制，供在标准轨距铁路上使用，主要用于装运电力、冶金、化工设备及重型机械等大、重型货物。2006年11月，完成该车修改后的施工图设计、整车制造工艺文件的编制和相关生产准备工作，完成转向架制造，并在四方所完成转向架静强度试验。12月，完成该车整车静强度和刚度试验。2007年3月，完成公司级技术鉴定。4月，通过了铁道部组织的样车技术审查。6月，完成出厂运行考验。该车主要由1个大底架、2个小底架、4台4E轴焊接构架式转向架、空气制动装置、人力制动装置及车钩缓冲装置等部分组成。大底架、小底架、转向架构架材质为Q345E低合金结构钢。

【KF-80型气动自翻车研制】 该车由哈尔滨轨道装备公司研制，适用于备有机械化装车设备、线路质量符合国家Ⅲ级及以上标准的工厂、矿山、大型建筑工地等运输部门用来运输矿石、岩石、沙砾、煤块、建筑材料等散粒货物。2月，完成设计方案，5月，完成施工图设计，四方所对车厢、底架、转向架进行了有限元强度及刚度计算。6月，完成整车制造工艺文件的编制和相关生产准备工作。7月，完成首辆车的试制工作。该车主要由车箱总成、底梁总成、转向架、倾翻气缸总成、倾翻管路总成、门扇抑制、空气制动装置、车钩缓冲装置等部分组成。2007年，哈尔滨轨道装备公司共为攀枝花集团矿业公司提供KF-80型气动自翻车12辆。

【70吨级不锈钢活动棚钢卷运输专用平车研制】 该车由济南轨道装备公司研制，主要用于装运怕日晒雨淋及风雪侵袭的高精度冷轧、硅钢钢卷及外形较固定的机器设备等货物。2006年开始方案设计并完成整车强度、刚度及动力学有限元计算，2007年1月，公司试制了该车关键部件—活动棚，并进行了推拉力及抗冲击变形能力试验。5月，完成工作图设计，并开始样车试制。12月，四方所对样车进行了车体静强度及刚度试验、动力学试验及冲击试验。该车主要由车体、活动棚、车钩缓冲装置、制动装置及转向架等组成。车体为全钢焊接结构，由底架、端墙等部件组成。端墙及底架的端梁、侧梁采用TCS345不锈钢，底架其余主要部件采用Q450NQR1型高强度耐候钢。全车设有大、中、小三个活动棚，材质为TCS345不锈钢。各活动棚由侧墙、棚顶等组焊而成，下部各安装4组滑轮座。车钩缓冲装置、制动装置均采用70吨级铁路货车通用、成熟的技术，采用转K6型转向架。载重70吨，自重≤23.8吨，商业运营速度120公里/小时。车体内长13000毫米，活棚开度≥8200毫米，具有一定的集载能力，可运送最大单件重量为52吨的货物。

【NS1003型100吨伸缩臂式铁路起重机研制】 该起重机由齐齐哈尔轨道装备公司研制，主要用于铁路机车车辆颠覆、脱轨等事故的救援，也可用于大型货物的装卸、设备安装及铁路施工中铺设轨排、更换道岔及架设桥梁等工程作业。该起重机以2台相同的柴油机为动力，采用全液压传动，最大起重量为100吨，最大起重力矩为800吨·米。新型3E轴转向架采用了增大车辆定距及新型变摩擦减震器的设计，装车后整机按国家标准的要求通过了动力学试验，回送速度达到120公里/小时；系统控制器采用整机状态系统控制器，配合HC3900型力矩限制器的监控器，使起重机的柴油机、液压系统、风制动系统的工作状态和起重机吊重超载保护的监控集中在2台彩色液晶显示屏上显示，简化了操纵过程；液压系统采用了现代成熟的液压技术，液压管路采用无氧化钢管及进口卡套式接头；配重采用固定式内藏重铁，整备作业时不需要调整配重，减少了整备作业时间；起升机构采用单卷筒双卷扬的方式，提高了传动效率，降低了故障率。

【25吨轴重径向货车转向架研制】 该转向架是为满足我国货车高速、重载、低轮轨作用力、低轮轨磨耗的要求，在国内外成熟技术基础上研制成功的，主要用于25吨轴重各型铁路货车。该转向架属于铸钢三大件式货车转向架，为减轻重量，摇枕、侧架采用C级钢铸造，并在摇枕弹簧与侧架承台间增加橡胶垫，以降低二系悬挂的横向刚度，改善转向架横向运行平稳性和降低轮轨横向作用力；车轮采用辗钢整体车轮，并与50钢车轴和适合120公里/小时运行速度的双列圆锥滚子轴承配合使用；制动装置为下拉杆式，采用了组合式制动梁和新型高摩合成闸瓦；弹性旁承采用成熟的JC型双作用弹性旁承，以提高车体与转向架间的回转阻力矩；磨耗盘采用成熟的含油尼龙心盘磨耗盘，以降低上、下心盘间磨耗；减振装置采用组合式斜楔，提高了减振装置的稳定性。

该转向架在轴箱与侧架间增加了橡胶弹簧，以减小轮对一系垂向和纵、横向定位刚度，降低轮轨动作用力；橡胶弹簧与径向装置共同作用使转向架在通过曲线时具有自导向功能，改善转向架的曲线通过性能和降低轮轨磨耗；4个轴箱间安装了径向装置，与轴箱橡胶弹簧共同作用使转向架在通过曲线时具有自导向功能，改善转向架的曲线通过性能和降低轮轨磨耗；径向装置的安装同时提高了转向架2个轮对间的剪切刚度，保证了转向架直线高速运行的稳定性。

【3E轴焊接转向架研制】 该转向架是和DQ35型钳夹车相配套，为中铁特货公司专门开发研制的。为了提高车辆高速运行时的稳定性，该转向架采用了整体焊接式构架，同时采用一系轴箱悬挂装置以提高空车弹簧挠度。转向架两端轮对采用变摩擦减振器，主、副摩擦面采用高分子磨耗板与27SiMn磨耗板匹配，降低摩擦副的磨耗，使相对摩擦系数稳定。减振装置采用双斜楔对称结构，磨耗后自动补偿，车辆性能不受减振系统磨耗的影响。该转向架有三根轴，轴重22.17吨，自重7.4吨，商业运行速度100公里/小时，通过最小曲线半径为145米。

【重载车钩系统通过部级技术评审】 11月，同车公司大同法维莱车钩系统有限责任公司试制生产的D250095—100型车钩及缓冲装置，通过铁路机车项目联合办公室专家组进行的技术评审。专家组认真听取有关技术报告，审查相关文件，现场检查、抽取实物进行检测，经过讨论后形成评审意见，认定D250095-100型车钩及缓冲装置符合相关技术标准要求，同意该产品进行批量生产。重载车钩系统是重载货运机车上关系运输安全的关键件。D250095-100型重载车钩系统是针对我国铁路重载货运需要，引进法国法维莱公司的先进技术而生产制造的。该车钩系统由车钩、钩尾框、弹性体缓冲器、对中装置等组成。车钩连接轮廓采用国际通用标准，可与国内现有车钩连挂。该车钩可有效降低重载列车运行过程中产生的纵向冲击力，以保证列车的运行安全，减少车辆零部件的损坏。目前该车钩系统国产化率达76.6%。将率先在和谐2型大功率电力机车上批量采用，以替代国外同类进口件。

【13B型车钩研制】 该产品是为避免因钩尾销螺栓裂断造成的列车分离事故，在13A型车钩的基础上改进设计而研制的。13B型车钩在13A型车钩的基础上取消钩尾端面工艺孔，增加钩尾销的接触面积，消除钩尾销磨耗的凹槽以增加钩尾销向下的作用力；钩舌增加了鼻部内腔的加强筋数量，取消钩舌牵引面的起模斜度，减小车钩的连挂间隙，改善了列车的纵向动力学性能；钩体的下方增设磨耗板，防止钩体磨耗，延长了钩体使用寿命。13B型车钩钩体、钩舌均采用E级铸钢制造，结构强度、耐磨性能都得有了明显提高。13B型车钩整体及零部件均可与13型、13A型车钩互换，零部件标准化程度高，通用性、互换性、适用性好，方便了制造、检修及运用维护，并可与E型、F型车钩实现安全连挂，连挂性能好，适应性强。

【13B型钩尾框研制】 该产品是为避免因钩尾销螺栓裂断造成的列车分离事故，在13A型钩尾框基础上升级的产品。13B型钩尾框采用E级铸钢制造。在13A型钩尾框的基础上对钩尾销螺栓安装座进行了改进，由原来的一个螺栓承载改为一个螺栓承载、两个螺栓防护的结构，提高了防止钩尾销脱落的安全可靠性；框板与尾部结合部位的结构经过优化设计后，上下框板主体结构的截面、尾部框板截面面积分别比13号钩尾框增加25.4%及53.6%，提高了结构强度、疲劳寿

命和储备。13B型钩尾框可与13号、13A型钩尾框互换，方便了制造、检修及运用维护。

【16型锻造钩尾框研制】 该产品是为解决铸造钩尾框疲劳裂纹问题，提高产品的疲劳寿命和运用安全可靠性，满足2万吨列车牵引要求，借鉴17型锻造钩尾框的开发经验，在16型铸造钩尾框的基础上研制开发的，自研发成功后已经生产398件。该产品采用锻造工艺制造，避免了由于铸造工艺引起的砂眼、气孔、缩松等制造缺陷，有效地提高钩尾框的疲劳寿命，减少检修工作量，降低了运用成本。其强度符合最小极限载荷4005千牛的要求，其结构强度与16型铸造钩尾框强度相当，与16型车钩缓冲装置的强度匹配。16型锻造钩尾框可与现有16型铸造钩尾框互换，与现有16型车钩缓冲装置配套使用，能满足翻车机作业的要求。

【重载车钩开发】 该产品是为满足大秦线编组2万吨以上重载列车需要和澳大利亚力拓公司35.7吨轴重矿石车要求，在借鉴引进的美国F型车钩结构基础上开发设计成功的重载车钩。该车钩尾部端面采用球面结构设计，将竖圆销通过转动套与钩尾框垂直联接，具有良好的转动功能和曲线通过性能，与配套钩尾框一起使用，可实现车辆不摘钩连续翻卸作业。钩体、钩舌采用提高标准的E级钢制造，钩体破坏载荷高于16、17型车钩的4005千牛，钩舌破坏载荷高于16型钩舌的3430千牛，车钩的连挂间隙降低为9.5毫米，减缓了列车的纵向冲动，延长车辆及其零件的使用寿命。该产品具有联锁装置和防脱装置，可防止车钩自动脱离，改善钩舌受力状态，并减轻磨耗，锁销机构防跳作用性能可靠，可与Alliance车钩实现安全连挂。

【FC型牵引杆研制】 该产品是为满足神华集团80吨级不锈钢煤炭漏斗车、铝合金煤炭漏斗车的需要，在RFC型牵引杆的基础上研制的。牵引杆采用TB/T2942－E级铸钢制造，最小破坏载荷达到4005千牛，硬度可达到241HBW－311HBW。在借鉴16、17型车钩使用经验的基础上，FC型牵引杆两端面及钩尾销孔牵引圆弧面均进行了提高硬度的表面热处理。牵引杆两端均为固定端，采用了RFC型牵引杆固定端的设计结构，与从板配合的两端面为球面，且两端均有与钩尾销配合的销孔，杆身为箱体结构，并具备挡肩结构，以适应翻车机卸货时拨车机的需要。FC型牵引杆可代替17型车钩并实现互换，其钩尾框、从板等钩缓装置附件均与17型车钩的相同。

【澳大利亚重载矿石车FD型牵引杆研制】 该型牵引杆是根据澳大利亚力拓公司35.7吨轴重矿石车的重载运输需要，结合我国大秦线重载货车使用的RFC型牵引杆研制及使用情况成功研制的。该型牵引杆采用提高标准的E级钢制造，材料机械性能指标高于美国铁路协会标准AAR M201，结构强度高于国内的17型车钩，表面硬度高于AAR M201标准规定的241HBW－311HBW。在借鉴17型车钩使用经验的基础上，对两端球面及尾销孔牵引圆弧面进行了特殊热处理，硬度可达375HBW－476HBW。该型牵引杆整体为杆状铸件，杆身为箱体结构，两端与17型固定车钩尾部结构相同，与从板配合的两端面为球面并带有自动对中凸肩，牵引杆两端均有与钩尾销配合的销孔。FD型牵引杆可代替澳大利亚力拓公司矿石车装用的F型车钩并实现互换，其钩尾框、从板等钩缓装置附件均与F型车钩的相同。

（赵文洪）

【挖泥船绞车变频控制系统研制】 2007年7

月，大连电力牵引研发中心完成首条挖泥船绞车变频控制系统的研制和试验工作。该挖泥船是国内首条绞车采用变频控制系统的挖泥船，它的研制成功填补了我国造船史上的空白，同时也为大连电力牵引研发中心在电力牵引变频控制领域拓展了新的发展空间。传统的挖泥船绞车控制系统为液压传动方式，效率低，成本高。国外先进的挖泥船绞车控制系统均为交流变频电传动方式。交流变频电传动方式的优点是效率高，污染小，节电，符合我国节能、减排的发展战略。

【大连电车制动控制系统研制】 3月，四方所与大连电车工厂签订了20列大连电车制动控制系统合同。经过半年的工程化准备，依托所内制动技术平台、电气制造平台、机械制造平台和橡胶生产平台进行生产，对每一生产环节进行了规范的质量控制和严格测试。10月15日首批2辆份制动控制系统按时交付。12月3日，由四方所研制的首批10列大连电车制动控制系统全部交付使用。后10列电车的制动控制系统订单在11月中旬确认后已经投产。

【出口韩国永磁直驱风力发电机研制】 3月3日，我国首台出口韩国的807千瓦永磁直驱风力发电机在永济电机电器公司落成，标志着我国已具备大型永磁电机研发及制造能力。该电机外径3.8米，重量23吨，属于大型永磁电机类型。此种机组采用多级异步电机与叶轮直接连接进行驱动的方式，免去了传统部件齿轮箱，具有噪声低、寿命长、体积小、运行维护成本低、低风速时效率高等优点。在制造过程中，借鉴国内外电机的先进技术，突破了大型永磁直驱风力发电机定子铁芯、嵌线、叠压、磁钢装配和电机组装等工艺制造难题，为永济电机电器公司研制更大功率风力发电机打下了坚实基础。

（贯　锋）

研发中心建设

【综述】 2007年，中国北车集团公司继续加强研发中心建设，充分发挥其在所属专业领域内的技术优势和人才优势，大力开展新产品、新技术开发，积极参与技术引进项目的消化吸收和国产化工作，为保证集团公司技术引进工作的顺利推进提供强力支持。电力牵引研发中心在网络控制、变流技术和系统集成技术等方面不断取得新突破，200公里/小时交流传动电力机车WorldFIP网络控制系统和100%低地板轻轨车网络控制系统的技术设计、长春轻轨车用CANopen网络监控系统和船用绞车变频控制系统的研制等重点科研项目和高技术含量产品相继完成和开发成功。轨道客车研发中心以技术引进、消化吸收与再创新为工作重点，扎实开展350公里/小时、200公里/小时动车组的开发设计，同时还完成包括深圳、沈阳、北京、天津等城市在内的一大批地铁车和轻轨车以及出口孟加拉国和伊朗客车的开发设计。货车研发中心加大新产品、新技术开发力度，全年共完成近20种不同类型和不同用途的新型货车的研制，先后完成NS1003型100吨伸缩臂式铁路起重机、3种新型转向架、重载车钩、制动系统等关键部件的研制和改进设计。

【电力牵引研发中心建设】 2007年，电力牵引研发中心在产品研发、队伍和企业建设等方面取得新成绩。研发中心职工总数达50人，全部为本科及以上学历。其中博士1人，硕士21人，本科28人；教授级高级工程师9人，高级工程师4人，平均年龄32岁。研发中心立足自身力量，掌握核心技术，提升自主研发能力。网络控制技术进入成熟阶段。掌握TCN网络通信技术、World-

FIP网络控制技术和CANopen网络控制技术等多项先进技术。相继完成科技部科技支撑项目——100%低地板轻轨车网络控制系统的技术设计，长春轻轨车辆用CANopen网络监控系统研制，基于TCN协议的引进UIC网关的样机生产，并形成批量配套能力，具备了自主配套TCN网络最核心部件的能力，填补了铁道部技术引进的空白。自主开发的MVB/CAN网卡投入批量生产。变流技术取得新突破。完成绞吸式挖泥船用绞车变频控制系统的研制开发，首台产品于9月装船，这是中国北车集团公司变流产品首次进入船舶领域，同时也是国产变流产品首次进入船舶领域。系统集成技术快速发展。完成集团公司的重点科研项目——200公里/小时交流传动电力机车WorldFIP网络控制系统的技术设计，辅助变流控制ACU技术设计，牵引变流控制DCU进入实验室调试阶段，标志着北车集团基本掌握交流传动电力机车整车系统集成技术，基本具备交流传动电力机车整车开发能力。研发中心加快建设和发展步伐，2007年4月正式注册为“中国北车集团公司大连电力牵引研发中心”，10月30日，研发中心质量管理体系一次性通过ISO9001认证。12月8日，研发中心综合试验站通过国家实验室认证初审。年内，相继派出60余人次到长客股份公司、同车公司和唐山轨道客车公司参加CRH5型200公里/小时动车组、和谐D2型大功率交流传动电力机车、CRH3型350公里/小时动车组的技术引进和消化吸收支持工作。（侯　波）

【轨道客车研发中心建设】 2007年，轨道客车研发中心继续深入开展技术创新工作，紧紧围绕“培育精细品质、打造民族品牌”的核心理念，以动车组技术引进为工作重点，积极开展国产化工作，同时，不断开展消化吸收与再创新工作，全面提高核心竞争力。开展200公里/小时动车组技术引进工作，完成国产化动车组试制、调试和试验。4月18日，通过技术引进、消化吸收的国产化“和谐号”200公里/小时动车组开始投入铁路第六次大提速营运。通过技术引进、消化吸收，开展不锈钢动车组头车、350公里/小时高速动车组、250公里/小时综合检测车、长编组200公里/小时动车组等项目的开发设计。开发设计了深圳A型地铁车、沈阳1号线地铁车、北京13号线增购车、100%低地板轻轨车、天津滨海线增购车、长春轻轨车等城轨车辆和出口孟加拉国米轨客车、出口伊朗60辆单层卧车等。与外方联合设计开发了北京机场线直线电机车辆。开展了国家科技支撑计划“高速轮轨铁路引进、消化吸收与创新”项目4个课题和“新型城市轻轨交通技术”项目“100%低地板轻轨系统”课题的研究工作。以动车组技术引进为契机，进一步健全、完善公司标准化管理体系，开展高速动车组技术标准体系研究，逐步建立高速动车组研发技术标准平台；积极推进“高速轨道客车研发平台建设项目”的实施，开展“高速列车系统集成国家工程实验室”的立项和筹建工作。加强科技成果鉴定和奖励，完成“长春轻轨车”、“北京5号线地铁车”、“青藏铁路救援车”等4项新产品鉴定；完成“新型25T型提速客车”、“天津地铁车”、“重庆单轨车”“伊朗地铁车”、“自主知识产权地铁车”等科技成果奖励申报工作。加强专利技术申报和管理工作，围绕企业专有技术，申报了60多项专利，其中包含9项发明专利。

（任　健）

【货车研发中心建设】 货车研发中心坚持以科技是第一生产力的方针和“领先、一流、知名”的奋斗目标，实施产品“生产一代、研制一代、构思一代”的滚动开发战略，加速铁路车辆技术发展和科技进步。研发中心在铁路运输提速重载货车开发和以提速转向架为核心技术带动“提速车、重载车、专用车、出口车”开发方面，为保持集团公司货车、起重机产品在铁路运输中的主导地位和企业的生存发展作出了重要贡献。2007年，在货车整机方面，完成70吨级毒品车、70吨级不锈钢煤炭漏斗车、270吨级KM_{70A}型底开门运煤专用车、23吨轴重不锈钢精细化工品和低压液化气罐车、70吨级对二甲苯和煤焦油罐车、70吨级不锈钢活动棚钢卷运输专用平车、70吨级增设侧门煤炭漏斗车、新型KF-80气动自翻车、80吨级不锈钢和铝合金新型煤炭漏斗车、95吨新型专用运煤车、载重350吨DQ_{35}型钳夹车、370吨凹底平车、DA_{21}型210吨提速凹底平车、NS_{1003}型100吨伸缩臂式铁路起重机、包钢100吨载重三支点装转K2型转向架的矿料钢材运输车、澳大利亚第四代3×20英尺集装箱车等产品的研制。在关键部件方面，先后完成30吨轴重转向架、载重350吨钳夹车用3E轴焊接转向架和新型25吨轴重径向货车转向架的研制；完成神华集团既有货车转K2型转向架提速改造；完成澳大利亚重载车钩、关节联结器及货车底开门控制元件的设计、试制；完成70吨级货车制动系统关键部件和13A型车钩及零部件改进。

（赵文洪）

技术引进对外合作

责任编辑　程永陆

技术引进对外合作

技术引进对外合作

【综述】 2007年，集团公司技术引进与对外合作工作取得重大进展。大连机辆公司、同车公司与加拿大庞巴迪公司和法国阿尔斯通公司合作，分别与铁道部签订500台大功率交流传动六轴电力机车采购合同。这两种机车均属目前世界上单轴功率最大、技术水平最先进的电力机车。大连机辆公司首批60台和谐D3型电力机车完成交付并成为铁路第六次大提速的货运主型机车。长客股份公司首批CRH5型200公里/小时动车组成功下线并交付使用。5月18日，同车公司组装的首台和谐D2型大功率交流传动电力机车下线，提前43天完成技术引进工作责任目标。唐山轨道客车公司的CRH3型350公里/小时高速动车组项目实施进展顺利；大连所成功与法国阿尔斯通公司签订机车电子控制系统技术转让协议；南口轨道机械公司顺利通过法国阿尔斯通公司第二方认证审核，继续保持B级供应商资格。二七轨道装备公司相继与奥地利普拉塞-陶依尔公司（PLASSER）和瑞士斯彼诺公司（SPENO）签订AMH800型路基处理车和GMC96型钢轨打磨列车技术引进项目合同。

【大连机辆公司签订500台大功率电力机车合同】 2月11日，大连机辆公司与世界知名的交通运输设备跨国公司签订大功率交流传动六轴货运电力机车部件采购合同和技术合作协议，同时与铁道部签订了500台大功率交流传动电力机车采购合同，合同总金额113亿元人民币。根据合同规定，首台机车将于2008年底落成，到2011年，500台机车全部交付使用。该种机车由庞巴迪公司提供技术支持和设备供应，以大连机辆公司为主进行自主设计、自主生产和自主采购，逐步掌握核心技术，形成自主开发态势，打造拥有完全自主知识产权的中国机车品牌。机车采用大功率IGBT元件组成的变流器、大功率交流牵引电动机和轮盘制动等先进技术，运用成熟的驱动装置和微机网络控制系统，机车总功率为9600千瓦，单轴功率达1600千瓦，是目前世界上技术最先进、单轴功率最大的牵引动力装置。机车牵引5000吨货物列车最高时速达120公里，其起动速度、持续牵引速度等性能指标均创同类产品之最。这种全新机车是铁道部确定的重点发展的目标产品，也是实现中国铁路干线货运重载、快捷运输的主型机车之一。

【同车公司签订500台大功率电力机车合同】 3月12日，同车公司与法国阿尔斯通交通运输股份有限公司签订大功率交流传动六轴电力机车项目进口部件采购合同和技术合作合同，与北京铁路局、中国技术进出口总公司签订500台大功率交流传动六轴电力机车项目采购合同，合同总金额113亿元人民币。这是同车公司继2005年与法国阿尔斯通公司签订联合设计和制造180台大功率交流传动八轴电力机车项目成功后的第二次合作，标志着同车公司在满足中国铁路运输发展需要，快速提高电力机车研制水平上又上了一个新台阶。由同车公司与法国阿尔斯通公司合作进行设计、由同车公司制造的大功率交流传动六轴电力机车，采用了部分由阿尔斯通公司制造的部件，是代表世界前沿技术的先进交流传动电力机车，机车总功率9600千瓦，单轴功率达1600千瓦，牵引5000吨（客）货运列车，最高运行速度为120公里/小时。

【二七机车公司签订20亿元路基处理车合同】 4月16日，在中技国际招标公司组织下，二七机车公司在北京与奥地利普拉塞-陶依尔公司（PLASSER）签订了AMH800型路基处理车进口部件采购合同和技术合作合同，与北京、上海、武汉铁路局和广铁集团公司签订了总价值19.98亿元人民币的AMH800型路基处理车采购合同。在该合同项目中，普拉塞公司将作为二七机车公司的国外技术支持方，昆明中铁大型养路机械有限公司将作为国内技术支持方。二七机车公司将按照普拉塞公司提供的整机技术，并采用部分普拉塞公司制造的部件，双方合作制造，通过国产化递增和国产化制造两个阶段，在2010年之前完成15列车的制造。

【二七机车公司签订13亿元钢轨打磨列车合同】 7月24日，二七机车公司与瑞士斯彼诺公司（SPENO）签订了GMC96型钢轨打磨列车技术转让协议，同时，与北京铁路局签订了总价值13亿元的10列GMC96型钢轨打磨列车采购合同。这是继4月二七机车公司获得总价值近20亿元的AMH800型路基处理车订货合同之后的又一笔大订单，标志着二七机车公司在努力满足铁路对现代化装备的需要，实现自身发展转型的新征程中又迈出了可喜的一步，也标志着中国北车集团进入了大型养路机械市场领域。

【和谐D3型电力机车成为第六次大提速货运主型车】 4月16日，大连机辆公司配属上海铁路局南京东机务段的首批最后一台和谐D3型0048号电力机车在该段完成整备。至此，大连机辆公司配属到该段的52台和谐D3型电力机车“4·18”全部上线，担负起京沪线货运提速重任。从2006年底开始，大连机辆公司引进日本东芝公司技术制造的和谐D3型机车陆续到段。与以往不同的是，以前机车交验是在厂内完成，而和谐D3型机车的交验在厂内仅为初交验，最终交验是在段内经过整备和试运行合格后，由厂段双方现场代表共同签署意见，才能获得最终验收合格证书。大连机辆公司派出精干的技术人员和售后服务人员配合段方积极做好机车到段后的整备，使每一台机车能在最短的时间一次通过最终交验，随时上线运行。和谐D3型机车是大连机辆公司为满足铁路货运快捷、重载运输需求，在消化吸收再创新的基础上研制出的大功率交流传动电力机车，国产化率达到80%以上。在“4·18”大提速中，京沪线每日开行由和谐D3型机车牵引的货物列车22对。随着该型机车投入运用，在监控模式限速下每小时运行速度由原来的60~70公里提高到83公里，牵引定数由原来的4000吨提高到5500吨以上。

【首台和谐D2型电力机车下线】 5月18日，引进法国阿尔斯通公司技术的首台国内组装和谐D2型大功率交流传动电力机车在同车公司下线。该型机车为八轴交流传动，总功率达10000千瓦，最高时速为120公里，代表着世界重载快速货运领域的最高水平，是铁道部在《加快铁路机车车辆现代化实施纲要》中确定的目标产品，是实现中国铁路干线货运重载、快捷运输的主型机车。该型机车通过引进消化吸收欧洲先进、成熟的轨道电力牵引技术，单节轴式为Bo－Bo，轴重为23吨/25吨，具有起动（持续）牵引力大、粘着性能好、易于维护、安全可靠等特点。该车体现了人性化设计理念，为满足铁路单司机值乘的需要，在机车的中部增加2个生活区，分别安装了床、空调、卫生间、暖风机、微波炉、热水器等必要的生活设施，优化了司机休息环境。首台和谐D2型电力机车成功下线，是同车公司技术引进、消化吸收工作的重要里程碑，标志着该公司技术引进、消化吸收步入了整车批量生产阶段。

【和谐D2型0001号电力机车完成型式试验】 2007年8月，由同车公司和法国阿尔斯通公司生产的和谐D2型0001号大功率交流传动电力机车完成了铁道部组织的型式试验，全部37个试验项目符合验收要求。试验表明，该机车性能优良，完全满足设计和用户的要求。和谐D2型0001号大功率交流传动电力机车是同车公司与阿尔斯通公司联合设计合作生产的首台电力机车，于1月24日抵达北京铁道科学研究院环行道试验基地后进行技术调试和型式试验。型式试验5月9日正式开始，分别在北京铁道科学研究院环行道试验基地、太原铁路局湖东机务段、同车公司完成试验大纲所规定的37个试验项目，内容涵盖牵引、制动、动力学、动应力、弓网、网络、高压、电磁兼容等多个方面。在6月20~21日进行的万吨重载牵引动应力试验及动力学性能监测试验中，和谐D2型0001号电力机车牵引10547吨的列车行驶在大秦线上，从湖东站到柳村南站，往返行驶1306公里，动力学各项指标符合要求。在试验过程中，机车运行非常稳定，各部件工作正常，牵引、制动性能优异，展示了和谐D2型电力机车大功率重载的一流技术水平。

【和谐D2型电力机车关键部件全部实现国产化】 12月，同车公司生产的和谐D2型电力机车三大屏柜——辅助变流柜、系统柜、通用柜，顺利通过法国阿尔斯通公司首件检验，进入批量化生产阶段。至此，同车公司承担的和谐D2型大功率交流传动电力机车的8项关键部件全部实现国产化制造，标志着同车公司技术引进消化吸收再创新工作进入新的阶段。自2007年5月首台国内组装的和谐D2型电力机车下线后，同车公司加快技术引进消化吸收再创新步伐，在迅速实现机车批量化生产的同时，不断推进国产化进程。在国产化过程中，同车公司迅速学习转换国际高端技术，在系统集成、核心技术、制造与管理上进行创新突破，建成了机车车体、备料、总装、机车电器等7条具有国际一流水平的生产线，搭起具有国际先进水平的技术平台，构建具有一流水准的制造体系，确保了机车关键部件国产化工作的顺利开展。

【大连所签订机车电控系统技术转让协议】 3月12日，大连所与法国阿尔斯通公司签订机车电子控制系统技术转让协议。该项目将在电力机车上采用具有世界先进水平的微机网络控制技术和大功率交流传统技术，其中，电子控制技术可以实现机车状态控制，进行适时故障诊断，有效地提高机车牵引效率，代表了现代机车电子控制技术的先进水平。该协议的签订，使大连所作为电子控制系统的唯一技术受让方，通过设计技术、制造技术的培训和消化吸收，将完成308台份电力机车电子控制系统的国产化工作，并有权通过自主创新和技术再创新，开发满足我国铁路运输装备需要的先进的机车电子控制系统。

【南口公司通过B级供应商资格审核】 8月，南口轨道机械公司以超出2006年11分的成绩顺利通过法国阿尔斯通公司第二方认证审核，继续保持B级供应商资格。这标志着南口轨道机械公司可以继续向阿尔斯通公司供应齿轮和齿轮箱、轴箱、抱轴箱等产品。自2006年以58分的成绩通过阿尔斯通公司供应商资格现场审核后，南口轨道机械公司借鉴阿尔斯通公司的先进管理模式，强化工艺、采购库存、生产工位、成品控制、产品包装、不合格品处置等方面流程管理，严格控制非闭环的文件输出，并根据试制需要利用项目组管理模式，实现资源的统一配置。同时，公司以和谐D2型电力机车配件为契机进行全员岗位培训，深化全体员工的质量意识，强化员工规范性操作管理。经过一年的努力，南口轨道机械公司质量检查体系在持续改进中有效运转，最终在物流、采购、培训、环境职业健康安全、管理和组织等方面的现场审核中，以69分的成绩顺利通过阿尔斯通公司第二方认证审核。南口轨道机械公司将继续加强质量管理，力争获得阿尔斯通公司A级供应商资格。

（贯　锋）

【CRH5型高速动车组成功下线】 按照铁道部“引进先进技术、联合设计生产、打造中国品牌”的总体要求，长客股份公司的CRH5型高速动车组在3月成功下线。按照“先进、成熟、经济、适用、可靠”的十字方针，充分发挥体制优势、市场优势、后发优势，通过自主创新，用较短的时间和较低的成本，构建了我国铁路时速200～250公里的高速动车组技术平台。CRH5型动车组为动力分散型电动车组，采用八辆编组，两个动力单元，五动三拖结构，具有起动加速快、动力冗余性好、粘着利用合理、轴重轻、噪音小、载客量大和先进、安全、舒适、环保、适用等特点，采用高强度轻量化铝合金车体，车体密封性能好；转向架具有良好的稳定性、平稳性和曲线通过能力，可靠性高；网络控制采用分布式计算机通信网络控制技术；设计寿命可达30年。可根据客流需要快速重联与解编，两列动车组重联后，具有控制牵引和制动的一致性，车辆信息能够可靠传递。CRH5型高速动车组在3月成功下线后，经过线路试验，立即投入铁路4·18大提速的运营。

【CRH3型高速动车组项目实施】 9月，唐山轨道客车公司引进德国西门子公司技术的350公里/小时CRH3型高速动车组成首列车体制造，11月完成前三列奥运会用车车体制造，至年底已具备月产1.5列高速动车组铝合金车体的能力。该公司消化吸收高速动车组制造技术，搭建高速动车组制造技术平台。实施高速动车组工业化改造，建立起技术先进、环境达标、设备高度通用化、工装高度柔性化、工具专业化、人员高素质、高效率的世界一流的高速动车组生产线，并建立起适应高速动车组生产的工艺技术文件体系。消化吸收高速动车组设计技术，搭建高速动车组设计技术平台。完成高速动车组联合设计以及设计总体技术的消化吸收，建立高速动车组技术标准体系，引用ASTM、BS、DIN、EN、ISO、IEC、UIC等标准技术规范等1414项。学习掌握西门子公司的设计理念、设计原理、参数选择原则和设计控制程序，将西门子公司转让的高速动车组设计图纸进行转化，并纳入SAP进行管理。成立21个国产化推进小组对A类零部件的国产化工作提供技术支持，确保国产化计划的落实；引进西门子公司3000余种BC类件的国产化工作也在进行当中，完成对BC类件的分类整理工作，初步建立了BC类件技术体系。

（任　健）

信息化建设

中国北车集团公司"科技管理培训研讨班"
暨"科技管理信息系统推广应用培训班"

责任编辑　刘兴国

信息化建设工程

产品研发信息化

企业管理信息化

信息化基础建设

信息化工作会议

信息化建设工程

【综述】 2007年,集团公司深入贯彻落实中央企业信息化工作会议精神,适应并满足集团公司总体发展战略及整体改制上市工作需求,进一步加强信息化工作的组织领导,转变工作思路,在充分调研的基础上策划并启动了集团整体信息化建设工作。集团公司成立后首次从集团层面统筹规划和组织开展的整体信息化建设工作,快速提升集团整体信息化水平。

【集团公司信息化工作组织机构】 2007年5月,集团公司成立由总经理崔殿国和党委书记王立刚任组长的信息化工作领导小组,负责集团公司信息化工作的统一领导、组织、战略谋划和重大事项决策等工作。成立由集团公司副总经理兼总工程师奚国华任组长的信息化工作小组,负责集团公司信息化规划制定以及信息化工作的组织管理、检查监督和协调推进等工作。下设由信息中心牵头的信息化工作办公室,办公室在领导小组和工作小组的领导下,负责集团公司信息化工作的具体组织实施和日常管理工作,是集团公司信息化工作的具体办事机构,按制度组织开展信息化工作。

【集团公司整体信息化建设工程项目筹备】 2007年,提出"中国北车集团整体信息化建设工程项目",并组织编制《中国北车集团公司整体信息化建设工程项目建议书》。7月20日,该项目建议书通过了专家评审,集团公司以北车划[2007]198号文件批准该项目立项,并将该项目确立为集团公司整体改制上市融资的首批计划项目之一,同时,按照国家和北京市的有关规定,完成该项目在北京市的相关备案工作。鉴于对相关因素的综合考虑,决定选择由具备国际化背景和大型企业集团信息化运作经验及相应资质的专业咨询机构牵头编制《项目可行性研究报告》。在充分调研的基础上,组织编制了项目招标文件和评标办法,并向具备基本条件的IBM、埃森哲和凯捷三家公司发出正式投标邀请函。9月,在北京组织召开"中国北车集团整体信息化建设咨询项目招标评审会",经评标专家组认真评审,一致推荐由相关业绩突出、综合实力较强的IBM公司作为本项目咨询的承担单位,之后信息中心代表集团公司与IBM公司进行了进一步的技术与商务谈判,正式签署"中国北车集团整体信息化建设咨询项目合同"。

【集团公司整体信息化建设咨询项目实施】 2007年,集团公司成立由IBM公司、集团公司科协、总部相关部门、所属企业专家组成的集团公司整体信息化建设咨询项目组。10月底在集团总部召开项目启动会,明确项目目标和任务,部署项目实施计划。11月初,组织项目组对齐齐哈尔轨道装备公司、长客股份公司(含唐山轨道客车公司)、大连机辆公司、同车公司和集团总部中高层管理人员及主要业务骨干进行了现场访谈调研与问卷调查,详细了解集团公司和所属相关企业的发展战略、组织架构、主营业务范围、管理运营模式及信息化建设现状。紧密围绕集团公司整体改制上市需求,编制对集团公司未来组织和管理变革具有一定参考价值和借鉴作用的《中国北车集团公司现状分析与管控规划报告》。以此报告为基础和指导,完成《中国北车集团公司信息化建设总体规划(2008-2015年)》(以下简称《总体规划》)、《中国北车集团整体信息化建设工程项目可行性研究报告》、《中国北车集团客车事业部ERP系统实施规划》等与项目相关的全部报告,12月28日在集团总部通过了专家评审。该项目中的《总体规划》是集团公司今后一段时期信息化建设的主要依据和行动纲领。

(唐献康　王顺强　刘　煜　韩毅斌　供稿)

产品研发信息化

【综述】 2007年,集团公司继续深入推进产品研发信息化工程。围绕自主开发以及技术引进、消化吸收与再创新工作,以“产品设计工艺制造一体化工程”项目实施为载体,通过逐步实现各企业CAD/CAPP/CAM/PDM系统的集成应用,夯实企业技术管理基础,为集团公司产品技术平台建设提供信息化支撑,为集团公司整体推进以企业资源计划(ERP)为核心的综合集成管理平台建设奠定基础。

【产品设计工艺制造一体化工程项目启动】 2007年，集团公司以构建具有国际先进水平的产品技术平台和夯实企业技术基础管理工作为切入点，深入推进产品研发信息化集成应用，启动了“产品设计工艺制造一体化工程项目”。该项目被列为2007年集团公司科研计划重点课题，项目实施周期为3年。年内，成立专门课题组，负责该项目的具体组织实施。项目要求：从2007年开始，集团公司以本课题实施为载体，机、客、货龙头企业要推进建立支持产品原始创新开发设计和制造设计的三维CAD系统、支持产品原始创新开发的虚拟仿真分析CAE系统、支持产品制造工艺的CAPP系统，建立支持产品设计工艺制造一体化管理的产品集成开发平台；其他企业要尽快完善面向产品设计制造的CAD系统、建立支持产品制造工艺的CAPP系统，借鉴成功实施产品数据管理系统（PDM）企业的经验，制定切实可行的产品数据管理系统（PDM）实施方案，积极推进CAD/CAPP/PDM的集成应用。

【产品研发平台建设及应用】 集团公司以“产品设计工艺制造一体化工程项目”实施为载体，重点指导推进机客货试点企业产品研发平台的建设与深入应用工作。同车公司利用产品数据管理系统（PDM），对产品全生命周期各过程以及过程中产生的数据进行统一管理，实现了设计、工艺、制造等工作流程的并行运行和数据的高效流转，实现了与ERP系统的无缝集成，提高了企业的技术管理水平。长客股份（唐山轨道客车）公司实施启动以SAP公司的产品数据管理（PDM）和企业资源计划（ERP）的集成应用为目标的产品研发信息化平台建设项目，目标是建立高速动车组、城轨新产品等产品三维协同设计模式，建立以产品设计数据为源头的生产制造、业务运作的统一平台，项目正在紧张实施中。齐齐哈尔轨道装备公司启动以产品三维设计和产品数据管理系统（PDM）为核心的产品研发信息化平台建设项目，2007年项目可研方案及初步设计方案通过了集团公司专家组评审，项目正在实施中。

(唐献康　王顺强　刘　煜　韩毅斌　供稿)

企业管理信息化

【综述】 2007年,集团公司围绕“基础管理年”活动,加快推进企业管理信息化建设。通过企业资源计划(ERP)系统、财务管理信息系统、综合业务管理信息系统、办公自动化(OA)系统等的深入实施应用,提升管理手段,夯实管理基础,促进集团公司的管理创新工作,提升集团公司的管理水平、管控能力和面向市场的竞争能力。

【《集团公司信息化建设规范及考核标准》制定】 2007年1月下旬起，信息中心全程参与由集团公司领导带领对所属唐山厂、同车公司、长客股份公司、齐车公司、大连机辆公司5个单位进行的企业基础管理调研工作，详细了解各有关企业信息化工作涉及的企业基础管理工作，掌握各单位对企业管理信息化的理解和要求。在摸底调研基础上，组织制定了在现有管控模式下的《集团公司企业信息化建设规范和考核标准》。

【企业ERP系统建设】 2007年，集团公司进一步组织推进所属机、客、货试点企业ERP系统的深入实施工作，并取得重要进展。同车公司实现了PDM系统与ERP系统的集成应用，初步建立起以ERP系统为核心的信息集成平台，平台应用覆盖到设计、工艺、市场、物资、生产、财务、人事、质保、车间等各项业务领域。长客股份公司在唐山轨道客车公司已实施SAP的基础上，经过认真准备于2007年底启动了SAP项目一期工程，该项目的实施目标为：以业务驱动为导向，在既有唐山轨道客车公司SAP系统上进行业务拓展，建立长客-唐车统一管理的SAP系统，完成主要基础数据（物料编码、产品图纸、产品明细、供应商、客户、会计科目等）的统一管理，实现350公里/小时、200公里/小时动车组和BTS A型不锈钢城轨车三个产品线的上线应用，满足长客股份公司研发、制造、采购、物流、财务核算等核心业务的需求。齐齐哈尔轨道装备公司在完成ERP第一阶段财务物资分系统实施的基础上，完成了管理模式优化、业务流程梳理、基础数据整理、软件实施与测试和系统培训等方面的工作；开展了设备管理、人力资源、生产管理模块的实施工作。

【财务管理信息系统联网运行】 2007年，集团公司继续推进财务物流一体化工程，确保集团财务数据的及时、准确、动态和快速反映，满足集团公司整体改制上市新形势下财务管理工作的需要。在对所属各企业财务系统网络环境和应用状况进行全面摸底调查的基础上，制定集团总部财务信息系统与各企业联网运行的技术方案和实施计划，会同集团总部财务部对所属各企业财务管理信息系统进行联网运行调试，最终完成集团总部与所属各企业财务管理信息系统的联网运行工作。

【综合业务管理信息系统实施】 2007年，集团公司从应用的深度和广度两个方面加快推动综合业务管理信息系统建设，相关业务领域的系统开发应用工作取得新突破。投资项目管理信息系统于2007年上半年在整个集团全面推广应用，实现了对投资项目立项、实施、验收全生命周期的动态管理，有效提升了集团公司投资项目管理水平。设备管理信息系统在系统调研、方案设计、软件开发、服务器硬件配备和网络环境配置等一系列工作顺利开展的基础上，如期投入应用，为进一步规范和强化集团公司设备管理水平提供了信息技术支撑。信息情报管理系统完成方案编制。人事管理信息系统完成选型配置。外事信息查询系统和标准信息检索系统（2007版）完成软件开发。

【办公自动化(OA)系统二期工程实施】 2007年，集团公司将OA系统二期工程实施任务即07版OA系统软件开发与实施委托齐齐哈尔轨道装备公司牵头进行。在以齐齐哈尔轨道装备公司技术人员为骨干的OA课题组积极努力下，完成07版OA系统软件开发测试工作，先后在唐山轨道装备公司、唐山轨道客车公司、太原轨道装备公司三个单位进行了07版OA系统的安装、调试、培训和试运行。12月4～6日在齐齐哈尔轨道装备公司举办“集团公司办公自动化系统二期工程实施工作会暨07版OA系统推广应用培训班”，正式在集团内全面推广应用

07 版 OA 系统。

【集团公司电子商务网站群建设】 2007 年，集团公司加大对电子商务网站群建设力度。依据《互联网信息服务管理办法》等规定，结合集团公司实际编制《中国北车集团公司电子商务网站管理暂行办法》，印发至各单位并指导实施，收到良好效果。进一步明确集团总部电子商务网站各栏目信息的采集、上报、审核、发布职责，保证集团公司电子商务网站内容更新的时效性，依据《管理办法》，结合集团公司电子商务网站实际应用情况，编制《中国北车集团公司电子商务网站信息更新管理实施细则（讨论稿）》。根据集团公司即将成立股份公司并整体上市的新变化和资本市场对股份公司信息披露的全面性、透明性、规范性、及时性和快速性等方面的新要求，及时反映股份公司的相关信息，结合集团公司新版 VI 标识的改进设计，拟定了《集团公司电子商务网站改版升级初步方案》。

（唐献康　王顺强　刘　煜　韩毅斌　供稿）

信息化基础建设

【综述】 2007 年,集团公司全力推进北车科技大厦信息化基础建设,继续巩固网络安全成果,组织实施国资委视频会议系统,完善移动办公平台建设。深入推进集团公司信息化各项基础设施建设,为确保集团公司安全、可靠、稳定的信息化基础设施环境作出积极努力,取得明显成效。

【北车科技大厦信息化基础建设项目】 2007 年，集团公司信息中心按照建设国际一流数据中心的总体要求，遵照改制上市和科技大厦有关工作进程的统筹安排，以总部数据中心建设为重点，坚持科学、合理、兼顾未来的原则，经充分调研论证和综合各方意见，编制完成《中国北车集团科技大厦信息化基础建设初步设计方案》。该方案主要包括北车科技大厦的网络综合布线、集团数据中心机房建设和中央研究院试验基地计算机机房建设等内容。

【网络安全系统项目实施】 2007 年，集团公司在上年度已完成所属 11 个企业 Symantec 网络安全产品的现场实施及安装培训的基础上，于上半年加快完成了太原厂、二七厂、南口厂、天津厂、哈车公司、长客厂、沈车公司、兰州厂共 8 个企业的现场安装实施工作，确保该网络产品在集团公司及所属各企业的全面推广应用。及时组织所属各企业及 Symantec 公司对 Symantec 网络安全产品在集团实施及系统运行中遇到的各类问题进行逐一讨论和总结整理，形成《中国北车集团 Sygate 终端安全策略保证系统知识库》(1.0 版)。该《知识库》收录了集团公司及所属各企业网络及系统运行中遇到的 49 个问题，提供了相应配套解决方法，可供各企业参照《知识库》快捷处理相关问题，为集团公司网络安全系统深入应用提供技术支持与保障。

【国资委视频会议系统实施】 国资委为加强对中央企业的监管和工作指导，要求统一建立覆盖 159 家中央企业的加密视频会议系统，保证国资委与中央企业内部重要会议和联系的安全性、保密性和及时性。按照国资委 6 月份开通视频会议系统的相关要求，集团公司对此项工作进行全面部署，依次开展了技术方案设计、施工方案设计、设备型号选型、设备采购合同签订、视频会议服务合同签订、内部相关布线改造、系统硬件配置和全部安装调试等工作，实现了按期开通使用，并取得良好应用效果。

【集团公司移动办公平台建设】 集团公司选择与Juniper公司合作，采用安全套接层(SSL)协议的VPN技术，建立中国北车集团公司移动办公平台。2007年，为加强管理，保证移动办公平台安全、稳定运行，确保集团公司内部OA系统的保密性和安全性，集团公司结合总部和各单位的实际应用情况，采取对该系统用户进行统一登记和备案管理、根据用户需求授予用户相应使用权限、强制用户定期更改用户口令等有效防范措施，进一步提高对集团公司移动办公平台的安全管理水平。

【计算机网络与应用系统运行维护】 2007年，信息中心在系统安全稳定运行与维护方面采取多项措施，确保计算机网络系统与应用系统安全可靠运行。完成集团总部信息中心机房供电系统的改造工作，保证机房计算机、服务器和交换机等设备的安全稳定运行。通过数据在线备份系统，对重要服务器的数据每天进行定时自动备份，保证各应用系统数据的安全可靠。通过机房温湿度监控系统，对总部计算机机房温湿度环境进行实时监测。定期对总部与集团公司所属企业之间的虚拟专网进行日常管理与维护，及时处理集团公司总部和所属各单位计算机网络故障，保证集团公司计算机网络系统和应用系统的安全稳定运行。按照年初预算控制，及时高效完成总部相关计算机设备及软件系统的配置。

（唐献康　王顺强　刘　煜　韩毅斌　供稿）

信息化工作会议

【参加中央企业信息化工作会议】 2007年4月13日，集团公司副总经理兼总工程师奚国华和信息中心主任唐献康代表集团公司参加国务院国有资产监督管理委员会和国务院信息化工作办公室联合在北京召开的中央企业信息化工作会议。会议主要任务是围绕贯彻落实国务院国资委和国务院信息办联合下发的《关于加强中央企业信息化工作的指导意见》，动员中央企业大力推进企业信息化，充分发挥信息化在企业改革发展中的支撑和促进作用，不断增强企业核心竞争力，更好地实现国有资产的保值增值。会后，集团公司迅速向各所属企业传达会议精神，以文件形式向各单位转发中央企业信息化工作会议的有关文件，组织召开集团公司信息化工作研讨会，成立了集团公司信息化工作组织机构。

【集团公司信息化工作研讨会】 2007年6月15日，集团公司在北京二七机车厂公司组织召开了“中国北车集团公司信息化工作研讨会”。信息中心主任唐献康作题为《统一思想、明确思路、加速推进，努力开创集团公司信息化工作新局面》的主旨讲话，提出了坚持六个统一、构建三个平台、完善三个体系、实现三个转变的“六三三三”信息化建设总体工作思路的初步构想，初步勾勒出集团公司未来信息化建设蓝图，对加速推进集团公司整体信息化建设起到促进作用。

【产品研发信息化研讨会】 2007年8月1日至3日，集团公司在西安组织召开产品研发信息化研讨会。长客股份公司、唐山轨道客车公司、大连机辆公司、同车公司、西安轨道装备公司、永济电机电器公司信息部门负责人参加会议。与会代表对集团公司拟建立的以SAP系统为支撑的技术基础管理体系架构进行认真研讨，对航空一集团下属企业远东航空动力公司设计工艺制造一体化的应用情况进行现场调研，围绕信息化编码进行了深入讨论，对集团公司“大流水编码”框架方案的可行性取得共识。

【物料标识代码编制工作研讨会】 2007年9月18日，集团公司组织相关专家在北京召开集团公司产品标识代码编制工作研讨会。会议由信息中心主任唐猷康主持，铁道部标准计量研究所专家和齐齐哈尔轨道装备公司、长客股份公司、大连机辆公司、唐山轨道客车公司、同车公司、永济电机电器公司相关专家及集团公司有关部门人员参加会议。会议阐明了集团公司统一产品标识代码工作的背景和意义；针对铁道部于2006年发布的《铁路产品标识代码编制规则 TB/T 3137—2006》作了专题讲座；相关所属企业介绍了各单位在产品标识代码方面的情况。与会代表围绕如何搞好集团公司统一物料标识代码展开研讨，形成了集团公司物料标识代码编制的初步框架方案。

【集团公司整体信息化建设咨询项目启动会】 2007年10月29日，集团公司在集团总部召开整体信息化建设咨询项目启动会。会议由信息中心主任唐猷康主持，对项目组成员及项目情况进行介绍，传达集团公司领导对项目的关注和重视。集团公司副总工程师王雁平作会议讲话，对项目目标、实施计划等进行安排部署，要求各所属企业和总部各部门，按照集团公司统一部署，积极配合支持项目实施；IBM公司项目总监张涵代表项目组作了保证项目质量的实施承诺；IBM公司项目经理周平介绍项目实施方案；北车集团负责该项目的业务与战略小组组长宋又杰和信息化建设小组组长王顺强以及IBM公司负责该项目的质量经理蔡忠分别在会上发言。项目组成员围绕项目实施中的重点问题和具体环节展开讨论，启动会标志着集团公司信息化建设进入关键阶段。

【办公自动化系统二期工程实施工作会】 2007年12月4日至6日，在齐齐哈尔轨道装备公司举办“中国北车集团公司办公自动化系统二期工程实施工作会暨07版OA系统推广应用培训班”，所属企业信息化主管部门负责人、OA系统管理维护工程师共计48人参加会议与培训。集团公司信息中心主任唐猷康主持并作会议讲话，对OA系统二期工程实施的相关工作进行安排部署；齐齐哈尔轨道装备公司具体汇报了项目研制情况，对07版OA系统（含电子印章系统）和Lotus Domino/Notes R7系统的安装、配置及使用等进行了使用操作培训。

【参加2007年集团企业CIO年会】 2007年12月13日至14日，集团公司信息中心主任唐猷康和同车公司主管信息化工作的副总经理李贤有代表集团公司参加国务院国资委信息中心在珠海召开的2007年集团企业CIO年会。会议围绕交流发言、专题演讲以及国资委拟开展的对中央企业信息化水平分类排队、绩效评价等内容进行了分组讨论。集团公司组织同车公司撰写的《打造“数字同车”，建设世界一流的电力机车基地》文章刊登在国务院国资委信息中心编发的《e国企》（2007年集团企业CIO年会专刊）上，这是除会上交流材料之外精选的10篇书面交流材料之一，同车公司信息化建设的思路、做法及取得的效果得到了国资委的肯定。会后，集团公司信息中心立即对2007年集团企业CIO年会有关情况进行认真总结汇报，并作出相关工作安排。

(唐猷康　王顺强　刘　煜　韩毅斌　供稿)

经营管理

责任编辑　刘兴国

改革改制与企业管理

战略管理与规划

资源重组与技术改造

环境保护

财务管理

审计工作

产品进出口

改革改制与企业管理

【综述】 2007年,认真贯彻落实集团公司工作会议和经营管理会议等有关精神,按照部门职责和《集团公司2007年行政重点工作分解表》的部署,以打造“三力”北车为目标,以推进集团公司整体改制上市和提升集团公司管理水平为主线,明确目标,制订措施,落实责任,扎实工作,改革改制与企业管理取得重要进展。

【整体改制上市筹划工作】 2007年,集团公司积极筹划整体改制上市工作,企业管理部全力参与改革,在改革组、股改办、资产财务组等主要改革专业组发挥了作用。先后完成集团公司整体改制上市方案的筹划工作,集团公司整体改制上市剥离单位汇总表,集团公司整体改制上市拟剥离单位改革操作指引,企业内部主辅分离改制分流工作流程;申报了第四批集团公司主辅分离改制分流方案。研究存续企业管理方式以及一人公司与存续企业管理关系问题,下发相关文件,理顺管理关系。参与研究企业重组和设立股份公司路径问题,对设立一人有限责任公司章程、资产处置、工商登记等进行研究与部署,对资产、现金划转进行审核批准,有效推进了一人有限责任公司设立。与有关部门共同完成一人公司产权登记,为整体改制上市廓清了资产、产权边界。推进二级企业少数股东股权回购工作,完成大连机辆公司和哈车公司少数股东股份回购工作。协调国地评估公司进行土地评估,对改制涉及的土地宗数、面积,需要授权经营的土地情况进行落实,督促企业办理用地手续、完善土地证。与国家工商管理总局汇报了股份公司名称问题和现金出资比例问题。参与解决南北车共同持股企业处理工作,南北车持股企业问题获得解决。参与研究集团公司整体改制上市上报方案,并及时补充材料,对方案报批进行了汇报、沟通、推进。

(王怀忠)

【经营业绩指标考核】 按《中央企业负责人经营业绩考核暂行办法》的要求,集团公司与国资委签订了年度经营业绩责任书。年度经营业绩责任书基本指标有两项:利润总额目标值23500万元,净资产收益率目标值1.1%。分类指标两项:人均销售收入目标值23.11万元,成本费用总额占主营业务收入比重目标值99.96%。年内,集团公司和所属企业抓住国家实施和谐铁路建设机遇,克服整体改制上市和技术引进、生产经营并行开展、改革发展稳定各项工作面临的压力和困难,适应改革发展形势要求,对“十一五”战略目标及2007年度主要效益指标作了必要调增,各项工作均取得明显成效,保持了又好又快发展的良好局面,销售收入和效益指标实现持续快速增长,全面完成了国资委下达的经营业绩考核指标。2007年,全集团实现利润总额51688.45万元,净资产收益率6.42%,人均销售收入27.90万元,成本费用总额占主营业务收入比重99.23%。完成的销售收入、利润总额、净利润、劳动生产率等指标均创历史新高,且较2006年有明显提高。国资委对集团公司经营业绩考核结果为B级。 (张 臣)

【效绩目标责任制】 年初,修订《集团公司效绩目标责任制》。年内,根据整体改制上市的新形势,制定并下发《加强经营管理,强化效绩考核的通知》文件,明确考核政策和考核衔接,调增了企业考核净利润指标。制定《重点效绩指标动态监控管理办法》,把累计完成净利润作为动态考核内容,与有关部室通力协作,按月考核、及时通报,预警在先,责任追究。以抓考核净利润为主线，全面了解、掌握效绩考核指标的执行情况，对存在问题的企业，点对点分析成因，与企业共同分析存在问题、制定对策。研究、拟定与整体改制上市相适应的2008年效绩目标考核办法，为考核工作打好基础。组织开展《技术引进国产化目标责任书》和《固定资产投资项目责任书》考核与管理工作。按照《技术引进责任制实施办法》，依据《技术引进国产化目标责任书》，完成同车公司大功率电力机车项目考核。

向国资委上报集团公司2006年度业绩考核和经营情况分析报告，2006年度国资委对集团公司考核为B级；上报2004～2006年任期考核情况分析报告，2004～2006年任期国资委对集团公司考核为B级。上报2007年经营业绩考核目标建议值及说明的报告，以及2006～2009年任期考核指标建议报告。

组织经营管理工作会对标资料；组织集团公司企业管理现代化创新成果的立项，并推荐企业参加国家级企业管理创新成果评审。在法律事务方面，为集团公司有关部门提供及时法律服务，并起诉了兴洲会计师事务所追偿欠款。（王怀忠）

【效绩目标责任制考核】 适应改革发展形势要求，集团公司修改了效绩目标责任制，调整了效绩目标指标，增加出口销售收入和资金清算率指标，取消资产负债率指标。在9月下旬，为保证集团公司整体上市目标要求，在年初下达效绩目标指标的基础上，对年度主要效益指标作了必要的调增，明确调增部分的计分和奖励办法，实施动态考核，按月通报。集团公司实行日常考核与年终考核相结合的方式，年终由效绩考核办公室组织各有关部门汇总形成效绩考核初步结果，经集团公司效绩考核领导小组审核，提交集团公司总经理办公会讨论审定后，以集团公司文件形式通报，并兑现奖惩。

经综合考核，2007年集团公司效绩目标责任制考核结果为：获得优秀的有9个企业：四方所公司、齐齐哈尔轨道装备公司、济南轨道装备公司、西安轨道装备公司、长客股份公司、永济电机电器公司、大连所公司、天津轨道装备公司、大连机辆公司；获得良好的有4个企业：沈车公司、长客厂、太原轨道装备公司、哈尔滨轨道装备公司；获得中等的有3个企业：唐山轨道装备公司、南口轨道机械公司、牡丹江厂（牡丹江厂按《效绩目标重点工作责任书》考核）；合格的企业1个：同车公司；不合格的有2个企业：二七轨道装备公司、兰州轨道装备公司。按照《中国北车集团公司效绩目标责任制实施办法》（北车企管［2007］79号）和《中国北车集团公司企业经营管理者年薪实施细则》（北车劳［2007］131号）的有关规定，依据考核结果对企业及其领导班子进行相应奖励。（张　臣）

【改制分流工作】 2007年，集团公司改制分流工作继续推进。做好前三批改制分流方案的实施、收尾工作，完成第四批改制分流总体方案上报。完成21个单位改制，分流安置人员1607人，发生补偿金和内退费用6907万元。截至2007年底，集团公司累计完成103户企业改制，涉及资产26038万元，改制分流7497人，补偿金和内退费用总额35342万元。做好企业分离办社会职能移交工作，大连机辆公司和沈车公司离退休教师、南口厂职工医院移交地方管理，妥善处理同车中学移交资产问题和唐山厂改制分流单位扶持政策执行问题。

（王怀忠　陈晓毅）

【技术引进国产化目标责任制考核】 集团公司全面落实铁路跨越式发展战略和技术引进国产化总体要求，确保全面兑现技术引进协议和采购合同，实现“三个一流”的技术引进国产化目标。依据《技术引进国产化项目责任制实施办法》和集团公司与企业签订的技术引进项目责任书，集团公司对已完成的同车公司八轴大功率交流传动电力机车技术引进国产化项目进行了考核、奖励。

【固定资产投资项目责任书签订】 为加强固定资产投资项目管理，全面落实固定资产投资收益责任，确保完成固定资产投资项目目标，依据集团公司《固定资产投资项目责任制实施办法》，2007年1月18日，集团公司对投资额在5000万元以上的固定资产投资项目，与齐车公司、长客股份公司、大连机辆公司、南口厂、同车公司、太原厂、永济厂、大连所、四方所9个企业签订了《固定资产投资项目责任书》。共涉及投资金额182010万元。 （张 臣）

【企业基础管理年工作】 2007年是集团公司基础管理年，企业管理部认真组织实施，印发《集团公司基础管理年工作指导意见》，组织制订《集团公司基础管理工作规范》，在寻求增强企业管理基础、创新企业管理方法、推行企业管理案例、形成企业管理进步评价机制等方面开展了探索性工作。

（王怀忠）

【企业管理现代化创新成果】 集团公司对《企业管理现代化创新成果审定发布办法》进行修订，增加了管理成果选题立项、备案、成果筛选等内容。2007年集团公司组织管理现代化创新成果立项、备案工作，立项、备案成果123项。年内，在中国企业联合会组织的第十四届全国企业管理现代化创新成果评审中，齐齐哈尔轨道装备公司的企业技术创新体系建设和西安轨道装备公司的岗位价值型薪酬分配体系构建两项成果获国家级二等奖。

【节能降耗工作】 2007年，集团公司下发《关于加强企业节能减排工作的通知》，全面贯彻落实《国务院关于加强节能减排工作的意见》（国发［2006］28号）和中央企业节能减排工作会议精神，对节能减排工作提出明确要求，推进企业加快结构调整，转变发展方式，建设资源节约型、环境友好型企业，实现企业可持续发展。集团公司以效绩目标任期责任书的形式对节能指标——万元增加值综合能耗进行了落实。各企业以节能、节水、节材和资源循环利用为重点，以强化资源节约意识和系统优化为基础，加强节能降耗工作，单位综合能耗明显下降。2007年，实现万元增加值综合能耗0.85吨标煤，比2006年的0.98吨标煤降低了13.26%。 （张 臣）

战略管理与规划

【综述】 2007年，集团公司根据自身发展需求对发展战略进行深入研究，同时向国资委上报了相关调研材料。完成《中国北车集团公司及所属企业“十一五”规划汇编》。编制、上报了《中国北车集团公司2007～2009三年滚动发展计划》。编制、下达了《中国北车集团公司2007年年度发展计划》。

【发展战略研究】 集团公司组织对国资委关于中央企业战略性结构调整思路、调整模式、调整类型进行深入研究，形成初步分析材料，提出了适应国资委将现有170余家央企重组为80～100家战略部署的参考方案。按照国资委要求，组织完成本行业发展、调整、重组的建议方案。根据集团公司整体上市的进程和情况，着手研究分析基于上市公司层面的企业发展战略，形成北车股份公司发展战略初稿。

【战略规划与管理】 根据国资委要求，在集团公司中长期发展战略和“十一五”规划的基础上，编制、上报了《中国北车集团公司2007~2009三年滚动发展计划》，并通过了国资委组织的评审。对各单位上报的企业“十一五”规划进行初审，就规划内容、规划指标进行了沟通，形成集团公司及所属企业“十一五”规划文件汇编。起草对各企业“十一五”规划的初步审查建议，对各单位“十一五”规划需要改进的方面和战略定位提出初步建议方案。整理、汇总集团公司重大技术引进项目、出口项目、城轨项目的基本情况，对今后几年的销售收入情况进行分析和预测，为集团公司中期修订“十一五”规划有关指标做好准备工作。

【年度发展计划】 2007年度发展计划由主要经济指标计划、销售收入计划、出口计划、财务计划、固定资产投资计划、企业集资建设住宅计划、科技研究开发计划、培训工作计划、劳动工资计划、资源节约计划、质量工作计划、标准化工作计划、环境保护工作计划13个专项计划组成。除财务计划、科技研究计划单独下达，固定资产投资计划分两批下达外，其他10个专项计划一次下达。根据国资委要求和集团公司的实际情况，本年计划中将以往分列的投资与技术改造项目资金计划和企业自有资金投资计划进行了合并，统一为固定资产投资计划，在该计划内分列出集团公司重大投资项目计划(集团公司审批项目）和企业更新改造投资计划（企业自主投资项目）下达各企业执行。重大投资项目计划中同时下达了中央预算内补助资金11100万元。 （刘　智）

【固定资产投资计划】 集团公司全年完成投资29亿元，完成全年计划的98%。其中自有主业完成投资28.78亿元。新开工项目完成5.3亿元，在建项目完成投资23.84亿元。获得国债资金支持1.11亿元，自有资金19亿元，贷款8.9亿元。 （张　纯）

资源重组与技术改造

【结构调整与资源重组】 2007年，集团公司依据发展战略，在夯实既有结构调整基础工作、总结过去几年成功经验的基础上，结合集团公司股份制改造整体上市推进工作，论证并实施了货车新造业务整合重组项目，促进货车新造业务发展。实施推进了齐齐哈尔轨道装备公司与大连机辆公司货车新造业务整合资产重组的工作，集团公司于2007年12月20日下发《关于齐齐哈尔轨道装备公司与大连机辆公司货车业务整合资产重组方案的批复》（北车划［2007］402号)，决定整合齐齐哈尔轨道装备公司、大连机辆公司货车制造业务，相应资产进行重组。通过整合重组，调整、优化齐齐哈尔轨道装备公司产品结构和生产组织方式，批量生产敞车、棚车等主型铁路货车，出口产品、通用罐车、平车及小批量铁路车辆由组装基地承担，从而减少齐齐哈尔轨道装备公司转产频次和时间，提高专业化生产优势和产能，实现齐齐哈尔轨道装备公司做精、做强、做大铁路货车的目标。通过整合重组，优化大连机辆公司资产结构和工艺布局，改善城轨、地铁车辆等高附加值产品的生产作业条件，提高其市场竞争能力，实现大连机辆公司做精、做强、做大内电机车和城轨、地铁车辆的目标。

【合资合作企业项目】 2007年2月1日，集团公司下发《关于长客股份公司向伊朗合资企业增加投资的批复》（北车划［2007］34号)，决定同意长客股份公司向德黑兰车辆制造公司增加投资125.8万美元。3月26日，下发《中国北车集团公司关于齐车公司收购齐斯公司外方合资股权价格的批复》（北车划［2007］83号），决定同意齐车公司出资人民币209.9万元，收购WHEELABRATOR公司所持齐斯公司股权。收购完成后，齐斯公司成为齐车公司全资子公司。8月30日，集团公司下发《关于大同电力机车有限责任公司与印度SEMCO公司成立轮对合资企业项目可行性研究报告的批复》（北车划［2007］273号），批准同意同车公司与印度SEMCO公司、大同机车锻造公司、大同机车制修公司和大同机车实业公司共同出资兴建轮对生产企业。合资公司名称为“大同斯麦肯轨道运输设备有限责任公司”，英文名称：DATONG SEMCO RAILWAY TRAFFIC Co.，Ltd。公司地址为中国山西省大同市前进街一号。合资公司的业务范围是主营各种机车、货车、客车轮对、非标准轮对及其他铁路轨道运输设备配件；代理机车车辆轮对及其他铁路运输设备配件的进出口贸易；技术咨询及进出口贸易服务。建设规模为合资公司年产货车轮对10000对，代销同车公司等单位生产的货车轮对15000对，合计25000对。合资公司投资总额3000万元人民币，注册资本1700万元人民币。同车公司、印度SEMCO公司各持股35%，大同机车锻造公司持股13.4%，大同机车制修公司、大同机车实业公司各持股8.3%。项目投资回收期6.32年（税后）。项目建设工期为9个月。（燕汉民）

【固定资产投资】 2007年，集团公司结合“十一五”战略规划的实施，固定资产投资以技术引进消化吸收和国产化技术改造为重点，贯彻落实科学发展观，强化固定资产投资项目专家评审制度，规范项目实施过程的招标管理，严格项目审批程序。按照集团公司固定资产投资项目管理办法规定的审批程序要求，在组织专家评审论证的基础上，批复了大连所、南口厂、齐车公司、太原厂、大连机辆公司、唐山装备公司等固定资产投资项目的初步设计方案并组织项目实施。申报并获得长客股份公司、大连机辆公司、同车公司、永济厂和四方所共5个固定资产投资项目11100万元的国家补贴资金支持，全部为国家资本金注入。

结合铁路运输装备技术引进消化吸收和国产化工作，审核批复了长客股份公司时速300公里转向架项目立项和可行性研究报告，大连机辆公司的六轴大功率交流传动电力机车项目初步设计、大功率交流传动内燃机车项目立项与可行性研究报告，大连所机车微机网络控制系统和柴油机关键部件项目初步设计、唐山客车公司时速350公里动车组项目初步设计批复及配套仓储项目立项和可行性研究报告，二七机车公司大型养路工程机械项目立项和可行性研究报告，南口厂大功率内电机车配套牵引齿轮项目可行性研究报告及初步设计，同车公司六轴大功率交流传动电力机车项目立项和可行性研究报告。为提升企业及关键产品技术研发能力，审核批复了齐车公司铁路货车研发中心和组装基地建设项目立项、可行性研究报告和初步设计，长客股份公司高速列车系统集成工程实验室项目立项。结合市场和产品发展需要，为提升企业主要产品生产工艺技术装备水平，审核批复了长客股份公司出口铁路客车生产项目立项和可行性研究报告，太原厂适应25吨轴重货运重载技术开发提高70吨等级货车制造工艺水平及全纤维曲轴锻造项目可行性研究报告和初步设计，西安厂适应25吨轴重货运重载技术开发提高70吨级铁路新型罐车制造工艺水平及全纤维曲轴锻造项目可行性研究报告，四方所关键零部件产业园建设二期工程项目可行性研究报告和初步设计。结合产品结构调整，审核批复并实施了长客厂客车检修系统搬迁调整改造项目和沈车公司新厂建设项目可行性研究报告。根据国家发改委、铁道部授权委托，按照国家和集团公司有关固定资产投资项目竣工验收规定和要求，完成了对二七机车公司的交流内燃机车制造（第八期）国债项目的竣工验收工作。向国家发展和改革委员会申请办理了大连机辆公司、长客股份公司、唐车公司等项目的进口及国产设备免税确认书。

【固定资产投资基础管理】 根据国务院国有资产管理委员会《关于印发“中央企业固定资产投资项目后评价工作指南》（国资发规划［2005］92号）文件精神，集团公司组织编制了《中国北车集团公司固定资产投资项目后评价工作实施细则》，并以北车划［2007］57号文件印发。按照《中国北车集团公司固定资产投资项目责任制实施办法》规定和要求，集团公司与所属齐车公司、长客股份公司、大连机辆公司、南口厂、同车公司、太原厂、永济厂、大连所、四方所等9个企业签订了固定资产投资项目责任书。

（张　纯）

【多元经营】 2007年，集团公司所属企业认真贯彻落实集团公司多元经营战略，充分发挥企业拥有的核心技术和有效资源优势，拓展多元经营新市场、加快培育新产业取得显著成效。在促进相关多元经营发展方面，注重通过技术改造的投入，提高企业拓展相关多元市场的综合能力，赢得用户，获得市场产品订单。加强相关多元经营重点项目技术改造投入，推动相关多元经营项目加快产业化发展步伐。在多元经营管理方面，根据集团公司总体发展战略的要求，为促进集团公司城轨和多元经营业务发展，集团公司通过建立有效的责任考核机制，鼓励和指导所属企业积极有序、重点突出地开展相关多元经营业务。2007年，大连机辆公司船用柴油机项目紧紧抓住船舶柴油机市场发展机遇，加强柴油机市场适应性改进和完善，打造船用柴油机优势品牌，扩展产品市场取得良好效果。根据船用柴油机市场发展和环境分析，初步确定了加强内部组织结构调整，整合柴油机方面人才、技术和设备等优势资源，加快推进柴油机产业加快发展步伐等阶段性发展目标。永济电机厂风力发电机项目积极推进风电产业化发展步伐，加快实施技术改造项目，提升企业风力发电机制造水平和能力，主要产品1500千瓦风力发电机销售订单大幅增长，国内市场占有率达到70%，取得较好经济效益。积极开发研制2000千瓦双馈风力发电机和直驱永磁风力发电机产品，不断提高企业产品竞争能力，满足国内风力发电机装备市场需要。

（张　辉）

环　境　保　护

【综述】 2007年,集团公司所属各企业贯彻执行国家和地方环境保护工作方针、政策以及有关法律法规,全面落实《国务院关于加强节能减排工作的意见》,严格落实集团公司下达的环境保护指标和逐年削减“三废”总量排放的要求,完善环境保护管理制度,坚持持续改进,推行清洁生产,积极实施污染源治理,保证了环境管理体系的有效运行。

【环保指标和环境监测】 2007年，环境保护指标完成情况：工业废水处理率97%，工业废气处理率98.66%，固体废弃物综合治理率98.06%，工业废水排放达标率96.2%，锅炉废气排放达标率99.88%。石油类排放量48.124吨，化学耗氧量排放量899.431吨，烟尘排放量1604.657吨，二氧化硫排放量2675.094吨。完成工业废水、厂界噪音、工业粉尘和锅炉烟气等环保监测数据14295个，监测污染点数量共计1020

个。

【培训及认证】 2007 年，集团公司所属各企业共举办环境保护法律法规、ISO14000 管理体系标准和环境保护知识等各类培训班 52 个，参加培训人员达 6918 人。举办大气、水污染和固体废弃物防治、污染治理设施操作和关键岗位规程培训等专业知识培训班 7 个，参加培训人员 219 人。同车公司、太原轨道装备公司和永济电机电器公司积极开展企业环境行为评价工作，规范企业的环境行为，获山西省机械行业绿色企业称号。各企业都顺利通过了认证机构对 ISO14000 环境管理体系的监督审核。

【污染治理】 2007 年，集团公司所属各企业新增环境保护污染治理设备和检测设备 24 台套，总计投入约 1634.13 万元。改造和大修污染治理设备 13 台套，投入资金 1616.1 万元，更新、维修污染治理设备和检测设备 11 台套，投入资金 99.65 万元。

【环保“三同时”项目】 长客厂、长机辆公司完成两企业重组的环评报告和重组后的车轴生产扩能环评报告。天津轨道装备公司完成《建立轨道交通装备弹簧、缓冲器、增压器、制动机、油压减振器专业化研发生产基地项目》环境影响评价报告。二七轨道装备公司完成大型养路机械车项目环境影响评价工作，编制了环评报告，通过了丰台环保局审批许可。济南轨道装备公司《环保节能新型旅客列车等公共场所集便及真空排污处理系列产品产业化生产基地项目》、《大型钢结构产业基地及智能化装配设备技术改造项目》和《铁路旅客列车集便器生产线扩能项目》三个新建项目环境影响评价报告获得济南市环保局的批复。同车公司“六轴大功率交流传动电力机车技术引进消化吸收和国产化技术改造项目”环境影响评价报告获得山西省环保局的批复。

【环保项目验收】 2007 年，二七轨道装备公司 2002 年国债项目通过了北京市环保局竣工验收。永济电机电器公司向山西省环保局递交了《200 km/h动车组、大功率机车电传动装置引进技术消化和国产化技术改造工程》和《提高制备基础设施水平、加速交流传动技术改造工程》项目的环保“三同时”验收申请报告。济南轨道装备公司罐车工艺布局项目、集便器项目和金属结构公司新建喷漆房工程环保“三同时”项目获得济南市环保局验收。同车公司“六轴货运交流传动电力机车产业化”项目获得大同市环保局验收。

【环境污染事故】 2007 年 1 月 25 日上午 7 时，黄河兰州段发生污染事件。经地方环保部门现场排查和确认，认定污染事件的主要责任单位是兰州机车厂。事件的原因是 1 月 25 日凌晨 4 时，兰州机车厂热处理分厂夜班人员未及时关闭水阀，导致油槽内的淬火油溢流，顺管道地沟排入黄河。1 月 27 日，兰州市环境保护局向兰州机车厂下达了《行政处罚事先告知书》，拟处罚款 10 万元，责令工厂立即整改。事故发生后，集团公司领导非常重视，立即派员赴兰州与地方环保部门联系沟通，研究处理解决办法，组织工厂采取紧急措施，将污染造成的危害、损失和影响减少到最低程度，保证不再向黄河排污。2 月 5 日，集团公司下发《关于对兰州机车厂“1·25”黄河污染事件责任人的处理决定》，要求全集团从这起事件中吸取教训，防止环境污染事故的发生。

（陆　浔　供稿）

财　务　管　理

【综述】 2007 年，财务工作以集团公司整体改制上市和技术引进消化吸收为主线，紧密围绕生产经营开展工作。做好集团公司整体改制上市的相关财务工作，加强成本费用管理，实现了经济指标持续增长，经济效益大幅提高。完善资金管理制度，实行资金集中管理，实施新《企业会计准则》，夯实会计基础工作，进一步提高会计信息质量。实现财务物流一体化信息工程项目初步目标。采取多种措施加强财务队伍建设，提高人员素质。

【主要财务指标完成情况】 2007 年，在确保完成各项经营指标，努力推进集团公司改革改制过程中，集团公司统筹规划、综合协调，所属企业做了大量艰苦细致的工作。经过共同努力，集团公司保持了又好又快发展的良好局面，销售收入和效益指标实现较大规模的持续快速增长。根据集团公司合并报表的有关数据，全年实现主营业务收入 270.6 亿元，较上年增长 18.37%；实现利润总额 51689 万元，较上年增长 38.18%；实现归属于集团公司净利润 52117 万元，较上年增长 195.01%。全面超额完成了国资委下达的经营业绩考核指标。2007 年末，总资产、归属于集团公司所有者权益分别为 406.5 亿元、82.9 亿元，比上年末分别增长 103.7 亿元、2.6 亿元。净资产收益率为 6.4%，扣除客观因素后国有资本保值增值率为 103.8%。

【集团整体改制上市工作】 2007 年 7 月，按照集团公司整体改制上市方案，集团公司新设立 13 个一人有限责任公司，同时对集团公司资产以 2007 年 5 月 31 日为时点进行划分，天健华证中洲会计师事务所进行审计后，将所属企业主营业务资产无偿划入对应的新设一人公司，一人公司开始生产经营，会计核算和财务管理步入正轨。7 月开始，按照新《企业会计准则》，集团公司及所属企业追溯编制了拟上市股份公司及各一人有限责任公司 2004 ~ 2006 年和最近一期的财务报告，毕马威会计师事务所开始对上述财务报告进行审计，截至年底，因改制基准日发生变化审计工作未完全结束。从 7 月起，集团公司及所属企业以 2007 年 7 月 31 日为时点，进行财产清查，编制财产清查表，国地土地资产评估事务所开始对拟上市土地资产的评估工作，中企华资产评估事务所开始对拟上市其他资产的评估工作，截至年底，因改制基准日发生变化资产评估工作未完全结束。为满足上市要求，集团公司及所属企业组织开展对拟上市的土地、房产资产的确权工作，截至年底，完成确权的资产比例已接近上市要求。下半年，中企华资产评估事务所完成了部分需进行少数股权回购和职工股清退涉及企业的资产评估工作，少数股权回购和职工股清退已经完成。按照改制方案的要求，2007 年 7 月 30 日进行了从各企业上划资金到集团公司总部的工作；由于资产划转，开展完成了一人有限责任公司与存续企业产权登记工作。

【资金管理】 2007 年 3 月，成功发行 10 亿元短期融资券，期限为 1 年，发行综合利率为 3.88%。与中国工商银行总行合作，集团公司取得 20 亿元的综合授信额度，进一步扩大了资金来源。为满足承担技术引进消化吸收和国产化项目的企业对流动资金的需求，保证所属企业按时完成国产化项目，3 月，制定下发《中国北车集团公司技术引进消化吸收和国产化项目流动资金管理试行办法》。为加强集团公司固定资产投资项目贷款管理，规范贷款行为，降低贷款风险，结合集团公司固定资产投资项目管理实际，4 月制定下发《中国北车集团公司固定资产投资贷款偿还办法》，本办法明确了各企业的还款责任和长期贷款偿还考核。按照集团公司《资金集中管理暂行规定》，集团公司全年累计使用内部调剂资金45.25亿元，减少利息支出约2700万元，有效降低了集团公司整体负债水平，提高了资金效率，降低了资金成本。2007年底组织集团内部企业进行往来欠款的清理，实际清理往来欠款5.8亿元，盘活了资金。

【新财务通则和新会计准则实施】 4月，财政部制定下发新《企业财务通则》实施细则后，集团公司要求所属企业认真研究，加以落实，同时针对应付工资、应付福利费等科目的结余问题研究制定了集团统一的处理办法。组织开展多层次的新《企业会计准则》培训工作，6月，组织部分财务管理专家到厦门国家会计学院学习，11～12月，两次邀请财政部和会计师事务所专家进行新会计准则的讲解，所属企业总会计师、财务部长和财务管理专家参加了培训。

7～8月，组织修改完善与新会计准则相适应的一整套会计政策和实施的可借鉴性文件、集团公司会计核算办法等，包括新旧会计准则切换的处理、统一各企业新旧科目的转换方式以及执行新准则后某些具体业务的会计处理规定。8月，集团公司新会计准则实施工作计划上报国资委备案。9～10月，制定财务基础信息上报模板、相关财务主要指标差异表，所属企业根据新、旧准则转换的相关处理规定，进行数据测算、整理、分析上报。2007年12月31日，根据新会计准则实施的具体操作方案，集团公司总部与所属企业会计账目体系顺利进行了切换。

【财务会计基础工作】 贯彻落实集团公司“基础管理年”工作要求，年初制定下发《中国北车集团财务会计基础工作规范（试行）》，编制加强财务会计基础工作计划。所属企业针对《规范》进行了认真自查和整改，对财务会计基础工作进行全方位的整固和夯实，财务会计基础工作水平得到明显提高。

【预算管理】 1月，各企业以集团公司下达的绩效考核指标为目标，结合市场预期销售收入为起始，编制完成2007年度预算，在此基础上完成集团公司2007年度预算的编报工作，并上报国资委。集团公司深入分析研究，挖掘企业盈利点，7月，修订集团公司2007年盈利目标，提高了集团公司2007年预算经营指标。各企业调整预算，强化成本费用控制，采取多种增收节支措施，确保新的盈利目标的实现。集团公司对所属企业经济运行状况实施动态考核，对每个月集团公司和所属企业财务月报数据进行认真分析，对完成动态指标的企业给予表扬，对未完成动态指标的企业给予警示，并进行跟踪分析。

【年度财务决算】 2007年4月，完成集团公司2006年度合并财务决算的编制，并上报财政部、国资委等相关部门。2006年度财务决算合并范围包括27户二级子企业、90户三级子企业，主审会计师事务所为北京中洲光华会计师事务所有限公司。7月，国资委下发《关于中国北方机车车辆工业集团公司2006年度财务决算的批复》（国资评价［2007］690号），对集团公司上报的财务决算进行了批复和确认。

【财务物流一体化信息工程】 上半年，齐车公司、长客厂、天津厂等单位陆续实现财务物流一体化管理信息系统的上线运行。至此，集团公司所属企业均已实施运用了财务物流一体化管理信息系统，标志集团公司三年前提出的财务物流一体化信息工程项目初步目标基本实现。

【资产管理】 2007年，集团公司陆续下发

《关于加强所属企业国有资产管理工作有关问题的通知》、《关于填报资产评估备案表有关问题的通知》、《中国北车集团公司国有资产产权登记管理办法》、《关于调整集团公司确定的财务审计和资产评估机构范围的通知》等文件，进一步明确办理国有资产备案和国有资产产权登记的程序。按照国资委批复意见，对所属齐齐哈尔三叶物资经营处等40个辅业改制单位的资产核销和财务处理情况进行批复；完成辅业改制、对外投资、职工股回购等76个项目的资产评估备案工作；完成对集团公司所属155家企业产权变动的清理和登记工作。

【财务工作会议】 3月，集团公司在河北固安召开2007年度财务工作会议。会议总结2006年财务工作，部署2007年财务工作，分解下达2007年度效绩目标责任制财务指标，专题研究了固定资产投资项目贷款资金回收管理办法、新企业会计准则实施工作安排、集团公司财务会计基础工作规范。11月中旬，在北京召开2007年度财务决算布置工作会议，对集团公司及所属企业总会计师、财务部长和决算人员进行新会计准则的培训，对2007年度财务决算报表进行讲解，制定下发了集团公司2007年度财务决算编报工作方案和工作安排，布置了2008年度财务预算编报工作。（王　健　供稿）

审　计　工　作

【综述】 2007年，中国北车集团公司各级审计部门结合企业改革改制、技术引进及相关资金投入和经营发展实际，共组织实施资产负债损益审计57项，经济责任审计112项，管理绩效审计98项，以及大量物资采购合同审计及工程项目预决算审计。审计查处并纠正违规金额11212万元，审减采购合同节约资金1260万元，审减各项工程费用2065万元，促进企业降低成本、节约资金3418万元。通过揭示企业经营管理中的薄弱环节和潜在风险，促进被审计单位完善内部控制、自觉规避风险。内部审计还在企业改制、绩效考核、内控制度建设以及法律事务等方面发挥作用和影响。为落实国资委建立健全企业内部审计工作制度，推动内部审计工作制度化、程序化和规范化的要求，着手制定统一规范的审计流程。加强与国资委、中国内审协会的联系与沟通，积极参加相关审计专业会议和培训，推动管理审计的深入开展。

【经济责任审计】 集团公司坚持“离任必审”的原则，并对重要子企业负责人以及改制重组子企业负责人进行任中审计。2007年，集团公司实施企业法定代表人离任审计5项，任中审计2项。审计发现比较突出的问题有，成本控制不严、资产价值不实、企业主营业务盈利水平较低、固定资产投资规模过大加大财务风险等，对离任者和继任者均起到警示和激励作用。各所属企业审计部门认真执行国家和集团公司关于经济责任审计的要求，做到审计不合格不解除经济责任，不兑现效益年薪，将任中审计结果作为企业负责人任期考核、任免等事项的重要依据。太原轨道装备公司、兰州轨道装备公司和大连机辆公司对经济责任审计发现的问题，认真清查原因、落实整改措施和处理相关责任人，使经济责任审计在企业改革发展和干部管理中发挥了重要作用。

【管理、绩效审计】 2007年，集团公司实施“增值服务主导型”审计，揭示管理中的缺陷和漏洞，促进企业加强和改进管理，减少损失浪费。集团公司管理、绩效审计重点反映了部分企业主体盈利能力差、效益不高的问题，并认真分析影响效益的主要原因，提出改进意见。审计意见和建议得到被审计单位高管层的认同，已在物资采购、成本费用控制、市场销售价格及关联方交易上采取措施，增强盈利能力。各所属企业根据集团公司审计工作总体要求，及时调整审计思路，将工作重点向管理领域转移。西安轨道装备公司的子公司管理审计和天津轨道装备公司的经营监控审计，对企业各项管理流程进行监督与评价，取得较好效果。齐齐哈尔轨道装备公司重视绩效审计结果，召开审计专题会议，要求各子公司对审计提出的问题制定改进措施，并限期整改。

【物资采购、工程项目审计】 集团公司各企业审计部门在物资招议标采购等主要环节及基建工程项目审计中，与专业管理部门密切协调，形成合力，有效降低了采购价格和建设项目成本。二七轨道装备公司、唐山轨道客车公司审计部门在企业大规模技术改造中，坚持源头参与、过程控制，从项目概算确定、工程招标、主要建材选点采购、合同签订、现场核实、进度款签认等各阶段实施全过程审计监督，为企业节约了上千万元建设资金，维护了企业利益。长客股份公司审计部门集中力量开展技术引进项目国产化料件的采购价格审计，扩大招标范围，规范多头采购，审减采购金额400多万元。

【资产负债损益审计】 集团公司所属企业审计部门认真确认被审计单位的资产价值和盈利水平，维护会计信息的真实性。齐齐哈尔轨道装备公司、大连机辆公司等企业的审计部门，继续对独立核算单位的资产负债损益进行审计，所在企业重视审计结果，将审计结论作为考核、认定子公司领导班子业绩和薪酬的重要参考。资产负债损益审计维护了财务会计制度的严肃性，在绩效考核中发挥了重要作用。

【审计研讨会议】 10月，集团公司内部控制审计研讨会议在天津举行。集团公司总会计师高志到会作重要讲话，通报了集团公司经营状况和整体改制进度，针对集团公司改革发展的实际对内部审计工作发展方向予以阐述，引导审计人员转变观念，处理好“查错防弊”和“增值服务”的关系，实现内部审计工作转型。强调审计部门要特别注意抓好企业内控制度健全性和有效性、成本费用支出、资金和财务风险、企业发展与职工收入的关系等方面的审计工作。总会计师助理朱三华作会议总结，要求各级审计部门加强企业内部控制制度审计评价、成本费用控制审计和投资项目绩效审计，促进企业规范运作，压缩成本费用，提高盈利水平，对影响企业效益的投资项目要提出审计意见。

【审计基础工作】 集团公司按照国资委建立健全内部审计工作制度和工作标准，明确审计内容和工作流程，规范操作程序，提高审计工作效率的要求，组织齐齐哈尔轨道装备公司、长客股份公司、大连机辆公司、唐山轨道客车公司分别编写内部控制审计、资产审计、负债审计、权益及损益审计工作流程，并在内部控制研讨会上印发各企业与会代表讨论，征求意见，为集团公司制订统一规范的审计流程奠定基础。加强与外部的联系和沟通，参加国资委和中国内审协会召开的会议，并在会上发言，畅通信息渠道，得到国资委审计部门和审计署领导认可，《中国内部审计》杂志刊登了集团审计部的专访信息。所属企业审计基础工作建设取得新进展。齐齐哈尔轨道装备公司审计部门注重审计理论研究和探索，审计管理创新成果获省企协2007年管理现代化成果二等奖，多篇论文获省工会、铁道学会优秀论文奖。西安轨道装备公司审计部积极推进审计人员在厂内交流轮岗，将审计人员的业务培训与工作业绩的动态考核结合起来，使审计队伍在动态管理中得到强化。太原轨道装备公司审计人员严格执行审计纪律，提高服务质量，多人次获得集团公司、太原市先进荣誉称号。

（刘　宁　供稿）

产品进出口

【综述】 2007年,中国北车集团公司实现出口成交额60102.5万美元,出口销售收入人民币122613万元。出口成交内燃机车84台、客车16辆、地铁客车48辆、轻轨车60辆、动车组2列和货车1324辆。出口的国家和地区有澳大利亚、伊朗、斯里兰卡、孟加拉国、哈萨克斯坦、土耳其、越南、缅甸、安哥拉、刚果、美国、巴西、新西兰等。2007年7月24日,北车澳大利亚公司在悉尼注册成立,公司正式开业。

【合作出口业务】 年内，集团公司组织所属企业与国内外贸公司合作出口签约额30515万美元（不包括集团公司、中车进出口有限责任公司以及集团公司自主经营的出口项目)。合同涉及的主要项目有：长客股份公司出口泰国曼谷轨道交通公司48辆地铁客车项目、出口伊朗马什哈德城市铁路公司60辆轻轨车项目、伊朗德黑兰双层客车钢结构技术转让项目；大连机辆公司出口缅甸20台内燃机车项目、出口刚果（金）4台内燃机车项目；唐山轨道客车公司出口蒙古16辆客车和32个转向架项目；二七轨道装备公司出口安哥拉15台内燃机车、越南4台内燃机车和刚果（布）1台内燃机车项目；同车公司、二七轨道装备公司、永济电机电器公司、天津轨道装备公司、齐齐哈尔轨道装备公司、唐山轨道客车公司、南口轨道机械公司、沈车公司、太原轨道装备公司、大连机辆公司、长春轨道装备公司、四方所公司、济南轨道装备公司、大连所公司和西安轨道装备公司出口美国、德国、古巴、巴基斯坦、澳大利亚、巴西、日本和韩国等国机车车辆配件等。全年合作出口销售收入人民币108638万元。　（杨雄京）

【自营出口业务】 年内，集团公司（含所属企业）及中车进出口有限责任公司自主经营出口签约29587.5万美元，出口销售收入人民币13975万元。合同涉及出口澳大利亚1300辆货车、出口新西兰24辆货车、出口古巴40台内燃机车、出口加纳2列动车组、出口蒙古16辆客车及出口美国电机产品和出口其他国家配件等项目。　（刘　明）

【自营进口业务】 全年自营进口共签订66个合同，签约总金额为5560万美元。主要为长客股份公司、大连机辆公司、齐齐哈尔轨道装备公司、二七轨道装备公司、唐山轨道装备公司、太原轨道装备公司、永济电机电器公司、西安轨道装备公司、四方所公司等企业进口龙门加工中心、卧式加工中心、数控罐体组对成型装置、焊接装置等设备。

（杨雄京）

人事劳资管理

责任编辑　罗宗伟

人事管理

劳动工资管理

职工教育培训

人 事 管 理

【综述】 2007 年，集团公司人事人才工作紧密围绕技术引进和改制上市工作主线，突出人才队伍建设重点，推进干部人事制度改革，加强领导班子、后备干部队伍和专业技术、经营管理人才队伍建设，强化教育培训，落实各项措施，为集团公司的发展提供了人才保证、组织保证和智力支持。

【干部人事制度改革】 2007 年，集团公司建立总部部门副职选拔竞争上岗新机制，采用竞争上岗方式选拔产生提拔、补充领导人员人选。6 月，首次通过自愿报名、演讲答辩和组织考评方式，选拔任用了 2 名部门副职领导人员，进一步落实在领导人员选拔任用上的公正、公开原则，取得良好效果。

【领导班子建设】 在对所属企业领导班子进行全面分析的基础上，年内对 6 个所属企业领导班子进行了考察。在长客厂、天津厂、济南厂、西安厂实施了竞争上岗选拔企业副职领导人员。对哈车公司等 13 个单位的领导班子成员进行了组织调整，共调整任免 77 人。其中，党政正职 25 人（新提拔任职 8 人，异地交流任职 5 人，岗位交流 3 人，兼职 2 人，挂职 1 人，退出班子 6 人），党政副职 52 人（新提拔任职 15 人，异地交流任职 1 人，岗位交流 5 人，兼职 6 人，退出班子 11 人，其他职务变动 14 人），进一步优化领导班子结构，增强凝聚力和战斗力。逐步理顺规范企业法人治理结构组成人员任免程序。根据集团公司整体改制需要，实施了 17 个新设一人公司法人治理结构构建工作，办理了 158 名董事会、监事会、经理层组成人员的任职事宜。加强对企业领导人员的履职考核，对群众意见较多和考核不佳的领导人员，延长考察期或进行诫勉谈话，对领导人员尽职尽责工作起到了促进作用。加强对领导人员的管理和监督，按照有关规定首次落实了 240 多名领导人员的个人有关事项报告制度。

【后备干部队伍建设】 印发《企业领导班子后备干部管理办法》，规范后备干部的选拔、培养、管理等工作，明确提出培养一批面向国际化、现代化、职业化的经理人队伍的工作目标，加大了后备干部队伍建设力度。

【专家人才选拔评审】 2007 年，稳步推进集团公司高层次人才建设计划，制定下发《“五个一”和“1536”高层次人才建设工程实施计划》，明确了不同层次和专业高层次人才的基本条件和专业素质条件，提出了高层次人才队伍建设的主要措施及要求等，是贯彻落实“十一五”人才规划的指导性文件。

年内，集团公司首次开展专家人才选拔评审工作，制定下发《专家人才管理办法》（北车人［2007］104 号），确立了首席专家、资深专家和专家三个层次及评价标准，覆盖经营管理人员（含政工人员）、专业技术人员和技能操作人员，明确管理要求、工资保护和相关责任，畅通专业人才职业发展渠道。根据《专家人才选拔评审实施办法》（北车人［2007］322 号）要求，经过申报推荐、审查、初审、面试、复审、公示及终审等程序，共评聘首席专家 11 名、资深专家 44 名、专家 352 名。12 月 26 日，集团公司在北京举行专家人才受聘仪式。总经理崔殿国发表重要讲话，党委书记王立刚宣布聘任决定，副总经理、总工程师奚国华主持受聘仪式。本年，齐车公司祝震获第八届詹天佑铁道科技奖成就奖，长客股份公司单巍、王旭东、大连机辆公司刘会岩 3 人获第八届詹天佑铁道科技奖青年奖。齐车公司祝震、长客股份公司单巍、大连机辆公司张小军、集团公司总部黄俊辉获茅以升铁道工程师奖。

【人才教育培训】 集团公司围绕“十一五”人才队伍建设规划的落实，制定2007年度培训计划，加强企业领导人员、后备干部、专业技术和经营管理骨干以及外语专业人员的培训。注重培训内容、培训机构选择以及培训时间、参训人员和培训费用等管理，进一步提高培训工作成效。全年共举办各类培训班29期，培训1057人次。其中，围绕改制上市工作重点，在厦门大学举办集团公司及所属企业领导人员财经知识专题培训班2期，培训55人；围绕学习贯彻十七大会议精神，举办企业党政主要领导及总部中层以上领导人员培训班1期，培训70人；举办青年干部培训班1期，培训25人；举办分厂（车间）中层领导人员岗位培训班4期，培训151人；在中南大学组织英语、德语等6个紧缺语种强化培训班，培训84人；在西南交大、中南大学等高校举办网络控制及制动、质量管理等培训班5期，培训180人；协调组织参加部委调训43人。

【职称评审】 集团公司深化职称改革，完善评审政策，强化评审管理。根据近年来人员变化情况，分别调整了集团公司技术、政工职称工作领导小组和各系列（专业）高级资格评审委员会。根据人事部《关于完善职称外语考试有关问题的通知》精神，制定完善了集团公司《职称外语考试实施细则》。2007年，共组织评审各类专业技术职务任职资格417人，其中教授级高级工程师55人、各类副高级专业技术资格362人。评审政工专业职务任职资格98人，其中高级政工师51人、政工师47人。

【高校毕业生接收】 集团公司进一步加强和改进高校毕业生接收工作，注重扩大集团公司总部及所属企业整体形象的宣传和影响，积极协调解决毕业生接收工作中的矛盾和问题。2007年，集团公司所属企业共接收应届高校毕业生1411人，其中博士研究生5人，硕士研究生101人，大学本、专科生1305人。

【外事管理】 集团公司继续坚持以技术引进培训、技术交流及商务考察为重点，严格外事管理有关规定和审批程序，认真做好组团申报、领导审批、业务审核和人员审查、外事纪律教育等工作。2007年，共审批出境团组520个，出国（境）人员2727人次，涉及40多个国家和地区。其中，技术引进培训团组227个，1331人次。邀请外方技术业务人员来华团组23个，46人次。

【人才资源统计】 根据国资委人才资源统计工作要求，认真做好集团公司人才资源统计工作。截至2007年末，集团公司拥有各类经营管理和专业技术人员20967人。其中，具有高级职称3427人，中级职称6251人。具有大学本科及以上学历9335人，大专学历8535人。

【总部人事管理】 集团公司组织实施多角度的员工评价考核，并将考核结果反馈各部门负责人，取得良好效果。进一步规范完善员工薪酬分配，修订、印发《总部员工年度绩效奖励办法》，理顺分配关系。2007年末，总部人员总数为117人（含进出口公司和物流公司人员）。其中，副总师及以上领导人员16人。

（程冬然　供稿）

劳动工资管理

【综述】 2007年，中国北车集团公司劳动工资管理紧紧围绕中心工作，以完善用工和分配制度改革、实施减员增效、推进高技能人才工程、增强人力资源竞争力为重点，加强工资总量和人工成本调控，继续实行企业经营者年薪制，积极实施职业技能鉴定，大力开展职工培训。至年末，职工人数大幅度减少，劳动生产率显著提高，人均工资稳步增长，各项工作取得显著成效。

【劳资工作会议】 6月21～22日，在北京召开集团公司2007年劳资培训工作会议。副总经理赵光兴作题为《夯实管理基础，完善制度建设，为集团公司又好又快发展提供强有力的保证和支持》的工作报告。报告结合整体改制部署今后劳资培训要着重抓好的七项重点工作。要求全体劳资培训人员要积极应对形势变化，超前谋划，积极思考，以建立市场化用工机制和适应市场变化的薪酬体系为目标，强化管理，夯实基础，推进改革，为集团公司又好又快发展提供强有力的保证和支持。会上，劳资部有关人员对年薪制办法和工效挂钩办法修改要点进行了说明，对人力资源竞争力基本指标对标情况进行了点评。

【企业劳动用工】 2007年，集团公司加强劳动合同管理。根据国家劳动和人力资源部有关通知，结合集团公司劳动合同管理情况，对所属企业劳动合同管理情况进行了调查。调查显示，集团公司所属企业与职工劳动合同签订率为100%。所属企业均制定了劳动合同管理制度，建立了劳动合同管理台账和企业劳动争议调解委员会，绝大部分企业劳动合同管理实现了计算机管理。配合2008年《劳动合同法》的施行，组织所属企业劳资人员参加《劳动合同法》培训班。配合集团公司整体改制上市，做好劳动合同变更工作。根据改制进展，及时制定下发《企业改制后有关劳动合同处理意见》的通知，指导并要求企业做好改制后劳动合同调整工作。至2007年末，绝大部分单位对到新设公司工作的员工进行了劳动合同变更。对技术引进企业用工进行调研。重点对长客股份（含唐山客车）公司因技术引进增加人员进行专题调研，提出管理意见和工作要求，为今后技术引进单位的用工管理提供有益的参考和借鉴。继续引导督促企业做好减员增效工作，并对困难企业减员给予政策和适当资金支持。二七机车公司、南口厂、兰州厂、哈车公司、唐山客车公司等单位办理有偿协议解除劳动合同419人，共发生经济补偿金1300.96万元，人均3.1万元。在对其办理手续进行审核后，集团公司共补助企业749.5万元，人均补助1.79万元。以上解除合同人员的社会保险关系和人事档案关系已移交地方管理。

【分配制度改革】 集团公司继续指导企业完善内部分配制度。对2005年所属企业各类人员收入状况进行抽样调查，调查结果显示：岗位工资制度改革后，所属企业内部各类人员之间收入差距加大，实施岗位工资改革越早的企业这一趋势越明显；人均收入水平越高的企业，各类人员收入差距也越大。根据财政部和国资委有关要求，组织完成了企业经营管理者收入、职工内部收入分配情况调查和企业职工工资增长情况调查。按照2006年集团公司对所属企业效绩考核结果，根据《年薪制实施办法》兑现经营管理者绩效年薪，对副职绩效年薪进行审核备案，并撰写了2007年及前三年实行年薪制情况的分析报告。根据《集团公司效绩目标考核办法》，修订下发《所属企业经营管理者年薪制实施办法》，核定下发2007年各企业经营管理者基薪。至2007年末，除牡丹江厂外，所属企业经营管理者均实行了年薪制。

【工效挂钩】 根据集团公司效绩目标考核办法，修订下发对所属企业的工效挂钩办法。同原办法相比，新办法重点对挂钩比例和考核指标进行了修订，适当加大与企业增加值挂钩比例，提高出口产品销售收入提取工资的额度，加强、细化了对产品质量的考核。根据挂钩办法，按照“效益决定工资和强化人工成本控制”原则，核定下发各单位2007年工效挂钩指标。核定所属企业2007年销售收入工资含量系数平均为10.81%，比上年下降1.55个百分点，增加值工资含量系数平均为44.94%，比上年下降6.26个百分点。按照国资委要求和集团经营情况，编制《2007年企业用工、工资总额、人工成本和劳动生产率计划》，向国资委提报2007年集团公司工效挂钩方案和工效挂钩指标基数建议，工效挂钩改复合挂钩为单一价值量（实现利润）挂钩。2007年，集团公司实际提取工资总额为23.08亿。至2007年末，集团公司共有结余工资14459万元。

【工资总额与人均工资】 2007年，按照职工工资随企业效益适当增长，工资发放符合“两低于”的原则，集团公司所属二级企业实际发生职工工资总额21.62亿元，比上年增加2.96亿元，增幅15.85%；全部合并报表单位实际发生职工工资总额24.72亿元，比上年增加3.44亿元，增幅16.14%。二级企业职工人均工资24947元，比上年增加4160元，增幅20.01%。其中在岗职工人均工资27587元（月均2299元），比上年增长4944元，增幅21.83%；非在岗职工平均生活费11651元（月均971元），比上年增长1640元，增幅16.38%。在岗职工人均工资是非在岗职工人均生活费的2.37倍。全部合并报表单位职工人均工资25501元，比上年增加4331元，增幅20.46%。

【工业劳动生产率】 2007年，集团公司所属二级企业实现现价工业总产值劳产率340467元/人，比上年增加71734元/人，增幅26.69%；实现企业增加值劳产率69110元/人，比上年增加9028元/人，增幅15.03%。全部合并报表单位实现现价工业总产值劳产率330515元/人，比上年增加65416元/人，增幅24.68%；实现企业增加值劳产率70765元/人，比上年增加7048元/人，增幅11.06%。

【职工总量控制】 根据集团公司减员总体目标，编制下达所属企业2007年限额人数、计划人数以及主业用工计划。为调整和改善职工队伍的年龄结构和文化技能结构，保证集团公司2010年用工计划的完成，编制下达了各单位进人指导计划。至2007年末，集团公司主体企业职工人数共计85492人。其中在岗职工72367人，非在岗职工13125人。主体企业职工人数比上年末减少2974人。主业用工70390人，比上年末减少1859人；全部与主体企业保留劳动关系95067人，比上年末减少4696人；全部合并报表单位职工人数96655人，比上年末减少2645人。2007年通过改制终止解除劳动合同1288人，其他终止解除合同2222人，另外，办理内退2524人。

【职工构成】 2007年末二级企业全部职工中，在岗职工72367人，非在岗职工13125人。在岗职工按照岗位进行分组的情况为：工人和生产人员49204人，占比68.00%，比上年上升0.7个百分点；学徒372人，占比0.51%，比上年上升0.08个百分点；技术人员7771人，占比10.73%，比上年上升0.09个百分点；管理人员9922人，占比13.71%，比上年上升0.57个百分点；服务人员4772人，占比6.59%，比上年下降1.25个百分点；其他人员326人，占比0.45%，比上年下降0.19个百分点。非在岗职工中：待岗职工493人，内退职工11958人，集体劳务输出96人，因病因伤长期休假578人。

【人工成本管理】 集团公司加强人工成本监控，对所属各单位2005、2006年人工成本、劳产率等7项指标进行整理和对标，在劳资工作会议和财务工作会议上下发各单位，并进行说明和点评，以此引导各单位寻找差距和不足，改进工作。按照实际发生的人工成本计算，2007年，集团公司全部合并报表单位百元销售收入人工成本含量为13.71元，比2006年的15.04元减少1.33元；人工成本占总成本比例为14.41%，比2006年的15.1%下降0.69个百分点；实现劳动分配率42.02%，比2006年的41.02%增加1个百分点；人均销售收入273765元/人，比2006年的220304元/人增长53461元/人，增幅24.27%；人均人工成本37524元/人，比2006年的33129元/人增长4395元/人，增幅13.27%；实现人工成本利润率11.11%，比2006年的4.68%上升6.43个百分点；人工成本占增加值比率62.99%，比2006年的62．33%上升0.66个百分点。按照企业负担的人工成本（进入2007年成本费用）计算，2007年集团公司全部合并报表单位百元销售收入人工成本含量为12.73元，人工成本占总成本比例为13.39%，实现劳动分配率38.15%，人均人工成本34852元/人，实现人工成本利润率11.96%，人工成本占增加值比率58.5%。

【职业技能鉴定】 2007年，集团公司圆满完成鉴定计划。全年共组织鉴定考试41次，近9000人参加各等级鉴定，6300余人获得职业资格证书。集团公司向鉴定量大的企业派质量督导员，对鉴定过程进行现场督导，以保证鉴定质量。组织考评员、管理人员业务复训一期，共100余人参加培训获得职业资格。组织召开2007年度考核年检会议，对部分企业年度鉴定工作进行了检查。

【劳动定额管理】 集团公司继续推进企业劳动定额标准化和企业劳动定额管理工作，到部分企业就加强劳动定额管理进行调研。建立劳动定额统计年报制度，切实加强基础管理工作。组织部分企业参加国家劳标委组织的劳动定额管理培训班。

（王铁瑛 供稿）

职工教育培训

【高技能人才培训工程】 2007年，集团公司职工教育培训工作紧紧围绕“十一五”重点技术引进工作和生产经营实际，以推进高技能人才培训工作为重点，探索建立新型高技能人才评价体系。各单位积极贯彻落实《集团公司“十一五”人才队伍建设发展规划纲要》，进一步完善高技能人才培养体系和激励机制。以落实《集团公司技师管理办法》为契机，初步建立起具有北车特征的新型高技能人才评价体系，高技能人才培养工程取得丰硕成果。全系统高技能人才占技术工人比例达37.88%，集团公司金蓝领人数增加到60人，中级技工占34.4%，初级技工占4.5%，无职业资格的占23.2%。技术工人职业资格持证率为76.8%。2007年，集团公司青年科技论文评比活动首次直接吸纳青年技术工人参加，哈车公司中级制动钳工冀世伟成为技术工人唯一参评者，并获得三等奖。

【职业技能大赛】 2007年11月9日至12日，集团公司在大连举办第三届职业技能大赛暨第二届青年职业技能大赛，进一步推动企业高技能人才培训工作，在激励广大员工立足岗位、勤奋学习、建功成才方面发挥积极作用。这是集团公司首次举办的数控大赛，共设数控车工、数控铣工、加工中心操作工三个比赛项目。大赛共有13个单位的69名选手参加，名列各工种比赛前三名的选手同时获得“中央企业技术能手”和“中国北车集团公司技术标兵”荣誉称号。其中，35岁以下选手同时获得“中国北车集团公司杰出青年岗位能手”荣誉称号。

【技师资格评审】 2007年，集团公司执行新修订的《技师管理办法》。根据国家相关职业标准和集团公司新的《技师管理办法》规定，经集团公司统一组织的本职业鉴定合格、各单位技师评审会评审、集团公司核准和高级技师评审会评审通过，有100人取得本职业技师资格，有52人取得本职业高级技师资格。

【员工培训】 2007年，集团公司继续加强员工培训，重点对技术引进企业培训进行动态跟踪和指导，注重学习国际先进技术培训理念和方法，不断完善培训体系建设，全面推行ISO10015国际培训标准。经年终评审，有10个单位被评为优秀，达到了“规范运作”要求，占应参评企业总数的52.6%。借鉴国际先进培训经验，组织开展的《CNR技能培训规范》编制工作已经启动。继续发布《2006年度所属企业技术工人队伍基本素质状况分析报告》。加强企业培训师队伍建设，全系统取得各等级企业培训师资格人数已达125人。

2007年，集团公司全员培训率为85.2%，培训经费实际支出比例为3.15%。其中：管理人员培训率为81.3%，人均培训2次/年，培训经费占实际总支出的19%以上；工程技术人员培训率为86.4%，人均培训2.4次/年，培训经费占实际总支出的23.4%；技术工人培训率为85.5%，人均培训2.2次/年，培训经费占实际总支出的41%。

【员工培训基地建设】 集团公司有国家高技能人才培训基地8个。2007年，集团公司继续实行“两级培训”原则，注重指导所属企业建立持续提高企业员工队伍知识技能水平的机制和设施，加强8所高技能人才培训基地建设。以企业高新技术和关键技术职业为重点，编制高技能人才集中培训项目计划。2007年，共有1070人参加培训，是年初计划的105.4%。

（刘继斌　供稿）

党群工作

责任编辑　罗宗伟

组织工作

宣传思想工作

纪检监察工作

统战工作

工会工作

共青团工作

总部机关党委工作

组织工作

【综述】 2007年，中国北车集团公司各级党组织以科学发展观和构建社会主义和谐社会战略思想为指导，深入学习贯彻党的十七大精神，认真落实集团公司工作会议暨一届五次党委（扩大）会议的总体部署和集团公司第一次党代会提出的目标任务，紧密围绕企业改革发展稳定，突出集团公司整体改制上市和技术引进消化吸收重点，切实加强和改进党的组织建设，充分发挥了党组织的政治核心作用、党支部的战斗堡垒作用和共产党员的先锋模范作用，为保持集团公司又好又快发展提供了坚强的组织保证。

【先进性长效机制建设】 按照国资委《关于对〈关于加强党员经常性教育的意见〉等四个长效机制文件的情况进行检查的通知》（国资党办组织［2007］4号）要求，集团公司党委进行安排部署，组织所属企业党委进行全面自查，并以此为契机针对薄弱环节加强改进，继续完善制度，进一步健全保持共产党员先进性长效机制。集团公司党委在进行调研、检查和总结的基础上，向国资委党委提交了《关于贯彻落实中央先进性长效机制四个文件工作情况的报告》。4月14日至16日，国资委检查组到齐车公司实地检查关于贯彻落实中央先进性长效机制四个文件工作情况，对集团公司和齐车公司党建工作给予了充分肯定和高度评价。

【党代表会议代表选举】 根据国资委党委关于中央企业系统（在京）党的十七大代表及系统党代表会议代表的推荐提名及选举工作的部署，集团公司党委严格按照“党的十七大代表、中央企业党代表会议代表候选人推荐提名从基层开始，所有基层党组织和党员参加”的要求，通过层层发动，自下而上，上下结合，广泛酝酿，进行民主推荐，有1367个基层党组织和43940名党员参加了推荐提名，基层党组织参与面达到100%，党员参与面达到95.81%。

2007年1月17日，召开中国共产党中国北方机车车辆工业集团公司党员代表大会。大会正式代表130名，实际到会代表130名。大会以差额选举、无记名投票的方式选举产生王立刚、崔殿国、高保江、任玉君、赵明花5人为出席中央企业系统（在京）党代表会议代表。同时，集团公司党委在基层党组织和党员中开展了十七大代表候选人推荐提名工作。经中央企业系统（在京）党代表会议选举，常桂春（女）当选为党的十七大代表并光荣出席会议。

常桂春作为集团公司的优秀党员和先进典型，为北车集团赢得了荣誉，提升了企业形象。新华社以“一个创新层出不穷的女工”为题刊发通稿；中央电视台以“一个拥有特殊‘专利’的人”为题，在《新闻联播》专题节目“十七大代表风采”栏目中进行专题报道；新华网进行专题访谈。同期，《人民日报》、《光明日报》、《经济日报》、《工人日报》、《科技日报》、《中国妇女报》等全国性媒体从不同视角、不同层面对常桂春先进事迹进行报道。

【所属企业党委换届选举】 集团公司党委对所属单位历届两委委员候选人差额比例进行总结、分析、比对，结合实际制订出四项原则，加强对两委委员候选人差额比例的审批把关工作。各级党组织认真贯彻《中国共产党章程》和《中国共产党基层组织选举工作暂行条例》，严格执行集团公司党委下发的《召开党代会换届选举工作程序规定》，认真做好基层党组织的换届选举工作。通过召开党代会，进一步明确本单位改革发展的总体目标和党委工作的主要任务，优化两委班子的年龄、知识、专业结构，使广大党员受到一次深刻的党内民主的再教育。年内，二七机车公司、天津厂、永济厂、太原厂党委召开党员代表大会，完成党委换届选举工作；任期届满的齐车公司、沈车公司、牡丹江厂3个单位党委，经同意推迟召开。

【“四好”班子建设活动】 集团公司党委深入贯彻中组部和国资委党委有关文件精神，把“四好”班子建设作为贯穿“十一五”期间领导班子建设的一条主线，高度重视，突出效果，狠抓落实。各级党组织认真落实《中国北车集团公司党委关于所属企业开展“四好”领导班子创建活动的实施意见》，普遍制定了“四好”领导班子创建活动方案及年度活动工作计划并严格检查落实。年内有西安厂等一批企业领导班子被地方省市委命名为“四好”班子先进集体称号。

【创先争优活动】 集团公司党委结合纪念建党86周年活动，在“七一”前夕组织开展集团公司先进基层党组织、优秀共产党员和优秀党务工作者的评选表彰工作。集团公司党委授予43个党组织“先进基层党组织”称号，授予67名同志“优秀共产党员”称号，授予45名同志“优秀党务工作者”称号。

【专题民主生活会】 3月，按照中纪委和中组部《关于以加强领导干部作风建设为主题开好县以上党和国家机关党员领导干部专题民主生活会的通知》（中组发［2007］3号）精神和国资委文件要求，集团公司党委常委会和所属单位党委分别召开了以加强领导干部作风建设为主题的党员领导干部专题民主生活会。两级领导班子及成员认真学习胡锦涛总书记在中央纪委第七次全会上的重要讲话，对照胡锦涛总书记提出的八个方面良好风气的要求和所征求的职工群众意见，严格检查自身在思想作风、学风、工作作风、领导作风、生活作风方面的情况，深入查找自身存在的不足和问题，开展积极的批评与自我批评，并就自身存在的问题深刻剖析思想根源，提出整改措施认真整改，达到了进一步增强党性锻炼、加强党性修养的目的。

【年度民主生活会】 按照国资委党委和《中国北方机车车辆工业集团公司党员领导干部民主生活会细则》要求，集团公司党委常委会和所属单位党委分别召开了以“深入贯彻党的十七大精神，推进集团公司实现又好又快发展”为主题的2007年度民主生活会，深入学习贯彻党的十七大精神，进一步落实集团公司一届六次全委会、经营管理座谈会各项要求，总结经验，查找问题，推进2008年度工作部署，切实加强领导班子思想作风建设。

集团公司党委常委会在征求所属企业党委和总部机关群众意见的前提下，重点围绕学习贯彻党的十七大精神和新党章，学习集团公司党委一届六次全委会、经营管理座谈会精神；按照科学发展观对企业发展的要求，对照检查在转变发展方式、推进改制上市、维护队伍稳定、确保完成本单位绩效目标和生产经营任务中的思想认识、精神状态、信心决心以及真抓实干的具体行动和实际效果等情况；全面总结领导班子建设的具体做法、主要成效和存在不足，实事求是地进行自我总结、剖析，查找思想根源，提出整改措施；贯彻落实中央四个长效机制文件要求，不断完善党内各项制度，加强先进性长效机制建设等方面进行。所属企业按照集团公司党委统一部署，按期召开党员领导干部民主生活会。集团公司党委常委成员和有关领导分别到会参加并指导，进一步提高基层生活会的质量。

【党务公开工作】 3月，集团公司党委制定下发《关于推行党务公开的指导意见》(北车党组［2007］14号)。《意见》明确提出要进一步增强党的工作透明度，提高党组织科学决策能力，激发党员参与党内事务的积极性，增强党组织的凝聚力，实现广大党员和职工群众对本级党组织的有效监督，构筑起民主、开放、公开的党务工作新机制。各级党组织按照《意见》要求，积极探索，勇于创新，通过营造氛围，大力推进党务公开工作；强化指导，明确公开目标；抓住关键，细化公开内容；大胆探索，丰富公开形式；有序操作，规范公开程序；健全机制，落实公开责任；有效融合，以党务公开促进企业改革发展等一系列卓有成效的工作，基本构建起集团公司所属企业党委、基层分党委、党(总)支部三级党务公开网络，建立起党务公开的运行机制和制度保障体系。党务公开工作达到了党员满意、职工群众满意的良好效果。西安厂党委《企业党务公开的实践与思考》列入国资委党建年度调研课题。

【"双培"主题实践活动】 各级党组织认真贯彻集团公司党委《关于在技术引进消化吸收工作中开展"把党员培养成骨干，把骨干培养成党员"主题实践活动的通知》(简称"双培"主题实践活动)精神，把"双培"主题实践活动作为贯穿"十一五"的一项长期重要的工作，作为新形势下紧扣第一要务，有效发挥政治核心、战斗堡垒和党员先锋模范作用的最佳切入点，作为市场经济条件下保持党员先进性的具体内容，紧密结合自身实际，研究制定骨干标准，选择确定培养对象，检查落实工作方案，总结推广典型经验，创造性地开展活动。

为促进"双培"主题实践活动的进一步深化，11月下旬，集团公司党委在西安召开"双培"主题实践活动经验交流现场会。会议回顾总结了两年来"双培"主题实践活动取得的成绩和存在的问题，深刻分析推进"双培"活动面临的形势和任务，对今后一个时期深化"双培"活动提出了要求。集团公司党委书记王立刚出席会议并作重要讲话。集团公司所属企业分管领导、组织部门负责人和基层党组织负责人代表近60人参加会议。会议期间，与会同志观看了西安轨道装备公司开展"双培"活动纪录片，西安轨道装备公司党委和该公司技术党总支作了经验介绍；长客股份公司、二七轨道装备公司、同车公司、大连机辆公司、沈车公司、永济电机电器公司等单位作经验交流。

【党员教育管理】 集团公司各级党组织从加强党员组织关系管理入手加强党员教育管理工作。贯彻落实中组部《关于严格使用新式样〈中国共产党党员组织关系介绍信〉的通知》、《关于印发〈中国共产党流动党员活动证〉和〈中国共产党党员组织关系介绍信〉修订式样的通知》、《关于切实做好流动党员组织关系接收工作的通知》以及中央组织部、外交部党委、教育部党组和人事部党组《印发〈关于做好留学回国人员党员恢复组织生活工作的意见〉的通知》，结合实际，分别提出贯彻措施，进行检查落实，保证每名党员能够正常参加党的组织生活，接受党组织的教育、管理和监督。

【发展党员工作】 集团公司各级党组织深入贯彻中央"坚持标准、保证质量、改善结构、慎重发展"的发展党员工作十六字方针，认真落实《中共中央组织部关于进一步做好新形势下发展党员工作的意见》，注重在生产、科研、经营一线、青年和知识分子中发展党员，切实加强对入党积极分子的教育培养。2007年，共发展新党员939名。发展的新党员中，生产、工作一线党员684名，占发展总数的72.84%；工人党员497名，占发展总数的52.93%；35岁以下青年党员540名，占发展总数的57.51%；高中以上文化的党员873名，占发展总数的92.97%。发展的新党员中，各类先进模范人物167名，占发展总数的17.78%。发展优秀团员入党175名，经团组织“推优”的175名，“推优”率为100%。

至2007年末，集团公司共有党员42844名。其中，在岗职工党员29499名，占68.85%；离退休（退职）党员13305名，占31.05%；其他党员40名，占0.09%。

【党内帮扶工作】 集团公司党委按照建立健全党内激励、关怀、帮扶机制的要求，构建和谐企业，充分体现集团公司党委对生活困难党员和老党员的关怀。落实国资委党委关于春节前慰问生活困难党员和老党员有关工作的通知精神，春节、元旦期间，以建国前入党的生活困难老党员（1949年9月前入党）、下岗失业职工中生活困难党员和获得集团公司以上各种荣誉称号的生活困难党员为重点，开展走访慰问活动。

集团公司党委下发通知提出要求，转发国资委党委致中央企业老党员和生活困难党员的《慰问信》。集团公司7名党委常委全部深入到基层单位走访慰问生活困难党员和老党员。各所属企业由党政领导带队，组织、工会等部门参加，共计走访困难党员、建国前老党员1063人。除使用国资委党委下拨103200元专款外，集团公司党委和基层党组织使用党费和自筹资金193200元，向困难党员和老党员发放慰问金、慰问品共计金额296400元。

【党内统计工作】 12月下旬，落实中央企业党内统计工作会议精神，指导培训新软件使用、厂所党内数据转库及信息采集录入等工作，集团公司采取以会代训形式在铁道部党校召开了党内统计工作会议。会议对上半年党内统计工作进行总结交流，对出现的问题进行分析研究，对年终党内统计以及党费收缴管理工作作出安排布置，对新软件的转换和使用进行了培训。组织所属企业圆满完成集团公司年终党内统计和党费收缴工作，并分别向国资委提交了报告。

（张之明　供稿）

宣传思想工作

【综述】 2007年，集团公司宣传思想工作和企业文化建设按照“内聚人心、外塑形象、强本固基、稳步推进”的总体思路，积极推进理论研究、思想教育、企业文化、新闻宣传、队伍建设等各项工作，进一步夯实宣传思想工作基础，为集团公司又好又快发展提供了思想和文化保证。

【党委中心组学习】 集团公司党委加强年度中心组学习计划的安排，确立了重要会议精神和党风廉政教育、企业相关法律知识学习、科技管理和人文知识学习，以及党的十七大理论学习四个专题。系统学习了十届人大五次会议、国资委领导干部会议、全国铁路工作会议和全路科技大会精神。结合党风廉政建设，学习了中共中央纪委七次全会精神，组织学习《中共中央纪委关于严格禁止利用职务上的便利谋取不正当利益的若干规定》，观看中纪委编发的系列廉政教育警示片。结合集团公司整体改制上市工作，连续组织法律法规的扩大学习，邀请证监委法律部法规处、国资委改革局、法制局、产权局等领导分别就《证券法》、《公司法》和国有产权管理等相关内容进行辅导。第四季度，党委中心组将学习贯彻十七大精神作为理论学习的核心，进行周密部署。集团公司党委中心组理论学习的经验和做法得到国资委党委充分认可。9月13日，在国资委党委召开的中央企业党委（党组）中心组理论学习交流视频会议上，王立刚代表集团公司党委作了经验交流。

【员工理论与思想教育】 集团公司党委下发《关于认真学习贯彻胡锦涛总书记在中央党校重要讲话精神的通知》，对全集团开展6·25讲话的学习提出明确要求。下发《关于认真学习贯彻党的十七大精神的通知》，并提出明确要求。针对集团公司整体改制上市过程中可能出现的矛盾和思想波动，及时编发《股份制改革宣传提纲》，对股份制改革过程中的宣传重点、宣传口径进行了统一。结合年度效绩指标调整，指导所属企业宣传部门及时编发宣讲提纲，结合企业和集团公司改革发展实际，开展形势任务教育。结合“1·14”质量事故，及时刊发消息和评论，指导所属企业开展以“大反思”为专题的教育活动。对全集团“五五”普法教育活动作出制度性安排。企业的年度专题教育活动紧密结合质量、效率、成本、安全、市场等生产经营核心环节，取得明显成效。

【企业文化建设】 集团公司坚持“立足实际、突出重点、继承创新、循序渐进”的原则，深入开展企业文化建设。继续推进企业文化咨询工作。根据北车企业文化调研诊断结果，适时启动理念体系构建阶段的工作，形成理念体系方案初稿。坚持“继承创新、统一品牌、面向国际”的原则，启动中国北车企业形象识别系统改进设计工作。编辑完成集团公司2006年年报。《中国北车》画报编发集团公司扶贫开发、第六次大提速和天津厂节能减排专辑，宣传北车集团的良好形象。所属企业结合各自特点，开展了富有特色的文化建设实践活动。

【对内对外宣传】 集团公司逐步推进新闻宣传各项改革，建立集团公司新闻信息报送与考核机制、《中国北车报道》编辑协调配合机制，初步组建了集团公司特约新闻记者和特约通讯员队伍。全面推进《中国北车报道》改革。发行量由2500份增至5000份，部分企业实现了《中国北车报道》进班组。北车报道的出版周期由旬刊改版为周刊。完善新闻考核评比机制，全年所属企业上报新闻稿6370篇，实现了数量与质量的同步增长。加强重点新闻的策划，组织了4·18大提速、国家装备制造业集中宣传、北车管理年专题和迎接十七大专题等新闻报道活动。加强所属单位改革发展中重点工作的报道，推出“长客股份公司城轨业务发展纪实报道”、“同车公司质量整改纪实报道”、“大连机辆公司技术引进情况纪实报道”、“四方所技术产业化发展专题报道”、“南口厂改革发展专题报道”、“永济厂技术引进工作专题报道”和“集团公司职工技能大赛专题报道”等，有效发挥了舆论引导作用。继续坚持以《人民铁道》报为外宣主阵地，发稿继续保持行业领先态势，全年累计发表北车新闻200多篇。加强网络新闻的会签和把关，全年累计发布新闻1200多条，国资委网站采用近200条，中央人民政府网站采用近30条。

【宣传队伍建设】 制定2007～2009年度集团公司宣传培训计划，明确宣传思想工作培训的要求。按照集团公司关于加强专家人才队伍建设的总体规划和年度计划，推荐优秀的宣传思想工作者参与集团专家人才的评选工作。筹备集团公司新闻记者和通讯员培训，按照基础性与实战性相结合的原则，对集团内新闻工作者进行集中强化培训。依托《中国北车报道》，继续推进编辑挂职轮训和版面协同组织工作。建立齐齐哈尔轨道装备公司、长客股份公司、大连机辆公司、西安轨道装备公司、永济电机电器公司五个版面编辑分部。按照项目化运作、梯次化培养的模式，组织了专题性的新闻采访和理论研究工作。

【综合治理工作】 针对反邪教工作在局部出现反弹的情况，继续加强监控和打击力度，各项工作基本保持稳定。由于措施得力，二七机车肖金波事件的处置工作得到国资委领导的肯定。在十七大前期，集团公司党委建立了24小时信息通报机制，对所属所有企业防控邪教工作进行监控，确保了十七大期间的稳定。召开2007年集团公司综合治理工作年会，总结工作，并对下一步工作进行布置。 （刘海奇　供稿）

纪检监察工作

【综述】 2007年,集团公司各级纪检监察部门认真贯彻中央纪委七次全会和中央企业纪检监察工作会议精神,落实集团公司党风建设和反腐倡廉工作会议部署,坚持服务大局、融入中心的总体思路,紧密围绕集团公司改革发展和党的建设重点工作,全面履行职责,以全面加强领导人员作风建设为重点,努力做好治理商业贿赂对不正当交易行为自查自纠工作进行检查评估、学习贯彻禁止利用职务便利谋取不正当利益的规定两项全局性工作,认真落实领导人员廉洁从业、查处违纪违法案件、效能监察、源头预防和治理、纪检监察队伍自身建设反腐倡廉五项重点工作,推动党风建设和反腐倡廉工作取得新成效,为集团公司保持良好发展局面发挥重要作用。

【反腐倡廉工作会议】 2007年1月19日至20日，集团公司在北京召开党风建设和反腐倡廉工作会议，传达贯彻党的十六届六中全会和中央纪委七次全会精神，落实集团公司工作会议暨一届党委五次（扩大）会议工作部署，总结交流2006年党风建设和反腐倡廉工作，研究安排2007年的工作任务。集团公司总部副总师以上领导、党群部门负责人和所属企业党委书记、纪委书记参加会议。集团公司党委副书记、纪委书记李文科作题为《坚持不懈地加强党风建设和反腐倡廉工作，为集团公司又好又快发展提供有力的政治保证》的工作报告。党委书记王立刚、总经理崔殿国分别作重要讲话。王立刚就加强惩防体系制度建设、积极推进廉洁文化建设和认真落实廉洁自律规定等问题进行系统阐述，提出了相关原则和工作要求。崔殿国围绕党风廉政建设责任制落实、抓好领导干部廉洁自律和关心支持纪检监察工作等问题，对所属企业和各级领导提出了明确要求。

【惩防体系建设】 集团公司坚持把构建惩防体系作为全集团改革发展的基础性建设和反腐倡廉的工作主线，纳入党风建设反腐倡廉工作会议、年度纪检监察工作要点和反腐倡廉重点工作任务分解。通过纪委书记座谈会、党建工作调研、基层检查指导等方式，推进惩防体系建设第一阶段各项任务落实。通过分解落实惩防体系建设责任，进一步增强领导干部和业务部门抓党风建设和反腐倡廉工作责任意识、主体意识、主动意识，使经营管理工作与反腐倡廉工作紧密结合。通过体制机制创新，进一步强化源头预防。在引入市场机制，推行“阳光操作”；实施资源重组整合，强化集团调控职能；推进整体改制上市，加快现代企业制度建设等方面取得重要进展。集团公司和所属各企业普遍制定实施了领导班子和干部队伍建设、经营决策和投资管理、资金管理和财务风险防范、领导人员的激励和约束等一系列制度规范，制度体系日趋完善，监督约束更加有力。全集团惩防体系建设第一阶段的工作目标基本实现。

【领导干部廉洁自律】 集团公司落实中共中央办公厅关于党员领导干部报告个人有关事项的规定，制定下发《实施办法》，开展了首次领导干部报告个人有关事项，集团公司总部55名中层以上管理人员和所属企业183名领导班子成员报告了个人有关事项，报告率达100%。执行中纪委关于严格禁止利用职务上的便利谋取不正当利益的《若干规定》和在规定期限内主动说清问题、上报处理情况的《通知》，组织领导干部学习对照，开展了清理查纠工作。贯彻《党内监督条例》，坚持开展领导干部述职述廉，实施2006年度所属企业党政主要领导述职考评工作，38名党政主要领导向集团公司党委书面报告了思想、工作、自律及作风等情况，6个单位的12名党政主要领导进京进行了口头述职。坚持廉洁谈话制度，实施任职谈话、诫勉谈话和主要领导人员谈话。落实集团公司反腐倡廉和经营工作会议要求，把“八个坚持、八个反对”和胡锦涛总书记倡导的八个方面的良好风气纳入“四好”班子建设、廉洁从业考核和党员干部培训。结合技术引进、资产重组、实现经营目标等重点工作加强检查和督导，认真解决制度不落实、工作不到位、政令不畅通等突出问题。全集团领导干部参加廉洁承诺1837人、述廉评廉2150人，实施领导干部任职谈话571人、诫勉谈话86人，有117人主动上交礼品、礼金、有价证券等19.7万元。

【效能监察工作】 集团公司下发《关于做好2007年效能监察工作的意见》，明确将成本质量管理、主辅分离改制分流和不良资产处置管理等三项内容作为效能监察工作重点。所属各企业按照集团公司统一部署，加强领导，精心组织，把握关键，认真实施，在取得实效上下功夫。全集团共立项开展效能监察52项，其中涉及成本质量管理16项，资产管理11项，技术改造7项，主辅分离改制分流、干部纪律作风、提高执行力等18项。在效能监察中，纪检监察部门发现案件线索3件，立案调查2件，处理党员干部2人，避免经济损失433万元，挽回经济损失363万元，节约资金3300万元；提出效能监察建议155条，作出监察决定16个，建立规章制度23个。除集团公司统一立项项目外，各单位还从实际出发，开展了资金管理、技术引进、集资建房、搬迁改造等多项效能监察。

【案件检查与审理】 落实国资委纪委案件管理工作要求，制定实施了集团公司《党纪政纪案件备案管理暂行办法》，完成上年备案案卷整理归档工作。对同车公司、沈车公司、哈车公司、太原厂等8个单位上年查结的案件质量和处分决定落实情况进行检查，就文书不规范等问题提出整改意见。研究制定案件装卷样本，进一步提高案件管理工作的制度化、规范化水平。认真履行查办案件的重要职能，保持工作力度，坚持严格依纪依法办案，共受理信访举报123件，查处违纪违法案件14件，处理党员干部21人。注意教育保护干部，完善防范措施，发挥查案工作的治本功能。重视和加强治理商业贿赂专项工作，及时转发国资委关于治理商业贿赂对不正当交易行为自查自纠工作进行检查评估和“回头看”的两个《通知》，组织纪检监察部门重点就产权交易环节的自查自纠工作进行检查评估和“回头看”，使广大干部职工普遍受到教育，依法经营意识得到加强。

【廉洁文化建设】 按照国资委统一部署，在全集团积极推进廉洁文化建设。年初召开集团公司反腐倡廉工作会议，专门就廉洁文化建设进行交流研讨，在此基础上进一步完善规划。组织调研小组对所属企业的廉洁文化建设工作进行专项调研，在此基础上拟定《中国北车集团公司深入开展廉洁文化建设的意见》。所属企业不断深化对廉洁文化建设的认识，结合企业文化建设、惩防体系建设，围绕完善管理推进廉洁文化建设。积极倡导中央企业“廉洁从业、诚信守法、行为规范、道德高尚”的廉洁文化理念，注重提炼和培育具有本企业特色的廉洁文化核心理念。全集团共开展廉洁文化建设活动29场（次）、反腐倡廉教育373场（次），受教育人数达30870人（次），主要领导讲党课或作反腐倡廉报告46人（次）。

【纪检监察基础工作】 纪检监察部门注意加强自身建设，67名工作人员参加了境外考察培训和业务知识集中培训。针对重组改制、经营管理、惩防体系和廉洁文化建设中需要解决的问题，确定36个调研课题，撰写38篇研讨文章和调查报告，较好地发挥了参谋助手和指导推动工作的作用。

（纪委办公室　供稿）

统　战　工　作

【综述】 2007年,集团公司党委统战工作紧紧围绕集团中心工作和企业改革发展中的突出问题,指导企业开展“爱企业、献良策、做贡献”主题实践活动,推荐党外代表人士担任全国、省市和区各级政协委员,调动了广大党外人士、知识分子的积极性和创造性。

【“爱祖国、献良策、做贡献”主题活动】 按照中央统战部和国务院国资委党委的统一部署，集团公司及所属企业党委紧密结合企业实际，通过召开党外人士各类座谈会、开展科技攻关立项活动和建言献策征集活动等载体，广泛开展“爱企业、献良策、做贡献”主题活动。据统计，共有917名党外人士参加主题活动，建言献策562条，其中227条被企业采用，产生经济效益713万元。在中央统战部和国务院国资委党委于4月召开的中央企业“爱企业、献良策、做贡献”主题活动推进会暨2007年中央企业统战工作会议上，大连机辆公司党委作为5个经验交流单位之一，在大会上作经验介绍。集团公司党委的“明确定位，搭建平台，搞好服务，努力做好新时期企业统战工作”，大连机辆公司和齐车公司的经验材料被国资委统战部编入《中央企业开展‘爱献做’主题活动推进会暨2007年中央企业统战工作会议材料汇编》。

【政协委员推荐】 集团公司党委按照国务院国资委党委统战部的要求，积极主动推荐党外代表人士入选全国、省市和区各级政协。集团公司所属企业共推荐党外代表人士19名，其中，集团公司推荐二七机车公司总工程师李海滨为全国政协委员，推荐南口厂总工程师魏亦南为北京市政协委员。

（金秀荣　供稿）

工　会　工　作

【综述】 2007年,集团公司各级工会组织以科学发展观为指导,认真贯彻集团公司工作会议暨一届五次党委扩大会议精神,全面融入改革发展稳定大局,深入实践中国特色社会主义工会维权观,广泛开展职工经济技术创新活动,不断深化职工民主管理,全力推进“创争”活动,加强工会组织自身建设,健全完善帮困救助机制,构建和谐稳定劳动关系,促进了企业和职工共同发展,为集团公司全面完成年度生产经营目标作出贡献。

【理论学习和宣传教育】 集团公司组织工会干部和职工深入学习党的十七大精神。抓好形势任务教育，上半年，重点宣传集团公司工作会议暨一届五次党委扩大会议、经营工作会议、安全工作会议精神；下半年，重点抓好指标调整后的形势任务教育，引导职工把思想统一到集团意志上来，把力量凝聚到实现经营目标上来。同时，把强化按规则操作的“标准化意识”教育贯穿始终。配合党政组织，做好十七大期间来信来访工作。广泛开展企业精神、职业道德、企业价值理念的宣传教育和健康向上的文体活动。

【集团公司首次职工代表大会】 2007 年 10 月 30 日，在北京召开了集团公司首次职工代表大会。135 名职工代表，除 3 名代表因事请假外，132 名代表出席大会。会议听取总经理崔殿国作的题为《推进整体改制，转变发展方式，努力开创集团公司又好又快发展新局面》行政工作报告；听取了副总经理孙锴代表集团公司作的关于《整体改制上市方案》和《整体改制职工安置总体方案》的说明；审议了整体改制上市方案；投票表决通过了职工安置总体方案；形成了大会决议。党委书记王立刚作题为《深入贯彻党的十七大精神，为开创北车集团又好又快发展新局面而奋斗》的重要讲话。这次职工代表大会的成功召开，为推进整体改制上市工作进程，进一步完善集团公司层面职工代表大会制度奠定了基础，受到国资委群工局的肯定。

【群众生产活动】 年内，各单位工会组织开展厂级劳动竞赛 87 场次，参加职工 86420 人次；提合理化建议 6596 条，开展技术革新项目 2071 项。加强职工保安全体系建设，探索建立工会系统安全信息反馈机制。组织职工代表安全巡查 89 次，提出事故隐患和职业危害整改意见 499 项。全集团有 3 个集体、3 名个人分别获得全国五一劳动奖状和全国五一劳动奖章，5 个集体、34 名个人获得省部级先进称号。组织 20 名劳模赴加拿大、美国观光考察。

【编辑出版《感动北车》】 2007 年，集团公司工会组织编辑《感动北车》一书，由中国工人出版社出版。该书共精选发生在全集团 9 万多名普通职工中的故事 302 篇。集团公司党委书记王立刚、总经理崔殿国、工会主席董宇分别为该书撰写序言。中国工人出版社对该书的出版给予较高评价。《感动北车》第一版共印刷发行六万册，覆盖全集团每个班组和 60% 以上职工，在基层引起强烈反响，受到职工普遍欢迎，并在全国新华书店上架展销。

【创争活动】 全面推进落实集团公司党政工团联合印发的《关于深化“创建学习型组织，争做知识型职工”活动的指导意见》（北车党办［2007］21 号）。召开集团公司创建学习型班组座谈会。参与组织集团公司数控类设备操作职业技能大赛。组织订购《现代企业班组建设与管理》教材。全集团 2007 年度职工教育经费提取平均比例达到 1.67%。各单位工会累积投入创争活动经费 200 多万多元，举办 68 期创争活动培训班，培训人数达 17268 人次，3905 个班组参加创建活动，总结推广先进操作法 142 项。

【职工民主管理】 各企业共召开职代会 43 次，12 个单位采用票决制审议通过 24 项涉及职工切身利益的重大事项，11 个单位通过职代会评议厂级领导 104 名。对《劳动合同》和《集体合同》签订履行情况进行调研检查，11 个单位审议通过并签订了新一轮集体合同。探索建立职工董事、监事制度，全集团 19 家公司制企业，有 18 家设立职工董事，全部由工会主席出任；19 家设职工监事，共有职工监事 24 人，其中 12 个企业的 13 名职工监事由工会干部出任。各单位工会共培训厂级职工代表28次。组织对集团公司层面厂务公开情况进行自查，填报《中央企业厂务公开民主管理工作手册》。落实《职代会报告备案制度》，对各企业召开职代会情况进行分析，向全集团印发了通报。

【生活保障工作】 集团公司工会筹集127万元专项送温暖资金，下拨各企业开展送温暖活动。协调安排集团公司8位在京的党政工领导，深入到14个企业30多户职工家中送温暖。各企业工会以发展完善帮困救助、爱心助学、医疗补充机制为重点，努力推进“三不让”活动。全集团用于困难职工补助支出共计500多万元，资助困难职工1.5万人次。162名厂级领导联系困难职工381户。金秋助学活动共筹集资金49万元，资助800名家庭贫困的职工子女顺利走进校园。职工疾病医疗补充保险救助3102人，救助金额277万元。集团公司工会对遭受暴雨灾害的济南公司职工给予了及时救助。

【集团公司第二届运动会】 2007年8月18日至20日，集团公司在齐车公司举办第二届运动会。集团公司所属企业和总部机关共20个代表队327名运动员、裁判员参加了田径和大众体育25个项目的比赛。本届赛会取得良好的运动成绩，破2项中国火车头纪录和12项北车集团纪录。在此之前，先后在大连机辆公司、沈车公司、西安轨道装备公司、济南轨道装备公司的支持下完成了乒乓球、羽毛球、毽球、桥牌、男子篮球5个单项比赛。

【工会自身建设与改革】 3月31日至4月2日，集团公司工会召开二届二次全委会议，补选董宇为集团公司工会主席。集团公司党委书记王立刚参加会议并作重要讲话。7月13日至14日，集团公司工会经审委召开二届二次全委会议。兰州公司、天津公司、二七机车公司、四方所工会按期换届改选。召开了集团公司工会工作专家组会议。修订《集团公司工会工作考核办法》，制定了《集团公司工会经审工作规范化考核办法》。举办全集团工会办公室主任暨信息工作培训班、工会干部新港培训班和工会生产宣教干部培训班，共培训工会干部105人次，其中办公室主任培训班的情况在铁总的会议上作了经验介绍。就做好改制中的工会工作下发了三个指导意见。全集团33家新改制分流企业中的19家建立了工会组织，28家建立了职代会制度。

【工会女职工工作】 全集团各级工会组织带领广大女职工深入开展“巾帼双文明立功竞赛”和“女职工素质提升工程”。9月19日至20日，集团公司工会女工委员会召开二届二次全委会议。集团公司工会于“三八”节前夕表彰了55名先进女职工和10个先进女职工集体。全年有8个单位签订了女职工特殊权益保护专项集体合同。各单位共计对14120名女职工进行妇科病检查，普查中共发现病例3496例。全集团共举办各种形式女职工干部培训班30期，培训人数1182人次。

【工会信息工作】 2007年，各单位共向集团公司工会报送信息658篇（条），采用136篇，编辑《中国北车工会信息》56期。上报全国铁路总工会和国资委群工局23篇，被采用19篇（次），其中有8个企业的信息经转报后被上级采用。集团公司工会信息工作受到国资委群工局表彰并在会上作经验介绍。

【工会财务经审工作】 集团公司加强沟通，个别单位拖欠工会经费问题开始得到解决。重视资金安全，强化经审工作，施行了《工会经审工作考核办法》。对济南公司、唐山公司、二七机车公司进行工会主席离任审计。对西安公司、永济公司、同车公司、太原公司工会经费收支情况进行审计监督。对同车公司、沈车公司、西安公司进行工会会计基础工作规范化检查认定。各企业工会经审委开展同级审查30次，开展下级审查32次。清查了工会不动产。提出指导意见，强化改制分流企业工会财务管理。

（工会办公室　供稿）

共青团工作

【综述】 2007年，集团公司各级共青团组织以学习宣传党的十七大精神为重点，扎实推进共青团思想筑基、文明先锋、学习成才、创新创效、团建创新“五大行动”，各项工作取得长足进展，收到良好效果。

【党的十七大精神学习宣传】 在党的十七大召开前，集团公司团委按照上级团组织的工作部署，结合集团公司实际情况，在所属企业团员青年中开展了“以优异成绩迎接党的十七大”主题实践活动。各基层单位认真研究制定活动方案，引导团员青年立足本职岗位创造优异成绩，为党的十七大召开营造良好的舆论氛围。党的十七大召开后，集团公司团委立即下发《关于开展“立足新起点，创造新业绩”学习贯彻党的十七大精神主题活动的通知》，所属各单位团委积极行动，认真落实，制定详细的学习计划和活动安排。通过三会一课、座谈讨论、知识竞赛等形式，在短时间内迅速掀起学习热潮。

【学习贯彻胡锦涛总书记回信】 按照集团公司党委的要求，集团公司团委迅速制定活动方案，下发《关于学习贯彻胡锦涛总书记给中铁二十一局五位青年技术人员的回信的通知》。所属各单位团委按照集团公司团委的统一部署，结合学习宣传党的十七大精神，通过团的各种会议、团课和团讯、青年网站、板报等方式，传达、学习胡总书记回信。召开200多场由企业领导、技术专家、先进青年典型、团干部等不同层次、不同类别人员参加的座谈会，3600多人参加座谈讨论。举办70余场“老专家老技术人员与青年技术人员共话成长”对话会。结合实际开展了360余次岗位竞赛、义务奉献活动，参与青工达3500人次。

【纪念建团85周年活动】 按照上级团组织有关部署，集团公司团委印发《关于开展纪念中国共青团成立85周年暨“五四”运动88周年活动的通知》，以“我与祖国共奋进”为主题，开展纪念活动。各级团组织通过多种方式，加强团员青年爱国主义教育，增强团组织的活力和凝聚力。哈车公司、大连机辆公司、长客厂、太原厂、大连所、二七机车公司等单位团委召开了建团85周年纪念大会并命名表彰先进集体和个人。齐车公司团委组织了“青春万岁”大型文艺演出。长客股份公司团委开展首届“十大杰出青年”评选命名活动。济南厂团委发动百余名团员青年开展“净化厂容”、“服务社区”青年志愿者活动。同车公司团委开展拔河、绳毽接力、“奥运火炬”传递等文体活动。沈车公司、永济厂等单位团委开展了“学团史，知团情”知识竞赛和征文等活动。

【团的宣传思想工作】 集团公司团委重视发挥团的宣传信息工作的交流平台作用。继续办好《北车青年工作通讯》，加强基层单位工作情况交流。全年编发《北车青年工作通讯》46期。加强在中央企业青年网的宣传工作。在“央企青年工作新闻”、“青春旋律”、“企业领导讲话”等栏目投稿83篇，采用81篇。集团公司团委在中央企业2007

年信息工作考核中排名第三。

【青年文明先锋行动】 集团公司团委继续按照“立足厂区、服务社区”的原则，指导所属企业团组织在“两节”期间，配合企业党政做好“送温暖、献爱心”活动。所属企业团委通过组织团干部走访慰问包保对象等方式开展奉献活动。部分企业团组织重点了解掌握困难青工的情况，有针对性地做好帮扶工作。以“3·5”学雷锋纪念日为契机，组织团员青年围绕本单位生产经营、现场管理、社区服务等，广泛开展学雷锋义务奉献活动。组织开展各种便民、利民活动，进一步推动“互助互济、争献爱心”良好社会风气的形成。继续做好帮扶北车希望小学工作。第二季度，集团公司团委与服务中心共同主办，为定点帮扶的甘谷北车希望小学捐制小学生课外活动器械。西安厂青年志愿者承担了具体制作任务，制作完成篮球架、排球网架、双面滑梯、单双杠等多种体育器材，及时运送到北车希望小学，受到希望小学师生和家长欢迎。

【成立青年志愿者服务总队】 2007年，集团公司团委成立由爱心社、礼仪社、咨询社三个分社组成的北车青年志愿者服务总队。4月中旬，在齐车公司召开成立大会，所属企业团委负责人、青年志愿者代表60人出席会议。集团公司党委副书记、纪委书记林万里为青年志愿者服务队代表授队旗并对集团公司青年志愿者工作提出希望和要求。大会通过了总队章程，交流了工作经验，推选齐车公司、长客股份公司和大连机辆公司为三个分社的首批轮值单位。北车青年志愿者服务总队成立后，先后为铁道部货车展、铁道部安全工作会议等服务20余次，优质的服务得到铁道部领导和各企业领导的高度赞誉。

【北京2008年奥运会驾驶员志愿者组织和管理】 在2006年发动招募的基础上，2007年7月，经过中央企业团工委和北京奥组委的层层选拔，集团公司总部、二七机车公司和南口厂共有23人入选北京奥运会驾驶员志愿者行列。集团公司团委按照中央企业团工委的工作部署，着力加强对入选人选的驾驶技能培训和志愿者信息的网上录入工作，及时、认真地做好有关事项的组织管理工作，保证北京奥运会驾驶员志愿者审核、录用工作的顺利进行。

【第二届集团公司十大杰出青年评选】 7月，集团公司党政工团联合下发文件，开展第二届“中国北车集团公司十大杰出青年”评选活动。评选活动得到各方高度重视，集团公司党委书记王立刚，党委副书记、纪委书记林万里分别对评选活动作出重要批示。集团公司团委通过北车网站、中国北车报道对人选进行广泛宣传，形成良好的学习宣传氛围。经过历时4个月的评选，长客股份公司王洪亮、唐车公司朱宝利、南口厂许阿萍、大连电牵研发中心吴健、二七机车公司张民才、西安厂李永军、沈车公司杨洋、同车公司杨东平、大连机辆公司杨守君、齐车公司邵文东当选第二届“中国北车集团公司十大杰出青年”。

【青年文明号管理】 集团公司团委按照“关注岗位业绩、突出团队精神、加强过程考核、实行优进劣汰”的原则继续规范所属各单位青年文明号创建标准和创建过程。9月，集团公司团委对集团公司级青年文明号进行考核，新命名一批青年文明号。年内，太原厂产品开发部车辆设计组、兰州厂电机电器分厂定子班被命名为全国青年文明号，大连电牵研发中心TCN网关研发小组被命名为中央企业青年文明号。

【青年岗位能手活动】 9月，集团公司团委下发文件，开展青年岗位能手评选活动。经所属各单位推荐，集团公司团委审核、集团公司团委委员公开投票，评选出齐车公司吕倩、长客股份公司孔风、大连机辆公司刘爱军、济南厂刘胜勇、西安厂张丁文为“中国北车集团公司杰出青年岗位能手”，授予23名青年职工“中国北车集团公司青年岗位能手”称号。年内，齐车公司孙喜忠、霍卫国，长客股份公司王兆福被命名为中央企业青年岗位能手。

【青工技能振兴计划活动】 上半年，集团公司团委组织开展了导师带徒、学技练功、技术比武活动。所属各单位广泛开展了青工技能振兴活动，激发青工爱岗敬业、争当岗位能手的热情。同车公司团委以“增强青工创新能力，确保和谐D2机车批量生产”为主题，举办了“青工技能月”活动。二七机车公司团委聘请业内专家为青年数控机床和加工中心操作者进行了为期一周的培训。太原厂团委邀请工厂的焊接专家，对工厂几年来焊接方面的先进经验、技术绝活、改良工具进行收集、总结，举办焊接先进作业法讲座，请高级技师为青工授课，促进青工岗位技能的快速提高。

【第二届青年职业技能大赛】 4月，集团公司举办第三届职业技能大赛暨第二届青年职业技能大赛。大赛设数控车床、数控铣床和加工中心三个职业。大赛分基层初赛和在大连决赛两个部分。经过所属各单位的选拔，共有69名选手参加了11月在大连的决赛。其中35周岁以下青工39人，占56.6%。本次大赛三个职业的冠军都被35周岁以下青年选手摘得，前10名选手中青年选手占了三分之二。每个工种前三名被国务院国资委授予中央企业技术能手称号。集团公司团委按照有关规定，授予各职业前三名的大连机辆公司徐波、姚进、高云巍、万传广、由四海、齐车公司王雪峰、李松、同车公司邓立强8人集团公司杰出青年岗位能手称号。授予各职业四到十名的长客股份公司田永久、大连机辆公司王雷、南口厂梁峰、长客股份公司李晓玲、天津厂刁军、永济厂李小峰、齐车公司吴景洋、太原厂王波、同车公司郭利兵、许博、郭小东、翟译等12人集团公司青年岗位能手称号。

【青年技术创新百点计划活动】 9月，集团公司团委、科协联合下发文件，开展2006年度青年技术创新百点计划优秀成果评审和2007年青年技术创新百点计划立项申报活动。所属各单位共上报2006年度青年技术创新百点计划成果项目98项，上报并经审核确定了2007年新立项项目137项。12月12日组织专家召开评审会，对2006成果项目进行评审，90项青年技术创新百点计划成果获奖。选送11项技术成果项目参加“中国铝业杯”首届中央企业青年创新奖评比活动，集团公司电力牵引研发中心《电力牵引交流传动试验系统》项目获铜奖，齐车公司《提速货车交叉支撑转向架》等10个项目获优秀奖，集团公司团委获优秀组织奖。5月29日，集团公司团委组织科技人员代表参加了在人民大会堂举行的中央企业首届青年创新奖颁奖典礼。

【青年科技论文征集活动】 5月，集团公司团委会同科协、技术开发部，启动第六届青年科技论文征集活动。为提高基层青工的学术水平，本届科技论文征集活动扩大了参与者的范围，将35岁以下青年技术工人纳入到青年科技论文征集范围。所属各企业团委、科协共征集青年科技论文近1000篇，向集团公司上报青年科技论文125篇。12月12日，集团公司团委会同科协，组织专家召开论文评审会，评选出优秀论文特等奖

1篇、一等奖11篇、二等奖34篇、三等奖36篇、纪念奖41篇。

【“安全生产,青年争先”活动】 按照中央企业团工委的有关要求，集团公司团委在所属企业开展了以“安全生产，青年争先”为主题的实践活动。各级团组织积极行动，组织万余名青年开展安全理念宣传、操作规程学习、突发事故处理演练等活动。大力强化岗位安全意识和技能。开展反习惯性违章、设备、流程等安全隐患自查活动，共查出安全生产隐患420余项。开展提合理化建议、争创青年安全生产示范岗等活动，共提出合理化建议1400余条，490余个青年班组参与了创建示范岗活动。以营造“安全无处不在，活动无处不有”的良好文化氛围为重点，组织开展近百场安全主题演讲，举办80余次安全知识竞赛。

【团委二届二次全委(扩大)会议】 4月15日至17日，集团公司团委二届二次全委（扩大）会议在齐齐哈尔召开。集团公司党委副书记、纪委书记林万里出席会议并作重要讲话，对共青团工作提了四点要求。(一)认清集团发展面临的形势，明确团组织肩负的责任，进一步增强做好共青团工作的使命感和责任感。(二)坚持围绕中心服务大局，充分发挥团组织优势，为推动集团公司又好又快发展贡献智慧和力量。(三)抓住北车青年志愿服务总队成立契机，全面深化青年志愿者活动，为构建和谐社会和建设和谐企业服务。(四)认真贯彻落实集团公司党委关于进一步加强和改进共青团工作的意见精神，坚持党建带团建原则，切实巩固和加强团的组织建设。会议审议并通过了集团公司团委副书记魏东代表常委会所作题为《紧贴企业中心，强化作用发挥，在集团公司又好又快发展中树立新形象展示新作为》的工作报告，对3位委员的职务卸免进行确认，通报了团委委员、常委增选情况，所属企业团委交流了工作经验。

【团委二届二次常委(扩大)会议】 8月8日，集团公司团委第二届常委会第二次（扩大）会议在成都召开。会议听取了三位片区负责人对各企业加强团干部作风建设工作检查情况的汇报。齐车公司、同车公司、西安厂等单位团委在会上作经验交流。集团公司党委副书记、纪委书记林万里出席会议并作重要讲话，对集团公司共青团工作和团干部提出了希望和要求，寄语团干部要拥有真理的力量、人格的力量和团结的力量，把广大团员青年动员起来，组织起来，为促进集团公司又好又快发展贡献力量。

【团干部队伍建设】 集团公司团委加强团干部培训工作。年内，共举办各级各类团干部培训班32期，1106人参加了培训。8月，集团公司团委在西南交通大学举办为期一周的团委书记培训班，集中学习职业生涯开发与管理、资本运作、投资分析等方面的知识。加强团干部作风建设。按照《共青团中央关于进一步加强团干部作风建设的决议》精神和中央企业团工委的有关要求，集团公司团委研究制定《关于进一步加强所属企业团干部作风建设的安排意见》，从加强学习教育、开展自检自查、完善有关制度三个方面作出规定，并对贯彻团中央《决议》精神、倡导八个方面的良好风气、召开一次民主生活会、健全完善团的工作制度等工作提出明确要求。所属各单位团委按照集团公司团委的要求，扎实开展整顿团干部作风建设工作。集团公司团委对所属各单位团委工作开展情况进行检查。基层团组织得到进一步健全，团的各项工作制度进一步完善，团干部的工作作风明显转变。

【团员队伍建设】 2007年，集团公司共有职工团员 10052 名，发展职工团员 70 名，超龄退团 1228 名。年度内有专兼职团干部 1363 名，其中专职团干部 68 名，兼职团干部 1295 名；女团干部 407 名，少数民族团干部 41 名。继续做好推优入党工作，254 名团员经推优入党。

（魏 东 供稿）

总部机关党委工作

【综述】 2007 年，总部机关党委在集团公司党委的领导下，以邓小平理论和"三个代表"重要思想为指导，深入贯彻落实科学发展观和党的十七大精神，从总部实际出发，立足于围绕集团公司中心工作思考问题、开展活动、履行职责。通过抓好党的基层组织建设和思想作风建设，加强职工的思想政治工作，调动总部全体党员和员工的积极性、创造性，提高党组织的战斗力和凝聚力，为集团公司改革、发展、稳定提供有力的思想和组织保证。

【干部理论学习】 根据集团公司党委的总体安排和工作需要，精选内容，精心安排，政治理论学习做到落实学习计划，落实学习内容，落实学习时间，提高学习质量。坚持理论联系实际，从集团改革发展的需要出发，着眼于党员素质的全面提高和总部建设的加强，围绕集团公司整体改制上市、全面完成年度经营指标和维护企业和谐稳定，先后举办各类专题辅导讲座 24 次。党的十七大召开以后，机关党委召开会议，专题研究贯彻意见，迅速下发学习贯彻会议精神的通知，组织机关广大党员干部认真学习文件精神，播放专题讲座，帮助党员干部理解十七大精神，在机关工作通讯上刊发党员干部学习体会，促进机关党员干部的学习。

【党支部建设】 根据总部机构和人员变化情况，及时调整充实党支部班子，明确党支部工作职责。认真做好发展党员工作。落实培训、培养和考察工作，2007 年发展新党员 1 名。办理审批预备党员转正 1 名。截至 2007 年末，总部机关党委共有党总支 1 个，党支部 18 个，正式党员 179 名。

2007 年，共评选出先进党支部 5 个，优秀共产党员 26 名，向集团公司党委推荐先进基层党组织 2 个，优秀共产党员 1 名，优秀党务工作者 1 名，优秀思想政治工作者 1 名。"七一" 前夕召开表彰大会，2 个先进党支部、3 名优秀共产党员介绍了先进事迹，全体共产党员面对党旗重温了入党誓词。

【"创建五型总部"主题实践活动】 继续开展"创建五型（学习型、开拓型、服务型、廉洁型、和谐型）总部" 主题实践活动，按照创建活动的总体要求，评选表彰了 8 个先进部室及 24 名优秀员工。制定下发了《中国北车集团公司总部员工文明办公暂行规定》。

【机关工会工作】 年初，以"团结、欢乐、和谐"为主题，举办了春节联欢会。利用节假日走访困难职工、困难党员家庭以及劳模家庭，慰问单身职工、患病职工和职工家属。年内，组织 2 期坝上草原暑期度假活动，邀请职工家属一同参加，加深感情，增进友谊。全年共举办 12 场、135 名员工参加的集体生日会。

【机关文化活动】 组队参加集团公司第二届运动会，参加毽球、乒乓球、短跑等项目比赛，并获毽球比赛体育道德风尚奖。总部有 3 人获群众体育先进个人称号。举办"总部机关第二届毽球比赛"、"迎奥运健康快乐大家行" 健身徒步月等活动，设置员工卫生保健箱，为各工会小组订购《读者》、《健康》等杂志，陶冶员工的情操，增强总部的凝聚力和向心力。

【公益活动】 按照国资委关于招募奥运会驾驶员志愿者活动的有关通知要求，在总部机关通过自愿报名方式参加奥运会驾驶员选拔，经国资委、奥运组委会审核，有3人光荣入选奥运会驾驶员志愿者。

（戴庆珍　供稿）

扶贫开发工作

责任编辑　刘玉芬

扶贫开发工作

扶贫开发工作

【综述】 2007年，集团公司所属各企业共筹措扶贫开发资金240万元，与筹款最多的2006年基本持平。这些资金主要用于甘谷县杨家庄水利修复工程和麦积区兴旺山水利工程扶贫开发项目的实施。已经建成的扶贫开发项目全面投入使用，充分发挥了帮扶作用。集团公司的扶贫开发工作得到国务院扶贫办的肯定，同时得到贫困地区省、市政府及当地人民群众的好评。

【扶贫开发资金筹措】 2007年，集团公司所属企业共筹措扶贫开发资金240万元，与筹措最多的2006年（244万元）基本持平。其中齐齐哈尔轨道装备公司、同车公司、大连机辆公司、西安轨道装备公司、永济电机电器公司、济南轨道装备公司、长客股份公司、太原轨道装备公司、四方所公司、沈车公司等单位都按时足量完成上交资金任务。

【扶贫开发项目及投资额】 投入资金最多的扶贫开发项目为甘谷县杨家庄水利修复工程，总投资达102万元；其次为麦积区兴旺山水利工程扶贫开发项目，总投资为80万元。具体投资项目及投资额主要包括：农机路建设，投资10万元；二级提灌设备更新，投资10万元；修建3个高水位（600立方米）水池，投资36万元；铺设灌溉管道，投资21.5万元；麦积区南山万亩苹果基地兴旺山水利建设工程，投资80万元；麦积区高家湾2.7公里公路修建，投资15万元。

【扶贫开发工作会议】 4月3日，集团公司扶贫开发领导小组召开第七次工作会议。集团公司扶贫开发工作领导小组组长崔殿国、常务副组长赵光兴、副组长林万里，以及集团公司相关部门负责人出席会议。会议听取并讨论了集团公司扶贫开发领导小组办公室负责人的工作汇报和设想。崔殿国总经理作重要讲话。

5月29日至6月3日，集团公司扶贫办主任王树参加部分中央企业定点扶贫工作会议，并代表北车集团在会上作重点发言。

10月17～19日，集团公司扶贫办主任王树代表集团公司参加国务院扶贫办组织的2007年国际扶贫研讨会。200多名国际人士、各省扶贫办领导及定点扶贫单位的中央部委、企事业单位的负责人出席会议，国务院副总理回良玉在会上发表重要讲话。

年内，集团公司还组织参加了扶贫开发项目研讨。天水市扶贫办主要负责人、北车集团扶贫办主要负责人，甘谷县挂职副县长、扶贫办主任、麦积区挂职副县长、扶贫办主任，以及有关乡、镇、村负责人出席会议。会议主要研讨扶贫开发拟定项目的区域与规模等相关事宜。

【综合信息】 8月25～28日，集团公司党委副书记林万里率集团公司机关党委、机关工会组织的扶贫开发考察团赴天水考察调研。9月16～23日，天水市委副书记马湘贤率天水市政府组成的代表团回访集团公司，集团公司及所属相关企业的领导与回访团成员亲切座谈并交流；回访团还参观了齐齐哈尔轨道装备公司、哈尔滨轨道装备公司及长客股份公司。

年内，集团公司扶贫办和企业文化部联合举办了扶贫开发专题摄影巡回展。齐齐哈尔轨道装备公司、哈尔滨轨道装备公司、长春轨道装备公司、长客股份公司、沈车公司、大连机辆公司、唐山轨道装备公司、二七轨道装备公司、南口轨道机械公司等企业员工观看了摄影展。 （王 树 供稿）

下属企业

责任编辑　陈宗河　孙　敬

中国北车齐齐哈尔轨道交通装备有限责任公司
中国北车集团齐齐哈尔铁路车辆(集团)有限责任公司

中国北车哈尔滨轨道交通装备有限责任公司
中国北车集团哈尔滨车辆有限责任公司

中国北车集团牡丹江机车车辆厂

中国北车长春轨道客车装备有限责任公司
中国北车集团长春客车厂

中国北车长春轨道客车股份有限公司

中国北车集团沈阳机车车辆有限责任公司

中国北车大连机车车辆有限公司

中国北车唐山轨道交通装备有限责任公司
中国北车集团唐山机车车辆厂

中国北车唐山轨道客车有限责任公司

中国北车天津机辆轨道交通装备有限责任公司
中国北车集团天津机车车辆机械厂

中国北车北京二七轨道交通装备有限责任公司
中国北车集团北京二七机车厂有限责任公司

中国北车北京南口轨道交通机械有限责任公司
中国北车集团北京南口机车车辆机械厂

中国北车大同电力机车有限责任公司

中国北车太原轨道交通装备有限责任公司
中国北车集团太原机车车辆厂

中国北车永济新时速电机电器有限责任公司
中国北车集团永济电机厂

中国北车济南轨道交通装备有限责任公司
中国北车集团济南机车车辆厂

中国北车西安轨道交通装备有限责任公司
中国北车集团西安车辆厂

中国北车兰州金牛轨道交通装备有限责任公司
中国北车集团兰州机车厂

中国北车大连机车研究所有限公司

中国北车青岛四方车辆研究所有限公司

CNR 中国北车
CNR
中国北车
日月天地
和谐号
CRH

齐齐哈尔轨道交通装备有限责任公司
齐齐哈尔铁路车辆（集团）有限责任公司

中共中央政治局委员张德江到公司视察。

公司实现大批量自营出口。

公司与澳大利亚力拓集团签订240辆轴重35.7吨矿石车出口合同。

齐齐哈尔北车铁路车辆技术开发有限公司
产品试验研究室

ilac-MRA CNAS

（No.CNAS L3053）

中国合格评定国家认可委员会

青藏铁路专用起重机

X_{2K}型集装箱平车

X_{4K}型集装箱平车

C_{80}型运煤敞车

C_{80B}型不锈钢运煤敞车

C_{70}型敞车

P_{70}型棚车

哈尔滨轨道交通装备有限责任公司

哈尔滨车辆有限责任公司

哈尔滨市经委副主任傅洁苒和中直办领导到公司检查工作。

俄罗斯塞沃斯集团公司代表团到公司考察。

公司召开一届二次职工代表大会。

公司举办党的十七大精神学习班。

货车钢结构检修生产线

轮轴生产线

K18F型煤炭漏斗车

KF—80型80吨气动自翻车

提速250吨凹底平车

长春轨道客车装备有限责任公司

中国北车集团公司党委副书记、纪委书记林万里到公司检查指导工作。

车轴产品通过德国铁路EN标准认证。

双层动车组检修

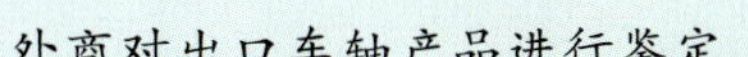
外商对出口车轴产品进行鉴定。

车体钢结构检修生产线

轮对检修组装生产线

轮对加工

长春轨道客车股份有限公司

2007年2月4日，温家宝总理再次到长客股份公司视察。

国务院副总理曾培炎视察长客股份公司。

中共中央政治局委员张德江在省委书记王珉长韩长赋等陪同下到长客股份公司视察。

时速200公里CRH5型高速列车

直线电机自动无人驾驶城轨客车

北京

长客股份公司举行首列时速200公里国产化动车组整列编组下线仪式。

长春轨道交通装备制造产业园区揭牌奠基仪式举行。

地铁列车

北京十号线新型地铁列车

组装中的长春轻轨列车

沈阳机车车辆有限责任公司

中铁沈阳铁道装备有限公司成立。

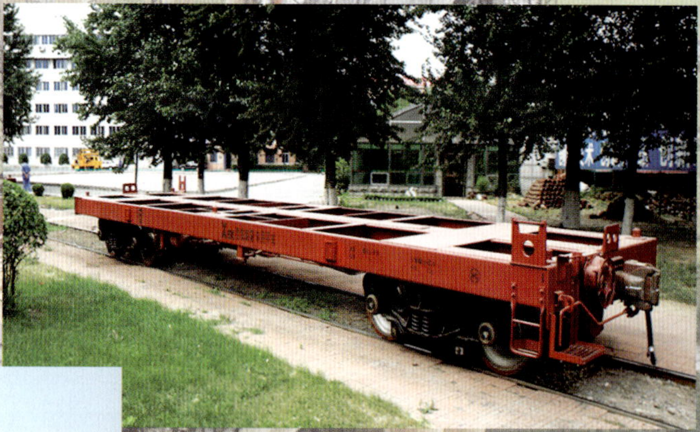

X6K型集装箱专用平车

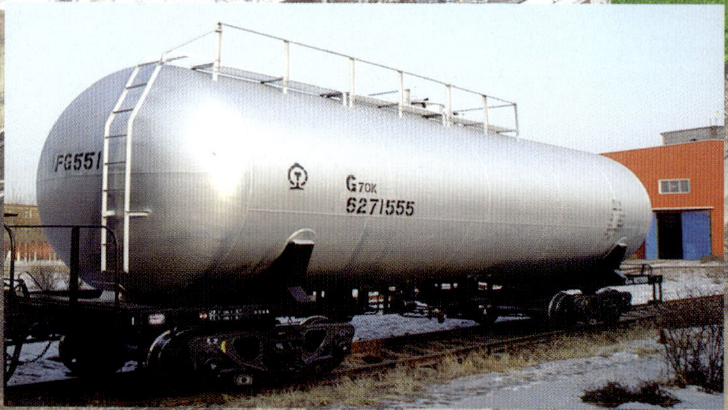

G70K型罐车

长钢轨组中的运轨车

C70A型敞车

建设中的公司新厂房

KM70型煤炭漏斗车

大连机车车辆有限公司

司马义·铁力瓦尔地率新疆党政代表团到公司参观。

公司与用户签订500台大功率交流传动电力机车合同。

东风10DDA型调车机车

16V240ZC型船用柴油机

和谐D3型电力机车总装生产线

和谐D3型电力机车在中国铁路第六次大提速中担当货物列车牵引任务。

7月10日，2007年铁道部第一次大修机车合同签订会在公司召开。

检修的韶山3B型电力机车

检修的东风8B型内燃机车

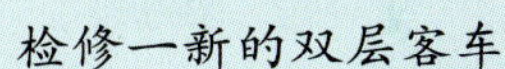

检修一新的双层客车

双层客车内景

25K型发电机组

唐山轨道客车有限责任公司

铁道部副总工程师、运输局局长张曙光在中国北车集团公司领导陪同下到公司考察高速列车研制工作。

国务院国资委派驻中国北车集团国有企业监事会主席季晓南在中国北车集团公司领导陪同下到公司检查工作。

高速列车调试工区

高速列车单车静调生产线

高速列车侧墙组焊生产线

高速列车铝合金车体底架生产线

高速列车淋雨实验室

高速列车铝合金车体组焊总成生产线

时速350公里CRH3型高速列车

高速列车总组装生产线

天津机辆轨道交通装备有限责任公司

天 津 机 车 车 辆 机 械 厂

天津市领导到公司考察。

公司领导接受中央新闻单位专题采访。

管理先进、设备精良的精机厂房

公司一角

弹簧产品

公司园区内一角

缓冲器生产线

公司召开工会第十五次会员代表大会。

公司召开第十三次党员代表大会。

CNR 中国北车

北京二七轨道交通装备有限责任公司

北京二七机车厂有限责任公司

公司举行110华诞暨转产电力机车大会。

公司与奥地利PLASSER公司签订AMH800型路基处理车进口配件采购合同和技术合作合同。

公司与瑞士SPENO公司签订GMC96型钢轨打磨列车技术转让协议及采购合同。

出口刚果机车在多利吉运行。

和谐D3型机车执行牵引任务。

口刚果CK6E型机车在天津港装船启运。

出口越南机车装船启运。

北京南口轨道交通机械有限责任公司
北京南口机车车辆机械厂

三轴内圆磨床

数控镗铣床

YH—50—300机床

系列数控立车

热处理车间新厂房内景

所属医院移交地方政府签字仪式

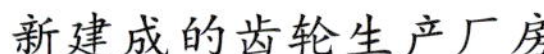

新建成的齿轮生产厂房

油田机械大齿圈

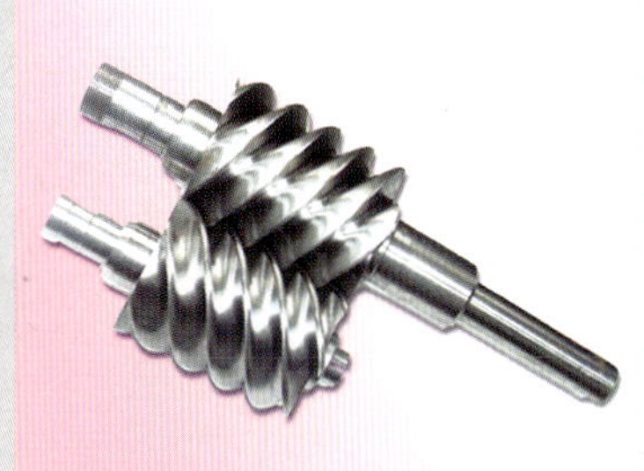

出口开利公司转子产品

自助研发电喷产品

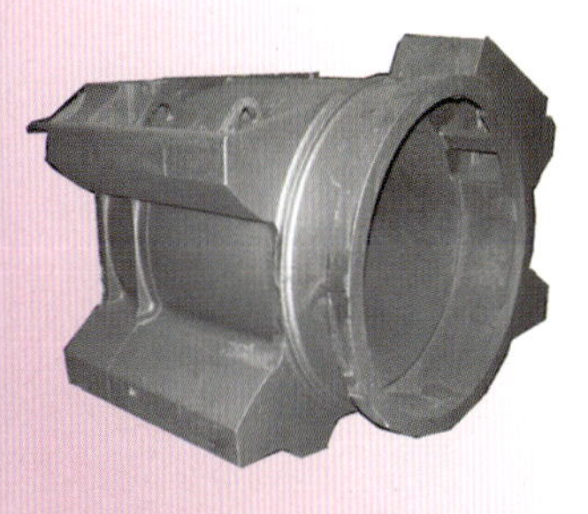

出口阿尔斯通电机机座

和谐D2型机车主动齿轮

和谐D2型机车齿轮箱下箱

和谐D2型机车抱轴箱

和谐D2型机车从动齿轮

大同电力机车有限责任公司

国内首台和谐D2型电力机车下线仪式

韶山7E型电力机车在中国铁路第六次大提速中牵引旅客列车。

和谐D2型电力机车组装流水线

和谐D2型电力机车担当牵引任务。

变压器生产线

司机室操纵台生产线

电器柜生产线

首台和谐D2型电力机车落成

太原轨道交通装备有限责任公司

太 原 机 车 车 辆 厂

铁道部运输局装备部车辆处副处长余明贵到公司考察车辆新造和检修工作。

工厂召开第十八次党代会。

新建车辆板材预处理生产线

TY6型两轴机械传动作业车

车辆新造端墙自动焊生产线

成功试修的韶山9型准高速客运电力机车

70t级不锈钢石碴漏斗车

永济新时速电机电器有限责任公司

国资委群工局局长李学东到公司考察。

全国企事业知识产权
示范创建单位
证
书
中华人民共和国国家知识产权局

全国企事业知识产权示范创建单位
证书
中国北车集团永济电机厂：
你单位被批准为全国企事业知识产权示范创建单位，示范创建期为2007年4月至2009年4月，特颁此证。
中华人民共和国国家知识产权局
二〇〇七年[illegible]月二十九日

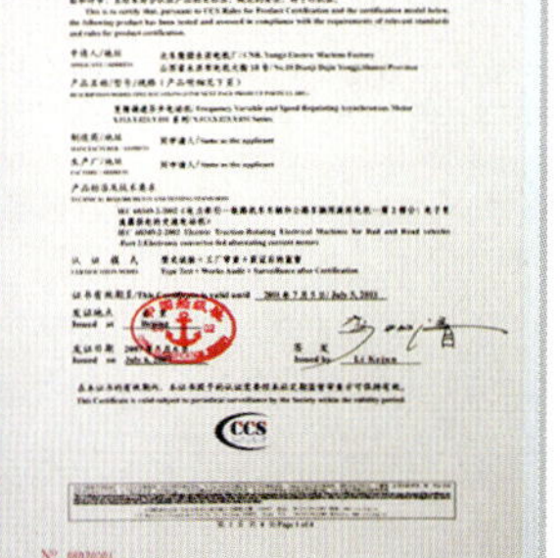
中国船级社
CHINA CLASSIFICATION SOCIETY
产品认证证书
CERTIFICATE FOR PRODUCT CERTIFICATION

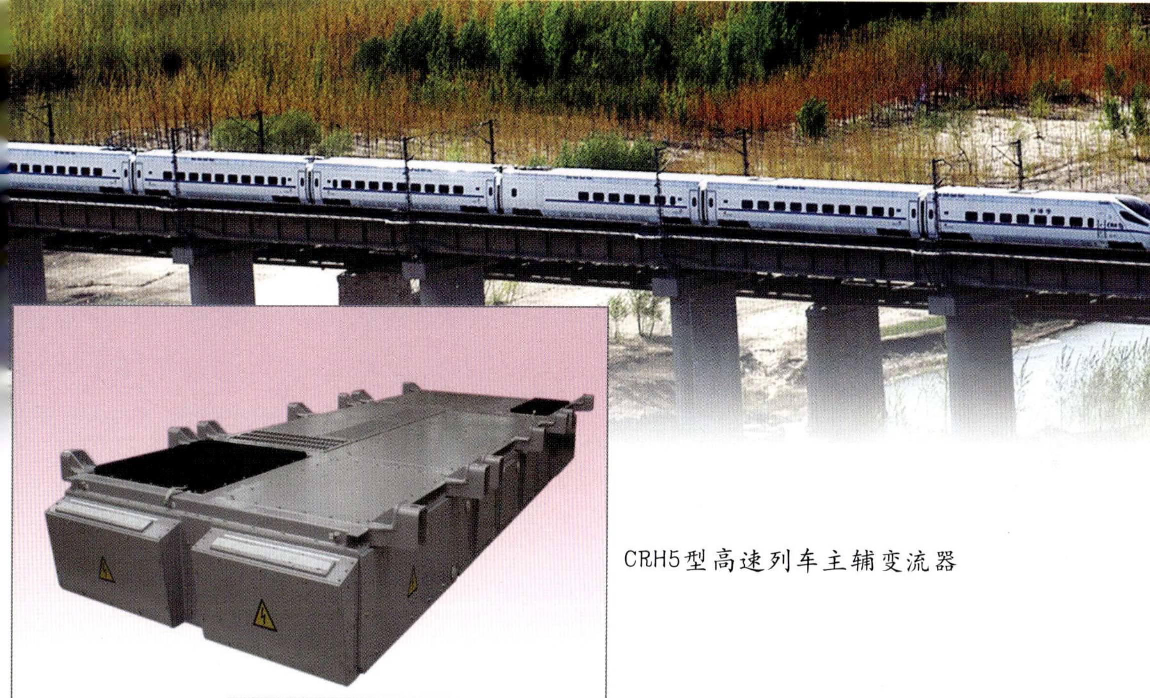

CRH5型高速列车主辅变流器

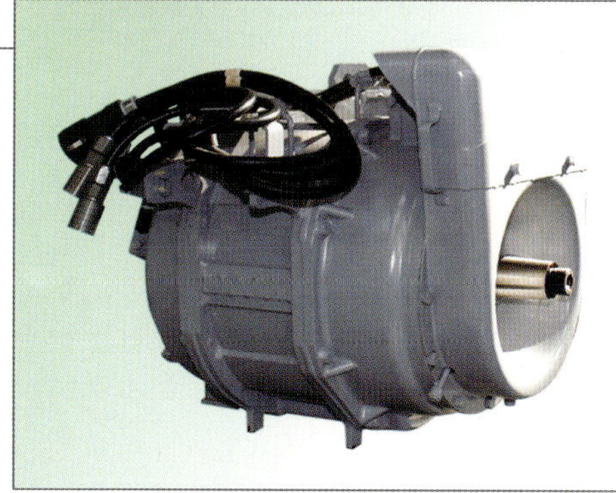

CRH2型高速列车YJ92A型异步牵引电机

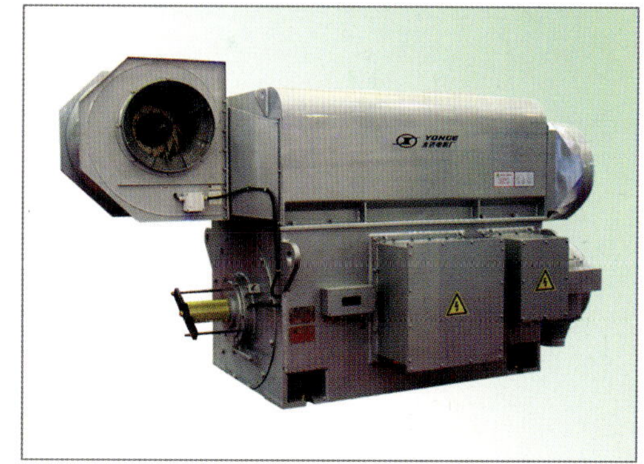

2MW双馈风力异步发电机

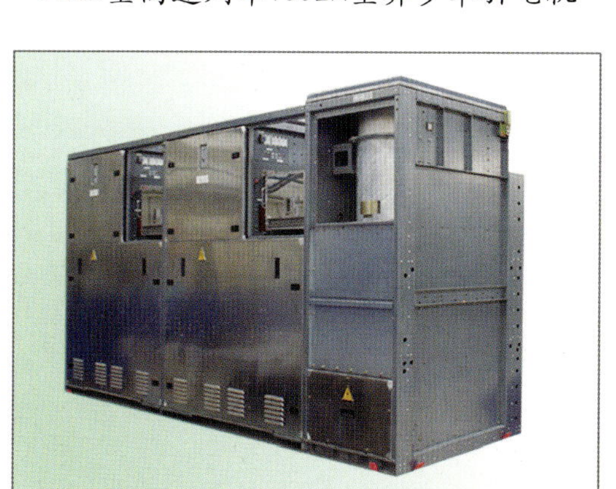

和谐D2型电力机车主变流器

和谐D2型电力机车YJ90A型异步牵引电机

济南轨道交通装备有限责任公司

济南机车车辆厂

新型智能扳机

山东省委副书记、济南市委书记姜大明到公司考察。

侧架支撑座焊接机械手

公司召开发展战略研讨会。

货车柔性生产线主要设备

货车柔性生产线

山东同力钢构有限责任公司揭牌

工厂召开“管理年”动员大会。

货车架车机

220KVA变压器油箱

C80B型不锈钢运煤敞车

出口的变压器拉带

C80型铝合金运煤敞车

为北京奥运会设计制造的组合移动式卫生间

70吨级不锈钢活动棚钢卷运输专用平车

西安轨道交通装备有限责任公司

中国北车集团公司总经理崔殿国到公司检查指导工作。

国家级
企业管理现代化创新成果
THE NATIONAL ENTERPRISE MANAGEMENT MODERNIZATION INNOVATION ACHIEVEMENT
第十四届
成果名称：铁路车辆制造企业岗位价值型薪酬分配体系构建
等级：二等
创造单位：西安轨道交通装备有限责任公司

中国铁道学会科学技术奖
（2007 年度）
二等奖
获奖项目：既有铁路货车(C.P.G型车)120km/h提速技术
获奖单位：中国北车集团西安车辆厂
成果编号：2007126
中国铁道学会
二〇〇七年九月

中国铁道学会科学技术奖
（2007 年度）
三等奖
获奖项目：GS70/GJ70型浓硫酸/液碱罐车
获奖单位：中国北车集团西安车辆厂
成果编号：2007124
中国铁道学会
二〇〇七年九月

荣誉证书
中国北车集团西安车辆厂：
在2007年陕西装备制造业总评榜评选中，你单位被评为“陕西装备制造业最具社会责任感企业”，特发此证。

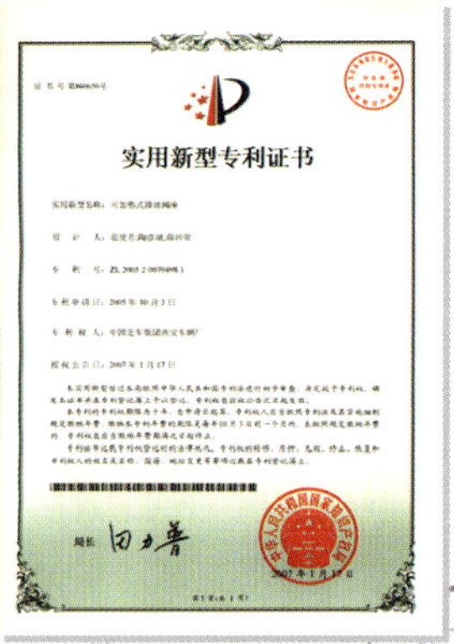

实用新型专利证书

出口坦赞铁路的轻油罐车

70吨级苯类罐车

70吨级沥青罐车

70吨级苯类罐车

公司设计制造的罐车产品执行运输任务。

兰州金牛轨道交通装备有限责任公司

兰　州　机　车　厂

检修的韶山3型电力机车

公司领导为电机电器车间定子班颁发“全国青年文明号”奖牌。

检修的东风4D型内燃机车

设计制造的工矿机车装车发往印度。

公司检修的东风8B型内燃机车

机车检修总装配生产线

NS160G型160吨固定臂改伸缩臂式铁路起重机

NS1252型125吨全液压伸缩臂式铁路起重机

柴油机检修生产线

大连机车研究所有限公司

董事长张岩与美国EMD公司副总裁洽谈。

中国企业新纪录

中国北车集团大连机车研究所2006年研制成功调速型液力偶合器，采用了大功率加热与冷却装置，应用于油田钻井机械，低噪音，连续工作稳定性强，为国内首创。

中国北车集团大连机车研究所2006年10月研制交流传动电力机车用冷却装置FL220型散热器，配装于HXD3型国产化电力机车，为国内首创。

中国企业联合会
中国企业家协会
二〇〇七年十一月

中国企业新纪录

中国北车集团大连机车研究所2000至2007年为大连市研制并批量生产的DL6W型70%低地板轻轨电车，每台造价500万元，累计运行500万公里，居国内同行业之首。

中国企业联合会
中国企业家协会
二〇〇七年十一月

《内燃机车》、《国外内燃机车》第四届编委会成立大会

内燃机车标准审查会

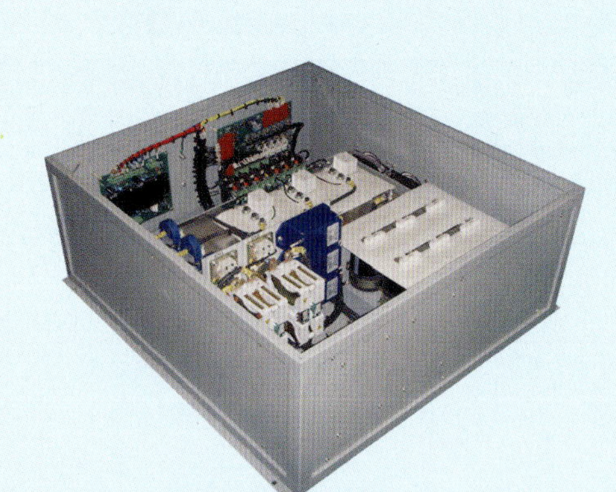
电车辅助逆变电源

大连201路现代有轨电车试运行

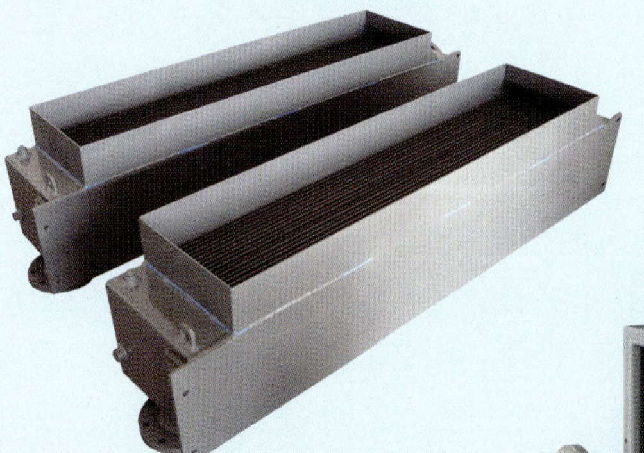
和谐D2型电力机车主变压器用冷却器

时速350公里动车组主变压器用油冷却器

YOTC500调速型液力偶合器

生产基地加工车间

生产基地加工车间

CRH2型时速200公里动车组头车模态试验

动车组用列车网络控制系统

动车组用空气弹簧

旅客信息系统(PIS)

动车组热工试验

动车组用密接式车钩

CNR 中国北车

企业通信录

单位名称	通讯地址	邮编	值班电话	传　真	网　址
中国北方机车车辆工业集团公司 中国北车股份有限公司	北京市丰台区芳城园一区15号楼	100078	010-51897000	010-52608000	www.chinacnr.com
齐齐哈尔轨道交通装备有限责任公司	黑龙江省齐齐哈尔市中华东路10号	161002	0452-2938334	0452-2514464	www.qrrs.com.cn
哈尔滨轨道交通装备有限责任公司	黑龙江省哈尔滨市道外区先锋路10号	150056	0451-86467100	0451-86467060	
中国北车集团牡丹江机车车辆厂	黑龙江省牡丹江市阳明区机车路55号	157013	0453-8968230	0453-6331008	
长春轨道客车装备有限责任公司	吉林省长春市宽城区凯旋路2155号	130052	0431-87954257	0431-87903149	www.ccczb.com
长春轨道客车股份有限公司	吉林省长春市青荫路435号	160062	0431-87902301	0431-82938740	www.cccar.com.cn
中国北车集团沈阳机车车辆有限责任公司	辽宁省沈阳市皇姑区昆山西路75号	110035	024-86413257	024-86408730	
中国北车集团大连机车车辆有限公司	辽宁省大连市沙河口区中长街51号	110622	0411-84198254	0411-84654245	www.dloco.com
唐山轨道交通装备有限责任公司	河北省唐山市丰润区厂前路3号	063035	0315-3242408	0315-3241612	www.tangche.com.cn
唐山轨道客车有限责任公司	河北省唐山市丰润区厂前路3号	063035	0315-3089023	0315-3089025	
天津机辆轨道交通装备有限责任公司	天津市河北区南口路22号	300232	022-26270268	022-26271234	www.tlr.cn
北京二七轨道交通装备有限责任公司	北京市丰台区长辛店杨公庄1号	100072	010-83306001	010-83303736	www.27rail.com.cn
北京南口轨道交通机械有限责任公司	北京市昌平区南口镇道北	102202	010-51013361	010-69771809	www.nkgc.com.cn
中国北车集团大同电力机车有限责任公司	山西大同城区前进街1号	037038	0352-5090878	0352-5090984	www.dtloco.com
太原轨道交通装备有限责任公司	山西省太原市解放北路10号	030009	0351-2649450	0351-3049563	www.tyloro.com
永济新时速电机电器有限责任公司	山西省永济市电机大街18号	044502	0359-8075162	0359-8075290	www.yjemf.com.cn
济南轨道交通装备有限责任公司	山东省济南市槐荫区槐村街73号	250022	0531-88305123	0531-88305138	www.jnjcc.cn
西安轨道交通装备有限责任公司	陕西省西安市三桥建章路	710086	029-82369126	029-82368888	www.railtank.com.cn
兰州金牛轨道交通装备有限责任公司	甘肃省兰州市七里河区武威路63号	730050	0931-2946321	0931-2867279	www.lzloco.com
中国北车集团大连机车研究所有限公司	辽宁省大连市沙河口区中长街49号	116021	0411-84601010	0411-84601617	www.dlri.com.cn
青岛四方车辆研究所有限公司	山东省青岛市四方区瑞昌路231号	266031	0532-86083188	0532-84992961	www.srsri.com

中国北车齐齐哈尔轨道交通装备有限责任公司
中国北车集团齐齐哈尔铁路车辆(集团)有限责任公司

董事长、总经理　魏　岩

党委书记　高保江

【企业基本情况】 齐齐哈尔轨道交通装备有限责任公司（简称齐齐哈尔轨道装备公司）是由中国北车集团公司投资，于2007年7月在齐齐哈尔市设立的一人有限责任公司，并将原中国北车集团齐齐哈尔铁路车辆（集团）有限责任公司（简称齐车公司）的主营业务、拟上市资产无偿划入齐齐哈尔轨道装备公司。2007年末，齐齐哈尔轨道装备公司员工总数7645人。固定资产原值12.9亿元，净值5.8亿元。占地面积159.3万平方米，其中厂区面积131.7万平方米。拥有各类设备4068台（套）。设置28个行政部室、8个生产车间、3个分厂、4个独资公司、7个控股子公司、1个参股企业。2007年实现销售收入16.2亿元，净利润1.28亿元，工业增加值劳动生产率12.74万元/人·年，完成集团公司下达的各项经营指标。

2007年末，齐车公司员工总数2305人，其中在岗职工1133人。固定资产原值2.2亿元，净值0.9亿元。设置1个生产车间、9个独资公司、28个行政部室（由一人有限责任公司代管）。2007年实现销售收入31.5亿元，净利润1.3亿元。

【改革改制】 完成相关部门、车间分厂和子公司向齐齐哈尔轨道装备公司职能平移工作，并健全相应规章制度。按照859改制工作程序，重点推进幼教中心和燃气公司的主辅分离改制分流工作。10月30日燃气公司完成改制并挂牌运行。幼教中心改制工作基本完成，正在办理注册登记手续。完成第四批859改制方案上报。进一步深化结构调整工作，对所属实业开发总公司实施结构调整，归并整合内部竞争项目，分离培育发展前景较好的优势项目，退出规模较小、前景不明朗的项目，实业开发总公司于年底注销。收购中美合资齐齐哈尔斯潘塞表面处理设备有限公司的外资股权，并继续经营。

【企业管理】 健全完善内控制度，新建《法律事务管理办法》、《科技成果鉴定办法》、《安全生产“五同时”管理制度》等12项管理标准，修订《安全生产责任制》、《公出管理办法》、《物资出入门管理制度》等56项管理标准。进一步推进精益定额管理，对C70型敞车等五种产品进行工时定额调整，压缩工时定额22%，压缩人工指标16%。引入卓越绩效管理理念、模式，与上海质量科学研究院实施为期三年的管理创新合作项目，着力增强企业的软实力。公司通过国家一级安全质量标准化企业评审。

【生产发展情况】 克服资源紧缺、劳动力不均衡、产品交货进度紧、不确定因素多等困难，突破整机和配件制造的瓶颈制约，关键配件采取“直线式”协调控制；采取拉动式管理，优化生产组织，有效释放产能，确保“长线不超，短线不断”。货车新造、货车修理、起重机造修、配件产量均创历史最好水平。全年完成新造货车18个品种8016辆，修理货车2346辆，造修铁路起重机4台，供外配件73万套件。

【新产品新技术开发】 提升既有货车技术，丰富产品种类，全年研发10余种整机和关键配件产品。为神华集团量身定制两种方案的80吨级煤炭漏斗车。丰富70吨级货车产品，完成70吨级毒品车的工作图设计，完成70吨级活动车厢棚车、不锈钢煤炭漏斗车、新型底开门煤车等车型的样机试制。巩固澳洲市场，研发第四代3×20英尺C3型集装箱平车、35.7吨轴重矿石车。拓展重载和快捷技术，完成25吨轴重低轮轨作用径向转向架、两种方案30吨轴重转向架的样机试制及相关试验，完成160公里/小时集装箱平车整备及配套160公里/小时转向架改进工作。完成350吨钳夹车的样机试制，解决了国内电力行业600兆瓦发电机定子的运输问题。450吨落下孔车研制成功并投入运用。为避免钩尾销螺栓裂断造成列车分离事故，研制13B型车钩和钩尾框。研制16型锻造钩尾框，解决了铸造钩尾框疲劳裂纹问题，满足2万吨列车牵引的需要。

【技术引进工作】 引进、消化吸收澳大利亚重载货车车钩技术，破解重载车钩关键环节，创新研发新型重载车钩和牵引杆，满足了国家发展重载货车所需配套关键部件的技术要求。适应大秦线编组2万吨以上重载列车需要，研制重载车钩——加强型F车钩，实现车钩结构强度高、连挂间隙小和车辆不摘钩连续翻卸作业。以调研分析澳大利亚力拓公司既有矿石车应用的牵引杆为基础，紧密结合大秦线重载货车使用的RFC型牵引杆的使用情况，研制开发FD型牵引杆，提高牵引杆的耐磨性能，其结构强度高于国内的17型车钩。

【市场营销】 继续实施大客户营销策略，巩固国铁货车主流市场，全年签订国铁货车订单7284辆，国铁市场占有率22.2%。关注神华、中铁特货、中铁集装箱等大客户需求，拓展重要目标市场，签订企业自备车订单1499辆。加强修车业务开发，全年获得厂修货车份额2346辆、国铁转K2型转向架提速改造车份额1800辆。签订神华集团转K2型转向架提速改造车订单10753辆、企业自备车改造订单657辆。继续加强铁路起重机及特种货车的市场开发，获得订单12台，实现销售13台。强化整机带动配件销售策略的实施，实现配件销售收入5.3亿元。实施出口营销战略，全年签订国际市场整机订单565辆。其中，继年初出口澳大利亚100辆C3车后，又签订240辆力拓矿石车、150辆中集澳洲C2车、50辆坦赞车、24辆新西兰轨枕车和1台印度60吨定长臂米轨铁路起重机合同。240辆力拓矿石车是公司第一次以自营出口的方式向发达国家知名企业批量出口产品，标志着公司国际市场开发有了新进展。

【售后服务】 围绕铁路第六次大提速的准备和实施，创新售后服务，全方位、深层次地满足用户要求。率先构建铁路货车产品质量跟踪改进保障体系，率先建成样板培训基地，率先建立产品研发、运用、改进、完善的全寿命长效管理机制，为大提速的顺利实施提供有效支持。在神华集团提速改造项目上，改变以往单纯提供配件的服务模式，采取共同出资建厂，为用户提供生产设备、工艺方案、资质认证、体系建设等一揽子服务。配合铁道部开展基础性技术研究工作，为铁路运输安全提供保障。

【基本建设与技术改造】 以国债项目、大连基地项目、ERP项目为重点，启动实施93个建设项目，完成投资2.36亿元。国债项目中的冲压数控剪机、数控校平机投入运用；起重机改造项目中的数控镗铣中心和抛丸机投入运用；中试手段建设项目完成货车试验室扩建厂房封闭，正进行车钩综合试验台安装前的准备；8000吨模锻项目完成新建厂房封闭和主机基础施工，具备安装条件。完成修车厂油漆线改造，职业技术学校综合培训基地投入使用。大连基地项目按计划实施，取得良好进展。ERP项目第一阶段财务、物资分系统正式上线运行，基本实现物流、资金流、信息流的统一。

【存续企业】 按照集团公司整体改制上市的工作部署，后勤和部分辅助生产、个别生产单位留在存续企业。劳动服务公司作为齐车集团的成员单位，挂靠存续企业管理。按照“三分开、两统一”原则，把存续企业与一人有限责任公司的人员、资产和业务分开，存续企业的质量、安全、生产及其他管理由齐齐哈尔轨道装备公司的职能部门负责。根据资产、负债及所有者权益划分，存续企业独立建账管理，独立核算成本费用，独立编制财务预算和会计报表。规范一人有限责任公司与存续企业的关联交易，对产品、库存、动能、劳务、租赁等按市场价格定价，签订合同。由齐齐哈尔轨道装备公司各专业管理部门对存续企业进行考核与管理。

集体企业改革在跟踪国家有关改革政策信息的基础上，明确集体企业结构调整、管理关系理顺和产权制度改革三项重点工作。按照厂区平面总体布局规划，对集体企业实施内部结构调整和资源整合，组建集体企业八大专业公司。推行市场化运作模式，初步理顺与关联企业的市场化协作配套关系。

【大连研发、组装基地建设】 在大连旅顺经济开发区实施铁路货车研发中心和组装基地建设。该项目占地面积15.32万平方米，投资总额为2.43亿元，包括研发中心、组装基地以及与大连机辆公司实施铁路货车业务资产重组三部分内容。2006年末筹建，2007年4月29日破土动工，8月28日研发中心办公大楼和组装基地厂房主体工程竣工，开始研发大楼装修、厂房设备安装调试工作。9月20日，完成组装基地登记注册，注册名称为大连齐车轨道交通装备有限责任公司。管理方案设计和组织机构方案已经完成，组装基地人员配置基本齐备，正进行产品试制和批量生产前的准备。与大连机辆公司货车业务整合、资产重组方案获得集团公司批复。

【牡丹江配件基地经营发展】 通过科学配置物资、能源、人力、设备、工装等生产要素，柔性组织生产，基地产量创历史新高。全年生产MT-2型缓冲器5496套、MT-3型缓冲器2830套、MT-2型缓冲器散件13560套、HM-1新型缓冲器散件1000套、HM-2新型缓冲器散件2100套、17型车钩13517套、13A型车钩2946套、转K2摇枕2212辆、转K2侧架1953辆、转K6摇枕736辆、转K6侧架612辆、转K6整体芯摇枕3249

辆、转K6整体芯侧架3260辆、牵引杆1608件、整体上心盘1089辆、冲击座250辆。生产钢水26208.1吨、钢件19589.9吨。全年实现主营业务销售收入2.95亿元，实现利润794万元，均超额完成指标，取得较好的经营效果。研制的“整体芯K6摇枕、侧架盒内挤压锁芯成型工艺”通过铁道部工艺评估，并申请国家专利。该技术已成功应用于K6摇枕、侧架的批量生产，达到年产5000辆份的生产能力。通过强化目标成本动态管理和成本构成要素分析，实施全员降成本和科技降成本。钢件单位成本达到7425元/吨，比目标成本降低149元/吨，提升了基地竞争力。基地晋级为安全质量标准化二级企业，并通过ISO9001质量管理体系审查，基地的安全和质量工作迈上新台阶。

【党群工作】 公司党委推进两级领导班子建设和党员队伍建设，完善党员先进性长效机制，新建《党务公开实施办法》及《党组织和党员联系、服务群众制度》。修订118项政工制度。深化“双培”活动，围绕24个公司级项目和435个单位级项目，深入开展立项攻关、党员“创岗建区”、“创先争优”练功比武等活动，全年有159名技术业务骨干加入到党员队伍。从加强干部管理入手，完善各项制度。通过海天远程培训、举办中层管理人员岗位职务培训班，促进干部能力水平的提高。对52个单位中层后备干部、专家后备人员定期进行考核考察和整顿，形成后备干部动态管理新机制。开展企业文化培训，强化核心理念宣贯，增强职工认同感。组织修订《企业视觉识别系统VI手册》，统一企业形象。加强党风廉政建设，对新提拔的中层管理人员进行任前廉政教育，深入重要岗位进行廉洁从业、遵章守纪教育，强化源头预防作用。修订完善13项惩防体系制度，依据《党内监督工作实施办法》，对设备物资招标采购、废旧设备处理、人事用工等进行监督，对关系到企业重大投资项目、技改项目和大的基本建设项目，实施重点效能监察，防止国有资产流失。工会组织围绕生产经营中心开展劳动竞赛、合理化建议活动，以集团公司技能大赛活动为契机，开展练功比武活动，有效调动广大职工学技能的积极性。深化“创争”活动，加强以小家整顿为重点的“环境育人”建设和质量成本对抗赛活动，取得成效。推进落实送温暖工程，帮扶、解决职工实际困难。团组织以自身建设为重点、以服务生产经营为中心，引导团员青年树立“一流工作”理念，深化“提升质量，青年先行”主题活动，充分发挥团组织的育人功能，切实把优秀团员培养成党的后备军。广泛开展“学技练功”活动，在集团公司第三届职业技能大赛暨第二届青工技能大赛上取得较好名次。

【重要纪事】 1月，公司研制的450吨落下孔车样车通过铁道部技术审查；公司与德国KIROW公司联合设计的青藏铁路专用伸缩臂式铁路起重机和公司自制的配套吊臂平车，通过国家科技部项目验收及科技成果鉴定。5月11日，齐齐哈尔北车铁路车辆技术开发有限责任公司产品试验研究室被中国合格评定国家认可委员会（CNAS）授予CNAS认可资格，成为中国铁路货车制造企业中第一个获得（CNAS）认可资格的产品试验研究室。7月3日，国有大型企业监事会主席季晓南到公司检查指导工作。7月20日，公司被评为2007年中国机械工业500强企业。8月1日，齐齐哈尔轨道交通装备有限责任公司正式运营。8月18日，集团公司总经理崔殿国，副总经理赵光兴，党委副书记、纪委书记林万里一行到公司检查指导工作。8月18～20日，集团公司第二届运动会在公司隆重举行。8月20日，公司

"160~200公里/小时高速货车转向架及其配套系列货车研制"项目通过国家科技部国家科技支撑计划立项审查，并获得国家科技计划项目专项资金支持。9月3日，公司研制的转K2型转向架获2004~2006年度部级科学技术奖一等奖；既有铁路货车120公里/小时提速技术和大秦线C_{80}型铝合金、C_{80B}型不锈钢重载运煤敞车分别获得2007年度部级科学技术奖二等奖。9月12日，公司与新西兰铁路有限公司签订24辆轨枕车出口合同，这是公司首次向新西兰出口铁路货车整机产品。9月，国家发展和改革委员会公布2007年国家认定企业技术中心评价结果，公司技术中心在参评的438家企业技术中心中排名第138位，在黑龙江省参评的8家企业技术中心中排名第1位。10月24日，公司与澳大利亚力拓集团公司签订240辆35.7吨轴重矿石车出口合同，这是公司首次自营出口大批量铁路货车。10月30日，第二批859改制单位中的齐齐哈尔金龙燃气有限责任公司（原齐车燃气公司）正式挂牌运营。11月1~2日，公司通过国家测量管理体系AAA级评审。11月10日，公司被中国企业文化研究会评为"2007年全国企业文化建设优秀单位"。12月9日，公司通过国家级重点高新技术企业认证。12月27日，中华人民共和国第十一届冬季运动会组委会在齐齐哈尔市党政办公中心召开十一届冬运会合作伙伴—中国北车集团齐车公司签约仪式新闻发布会。12月28日，中共中央政治局委员张德江在黑龙江省代省长栗战书等陪同下到公司视察工作。

【企业领导名单】

齐齐哈尔轨道装备公司

董 事 长　魏　岩
副董事长　高保江
监事会主席　孙志山
总 经 理　魏　岩
副总经理　于连友　丁作齐　朱立慧
　　　　　谷春阳　李　彦　张玉祥
总工程师　于连友

齐车公司

董 事 长　魏　岩
副董事长　高保江
总 经 理　魏　岩
副总经理　于连友　丁作齐　朱立慧
　　　　　谷春阳　李　彦　张玉祥
总工程师　于连友

党委书记　高保江
党委副书记　魏　岩(兼)　周凯明
　　　　　孙志山
纪委书记　孙志山
工会主席　周凯明

（罗宗伟　供稿）

中国北车哈尔滨轨道交通装备有限责任公司
中国北车集团哈尔滨车辆有限责任公司

董事长、总经理　房志坚

党委书记　张秀臣

【企业基本情况】 哈尔滨轨道交通装备有限责任公司（简称哈尔滨轨道装备公司）是由中国北车集团公司投资，于2007年7月在哈尔滨对应设立的一人有限责任公司，并将原哈尔滨车辆有限责任公司（简称哈车公司）的主营业务、拟上市资产无偿划入哈尔滨轨道装备公司。2007年末，哈尔滨轨道装备公司员工总数1985人，固定资产原值6.30亿元，净值5.66亿元。公司占地总面积100万平方米，其中厂区生产作业面积62万平方米，预留开发区域38万平方米。拥有各类设备2281台（套）。设置15个行政部室、6个分厂、1个子公司。全年实现销售收入5.42亿元，净利润928万元，劳动生产率369010元/人·年，全面完成集团公司下达的各项经营指标。

2007年末，哈车公司员工总数1147人，其中在岗职工110人。固定资产原值2944万元，净值1511万元。哈车公司内没有设立组织机构，所有的业务统一由哈尔滨轨道装备公司代管。下设哈尔滨双通铸锻有限责任公司（简称双通公司）和哈车劳动服务公司两个子公司。

【改革改制】 积极推进主辅分离辅业改制，按照《职工医院主辅分离实施方案》，对医院89人进行分流。深化分配制度改革，制定实施《岗位绩效工资结构调整方案》、《设计工艺部门项目工资包干及二次奖励方案》、《中层领导人员缴纳风险保证金制度》。对组织机构重新进行调整和职能合并，党群部室由原来的7个减少为3个；行政部室由原来的18个减少为15个。积极推进股改工作，按照集团公司整体改制上市要求，完成华融资产管理公司股权回购，配合会计师事务所完成2003～2006年财务审计和资产评估。新设立一人公司经哈尔滨市工商行政管理局注册，于8月1日正式运营。完成新设一人公司与存续部分的资产划转和业务调整；完成对存续企业的资源调查和摸底等有关工作。

【企业管理】 加强基础管理，制定《加强基础管理工作实施方案》，明确近三年管理提升重点和主要工作目标，并组织推进落实。加强制度建设，完成30%规章制度的修订。开展管理诊断，制定系统管理诊断程序和推进计划，完成设备系统管理诊断，形成诊断报告。完成质量、环境和职业健康安全管理体系整合，“三体系”于12月18日正式运行。继续开展“四项工程、两个活动”（即基层领导班子建设工程、员工素质提升工程、质量创优工程、安全保障工程，增收节支活动、解放思想、转变观念大讨论活动）。以提升基层领导班子整体能力为重点，修订《基层领导班子建设综合考核评价办法》，强化考核监察，定期通报考核结果，年终兑现奖惩。以提高管理、技术、操作工人三个层面人员业务技能为重点，制定落实员工培训计划，全年培训人员达3131人次。完成21个工种99人参加的技师培训鉴定。继续开办工程硕士和工商管理硕士进修班，同时吸纳管理人员学习《管理与沟通》等相关课程。按照ISO10015国际培训质量标准，制定《培训管理手册》和《培训管理程序文件》，员工培训体系初步建立。重新核定岗位定员，制定实施《优化人力资源结构方案》，先后完成副总师及以下中层领导、技术与管理人员、辅助与后勤人员岗位竞聘和首席、主任级、副主任级专家人才评审。通过人力资源结构优化，公司中层领导人员岗位减幅22.5%，技术与管理岗位减幅15.9%，辅助后勤岗位减幅14%，使直接工与管辅人员的比例由原来的48:52优化为51:49，人力资源结构更趋科学合理。制定《拔尖人才评选办法》，确定各类拔尖人才143人。对近两年来接收的高校毕业生进行职业生涯设计，建立职业生涯档案。推进质量创优工程，开展货车质量安全“大检查、大反思、大整治”、检修货车“千分”对标和“评选信得过检查员”等活动，落实《领导干部深入现场检查指导工作实施办法》，强化质量检查和过程控制，组织质量攻关，《提高制动梁检修质量》项目获铁道部优秀质量成果奖，公司获全路检修货车质量汇检第三名。推进安全保障工程，实行单元式安全管理法，完成生产作业现场安全管理单元划分，对危险源进行辨识，编制突发事件综合应急预案，强化现场安全监管和隐患整改，对72台天车加装吊钩限位器。实现连续安全生产1095天。开展增收节支活动，全年实现增收节支1559万元。加强财务管理，制定财务会计基础工作达标实施方案；学习贯彻《企业会计准则》，为新旧“准则”有序衔接奠定基础。加强成本管理，重新修订成本核算办法，组织成本对标分析，对各分厂成本指标进行调整。继续实施财务物流一体化信息工程，强化对成本费用的过程控制。严格《购销管理办法》，有效降低物资配件采购成本。以建立检修车流水作业方式，实现检修车生产方式再造为目标，研究制定检修车精益化生产方案。加强定额管理，完成各主要产品工时定额、材料消耗定额的修订工作。加强物资管理，按照“摸清底数，理清思路”的原则，对所属一级二级库房物资配件全部进行清查盘点。加强信息化建设，完善网络基础、网络安全措施和用户操作系统，完成内部电子网站和员工管理系统软件开发应用，新版办公自动化OA系统投入运行。加强执法效能监察和审计工作，完成对双通公司和双盛公司的财务收支及经济效益审计。

【生产发展情况】 面对检修车产量高、扣车难，新造车市场产品品种多、工期短的生产形势，开展造修车生产大会战活动，各系统协同作战，全年累计完成检修货车和改造企业自备罐车5396辆；新造路内外企业自备车辆428辆；新造五轴转向架1辆份，造修车生产会战圆满成功。检修车生产一直受入厂车难的困扰，特别是自铁道部实行网上扣车后，入厂车组织难度加大。8月，敞平车和罐车检修同时开工，创造月产600辆的最好成绩。承接近10个品种的新造项目，是有史以来承接新造品种最多、难度最大的一次，且主要集中在下半年，经过努力如期兑现合同。

【新产品新技术开发】 提速210吨、250吨凹底平车通过部级技术审查，并通过集团公司科技成果鉴定。D18A、D25A凹底平车厂修通过部级生产质量认证。完成哈萨克斯坦矿山用90吨、100吨自翻车项目调研和方案设计。完成95 m^3 液化气罐车改造方案，改造样车通过了动力学试验和部级资质审查。完成D15A型凹底平车、罐车专项提速改造和X6K型集装箱平车提速转向架技术引进消化吸收。完成D15A型凹底平车试制，通过静强度试验和生产资质认证。自主研制开发的80吨自翻车通过厂级技术鉴定。申报产品技术专利10项，其中凹底全封闭结构大底架通过发明专利审查，DA25型凹底平车等3项被授权。

【市场营销】 坚持以市场为导向，紧紧围绕“外抓市场不放松”这条主线，强化市场营销，全年累计签订路内外产品销售合同5.3亿元。紧抓路内修造车市场，全年共获检修货车4556辆（含转K2转向架改造3952辆），检修兼改造大平车18辆；新造X6K集装箱平车200辆，新造D15A凹底平车4辆。积极拓展路外车辆市场，与自备车企业签订罐车专项提速改造合同974辆；与攀钢集团矿业公司等自备车企业签订100吨、80吨、60吨自翻车、K18F型煤炭漏斗车、52吨散装货物车箱、五轴转向架等产品销售合同213辆。

【售后服务】 加强售后服务，强化售后服务队伍建设，实行领导干部包保责任制。先后对济南局、上海局、南昌局、广铁集团、成都局、西安局、太原局、兰州局以及部分重点车辆段、运用车间、列检所等近30多家用户进行走访，增强与用户的联系与沟通，对反馈的质量问题及时处理。全年发出《顾客满意度调查表》14份，收回14份，顾客满意度达到93%。

【基本建设与技术改造】 完成检修分厂铆拆跨风雨棚、制造分厂中梁矫正机、配件分厂落锤实验机等设备基础、配件分厂空压站及配件分厂和制造分厂变压器室增设轴流风机、检修分厂和制造分厂大门改造、厂区道路和铁路维修等基建工程项目。完成蒸汽锅炉改造。在预留开发区域完成新建3栋库房和5栋库房基础施工，铺设道路900余延长米。

【存续企业】 存续企业经营业务有双通公司和哈车劳服公司。双通公司是具有独立法人营业执照的公司，执行哈尔滨轨道装备公司制定的资产经营责任制。按照集团公司的要求，制定《双通公司改制分流方案》，并上报集团公司，待国家国资委批复后实施。对厂办大集体哈车劳服公司改制工作进行调研和前期准备。

【党群工作】 紧紧围绕企业生产经营中心，不断创新工作方式方法，开展党群机关人员“为公司发展献一策”、管理诊断、党群机关人员学习管理知识等活动。积极参与企业方针目标确定、评选表彰先进、职工医院人员分流、双通公司改制、优化人力资源结构、基层领导班子考核等重大问题决策，发挥政治核心作用。加强党的建设，以“把党员培养成技术业务骨干，把技术业务骨干培养成党员”为目标，开展“比贡献、创佳绩”主题实践活动，无党员班组比例逐步减少。加强党的先进性长效机制建设，制定《党务公开实施办法》、《党员联系和服务职工群众工作制度》等，促进党建工作制度化、规范化。加强领导班子和干部队伍建设，通过竞聘上岗的形式，重新聘用中层领导人员72人，干部总数由434人压缩到370人。在两级班子中开展创建“四好”领导班子活动，加大基层领导班子的考核力度。加大党风建设和反腐倡廉工作力度，建立“廉政之风”、“廉政之窗”、“廉政之音”、“廉政专栏”4个廉洁文化教育阵地，开展“加强廉洁文化建设、促进公司改革发展”为主题的廉政建设理论研讨，对物资采购、招议标、销售工作进行执法效能监察。工会组织围绕生产经营开展岗位练兵、技术比武、师傅带徒弟、提合理化建议、“创建学习型班组、争做知识型员工”竞赛等活动。继续实施“送温暖工程”，建立“职工互助储金会”，开展丰富多彩的群众性文体活动。共青团组织以服务公司生产经营、服务青年成长成才为主线，举办青年科技“五小”活动，开展“五四红旗团支部”创建、“创新创效”青年科技论文征集、“双杯”、“双岗”竞赛、青年志愿者等多种活动。公司团委被评为“中央企业五四红旗团委”、“哈尔滨市五四红旗团委标兵”。

【重要纪事】 1月9日，公司通过铁道部X4K、X6K型集装箱平车生产质量认证。1月18日，中铁集装箱公司总经理钱迈一行3人到公司考察访问。2月1日，集团公司党委书记王立刚到公司慰问。3月16日，公司进入2006年哈尔滨市工业企业销售收入50强，排名第37位。6月8日，集团公司总经理崔殿国到公司检查指导工作。8月1日，哈尔滨轨道交通装备有限责任公司正式运营。8月16日，集团公司工会主席董宇到公司检查指导工作。8月20日，集团公司党委书记王立刚到公司检查指导工作。9月14日，俄罗斯塞沃斯集团公司代表团一行8人到公司考察访问。12月20日，哈尔滨市经委副主任傅洁苒和中直办领导一行5人到公司检查工作。12月27日，公司召开“四项工程、两个活动”总结暨“造修车大会战”活动祝捷大会。

【企业领导名单】

哈尔滨轨道装备公司

董 事 长　房志坚
副董事长　丛德斌(3月19日免)
　　　　　张秀臣(3月19日任)
总 经 理　房志坚
副总经理　范广吉　张景伟　朱路德
　　　　　张焕维
总工程师　阴　雷
总会计师　高崇生

哈车公司

董 事 长　房志坚
副董事长　张秀臣(3月19日任)
总 经 理　房志坚
副总经理　范广吉　张景伟　朱路德
　　　　　张焕维
总工程师　阴　雷
总会计师　高崇生

党委书记　丛德斌(3月19日免)
　　　　　张秀臣(3月19日任)
党委副书记　房志坚(兼)　刘松滨
　　　　　万永智(8月8日免)
纪委书记　万永智(8月8日免)
　　　　　刘松滨(8月8日任)

工会主席　刘松滨

（办公室　供稿）

中国北车集团牡丹江机车车辆厂

厂长　闫玉贵

党委书记　姜海洋

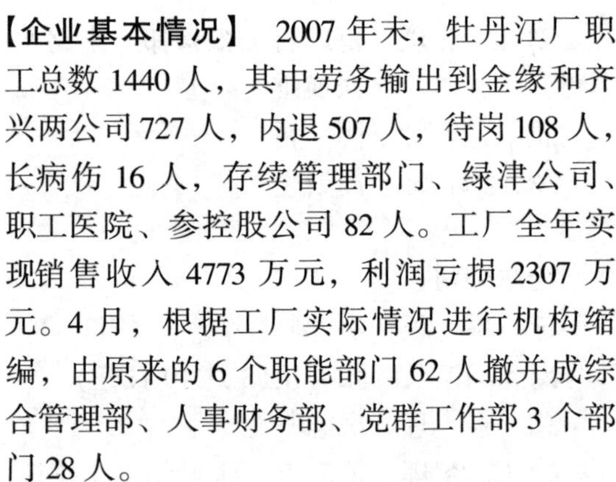

【企业基本情况】 2007年末，牡丹江厂职工总数1440人，其中劳务输出到金缘和齐兴两公司727人，内退507人，待岗108人，长病伤16人，存续管理部门、绿津公司、职工医院、参控股公司82人。工厂全年实现销售收入4773万元，利润亏损2307万元。4月，根据工厂实际情况进行机构缩编，由原来的6个职能部门62人撤并成综合管理部、人事财务部、党群工作部3个部门28人。

【改革改制】 2月1日，完成三友、金瑞改制公司人事关系、社会保险、组织关系的属地化管理。12月31日，完成改制上市公司的土地及房屋执照的办理。工厂职工医院努力寻找生存发展契机，年底与牡丹江市第一人民医院达成委托经营办院意向。

【企业管理】 随着主营业务的转移，存续期间的主要任务已发生改变，原有规章制度已不能满足工厂存续期间各项管理工作的需要。2007年5月，工厂适时调整和制定可操作性强的相关管理制度，组织修订管理制度，出台《员工守则》、《岗位工作交接制度》等11项规章制度，为各项工作的开展提供了制度保障。

【债权债务清理】 2007年，工厂清理了财务数据和财务资料，对债权债务的基本情况进行必要的分类、分析并做了初步处理。对下一步的工作任务目标进一步明确。对财务提出的与职工有关的历史陈欠问题经核实后已上报集团公司并协调逐步解决。集团公司在保证人员工资等费用如数支付外，历史陈欠问题也得到一定的解决。全年共计拨款1781万元，其中解决陈欠974万元。

【赖氨酸项目善后处理】 根据集团公司及绿津公司董事会的安排部署，绿津公司广泛开展招商引资，认真做好资产的维护和安全保卫，稳步推进依法处置项目资产工作。公司积极组织进行招商引资，寻找有意向的投资者，尽可能实现资产变现最大化，保证公司及股东的利益。加强设备的维护管理工作。配合法院及评估公司对公司拟拍卖的资产进行分类、清产及核对，为下一步资产交接工作打下基础。完善设备检查巡视制度，在日常检查过程中进行设备的保全和管理。对公司内出现的冻害、漏雨、水淹等事件及时发现及时处理，避免造成较大损失。加强对公司资产的安全保卫工作，对停产后剩余的部分危险化学品作出合理处置，杜绝了安全隐患。

【资产管理处置】 对厂内外资产进行全面清查和统计，登记造册，对资产状况进行分析，对厂内的剩余资产进行全面处置。借助集团公司整体上市这一契机，对厂内的土地和房屋进行一次全面的确认，重新办理了土地及房产证照。规范物资和闲置资产的出售行为，加强出售物资的管理，修订《废旧物资出售管理办法》，明确相关部门的责任，全年处理剩余资产收入 127 万元。

【党群工作】 加强对参控股公司党建工作的领导及日常管理。组织金缘公司、路通弹簧公司等参控股公司围绕本单位生产经营实际开展党建和思想政治工作。工厂党委、工会每月召开党群工作例会，总结部署月度重点工作。全年共发展党员 4 名，播出电视新闻 10 期，出厂报 2 期，广播稿件 40 余篇。加强机关干部队伍的建设。加强纪检监察和反腐倡廉工作，深入开展党风廉政建设学习教育，制定《厂机关管理人员廉洁自律若干规定（试行）》。全年共接待来信来访和举报电话 6 件（次），线索 2 件。对 2 名因犯罪被判刑的党员给予开除厂籍和党籍的处理。厂工会在“两节”期间，走访慰问 14 户困难职工、3 名劳动模范、113 名离休干部和 39 名 85 岁以上的退休老职工，为 700 名困难职工和内退职工发放困难补助款，共支出资金 8.93 万元。全年发放困补费 11.85 万元。建立全厂困难职工电子档案，为工厂有关部门办理牡丹江市居民最低生活保障线证明，帮助劳动服务公司 100 余名困难职工进入全总困难职工帮扶系统。组织开展“团体女性安康保险”，全厂共有 246 名女职工参加了保险。组织参加集团公司第二届运动会。厂工会全过程参与工厂机构重组和全员竞聘上岗工作，有效地维护了企业的和谐稳定。

【稳定工作】 加强信访接待制度建设，畅通信访渠道。通过家访、召开座谈会等多种形式，主动与上访群体对话，了解情况，宣传政策，向上级反映情况。加强防范和控制，杜绝群体性事件的发生。积极争取上级的支持，解决历史遗留问题。解决离退休职工的医药费、职工需报销的采暖费等亟待解决的问题。积极组织人员到省市社保部门及军转办争取政策，解决军转干部的工资及采暖补贴等事宜。积极将退休幼儿教师的待遇诉求向上级反映、呼吁，争取国家的政策，有效地稳定了职工队伍。至年末，工厂没有进京上访和群体性事件发生。

【企业领导名单】

厂　　长　张秀臣(3 月 19 日免)
　　　　　闫玉贵(3 月 19 日任)
副 厂 长　闫玉贵(3 月 19 日免)
　　　　　高福全　孙再涛(6 月 26 日免)
总会计师　闫玉贵(兼,3 月 19 日免)
　　　　　高福全(兼)
总工程师　段连祥(6 月 26 日免)
党委书记　孙德江(3 月 19 日免)
　　　　　姜海洋(3 月 19 日任)
党委副书记　张秀臣(兼,3 月 19 日免)
　　　　　姜海洋(3 月 19 日免)
　　　　　闫玉贵(兼,3 月 19 日任)
　　　　　董公民(3 月 19 日任)
纪委书记　姜海洋(3 月 19 日免)
　　　　　董公民(兼,3 月 19 日任)

（办公室　供稿）

中国北车长春轨道客车装备有限责任公司
中 国 北 车 集 团 长 春 客 车 厂

董事长、总经理、厂长　娄彦君

党委书记　翁之罘

【企业基本情况】 长春轨道客车装备有限责任公司（简称长春轨道装备公司），是由中国北车集团公司投资，于2007年7月在长春市对应设立的一人有限责任公司，并将原长春客车厂的主营业务、拟上市资产无偿划入长春轨道装备公司。2007年末，长春轨道装备公司员工总数3432人，固定资产原值6.15亿元，净值3.97亿元。占地面积54万平方米，有生产台位241个，其中客车装配台位达110个，生产作业总面积12万平方米，拥有各类设备300余台（套）。设置18个行政部室、9个分厂、3个独资子公司、1个控股子公司。全年实现销售收入4.28亿元，净利润1678万元，劳动生产率28051元/人·年，全面完成集团公司下达的各项经营指标。

2007年末，长春客车厂员工总数1458人，其中在岗职工601人，固定资产原值6300万元，净值4200万元。下设职工医院、长客宾馆，负责职工医院和长客宾馆的管理以及部分非生产性房屋、场地等资产的管理工作。

【改革改制】 采取分解落实法，将各单位改制工作划分为宣传发动、问卷调查、职工身份认定、资产清查审计和评估等39个环节，详细制定各单位改制工作计划和工作流程，明确目标，落实责任，分工协作，推进主辅分离改制分流工作。继续推进厂办大集体企业改制工作。在具体操作实施中，通过对所属企业整合重组，加大管理力度，促进企业保值增值。建立改制工作领导组织机构，制定改制规划，认真组织开展集体企业基本情况调查等改制前期基础工作。制定下发《中国北车集团长春客车厂厂办大集体企业改制指导意见》，对集体企业改制工作确立了宏观总体政策指导。先后完成配件总厂、铺椅公司等6户集体企业的改制工作。原长机厂劳服公司、建筑公司的改制经国资委和财政部批复并通过职工大会讨论，进入实施阶段。原长机厂政策性破产后续难点正在逐步得到解决，资产变现取得了实质性突破。

2007年，长客厂和长机辆公司进入重组第二阶段，完成人员整编、职能和机构调整等项工作的同时，按照集团公司整体上市的要求，积极推进公司化改造，做好资产分劈、审计评估、存续部分费用测算等上市准备工作。继续推进主辅分离辅业改制工作，按照吉林省政府关于广播电视“实现全省一张网”的工作要求，稳妥推进长客电视网络的移交工作，实现了人员、资产和业务的整体移交。完成厦门办事处的产权转让和人员分流工作，广州办事处的产权转让已得到集团公司的批复。主动与地方政府协调，先后解决了房屋产权证变更、办理土地使用权证等难题。继续完善工厂房改、医改工作，提前做好职工医疗保险移交的各项准备工作。

【企业管理】 根据重组第二阶段的实际需要，长机辆公司除主营业务转移到宽城分公司，暂保持独立核算外，其他职能和公共业务由工厂统一管理，确保了工厂行政组织机构总体构架的稳定性。围绕企业制度建设开展了规章制度评价和检查活动，确保各项规章制度的贯彻落实。在厂属独立核算单位和集体企业实施效绩考评，签订经营责任书。建立财务物流一体化管理系统，物资管理和财务管理迈上新的台阶。加强成本管理，制定《工厂内部材料成本考核实施细则》、《工厂技术改进降成本建议评审管理办法》等项制度，建立成本指标否决制度，确立成本指标最高“警戒线”，使中层管理人员成为成本管理的第一责任人。强化集体企业管理，在撤销二级管理机构的基础上成立实业管理中心，71 家具有独立账号的集体企业经过清理、整顿、整合，重组为 15 家具有一定经营规模的企业，理顺了管控模式，为提升集体企业的经济效益和整体竞争力奠定坚实基础。加强安全管理，层层落实安全生产责任制，通过了环境/职业健康安全管理体系复审，完成集团公司下达的各项指标。

进一步完善和巩固质量管理体系，制定关键工序检查作业指导书，细化检验规程。严把外购原材料和外协件的进厂质量检验关，建立原材料和配件检验报告、资质许可、能力审核数据库，搭建企业对供应商从生产到销售进行全面质量跟踪和监督的平台。开展“质量与生命”专题教育和质量排查活动，治理“粗糙病”和“陋习顽疾”取得实效。建立实物质量督察制度，考核结果纳入效绩考评。通过采取质量控制、质量排查和推进工序质量商品化等措施，各项产品的质量有了明显提高。质量管理小组成果取得实效，车上件检修厂“木制件封边工艺改进”项目小组获得“全国优秀质量管理小组”称号。推行“5S”现场管理，制定《长春客车厂现场综合检查考核细则》，现场管理水平大幅提升。 （梁 峰）

【生产发展情况】 公司认真抓好以铁路客车修理为主营业务，以配件生产为辅助业务的两条主线。客车修理系统克服品种多、档次高、线路紧张、技术复杂等难点，强化生产组织，整顿生产秩序，确保生产计划日兑现。组织开展“大干 100 天，完成 290 辆修车任务”生产攻坚战，全年共修理客车 25 个品种 752 辆。车辆配件系统努力克服资金紧张、能源供应不及时等不利因素的影响，采取措施确保合同兑现，全年生产车辆轴 36051 根、旋压产品 13515 套/件、锻造钩尾框 8192 件，检修轮对 1093 对。配套服务系统继续跟进 200 公里/小时动车组和城轨车市场，靠前服务，主动出击，以优质产品和良好信誉为长客股份公司提供配套配件加工和汽车运输服务。公司全年实现销售收入 8.75 亿元，实现净利润 624 万元。

【新产品新技术开发】 围绕客车检修开展技术创新，完成高档 25K 型车、25C 型不锈钢车、北京局铁路双层动车组、哈尔滨铁路局动车组、24 型民德车翻新等 5 个新车型的研发任务，为实现批量生产提供技术支撑。

完成埃及客车翻新样板间制作并送业主参展。启动200公里/小时动车组和X2000型摆式列车项目的技术研发工作，成立项目组，组织学习培训。大力开发车辆配件产品，完成了阿尔斯通A1N车轴、东风8B型机车轮对检修、出口印度车轴等新产品的开发工作，实现出口斯里兰卡客车储风缸随整车的小批量出口。为适应出口，推进车辆轴各项国际标准的认证工作并取得实质性进展。车辆轴扩能项目获集团公司的批复并纳入上市后的项目融资计划，锻造能力整合立项建议书已上报集团公司。

【市场营销】 公司在全路两次厂修客车招标中签订544辆订单，占市场份额14.25%；配件系统全年签订41680根车辆轴销售合同，市场占有率13%；旋压产品销售11674套/件，占市场份额30%。承揽金温、广梅汕等地方铁路检修车109辆，在地方铁路、城轨车市场取得新的突破。在成功检修长春轻轨车的基础上，开发天津、重庆等城轨车市场并取得进展。在国际市场开发方面，启动伊朗双层客车检修项目，在推进车辆轴出口认证工作的基础上，签订4680根出口印度车辆轴的贸易合同。年内共出口车辆轴605根，实现收入358万元人民币。

【基本建设】 对2006年建设和改造的厂房工程进行收尾，实现客修系统按期搬迁的目标。对办公楼、物资库房、脱漆厂房、变电所、污水处理站等实施改造，规划并新建厂区道路、厂区照明和广播系统，重建厂区围墙。治理厂区环境，清理超高土2万多立方米，平整土地8.4万平方米，厂容厂貌发生根本性的变化。

【党群工作】 2007年，工厂党委围绕生产经营、产品开发、重组改制等中心工作，按照融入中心、服务大局的要求，提出以建设服务保障型党组织，建立创新实效型党建思想政治工作体系为目标，加强党委理论中心组学习，深入开展“四好”领导班子创建活动，开展创先争优和党内主题立项活动。强化党员管理，建立惩防体系；加强执法效能监察和宣传思想政治工作，维护企业稳定；加强企业文化建设、党务公开等工作。

党委重视理论学习制度，先后组织中心组学习《江泽民文选》、《居安思危—苏共亡党的历史教训》、《权钱交易的代价》、《卓越的现场管理5S推行实务》等。结合公司实际进行十七大报告等学习讨论。4月，党委以领导干部作风建设为主题，召开了专题民主生活会。此后又专题召开了中层领导班子、领导干部思想作风建设和党风廉政建设讲评会。9月，组织召开中层领导班子民主生活会。11月，党委邀请吉林省纪委副书记、省监察厅厅长高金祥到工厂进行十七大报告辅导。举办了由中层管理人员参加的“企业发展与荣辱观建设”专题讲座。为每个支部购买下发《第五项修炼》，并组织认真学习。进一步完善《“四好”领导班子创建活动实施意见》，确定重点，修订创建目标，完善措施和考核评价办法。加强中层管理人员的管理考核，制定《中层领导干部选拔任用工作暂行规定》，统一相关政策，完善领导干部能上能下的管理机制。针对重组搬迁后的实际情况，开展以整顿企业生产经营秩序，整顿职工队伍思想作风；提高企业综合实力，提高职工队伍素质为主要内容的“两整顿、两提高”专题教育活动和“质量与生命”专题教育活动。开展“提能力降成本上管理保目标”主题立功竞赛活动，全厂各支部共确立攻关竞赛项目71项，并对取得突出成果的项目进行评审和表彰奖励。党委继续推动“双培”活动的开展，重点加强党员科技人员的专业技术学习培训和客车修理、产品开发的技术引进消化吸收工作。根据集团公司要求，制定了党务公开实施方案。按照先党内、后党外、分层次逐级公开的原则，并通过多种形式实施公开，增强党建工作的透明度。加强后备干部管理和人才队伍建设，制定中层后备干部管理考核办法，按照程序完成中层后备干部的选拔推荐工作。举办综合管理培训班，对中层后备干部进行集中培训。积极实施“人才强企”战略，制定《“十一五”人才队伍建设规划》，成立培训中心，加强对人才工作的领导。制定并组织实施“专家、拔尖人才等高层次人才计划”，先后出台专家管理办法和拔尖人才管理办法。按照引得进、留得住、用得上的指导方针，制定《青年科技人才住房贴息贷款暂行管理办法》。针对重组工作，及时对基层党组织机构进行理顺和调整，规范组织建设。对8个已改制单位的党组织按照程序进行撤销。为1333名离退休党员组织关系转入社区管理。规范离岗党员管理，制定《关于加强离岗流动党员管理办法》。完善抓基层党建工作责任制度。落实工厂党建工作。稳妥做好大集体改制工作，举办劳动服务公司和建筑公司改制培训班，针对职工关注的热点问题，做好宣传解释和思想引导工作。召开专门会议对重组工作进行宣讲，使第二阶段机构和机关人员调整工作平稳实施。制定长客厂职工职业道德规范和职工行为规范等。在党员干部中开展自查自纠工作，重点对产权交易、工程建设、物资采购三个方面进行自查和评估。制定《领导干部个人重大事项报告的实施办法》、《建立健全教育、制度、监督并重的惩治和预防腐败体系实施细则》，对各责任部门和基层单位进行督促和检查。深入开展执法效能监察工作，对基建工程招标、不良资产管理、辅业和集体企业改制工作、自有资金管理与使用、物资配件采购等进行了立项监察。重视信访举报，对9件信访案件进行核实，参与责任认定与责任追究，对情节严重的进行组织处理或给予纪律处分。

厂工会认真履行维护、监督、参与职能，参与生产经营、改革改制工作，提出合理化建议303项，对35项优秀合理化建议进行了立项。组织开展“创建学习型班组，争做知识型职工”活动，制定“创争”活动实施方案，组织“创争”活动培训班和“创争”百题答卷活动。深化厂务公开工作，把厂务公开和工会工作评先挂钩，把工作重点放到生产经营和改革改制政策等主要项点的公开上，对基层厂务公开规范管理。以提高职工技术素质为重点，举办车工、电焊工技术比武，共有62名选手参加理论和实作考试。开展各种文体活动，先后举办“迎五一”职工毽球比赛、拔河比赛等活动。参加了北车集团公司第二届运动会，并荣获“体育道德风尚”奖。厂团委以提高团员青年综合素质为重点，开展青工技能月、技术比武、技能对抗赛、先进技术交流会等。组织开展“以优异成绩迎接党的十七大”主题活动和“安全生产，青年争先”主题实践活动。以爱国主义教育、大众体育比赛、整治厂区环境义务劳动、会战期间义务献工等多种形式，深入学习贯彻十七大精神，积极开展青年志愿者活动，强化青工安全生产意识，加强青年安全生产管理，在工厂生产会战中，充分发挥青年团员突击队和生力军作用，确保工厂生产经营任务圆满完成。

【重要纪事】 1月8日，全国总工会副主席王瑞祥在吉林省委副书记林炎志等陪同下，到长客厂慰问困难职工。1月20日，历时3个月的“苦战3个月，全面完成200辆翻新车”生产会战全面告捷。4月20日，集团公司在长客厂组织召开领导班子副职竞争上岗动员大会。4月26日，长客厂召开重组后的第一次中层领导干部思想作风和党风廉政建设讲评暨“两整顿，两提高”专题教育动员会。6月8日，中共长春市委书记高广滨、市长崔杰到长客厂现场办公，研究落实建立客车产业工业园的有关事宜。8月15日，长春客车轨道装备公司签署出口印度4680根车轴的订购合同，合同金额300多万美元，并与韩国NEWTEC公司签署技术协议。8月20日，铁道部客车安全基础工作及客车检修质量检查组对公司进行为期两天的检查。9月，公司研制的锻造钩尾框、车辆无焊缝热收口旋压储风缸两项科技成果通过集团公司鉴定。12月2日，公司首批出口印度的420根车轴在大连港发运。12月6~7日，公司ISO9000标准质量管理体系通过第二次监督审核。

【企业领导名单】

长春轨道装备公司

董事长　娄彦君
副董事长　翁之罘
总经理　娄彦君
副总经理　张雅维　尹成文　赵金山　路孝杰　江涛　于军　李长林　陈寅
总会计师　王志华
总工程师　董恒

长春客车厂

厂长　娄彦君
副厂长　马文秀(6月4日免)
路孝杰(6月4日任)
赵金山(6月4日任)
张雅维(6月4日任)
江涛(6月4日任)
于军(6月4日任)
李长林(6月4日任)
尹成文(6月4日任)
陈寅(6月4日任)
总会计师　路孝杰(6月4日免)
王志华(6月4日任)
总工程师　董恒(6月4日任)

党委书记　翁之罘
党委副书记　张亚　邹常顺
纪委书记　张亚(6月4日任)
邹常顺(6月4日任)
工会主席　张亚

(郝霞　供稿)

中国北车长春轨道客车股份有限公司

董事长、党委书记　董晓峰

总经理　卢西伟

【企业基本情况】 2007年末，长客股份公司职工总数9242人，其中具有高级专业技术职称420人，中级职称594人，高级工人技师58人，中级技师245人。设有19个行政管理部室、1个研发中心、1个分公司、1个全资子公司、1个合资公司、2个控股子公司、10个直属生产单位。固定资产原值22.45亿元、净值14.32亿元，设备总数4390台（套），生产用地57.29万平方米。全年完成新造客车949辆，其中国内铁路客车420辆，国内城轨车358辆，出口车171辆。实现销售收入46.21亿元，比上年增长22.4%；实现利润1.44亿元，比上年增长174%；劳动生产率50.61万元/人·年，比上年增长30.4%。

【改革改制】 公司有效整合内部资源，以满足产品技术升级和结构调整要求，提高市场应变能力。撤销木工厂和电镀车间，设立内饰件厂；撤销第一车体厂三车间，将其并入二车间；撤销转向架厂配件车间，设立新产品车间和机加工车间；撤销第一装配厂装配一车间、二车间，成立车电车间、装配车间，并将第一装配厂的物流管理职能并入采购部；撤销试验车间，成立调试车间。在审计监察部设立法律事务室；在孟加拉、斯里兰卡、澳大利亚三个国家设立驻外服务机构。加强投资管理，公司在长春轨道交通装备制造产业园区内购置约170万平方米土地，满足了“高速列车工程试验中心”建设，为未来发展预留了空间。为增强企业活力，转换经营机制，提高经济效益，公司对铸锻业务进行公司化改造，2007年12月18日，在长春市工商局注册设立全资子公司长春长客铸锻有限责任公司。

【企业管理】 加大资产清查力度。不断加强对设计成本、材料成本、能源管理、费用管理等关键环节的控制，有效降低成本费用支出。建立多级预算管理，采取按贡献式损益表等方法，形成会计科目、责任中心和项目三位一体的预算体系。多方筹措资金，确保200公里/小时动车组项目所需设备、工装、工具等必要投入，同时有效压缩非重要性投资，使有限资金发挥最大作用。积极推进标准化技术管理工作，制定下发了60多项技术标准，围绕标准化开展了大量工作，有效降低设计及制造成本。通过采取与金融机构合作共同制定外币保值方案等措施规避汇率风险。通过争取低息贷款和降低保函税率等优惠政策，节省资金1100多万元。充分利用国家税收优惠政策，实现所得税费用为零，同时大幅降低增值税、城建税、教育费附加等费用。加大执法效能监察力度，全年共完成执法效能监察项目217项。继续推行领导干部任期目标和年度工作目标责任制，加大中层干部考核交流调整力度。为适应200公里/小时动车组生产和城轨车扩能需要，通过双向选择、竞聘上岗，分别从铸钢、锻工、动力、冲压等单位为动车组和城轨车等重点工序调剂378人。继续加大人才引进力度，共接收大中专及以上毕业生1000多人，其中博士生3人、硕士生40人、本科生122人，补充核心技术操作工人859人。继续加大开工前评审、首件检验、NCR管理、工序巡检、记名制作业管理以及对图达标等工作的力度，同时在部分城轨车项目上也推行200公里/小时动车组质量控制模式和方法，导入国际一流企业质量管理理念，夯实质量管理基础。年内，通过了GB/T19001－2000质量管理体系监督审核、DIN6700焊接质量体系、ISO10012：2003测量管理体系复评认证。成立SAP项目组，通过招标确定实施商，完成部分中级培训，构建了SAP系统环境，该项目已进入需求调研与蓝图设计阶段。技术信息化平台和办公自动化系统建设也取得新进展。

【生产发展情况】 2007年是公司200公里/小时动车组生产和交付的关键时期，由于受到诸多因素的制约，致使前期生产时断时续，无法形成批量能力。同时面临城轨车、出口车与动车组交叉生产，原材料、能源价格上涨以及资金紧张等多重危机。公司努力突破各种制约瓶颈，坚持质量和进度兼顾、效益和效率统筹、消化技术和提高管理并重的原则，用科学的作业计划统领全局生产。同时强化生产过程控制，较好地完成了各项经营任务，保持了“三大市场”的强势地位。全年共完成国内铁路客车420辆，国内城轨车358辆，出口车171辆，各项指标均创历史最好水平。公司荣获全国“五一劳动奖状”；CRC牌轨道客车产品在两次获得“吉林省名牌产品”称号后，9月又被评为中国名牌产品，并受到国家、省市政府的表彰和奖励。

【新产品新技术自主开发】 年内，通过技术引进消化吸收，自主开发了200公里/小时不锈钢动车组头车、16辆长编组200公里/小时卧车/座车、250公里/小时综合检测车。根据用户需求，开发设计了深圳24辆A型地铁车、沈阳1号线地铁车、北京13号线加车、100%低地板轻轨车、天津滨海线加车、长春轻轨车6个城轨车型，以及孟加拉米轨客车、伊朗60辆单层卧车等多个出口项目。与外方联合设计开发了北京机场线直线电机地铁车和澳大利亚不锈钢双层客车项目。完成回送车及一些重要部件的设计开发工作，其中自主研制的高性能隔热车窗已被唐山轨道客车公司出口项目采用。通过派出大量技术人员赴唐客参与CRH3型动车组的消化吸收和制造工作，初步建立起时速350公里动车组研发制造平台。推进“高速轨道客车研发平台建设项目”的实施，开展“高速列车系统集成国家工程实验室”的申报和筹建工作。与相关高校合作的“转向架技术与动力学”、“动车组空气动力学与密封技术”等科研课题获得较大进展。围绕企业专有技术，申报60多项专利。

【技术引进消化吸收和国产化工作】 引进法国阿尔斯通公司技术、自主生产的200公里/小时动车组在料件供应紧张、版本升级频繁、技术支持不到位、调试周期严重不足等情况下，突破试制交车关，于2007年4月初交付3组国产化CRH5型动车组，满足了“4·18”全国铁路第六次大提速北方线用车需要。公司以确保安全运营为前提，以狠抓产品质量为主线，以彻底整改为目标，为彻底解决生产、调试和运营中存在的技术问题，督促阿尔斯通公司并与之共同补做了大量相关试验，完善多项技术方案，为车辆尽快稳定、成熟奠定基础。至年底，共收到外方技术转让文件125批16155份；完成欧洲培训78个团组299.75人月；完成技术支持295.5人月。截至2007年底，已上线的20组国产化动车组运行状况良好，制造工序得以全面理顺，稳定交车能力正在形成。

【市场营销】 公司全面调整营销策略，全力开拓国内外市场。在国内铁路客车市场上，取得1列（8辆）250公里/小时综合检测车订单；2列（16辆）“长白山”号动车组以及6辆25T型样板车实现销售。在国内城轨车市场上，取得国内5个既有线车辆增购项目：北京5号线42辆车，北京10号线36辆车，北京13号线112辆车，天津滨海线36辆车和重庆单轨24辆车。开拓城轨车新市场，获得上海地铁6、8号线项目170辆车订单，全面进入高档车市场；深圳地铁二号线60辆车项目，是公司首次大批量进入A型车市场。合资企业长春长客-庞巴迪公司取得上海7号线192辆车项目订单。国内城轨车市场上实现签约8个项目672辆车，合同总金额达46.4亿元。积极开拓国际市场，取得泰国BTS 48辆地铁项目、伊朗马沙德60组70%低地板轻轨项目及新西兰50台转向架项目，签约额共计15亿元。全年三大市场累计取得908辆车订单，合同总金额达61.6亿元。此外，实现中标的有北京地铁2号线144辆增购车、深圳地铁二号线后150辆A型车、深圳地铁3号线144辆B型车、德黑兰地铁1－2号线455辆车、伊朗阿瓦士地铁130辆车以及伊朗160辆双层客车等6个项目。

【售后服务】 年内，撤销市场一部售后服务处和市场二部售后服务处，设立公司直属的铁路客车服务部、城轨客车服务部。铁路客车服务部负责铁路客车、动车组的售后服务工作，下设服务处、技术处；城轨客车服务部负责城轨客车售后服务工作。售后服务机构按售后服务区域设置服务站。铁路客车售后服务部在17个铁路局设立了服务站，并分别在巴基斯坦铁路总部所在地拉合尔、孟加拉国首都达卡、斯里兰卡首都斯里兰卡设立了服务站。为不断提高服务水平和质量，进行200公里/小时动车组知识技能的集中系统培训35人/10天。针对“4·18”全国铁路大提速，公司组建了200公里/小时动车组北京、沈阳、长春、哈尔滨服务站。全年完成全国18个铁路局所属60个车辆段以及出口铁路客车质保期内共计6872辆铁路客车的售后服务工作。受理铁道部、集团公司电报或通知20份、各路局及客户信函或传真45份、反馈的信息46份，接收并执行公司技术部门通知200余份。组织完成国内路局226辆、国外100余辆新造铁路客车的整备、调试、试运及开通服务。完成17个铁路局60个车辆段4769辆客车的技改项目施工。按铁道部及集团公司要求，组织150人，分8个批次对4769辆客车重点项目及部位进行普查。为沈阳2列“长白山”210公里/小时动车组提供相关质保备品备件的发送、上线运行检修服务。配合200公里/小时动车组项目建立“调试售后组与ATSA公司质保服务组”，组织100人次员工和用户接受ATSA公司专家培训。监督和督促ATSA公司派专家到北京、沈阳、长春三个服务站，为200公里/小时动车组提供有效的技术支持。城轨客车售后服务部在长春、重庆、北京、天津、伊朗德黑兰设有5个服务站。全年完成30辆伊朗双层客车、301辆伊朗德黑兰地铁、158辆北京地铁、116辆天津地铁、40辆轻轨车的售后服务工作，完成了天津滨海线116辆轻轨车的定修任务。受理用户工程联系单或传真12份。

【基本建设与技术改造】 全年共完成固定资产投资1098项，总投资额近5亿元。其中，6055万元用于221项设备更新改造，2.6亿元用于1634台套设备采购，1.1亿元用于18万平方米新建、改造、大修等基建项目。全年累计完成85台（套）设备的安装，完成设备搬迁198台（套），并投入使用。为满足技术升级及产品结构调整要求，以200公里/小时动车组、350公里/小时动车组和澳大利亚双层客车项目为重点，进行了较大范围的工艺布局调整和改造，不锈钢车体生产线扩充到2条、铝合金车体生产线可以满足3个项目并行生产，城轨车的油漆、装配和静调达到月产50辆的能力。进一步优化场地配置，对细线线束预组、大线下料、车端连接器预组、底架线槽组装等场地进行扩建及调整；对装配单位工序和台位采取了定置管理；对工装、工具进行重新检查和补充。

【温家宝总理视察公司】 2月4日，中共中央政治局常委、国务院总理温家宝，在国务委员陈至立、吉林省委书记王珉、省长韩长赋等陪同下到公司视察。铁道部副总工程师张曙光、公司董事长董晓峰、党委书记王润、总经理那利明陪同温总理一行重点视察了200公里/小时动车组装配现场。当听到公司董事长汇报说，公司按照“引进先进技术、联合设计生产、打造中国品牌”战略思路，在铁道部的领导下，正在与阿尔斯通公司合作生产200公里/小时动车组和与西门子合作生产350公里/小时动车组时，温总理高兴地说，“以前在欧洲坐过，今后可以在国内乘坐了”。董事长接着详细汇报引进过程中的相关情况。温总理指示“关键就是要把技术消化、吸收好，有能力再创新。”董事长保证：“一定要在京沪高速铁路开通前生产出自己研发的300公里/小时动车组，创造我们的民族品牌，保证京沪高速开通运营。”温总理说：“人民群众也希望你们生产出自己的车。”温总理每到一处，都亲切与员工握手并问候。看完200公里/小时动车组内装，温总理欣然为公司签名并与现场的员工、劳模合影留念。当工作人员提醒温总理时间到了，温总理意犹未尽：“我们就能看这些吗?”，工作人员说只能看这些了。温总理说：“希望你们成为国内最好的车辆厂。”张曙光局长说：“他们现在已经是国内最好的了。而且有决心和西门子、庞巴迪、阿尔斯通比，代表中国人的志气。”温总理幽默地说：“那我就给你们再重加个定语，希望长客股份公司成为世界上最好的主力车型轨道客车制造企业。”

【CRH5型动车组投入铁路大提速】 4月18日，全国铁路第六次大提速正式实施。长春—北京的D24次列车作为长春发出的第一列提速车，沈阳局专门在长春站举行了隆重的首发仪式。首发车辆D24次列车是公司研制的CRH5“和谐号”动车组。6点50分，首发仪式开始；7点13分，吉林省副省长牛海军宣布发车，长春—北京“和谐号”D24次列车平稳起动，驶离长春站。13点29分，CRH5“和谐号”顺利抵达北京。公司董事长董晓峰在接受多家新闻媒体采访时，高度赞扬了全体员工在力保“4·18”、奋战高速车过程中，顾全大局、无私奉献顽强拼搏。动车组在“4·18”大提速第一天驶出251公里/小时的最高速度。

【长春轨道交通装备制造产业园区建设】 8月20日，集团公司总经理崔殿国、公司董事长董晓峰与吉林省和长春市的有关单位领导实地考察了“长春轨道交通装备制造产业园区”，对规划进行了分析，并磋商环线开发、征地等问题。当天，集团公司总经理崔殿国与长春市人民政府签署战略合作备忘录。11月15日，长春轨道交通装备制造产业园揭牌暨高速列车工程试验中心奠基仪式隆重举行。吉林省、长春市及集团公司领导等为长春轨道交通装备制造产业园、高速列车工程试验中心揭牌、奠基。会上，奚国华副总经理代表集团公司郑重承诺：积极支持长春轨道交通装备制造业的发展建设，有选择地吸引和带动上游产业链的制造企业入园建厂，全面整合客车产业链，发挥大公司对中小企业的带动和辐射作用，为工业园区形成产业聚集效应发挥更大的推动作用。吉林省、长春市政府为充分发挥本地资源优势，提出了“依托长客股份公司和长客厂打造长春轨道交通装备制造产业”的构想，并与中国北车集团公司签订了战略合作协议，相继出台多项相关财政、税收等优惠政策。12月18日，公司与长春市绿园区人民政府正式签署建设“高速列车工程试验中心”协议。协议明确了项目目标、内容、进度及双方分工等内容。

【党群工作】 公司党委按照“创新求变、有作为，发挥不可替代作用”和“统一认识、准确定位、理解需求、发挥作用”的总体要求，深入开展“四好”班子创建活动和“树立新理念、塑造新形象”专题教育活动。制定《党委工作条例》、“十一五”党建规划，重新修订民主集中制建设三项制度，举办“企业进入战略转折时期如何做好党务工作”专题研讨活动。积极开展以“民主评议党员、民主评议党支部”为内容的“双评”活动，推动党员队伍建设和党支部建设。受公司级以上表彰的先进人物中党员比例达80%。开展专兼职党支部书记素质与能力业务培训。制定下发《长春轨道客车股份有限公司职工行为规范暂行规定》。拍摄了《为企业形象增辉》专题片。在新华社、《经济日报》《光明日报》、中央电视台等20余家中央及地方新闻媒体刊（播）发新闻稿件60余篇。加强党风廉政建设，修订完善《党风廉政建设考核细则》和领导干部年度及任期目标工作内容。全年考核中层领导干部276名。组织40个单位2200多名党员和重点岗位人员观看反腐倡廉电教片，进行300余人次的党风廉政谈话。受理信访举报26件，排查案件线索7件。加大执法效能监察力度，完成监察项目217项，提出建议23条，节约资金3100余万元。公司工会开展了“完成200公里/小时动车组，精工细作打造精品，攻坚克难立项攻关”立功竞赛活动和评选“十佳能工巧匠”、“十佳质量标兵”、“百名岗位能手和质量明星”等活动。组织编制《长客股份公司厂务公开民主管理手册》和《长客股份公司厂务公开民主管理程序文件》。厂务公开项点由原来的13项拓展到19个大项、40个小项的公开体系，公司荣获“全国厂务公开民主管理先进单位”称号。组织开展“新理念、新形象、新作为”征文和故事大赛；努力实践“创建学习型组织、争做知识型职工”，组织开展第三阶段职工读书自学活动；举行“感动长客”、庆“三八”女职工表彰会；开展“城轨杯”职工篮球赛、“迎国庆”职工游泳比赛等文体活动。公司团委开展青年文明号和青年安全生产示范岗创建、青年科技论文征集、青工技术比武等活动。开展首届“长客股份公司十大杰出青年”评选、首届“精工杯”小品剧大赛、“一本书一份情共建和谐长春”图书捐赠等活动。贯彻落实集团公司党委下发的《关于进一步加强和改进共青团工作的意见》，制定完善共青团各项工作制度，完成基层团组织换届工作。

【重要纪事】 1月22日，首台上海低速磁悬浮项目完成试制生产。1月25日，公司举行孟加拉米轨客车项目、斯里兰卡宽轨客车项目国内采购合同签约仪式。2月15日，公司和中信国际合作公司组成的联合体，与伊朗马什哈德城市铁路公司正式签订轻轨车辆项目采购合同。2月23日，法国新任驻华大使苏和到公司访问。2月28日，国务院国有重点大型企业监事会主席季晓南一行到公司检查工作。3月30日，公司首列200公里/小时国产化动车组整列编组下线。3月，公司被国家科技部、国资委、中华全国总工会确立为首批103家创新型企业试点单位之一，被国家发改委授予“推进城市轨道交通装备国产化先进单位”称号。3月，公司研发中心被科技部确定为全国118家国家级技术中心之一。4月18日，我国铁路第六次大提速正式实施，公司生产的CRH5动车组京哈线运营。5月30日，吉林省省长韩长赋及长春市委书记高广滨等专程到公司视察。6月20日，公司、中信国际合作公司联合体与泰国曼谷轨道交通公司在北京签署48辆地铁车辆采购合同。7月3日，公司与天津滨海快速交通有限公司签订36辆不锈钢轻轨车辆采购合同。8月20日，集团公司总经理崔殿国与长春市人民政府签署战略合作备忘录。8月23日，国家发改委副主任张国宝、铁道部部长刘志军到公司考察。9月3日，国务院副总理曾培炎在国家发改委副主任张国宝等陪同下到公司视察工作。9月7日，公司举行首列首都国际机场线直线电机车辆下线仪式。9月11日，公司生产的“CRC”牌轨道客车荣获“中国名牌产品”称号。9月20日，中央政治局委员、国务院振兴东北老工业基地领导小组副组长张立昌等到公司视察。11月22日，公司在北京签订《北京地铁13号线扩编增购电动客车项目采购合同》。12月7日，公司与上海轨道交通浦东线发展有限公司正式签署《上海市轨道交通6号线工程车辆采购合同》。12月24日，中共中央政治局委员张德江到公司考察。

【企业领导名单】

董事长	董晓峰
副董事长	那利明
监事会主席	王世斌
总经理	那利明(11月15日免) 卢西伟(11月15日任)
副总经理	李丕庆　梁志超　余卫平 陈孝敏 卢西伟(11月15日免) 韩凤武　李刚船 周传河(1月10日任)
财务总监	邸晋英
总工程师	牛得田
党委书记	董晓峰(8月9日任)
党委副书记	卢西伟(11月14日任) 李刚船　王世斌 那利明(11月14日免)
纪委书记	王世斌
工会主席	王天福

（刘玉芬　供稿）

中国北车集团沈阳机车车辆有限责任公司

董事长、总经理　苗黄胜

党委书记　石　垒

【企业基本情况】　2007年，沈车公司员工总数8140人，其中具有高级专业技术职称124人，中级职称235人；高级工人技师29人，中级技师138人。设有18个行政管理部室、1个子公司、1个合资公司、20个分厂。固定资产原值17.16亿元，净值13.17亿元，主要设备2944台。公司占地面积99.79万平方米。全年完成新造货车2191辆，国铁厂修货车10030辆，首次完成国铁段修货车1467辆；完成既有货车提速改造8093辆，路外自备车检修兼改造645辆；完成检修机车85台；完成制动配件60800套，检修神华集团轮对5243对，外销车轴11471根，生产钢水20595吨。实现销售收入21.45亿元，比上年增加1.92亿元，增幅9.83%；实现净利润3409万元，比上年增加387万元，增幅12.81%；员工年人均工资水平比上年增加13.85%。全面完成各项经营指标，其中销售收入、利润和员工收入3项主要指标再创历史最好水平。2007年公司荣获"辽宁省文明单位"称号。

【改革改制】　2007年成功对房产系统物业公司和供暖公司进行改制，成立由房地产公司全部员工控股的沈阳和鑫物业供暖有限公司，精简员工140人，完成后勤系统全部改制工作。按照集团公司主辅分离改制分流工作安排，制定公司辅业改制总体方案，经职工代表组长会议讨论通过，上报集团公司。将机一、机二、锻冶、热处理、车轮、机三6个分厂合并成3个分厂，将电气、修机、建筑、工模具4个分厂组建成机电分厂。进行工资制度改革，调整退养人员工资待遇。顺利完成中小学163名离退休教师移交地方工作。实施减员分流，公司实现净减员449人。

【企业管理】　开展自控型企业建设，各项管理得到进一步加强。强化质量管理，落实铁道部关于第六次大提速有关部署，深化细化货车安全防范和技术保障措施38项。组织开展"大反思、大检查、大整治、大落实"活动，查摆出管理问题82项，实物质量问题176项。开展百日"造修零故障，运用无辆故"活动，事故预防能力进一步增强。落实新造货车制动系统"三化一互换"要求，实现各种制动配件自由互换，提升了整车制造水平。制定货车"五防"监督检查计划，细化货车“五防”控制措施，产品质量水平进一步提高。年内，货车检修一次交验合格率94.17%；货车新造一次交验合格率96.36%；铁道部产品质量监督抽查合格率100%。批量返厂和批量事故为零；险性及以上事故为零；全路造修货车质量抽查获得新造车第三名、检修车第五名的成绩。全面加强机车检修质量，推广内燃机车检修单元建设，贯彻“记名修、记名检”等质量追溯制度，机车检修质量稳定提高。加强成本管理，全面开展增收节支活动。新造C_{70}货车盈利能力提高794元/辆，比上年提高1.9%；厂修货车盈利能力提高582元/辆，比上年提高4.69%。全面监控影响公司成本的主要因素，新车轮更换率明显下降。重点监控、分析机车检修、货车转K2型转向架改造等主要亏损项目，制定措施，厂修机车减亏90838元/台。大力降低采购成本，全年降低621.6万元。制定组合式制动梁提高单产增长产值、降低厂修轮对超探退检率、提高轮对直接使用率等40余项降成本工艺措施，取得明显效果。加强修旧利旧，车轴更换率下降1.4个百分点，轴承自修率提高9.5个百分点，总计利旧配件节约料费支出3223.8万元。全面开展集体单位劳务项目和价格专项整治，实施对集体单位工费总额控制办法。深入开展节能降耗，万元产值综合能耗为0.22吨标煤，比上年下降12%，降低能源成本333万元。开展员工采暖费建档工作，实施采暖费专项整治，降低采暖费支出130余万元。组织开展“百项成本攻坚”、“百项利旧攻坚”和“百项指标分析”活动，收到良好成效。针对集团公司新的利润考核指标，出台20大项44小项增收节支措施，为全面实现效绩考核目标奠定了基础。贯彻“安全第一，预防为主，综合治理”的安全生产方针，落实安全责任制，开展第十五、第十六、第十七个“百日安全竞赛”和“安全生产月”活动，开展大规模的安全检查和隐患治理，全年共查出安全隐患260条并组织了整改。开展易燃易爆场所、压力容器和压力管道等12个方面的安全专项整治。全面推行岗位安全标准化作业，并纳入到日常安全管理考核之中。重新全面辨识危险源和适用法规，确定出重要危险源59项，分别制定控制措施。强化安全教育与培训，加强安全生产过程控制，大幅度降低了工伤事故频率，全年仅发生轻伤事故3起，完成集团公司和市政府下达的各项安全指标，通过了职业健康安全管理体系复评后第一次监督审核。年内实现安全生产1731天，被沈阳市评为安全生产标兵单位。加强人力资源管理，推进人才队伍建设，做好员工教育培训工作。推进财务物流一体化工作，采用实际价格结算。加强审计工作，强化监督审核。加强物资管理，重新制定《物资招标采购管理办法》，规范入库、保管、发放等各项基础工作，降低了物资储备资金。加强设备能源管理，提高设备保障水平，开展能源专项整治，细化8个方面60条重点整治内容。完成公司环境职业健康安全管理体系监督审核工作。加强技术管理，成立产品研发机构，确定产品研发规划。加强治安消防管理，建立三级管理网络，处理违法违纪人员119人次，实施重点消防隐患部位的监控和整改。

【生产发展情况】 公司克服车源不足、厂修敞车急剧减少等困难，积极采取措施，收到良好成效。北货分厂努力扩大检修品种，在一定程度上缓解了厂修品种不均衡的困难；南货分厂充分挖掘潜力，日产量由16辆提高到21辆；配件二分厂棚车日产由6辆增加到12辆，为兑现路外自备车检修兼改造订单奠定了基础。车轮、车钩、转向架等单位努力保证相关部件配套供应，确保了全年检修和改造任务的完成。新造、配件、落成分厂及相关单位克服新造车生产品种多、频繁转产等困难，压缩生产周期，加强调度，保证了全年新造任务提前完成。北货、南货、配件、车轮、机电、劳服系统等单位，克服长轨车生产下半年任务异常集中的特殊困难，下半年完成8列355辆新造长轨车的生产，创造了长轨车生产新纪录。机车系统在面临转产的特殊时期，以大局为重，取得了机车检修的重要成果。生产系统成立神华集团轮对押运组，圆满完成神华集团轮对检修的生产组织和押运工作。全年共组织运送轮对172车。

【新产品新技术开发】 公司加大产品自主研发力度，完成泰国车样车、长轨车提速改造、23吨轴重铝制浓硝酸铁道罐车方案设计、23吨轴重对二甲苯保温罐车方案设计和23吨轴重液氯铁道罐车自主开发项目。完成泰国3种集装箱平车的方案设计和米轨转向架改进设计。完成NX_{17BK}、NX_{17BT}型共用车、P_{63}型、P_{64A}型、G_{70K}型新品种厂修，公司具备了所有敞、平、棚、罐主要车型的检修能力。进一步加强引进开发，完成C_{70B}型不锈钢敞车、X_{6K}和X_{4K}型集装箱平车、KM_{70}型煤炭漏斗车试制和鉴定，其中X_{6K}型集装箱平车已进行批量生产。完成G_{17}、G_{17D}、G_{60}三种车型的提速改造并批量生产。完成G_{11}、GY_{95}、U_{60W}等化工罐车、液化气罐车和水泥罐车系列车型的提速改造25项。完成转K2承载鞍生产质量部级认证。正在进行转K6型转向架承载鞍部级认证前期准备。完成13A型车钩钩尾销螺栓、安全索、12寸旋压密封式制动缸、NSW手制动机等配件生产质量认证。完成转K6摇枕、侧架整体芯工艺方案前期调研。完成单元制动技术可行性论证。申报专利5项，超额完成集团公司下达的考核指标。

【市场营销】 全年签订合同总金额24.65亿元，主要产品有：新造货车2191辆，厂修货车12892辆，厂修机车101台。积极承揽路外自备车检修兼改造订单，与神华集团签订检修轮对和货车检修合作合同。与沈阳三一重装签订战略合作协议，承揽三一重装铸件生产任务。年内新造C_{70}型敞车招标价格提高3%，新造长轨车每列提高15万元，U_{60}水泥罐车和长轨车检修每辆车提高5000元。以市场为先导，加强产品产业结构调整，拓宽市场空间，完成铁路桥梁支座、铁路接触网支柱4种型号产品的省、部级鉴定，并获得桥梁支座1.8亿元市场订单。加强与大陆激光有限公司合作，推进铁路货车车轮辐板孔裂纹激光修复技术，在通过铁道部技术审查和试生产后，经与神华集团深入协商并征得同意，正在准备上线运用试验。与美国西屋制动公司合资合作进展加快，双方确定了合作产品的基本框架和具体工作日程，合作项目正在按计划有序推进。

【售后服务】 进一步健全货车售后服务信息反馈渠道，密切跟踪出厂产品的运用质量。组成3个赴段走访组，对全路28个车辆段进行全面走访，向京哈线派驻技术服务人员，加强与列检作业人员的沟通与交流，增强对车辆结构及运行状态的掌握，及时分析反馈车辆运用信息，提高对影响运行安全故障的识别能力，促进了产品质量改进。根据提速货车运用中的质量状况，制定提速货车故障处理及检修方案，储备售后服务所需的主要配件，增强提速货车运用故障应急处理能力。

【基本建设】 按照集团公司产品结构调整要求，完成新厂建设方案调整和工程设计修改等项工作。加强工程项目管理，工程设计完成设计总量的97%，工程施工进展迅速，开工建筑面积近30万平方米，货一、货二、货解、车钩、机电、制动机、配送中心等厂房钢结构已全部完成，新造、配件、转向架、轮轴、机加等厂房正在进行钢结构施工，办公楼、综合楼等工程主体已封顶。设备招标完成总量的30%左右。全部主体工程均一次性通过沈阳市工程质量检测中心检查验收。严格控制工程造价，坚持“公开、公平、公正”的原则，先后进行基础、钢结构及维护结构、主要建材、设备、工装等招标32次，降低了采购成本；对各设计院施工图纸进行严格审核、比选并进一步优化设计；严格工程预决算审核，严格履行审批程序，严把现场签证关。加强对外协调，克服困难，争取14亿元土地补偿金到位。争取新厂区建设标高重新确认，达到土石方总体平衡，降低工程造价1100余万元。积极推进新址用地审批工作，在土地涨价之前完成相关审批手续，大幅度降低了购地成本。集体企业顺应搬迁改造形势，已有8家企业购地，正在建厂或筹备建厂，为集体企业与母体彻底分离、改革改制、独立经营进行前期准备。

【存续企业】 作为2002年6月26日注册成立的沈阳机车车辆工贸总公司（以下简称沈机工贸总公司），是由原沈阳机车车辆厂分立改制成立的，与现沈车公司并行。2007年末，所属沈机房地产公司（含物业分公司、供暖分公司）、沈机经贸服务总公司（含沈机宾馆、沈机幼儿园）、沈机医院等后勤单位已全部完成改制分流，仅剩沈机房地产公司部分资产及人员。员工总数由成立时的616人减少到2007年末的6人，下设总经理办公室、人事劳资部、财务部，并管理部分全民多经企业，代管劳服公司。固定资产原值395万元，全年实现销售收入519万元。

厂办集体企业劳服公司努力开拓市场，不断深化各项管理，取得成效。全年实现销售收入2.80亿元，对外市场营销收入2448万元。根据沈车公司搬迁改造整体要求，坚持有利于企业、有利于员工、有利于发展的原则，确立新厂址，并积极与所在地政府协商，争取到新厂址用地价格和相关政策的优惠。相关集体厂队已开始建厂或正在筹备建厂。加强新厂品研发，开发了枕梁腹板、上侧梁、底门组成、多类车型钢提杆、防翻梁、调整垫圈、导向板等11项产品。从产品质量、财务管理、安全生产入手，加强集体企业建设，推动企业发展。

【党群工作】 公司党委学习贯彻党的十七大精神，举办十七大精神学习辅导班。参与企业重大决策，通过召开党政联席会议或领导班子会议讨论决定公司重大事项。召开“四好”领导班子创建活动推进大会，全面加强领导班子的自身建设。按照集团公司党委要求，公司领导班子召开以“加强领导干部作风建设”为主题的民主生活会。加大干部考核力度，对基层领导班子和中层领导干部进行考核。按照公司《关于中层领导干部选拔任用工作的若干规定》选拔领导干部。注重后备干部培养，加大人才储备力度。加强基层党组织建设和党员队伍建设，补充和完善党员教育培训机制、党员管理监督机制、党员作用彰显机制等七个机制。深入开展以创“六好”党支部为主题的党支部建设达标升级活动。组织召开庆祝建党86周年暨“创先争优”活动表彰大会。围绕实现公司“十一五”发展战略目标，坚持把“双向培养”，作为搭建党员成才平台，先后开展质量攻关、技术交流、技术竞赛等活动45次。到年底，372名非生产骨干党员，有近85%成为本专业、本岗位的行家里手，在335名非党员生产骨干中，首次递交入党申请书的有95名，被确定为入党积极分子的196名，已被培养成为党员的75名。把“党员先锋工程”与“创岗建区一带三”活动有机结合起来，重新确立活动项目74项。年内确立的“提高长轨车产量党员工程”项目被评为沈阳市“优质共产党员工程”，“打好C_{70}铁路货车生产攻坚战党员工程”项目获沈阳市委中省直企业工委系统“最佳共产党员工程”称号。坚持两年一次民主评议基层党组织和民主评议党员工作，增强党员的先进性意识。组织全体员工开展质量是企业生命教育活动，加强员工质量责任意识。加强党风建设和反腐倡廉工作，认真落实党风廉政建设责任制，建立和完善相关制度77项。组织52个单位100余名重要岗位人员参观辽宁省警示教育基地，提高自律意识。公司工会坚持和健全以职代会为基本形式的民主管理制度，健全和完善公司职工代表大会制度、厂务公开制度、职工董事和职工监事制度、分厂及班组民主管理制度。召开公司一届六次职代会，对领导干部进行民主评议。围绕公司“十一五”发展战略目标和全年工作重点，广泛开展群众性经济技术创新和劳动竞赛活动。以“创争”活动为载体，深入开展“练兵比武选状元”活动，取得实效。关心员工生活，加大对困难员工的帮扶力度，开展“两节”送温暖活动和夏季为一线员工“送清凉”活动，促进生产经营工作的顺利进行。公司团委组织开展“与祖国共奋进、与沈车同发展”主题实践活动，深化青年“双岗”活动，推进“青工技能振兴计划”，进一步加大推优工作力度，适龄青年入党推优率100%。狠抓青年思想教育，加强团组织自身建设，发挥团组织生力军和突击队作用。

【重要纪事】 1月27日，公司C_{70B}型敞车通过铁道部生产质量认证，TCS不锈钢焊接质量控制体系通过铁道部评估。1月30日，公司与泰国铁路公司签订1006辆出口平车购销合同，合同金额1.18亿美元。5月11～14日，中国北车集团公司第二届运动会（沈阳赛区）毽球比赛在公司举行，来自集团公司13个单位共24支代表队100余名运动员参加了比赛。5月28～31日，公司通过了质量、环境、职业健康安全管理体系监督审核。7月26日，中国铁路文工团到公司慰问演出。8月23～24日，集团公司安全检查组到公司开展安全生产检查。8月27日，公司再次进入辽宁省100强企业。9月16日，由沈车公司、河北辛集腾跃实业有限公司、首钢东华机械厂、中铁科学技术开发公司合资组建的中铁沈阳铁道装备有限公司创立大会暨首次股东会在沈车公司举行。12月12日，房地产公司召开新公司创立大会暨首次股东大会，公司后勤系统改制分流任务全部完成。

【企业领导名单】

董事长	苗黄胜
副董事长	石　垒
总经理	苗黄胜
副总经理	潘洪建　王剑秋　韩连仲 汪茂成　郭永强　王宏伟
总工程师	孙英俊
总会计师	陶　阳
党委书记	石　垒
党委副书记	苗黄胜(兼)　富建华 贾世元
纪委书记	郑永祥(3月19日免) 富建华(3月19日任)
工会主席	王洪涛

（刘兴国　供稿）

中国北车大连机车车辆有限公司

董事长、总经理　孙喜运

党委书记　孙永才

【企业基本情况】 中国北车大连机车车辆有限公司（简称大连机辆公司）是由中国北车集团公司投资，于2007年7月31日在大连变更注册的一人有限责任公司。至年末，公司职工总数7557人，其中在岗职工7537人；具有高级技术职称370人，中级职称866人。固定资产原值14.70亿元，净值7.66亿元。设备总数4998台。占地面积140.6万平方米，其中厂区占地面积91.5万平方米，厂房建筑面积40.3万平方米。公司设20个行政管理机构、9个党群工作机构、20个车间（分厂）。全年完成产品销售收入37.39亿元，全员劳动生产率48.7万元/人·年，实现利税1.40亿元，其中利润7907万元。净资产收益率13.01%，资产负债率97.16%。公司全面完成集团公司资产经营责任制指标，主营业务收入、利润总额、现价工业总产值、现价劳动生产率等主要指标再创历史新高，公司生产经营规模进入一个新阶段。

【改革改制】 大连机辆公司按照集团公司股份制改革的总体部署，配合中介开展法律尽职调查、财务审计、资产评估等工作，规范国有产权登记管理，完成公司及其所属企业国有产权占有及变更登记材料申报。以划拨方式取得厂区两宗土地使用权证，结束公司厂区土地无使用证的历史。完成公司所持北京二七机车厂有限责任公司股权上划至集团公司工作。完成大力轨道公司资产无偿划转，基本划清拟上市部分与存续部分的边界。根据集团公司“把企业优势部分做强做大”的具体要求，优化配置和充分利用现有的技术、装备和人才优势，对原铸造分厂、铸钢厂和锻压公司资源进行整合，组建铸锻分公司，提高公司铸锻产品市场占有率，做强做大铸锻产业。推进厂办大集体重组改制，按照法定程序，以委托经营的方式将集体企业配件分厂的铸铁车间、配件二分厂的精铸车间整合到铸锻分公司，将配件分厂的附件车间、结构车间和加工二车间分别整合到增压器分厂、粉末冶金厂和配件二分厂，实现集体企业与主办企业改革发展双赢，为集体企业改革探索新的模式。

【企业管理】 公司将2007年定为“成本管理年”，制定、分解并下达目标成本和目标成本考核责任书，明确成本控制标准和责任，成立成本控制与考核领导小组，全程跟踪落实，公司利润比上年增长176.76%。强化质量管理，以和谐3型电力机车为重点，严把外购件入口质量关，确保外购件质量；加强产品制造过程的监控，从重要部件入手建立记名造、记名检的原始记录，确保可追溯性；对国外公司先进的质量管理理念与方法经过转化和创新，使质量管理实现程序化、规范化、标准化，铁道部产品质量监督抽样检验合格率100%，批量返厂及批量质量问题为零，机车一次交验合格率97.2%。围绕技术引进项目展开工艺转化、固化和提升工作，通过学习国外先进的工艺管理技术，进一步完善工艺标准，规范工艺文件，固化已经成熟的制造工艺，更新工艺管理理念，提升整车、整机和关键部件的制造工艺水平；认真总结实施“三标准作业”（工艺作业标准、质量控制标准、现场定置标准）的成功经验，加快向全公司所有作业岗位推广；以技术基础的标准化管理为契机，重点加强材料定额、工艺行程、质量改进项目以及技术成果的标准化管理。有效运行职业健康安全与环境管理体系，全年工伤重伤率、轻伤率均为零，公司荣获全国工伤保险与安全生产知识竞赛优秀组织奖。加大环境保护投入，坚持以新带老治理污染，完成13个环境治理项目，做到增产不增污。物资供应创新管理理念，实施项目管理，完成招标采购额6.17亿元，物资储备资金周转37.7天，物资节约171.3万元。设备新增53台、报废37台，主要生产设备完好率97.2%，设备利用率74.4%。全方位开展员工培训工作，举办各类培训班150个，培训员工9654人次，21个系统1550人次参加管理和技术方面的岗位培训，在集团公司举办的第三届职业技能大赛暨第二届青年职业技能大赛中，获竞赛三个职种的全部冠军。

【生产发展情况】 组织15种车型的交叉生产，制造和谐3型电力机车163台，电力机车产量比上年增长52.34%。制造各型内燃机车147台，其中东风$_{4D}$型货运机车13台，东风$_{4D}$型调车机车20台，东风$_{4D}$型客运机车11台，东风$_{10D}$型调车机车40台，GKD$_{1A}$型机车20台，其他各型内燃机车43台，内燃机车总产量比上年减少1.34%。新造NX$_{70}$型平车722辆、GQ$_{70}$型罐车248辆。修理各型内燃机车109台，比上年增长9%，其中大修东风$_{4D}$型客运机车72台，改造东风$_{4D}$型货运机车16台。制造配件66794件，比上年增长62.25%，其中路用柴油机3台，柴油机机体101台，曲轴106根，轮对23组。生产钢水22013吨、铸钢件13999吨、铸铁件8182吨。

【新产品新技术自主开发】 公司在重点进行技术引进消化吸收再创新的同时，研制成功东风$_{8B}$型货运内燃机车，动力装置为改进的12V280ZJ型柴油机，最大运用功率3820千瓦，主传动采用交—直流电传动，采用内走廊整体承载式车体，电气控制系统采用微机控制，设有彩色显示屏，采用JZ-7型空气制动机。研制成功东风$_{10DDA}$型模块化调车内燃机车，按铁道部对新造机车的规范化要求，重点解决油水、空气管路、电气线路、司机室等规范化设计问题，提高机车基本制造质量；采用模块化设计手段，改善机车制造工艺，提高调车机车的通用互换性。完成东风$_{10DDB}$型、东风$_{10BD}$型、东风$_{5DDA}$型系列模块化调车机车设计。加快不锈钢城轨车辆的研制步伐，电气牵引系统采用日本东芝公司提供VVVF逆变器的交流传动系统，辅助电源系统采用大功率IGBT静止逆变器装置，车辆采用直流1500 V接触网受电的交流变压变频（VVVF）调速控制的B2型车，采用轴距2200毫米的新型转向架，运行速度120公里/小时，完成不锈钢城轨车辆薄板点焊工艺的研制和车体生产线的各项配套设施，第一节不锈钢车体年底落成下线。研制沈阳地铁1号线车辆，为DC 1500 V架空接触网受电的B型车辆，编组方式为三动三拖，车辆采用不锈钢车体、VVVF交流传动系统、微机控制的直通式电空制动系统、轴距为2200毫米的转向架及网络控制系统。

【技术引进】 年内，与铁道部签订的三大技术引进项目全面展开。引进日本东芝公司大功率交流传动电力机车项目完成主变压器、牵引变流器、辅助变流器、异步牵引电动机、重载牵引的机车车体和转向架等技术引进消化吸收，实现包括变压器附件油泵、油流继电器等部件的主变压器和车体、转向架、高压电压互感器、高压电流互感器、避雷器等部件的国产化，初步完成牵引变流器、辅助变流器、牵引电动机等部件的国产化。配套引进德国福依特公司电力机车驱动装置技术除轴承外，其他所有零部件全部实现国产化，国产化率达到95%。首台国产化电力机车通过型式试验，快速形成大批量生产能力。引进美国EMD公司大功率交流传动内燃机车项目按合同完成转图、翻译，将所有图纸文件的名称、代码、版本等建立信息查询档案，完成全部图纸、文件的确认和全部图纸的翻译归档。全面引入有限元分析计算、流体力学计算、转向架动力学性能及粘着计算等设计技术和AAB、ISO等国际最新标准，提升设计理念。阶段性完成车载微机网络控制系统、变流传动控制系统、牵引变流器、空压机逆变器、牵引整流柜、电阻制动装置、冷却风扇逆变器、冷却风机散热单节等部件的国产化研制。由加拿大庞巴迪公司提供技术支持的大功率交流传动电力机车项目引进转向架、牵引系统、控制系统技术，自主研发机车设备布置、车体、电气系统和制动系统，对原型机车图纸资料进行接收消化理解，完成机车技术设计、总体布置方案和主变压器的三维设计。

【市场营销】 路内市场续签180台六轴大功率交流传动电力机车合同全面实施，与铁道部又签订500台大功率交流传动电力机车项目。采取有效措施，抓住重点企业，追踪市场动态，以模块化机车引导市场，全年累计签订188台内燃机车和240辆货车供货合同。加大国际市场开发力度，瞄准目标市场，跟踪招标信息，与缅甸签订20台内燃机车供货合同，总金额2060万美元，与刚果（金）签订4台内燃机车供货合同，总金额近3000万元人民币。进一步完善柴油机市场营销体系，强化销售队伍，建立销售网络，全年签订32台船用柴油机及其配套设备的供货合同。参加成都、沈阳、深圳等地铁车辆投标，成功签订6列36辆沈阳地铁分包合同和相关技术转让协议，首次打入国内地铁市场。制定《销售代理管理办法》、《随车提供配件、工装设备管理规定》等管理制度，组织学习《销售人员十大必修课》、《市场营销技巧》、《跨国公司员工十大行为习惯》等知识，精心打造销售队伍。

【售后服务】 完成质保期内1042台（节）机车的售后服务，其中新造机车375台；大中修机车296台。重点做好和谐D3型电力机车的售后服务，随车添乘确保机车处于良好的运行状态。对用户做到简单问题及时答复，复杂问题48小时给予答复、72小时内到达服务现场，坚持24小时全天候服务，事故处理率100%，售后服务满意率99.2%。按铁道部要求，5月28日至9月29日对昆明、柳州、郑州、沈阳、哈尔滨5个铁路局的649台机车、329个备品轮进行了普查。举办16期司乘培训班，其中铁道部机车运用和机务质量管理培训 6 期 276 人，地方铁路 8 种车型司乘技术理论培训 10 期 488 人，发放各类培训教材 3715 册（套）。

【基本建设与技术改造】 “提高大功率机车国际竞争能力技术改造项目”完成 3 台进口设备招标采购，项目中的 23 台设备已投产使用，信息化建设内容全部完成。“扩大机车车辆产品出口技术改造项目”完成不锈钢机器人焊接设备进关和现场安装，并已开始投入使用。“六轴大功率交流传动电力机车技术引进消化吸收及国产化技术改造项目”提前招标采购的驱动装置例行试验设备、300 吨卧式压装机等 15 台设备，已全部投产使用，其余 3 台进口设备计划完成 2 台卧式加工中心招标采购，已到厂安装，11 台国产设备计划完成 9 台招标采购。“提高机车、货车焊接工艺水平技术改造项目”完成 4 台（套）焊接机器人合同，设备已到厂安装。“企业技术中心内燃机车研发试验条件建设项目”结合公司大功率柴油机和船用柴油机的研发，对项目建设内容予以调整，进行相应的基建工作。“扩大机车车辆产品出口技术改造配套项目”完成全部厂房新建改建工作及相关配套工程，并已投入使用。完成车体车间引进项目工艺调整、车体机体厂房主变压器箱体喷丸和喷漆工艺调整、提高转向架构架表面处理和喷涂质量工艺调整、铸钢垃圾场及周边环境整改等工艺调整和技术改造，改善作业环境，优化工艺布局。厂房大修改造 89 项，厂房维修 114 项，动力工程改造 51 项，电气配套工程 36 项。全年完成基本建设投资 1.91 亿元，更新改造投资 3514 万元。

【大连大力轨道交通装备有限公司注册】 按照中国北车集团公司股份制改革的总体要求，2007 年 7 月 13 日，大连大力轨道交通装备有限公司（简称大力轨道公司）在大连注册。该公司包括原属大连机辆公司的大连机车天源实业公司、大力房屋开发有限公司、物业管理中心、汽车运营部、大连机车技师学院、大连机车医院和机车商厦。固定资产原值 1.24 亿元，净值 6569 万元。年末职工总数 734 人，其中在岗职工 728 人。

【柴油机产品开发】 公司在引进美国 EMD 公司 16V265H 型柴油机技术的同时，加大船用柴油机的开发力度，成立 270 柴油机国产化领导小组和工作小组，对引进英国曼恩公司 16RK270 型船用柴油机技术的进口件、自制件、国内采购件以及重点大部件按网络计划实施，基本完成各项组装试验准备。完成机体机座、连杆、缸盖、缸套四大部件国产化的技术支持工作。开发 16V240ZC 型船用柴油机，柴油机及主要附件符合国家标准、行业标准、船舶入级规范的要求，取得 CCS（中国船级社）证书。开发 1000 千瓦柴油发电机组用 8V240ZD 型柴油机，配用 TFW1250 型发电机，能在 -10℃ ~ +40℃ 的环境温度、95%的相对湿度、有凝霜、存在盐雾和霉菌影响的港湾条件下正常工作。进行船用 240 重油机设计、280 船用柴油机船级社认证、柴油机电子控制器的开发研制以及 240 和 280 单缸机燃烧重油试验等项工作，船用柴油机已形成 16V240ZC、12V240ZC、12V240ZD、6240ZD、16RK270T、12RK270M 和 12V280ZC 三大系列 7 种型号，近 50 台船用柴油机生产出厂投入运用。继续做好铁路内燃机车用柴油机和其他领域柴油机开发，完成 2760 千瓦铸造机体 12V240ZJH 型柴油机的施工图设计，改进 8V240ZJ 型柴油机局部振动，弹性联轴节和连杆的设计，完成出口缅甸和刚果机车有关柴油发电机组相关工作和电控部分的开发设计，改造 240 单缸柴油机试验台，完善柴油机试验条件，将公司 240、265、270 和 280

四大系列柴油机的运用市场向船舶、发电、石油和工程机械等更多领域拓展。

【吴邦国委员长视察快轨车辆】 2月3日，中共中央政治局常委、全国人大常委会委员长吴邦国在中共辽宁省委书记李克强、省长张文岳等陪同下，乘坐大连机辆公司研制的城市快速轨道车辆视察。在车辆运行中，吴邦国认真听取了公司董事长、总经理孙喜运关于快轨车辆研制和技术引进项目的介绍。省委书记李克强说，大连机辆公司是铁道部的龙头企业，城轨车辆也要加快发展成规模产业，辽宁省支持他们大力发展。吴邦国说，铁路提速前期，大家都有些担心安全问题，我当时都到铁科院环形道上去看过并乘坐过你们的提速试验列车。现在看来大提速总体情况是不错的，为国民经济发展和旅客运输作出了贡献。吴邦国饶有兴致地参观了快轨车的驾驶室，认真地向司乘人员询问了快轨车的运行和操作等情况。到达终点站后，孙喜运邀请吴邦国委员长到公司视察。吴邦国与孙喜运亲切握手并和蔼地说，这个车不错，谢谢你的介绍，这次日程已经安排满了，下次来大连一定去你们公司看一看。

【9600千瓦大功率交流传动电力机车合同签订】 2月11日，公司与铁道部签订500台大功率交流传动六轴货运电力机车采购协议，总金额113亿元人民币，是铁道部实施技术引进政策后在所有机车采购数量中最大的一笔订单。该机车以公司为主进行自主设计、自主生产和自主采购，逐步掌握核心技术，形成自主开发态势，打造拥有完全自主知识产权的中国机车品牌，由世界知名的交通运输设备跨国制造企业庞巴迪公司提供技术支持和设备供应。机车采用大功率IGBT元件组成的变流器、大功率牵引电动机和轮盘制动等先进技术，运用成熟的驱动装置和微机网络控制系统，机车总功率9600千瓦，单轴功率达1600千瓦，机车牵引5000吨货物最高时速120公里，其起动速度、持续牵引速度等性能指标均创国内同类产品之最。这种全新机车是铁道部确定的重点发展目标产品，也是实现中国铁路干线货运重载、快捷运输的主型机车之一。根据合同规定，首台机车将于2008年底落成，至2011年500台机车全部交付使用。

【和谐3型电力机车成为铁路货运提速主型车】 在“4·18”铁路第六次大提速中，大连机辆公司生产配属上海铁路局南京东机务段的首批52台和谐3型电力机车全部上线，担当京沪线货运提速重任。和谐3型机车是公司为满足铁路货运“快速、重载”运输需求，引进日本东芝公司技术，在消化吸收再创新基础上研制出的大功率交流传动电力机车。该型机车采用交流传动、微机控制和轮盘制动等多项国际成熟、可靠的新技术，单机功率7200千瓦，牵引5000吨货物最高时速可达120公里，具有起动（牵引）力大、恒功率速度范围宽、粘着性能好、功率因数高等特点。技术引进过程中，公司加快消化吸收步伐，快速形成大批量生产能力，国产化率达到80%以上。在第六次大提速中，京沪线每日开行和谐3型货物列车22对，在监控限速下每小时运行速度由原来60~70公里提高到83公里，牵引定数由4000吨提高到5500吨以上。随着铁路设施的逐步完善，时速将达到100~120公里，牵引定数接近6000吨。全年计划生产和谐3型电力机车120台，实际生产163台，第二批和谐3型机车正陆续投入铁路运输。

【党群工作】 公司党委认真组织学习“三个代表”重要思想和党的十七大精神，自觉落实科学发展观。深入开展“四好”领导班子创建活动，与“创先争优”活动进行整合，做到领导班子建设与党的组织建设同步进行，共同提高。编制保持共产党员先进性长效机制《汇编》，健全和完善党建工作制度，统一制作《党支部基础工作展示板》，整合党内活动，增强活动成效。举办第九期青年干部培训班，对30名中青年干部进行培训。结合生产经营实际，深入开展“学习实践‘三个代表’，争做促进公司跨越式发展模范”、“共产党员标准化作业示范岗”等活动，基层党组织完成立项77项，共产党员完成立项982项。深入开展“把党员培养成骨干，把骨干培养成党员”活动，发展党员96名，申请入党员工1575名，培训入党积极分子128名。开展廉洁文化建设，推进党风廉政建设和反腐倡廉工作，组织“加强作风建设，提高工作效能”主题教育活动成效显著。参加42次1800个品种物资采购、103项工艺装备和机动设备、23项土建工程招议标工作，实施有效监督。组织学习《企业文化建设成果汇编》，开展“养成好习惯，形成好文化”专题立项活动，加强企业文化建设和思想政治工作。公司工会以开展“提高技能、自我增值”主题实践活动为重点，组织劳动竞赛，创建学习型组织，征集合理化建议196项。坚持送温暖活动，走访慰问2691人，补助1672人66.45万元，基层单位自筹慰问金178.28万元，安排健康疗养1454人。公司团委组织30个单位47个工种2398人参加青年岗位能手活动，31个单位115个青年班组参加“青年文明号”创建活动，实现“五小”成果325项，征集青年科技论文122篇，规范110个学雷锋青年志愿者队（组），727名团员青年注册参加青年志愿者活动，27个单位对青工进行378次技术理论培训，25个单位开展86次技术大赛。

【重要纪事】 3月20日，公司召开大功率交流传动机车技术创新座谈会。4月13日，国资委监事会主席季晓南到公司检查指导工作。5月24日，全国政协常委孙永福到公司视察。6月5日，公司召开EMD焊工培训证书颁发大会，27名员工首获EMD公司颁发的资格证书和公司颁发的上岗证书。6月20日，以自治区政府主席司马义·铁力瓦尔地为团长的新疆维吾尔自治区党政代表团到公司参观。7月30日，集团公司党委副书记、纪委书记林万里到公司检查指导工作。8月1日，中国铁路文工团到公司慰问演出。9月25日，装用280柴油机的东风8B型内燃机车落成出厂。10月11日，公司与大连理工大学签订技术合作协议。10月。公司驱动装置技术转让合同项目通过铁道部验收。11月9～12日，集团公司第三届职业技能大赛暨第二届青年职业技能大赛在公司举办。11月18日，伊朗交通部高级代表团到公司参观访问。11月28～30日，9600千瓦大功率交流传动电力机车主变压器通过设计评审。

【企业领导名单】

董事长　孙喜运
副董事长　孙永才
监事会主席　张仁祥
总经理　孙喜运
副总经理　孙永才　连家余　茹　明　闵　兴　张小军
总工程师　梁圣童
总会计师　马　力

党委书记　孙永才
党委副书记　孙喜运（兼）　张仁祥
纪委书记　张仁祥
工会主席　毕　毅

（尹宝雨　供稿）

中国北车唐山轨道交通装备有限责任公司
中国北车集团唐山机车车辆厂

董事长、总经理、厂长　孙　凯

党委书记　郝树青

【企业基本情况】 唐山轨道交通装备有限公司（简称唐山轨道装备公司）是由中国北车集团公司投资，于2007年7月在唐山注册成立的一人有限责任公司。2007年末，唐山轨道装备公司员工总数3029人，其中高级专业技术职称61人，中级职称152人；高级工人技师7人，技师60人。下设11个职能部、客车厂、机车厂、动力车间。固定资产原值4.28亿元。设备总数1429台（套），其中进口设备11台（套）。全年实现销售收入6.93亿元，利润亏损2000万元，比集团公司调整后的利润指标减亏543万元。

2007年7月，按照集团公司整体改制上市工作部署，唐山厂把新造客车（包括350公里/小时动车组项目）相关的生产资质、资产和人员划转到唐山轨道客车有限责任公司，检修客车、检修机车业务划入唐山轨道交通装备有限责任公司，不再承担相应的生产经营管理职能。2007年末，唐山厂员工总数1596人，设有培训中心、高级技工学校、职工医院各1所，待改制辅业单位1个。

【企业管理】 公司面对企业生存发展前景，科学决策，确定4年发展战略目标：机车、客车检修质量排名进入行业前3名，机车、客车检修市场占有率进入行业前3名，成功开发或引进一个或多个新产品，力争销售收入规模达到2亿元左右，两年内员工年平均收入达到唐山地区或集团公司平均水平。加强企业基础管理，提出“以经营为核心，开源节流；技术与管理并重，强化执行；群策群力，共谋发展”的指导方针。生产经营管理稳定推进。围绕“质量年”，强化质量、效率、效益、安全、现场5项基础管理，全面提升企业的软实力。加强安全生产管理，年内公司发生轻伤事故2起，未发生重大人身伤亡事故，工业三废排放达标率100%。7月，公司通过中联认证中心“质量、环境/职业健康安全管理体系”认证审核。11月，公司通过中国机械工业安全卫生协会复评，进入国家一级安全标准化企业。

【生产发展情况】 全年检修机车147台，实现销售收入2.41亿元；检修客车714辆，实现销售收入4.21亿元；配件销售收入2500万元；动力销售收入600万元。1月10日，工厂首次检修的韶山3B 5068号电力机车完成正线试运行，检修质量得到用户肯定。1月18日，工厂提前两天完成200辆翻新车任务。10月17日，公司试修的双层客车通过铁道部双层车评审组技术评审。11月，机车厂交验检修机车23台，创造机车检修月产新纪录，机车厂各主要工序均已形成日产1台车的生产能力。

【新产品新技术开发】 年内，完成CW-200K转向架A4修的试修工作。完成25T型客车的试修技术准备工作。试修2辆太原局双层客车，并通过部级技术鉴定；首次进行28辆双层客车批量改造，对整体色调重新设计，提高整车内装效果；对四小间重新设计，乘配分开布置，运用更加合理。在改造设计中大量采用新结构、新材料、新工艺、新技术。在将原兰州局25K型软卧车改为25K型公务车的过程中，公司开发设计新型玻璃钢会议室顶板；小间、走廊、通过台顶板及全车墙板采用25T型客车新结构；采用DC 600 V、AC 380 V、自带柴油发电机组、外接电源四种供电方式；采用新型卫星天线、电动可调出风口等。完善韶山3B型电力机车检修工艺，扩大机车部件检修范围，已具备批量检修能力。

【市场营销】 2007年，公司共承揽国铁机车151台，市场占有率8%，比上年提高2个百分点；承揽国铁客车513辆，市场占有率13.67%，比上年提高3.67个百分点。公司参加大准、唐港、包神铁路公司、铁十六局、广梅汕、集通、合九铁路公司、乌鲁木齐邮政中心局、佳木斯邮政中心局的招标工作，承揽地方铁路机车6台，地方铁路客车77辆。

【售后服务】 2007年，公司本着“及时、有效”的售后服务宗旨，售后服务累计派员712人次，处理质量投诉866件，售后服务评比取得“优”的成绩。5月中旬至9月底，公司派出机车售后服务人员10人，配合铁道部部署的南北车集团下属各机车企业对全路整体轮辐板进行的涡流检测，组织完成对呼和浩特铁路局142台机车的整体轮辐板涡流检测。客车售后服务进行铁道部部署的防火安全普查，派出人员39人次，涉及沈阳、哈尔滨、北京、广铁公司、武昌、郑州、济南、太原、呼和浩特等铁路局，检查车辆300多辆。

【存续企业】 工厂第一批、第二批辅业改制共有9个单位完成工商注册、工商变更工作，安置职工972人。完成工厂第三批（集团公司第四批）主辅分离改制单位上报工作。工厂对唐山伙伴物贸有限公司、唐山车城建筑安装工程有限公司、唐山车城餐饮有限公司的企业改制土地出让方案、合同、协议进行了审查，完成核发新土地证等前期准备工作。

厂办集体企业唐山华达总公司从业人员1568人。公司资产总额1.66亿元，所有者权益5758万元。主要产品有客车铺椅、车窗、行李架、不锈钢制品、精密铸造、铝制品、通风器等。2007年实现销售收入1.1亿元。

【人才队伍建设】 公司根据主产品结构及组织管理模式，制定了三年人力资源规划，为员工培训、招聘、减员分流提供依据。全年共招聘26名本科毕业生，逐步满足公司持续发展的人才需求。制定《工厂规范用工管理安置分流人员的规定》，对“富余人员”进行妥善安置，实现政策性减员分流300余人，进一步精干了主业。强化员工培训，健全完善公司培训管理体系，举办各类培训班

50余期，培训3000余人次，组织60余人次参加公司委外培训，员工素质得到有效提高。开展人才选拔评审工作，公司人力资源结构和人才队伍建设初步得到改善。

【党群工作】 公司党委深入贯彻落实党的十七大精神，开展提高质量、降低成本立项攻关活动，确定58项立项攻关方案，276名党员和82名骨干参加。将立项攻关活动全程纳入“双培”活动考核，240名党员经过培养锻炼成为生产经营中的骨干，30名骨干加入党组织，215名骨干被列为入党积极分子重点培养对象，立项攻关活动取得成效，实现直接和间接效益1000余万元。落实党风廉政建设目标，推进惩防体系建设。组织136名中层及以上领导干部重新签订“廉洁自律承诺书”。修订《自有资金集中管理办法》，实行“限额以内单位自存、限额以外公司集中存储管理”的新模式。工会组织紧扣生产经营中心，开展“珍爱生命健康大型安全生产知识普及教育活动”、“保质量、保周期劳动竞赛活动”、“提质量、降成本、保计划劳动竞赛活动”和坚持“两个维护”构建和谐企业三项重点工作。共青团组织紧密围绕党政工作重点，深入开展“两个创建”、“增产提效、节约降耗”等活动，全年共有15个单位的19个集体参加了创建“青年文明号（岗）”活动，15个单位的20个集体参加了创建“青年安全生产示范岗”活动。

【重要纪事】 3月10日，在铁道部检修客车招标会上，经各路局打分综合评比，工厂排名第二。7月10日，铁道部大修机车合同鉴定会在工厂召开。7月19日，国有企业监事会主席季晓南在集团公司总经理崔殿国、总会计师高志等陪同下到公司检查指导工作。7月27日，铁道部副总工程师、运输局局长张曙光到公司检查指导工作。8月1日，唐山轨道交通装备有限责任公司正式投入运营。8月2日，集团公司党委副书记林万里到公司检查指导工作。9月1日，唐山轨道装备公司OA系统正式运行。9月10～12日，集团公司安全生产检查组到公司检查安全生产工作。

【企业领导名单】

唐山轨道装备公司

董 事 长　孙　凯
副董事长　郝树青
总 经 理　孙　凯
副总经理　柴秋生　李　宁　杨　光
总工程师　尹叶红
总会计师　王克勤

唐山厂

厂　　长　孙　凯
副 厂 长　柴秋生　李　宁(1月任)
　　　　　杨　光(1月任)
总工程师　尹叶红(1月任)
总会计师　王克勤

党委书记　郝树青
党委副书记　孙　凯(兼)　孔学云
纪委书记　孔学云(兼)
工会主席　孔学云(兼)

(宋焕民　赵　明　供稿)

中国北车唐车轨道客车有限责任公司

董事长、总经理　余卫平

党委书记　陈孝敏

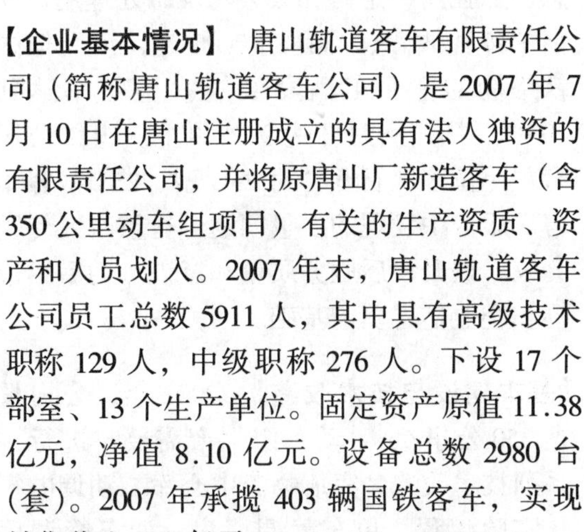

【企业基本情况】 唐山轨道客车有限责任公司（简称唐山轨道客车公司）是 2007 年 7 月 10 日在唐山注册成立的具有法人独资的有限责任公司，并将原唐山厂新造客车（含 350 公里动车组项目）有关的生产资质、资产和人员划入。2007 年末，唐山轨道客车公司员工总数 5911 人，其中具有高级技术职称 129 人，中级职称 276 人。下设 17 个部室、13 个生产单位。固定资产原值 11.38 亿元，净值 8.10 亿元。设备总数 2980 台（套）。2007 年承揽 403 辆国铁客车，实现销售收入 9.8 亿元。

【改革改制】 以有利于动车组生产为主线，先后将木配件车间与北方木业公司合并，成立独立经营的内饰件厂；将原机械车间和配件公司的存续部分进行整合重组，成立配件厂。围绕动车组生产，成立总装配厂、调试中心，将物资供应部负责时速 350 公里仓储物流职能分立，成立公司内部物流中心。经过集团公司批准，停止热工系统的铸钢、铸铁和锻工车间业务，进行重新整合。

【企业管理】 公司强化企业内部管理，制定五年发展规划、重要议事规则等制度，规范企业管理。围绕标准化、计量、定额、培训、信息管理、规章制度、班组建设等七个方面，落实基础管理工作。围绕战略目标和经营目标，制定效绩目标责任制，分层落实。优化资源配置，发挥乘数效应，调动员工的积极性。根据搭建“两线四系”产品制造技术平台年和 CRH3 项目的需求，对工资制度进行补充与完善。制定《岗位绩效工资制实施办法》和《岗位绩效工资制实施细则》。以 CRH3 项目技术转让出国培训为先导，开展多种形式的在职培训。落实内退政策，公司员工结构、技能、素质得到优化和提升。公司通过了 ISO9000 质量体系认证和国家一级安全质量标准化企业复审。

【生产发展情况】 全年完成新造碳钢车 490 辆，比上年增长 47.6%；完成 25G 型春运客车 200 辆，完成 87 辆达成地方铁路客车和 15 辆中铁快运行李车。为上海局、太原局各生产 1 辆 25T 型电务试验车；为长客股份公司生产 6 辆地铁回送车；为太原局生产牵引试验车、红外线检测车各 1 辆。完成出口蒙古国 16 辆客车生产（软卧车、高级软卧车、餐车、发电车、行李车 5 个品种），已交付蒙方投入正式运营。11 月，完成 CRH3 型动车组奥运用车前 3 列车体制造，铝合金车体已形成月产 1.5 列的生产能力。

【新产品新技术自主开发】 完成高速动车组联合设计和模拟速度设计。以 PROE 三维设计为平台，对高速动车组 5 种车型进行三维模型重建，并在生产过程中对模型进行验证。完成高速动车组 EC01、TC02 车有限元分析计算和试验；完成涉及高速动车组车头结构可靠性主要指标及空气动力学性能指标进行数值仿真评估。加强国内铁路产品开发，完成 25T 型客车研制，实现首次批量生产；完成仪器运输车、运输特种车辆开发；完成地铁回送车、25T 型电务试验车、牵引试验车、红外检测车的研制。加快城轨车辆研制，完成北京地铁 13 号线地铁车辆的图纸转化、转向架三维建模、首辆磁悬浮车辆研制。推进国际市场铁路产品研发，完成出口蒙古国客车产品的研制，并已交付运营；完成出口加纳动车组的设计方案和工程图设计。

【技术引进消化吸收和国产化工作】 时速 350 公里高速动车组技术引进消化吸收取得成效。完成拓建制造技术平台，建立工艺技术文件体系；完成电气元件和组装图纸转化，并导入 SAP 系统，完成搭建设计技术平台，建立起技术标准体系。通过技术引进消化吸收再创新，高速动车组在铝合金焊接、粘结、三维管路制造、工装设计等技术方面形成国际先进、国内领先的优势。推进高速动车组国产化，成立 21 个国产化推进小组，对 A 类零部件国产化工作提供技术支持，确保国产化工作落实。对西门子公司 3000 余种 BC 类件的国产化工作正在实施中，已完成对 BC 类件的分类整理工作，初步建立 BC 类件技术体系。

【市场营销】 年内，公司签订 445 辆新造客车销售合同，销售收入 11.89 亿元；签订 16 项配件销售合同，销售收入 695.8 万元，总计销售收入 11.96 亿元。参加中国邮政集团公司 25G 型（DC 600 V）邮政车议标，并签订 5 辆车购销合同。与加纳签订 2 列内燃动车组（2 动 4 拖编组）采购合同，与蒙古国签订 16 辆新型客车出口合同，进一步扩大国际市场份额。与达成地方铁路签订 87 辆 25G 型客车市场合同等。拿到上海局、太原局等路局车辆订单，进一步巩固国内市场。

【售后服务】 公司本着“及时、有效”的服务宗旨，积极组织用户培训，跟踪用户信息，加强用户走访和服务。及时处理用户反馈的各种故障、问题约 2000 起，涉及全国铁路局的主要车辆段 12 个，应答率达到 100%，用户满意度达 98% 以上。组织公司有关单位多次召开“对 25G 型、25T 型客车售后服务中发现的质量问题进行整改”专题会议，提升售后服务质量和意识，为后续市场和企业信誉奠定基础。

【基本建设与技术改造】 2007 年，公司根据 350 公里/小时动车组生产需要，进行一系列技术改造。完成物流中心库、动调电气化实验工程、单车静调厂房、列车静调厂房、铝合金分厂第四跨、车电培训中心等新建、改建项目总面积达 91236 平方米，共投资 5.54 亿元。7 月，预组装厂房基建完工，8 月，总装厂房基建完工，引进购置预组装厂房 6 个台位除湿等关键设备 1782 台（套），投资 1.99 亿元，其他技改项目引进购置各类设备 1008 台（套），投资 1458.32 万元。

【党群工作】 公司党委围绕公司“立足 350 公里/小时动车组项目，快速创建国际一流企业”的发展战略和生产经营中心，着力加强党的先进性建设。召开公司第一次党代会，完成基层党组织的换届选举工作，举办两期党务工作者培训班，建立支部工作月报制度、政工信息反馈制度和党支部工作考核制度。深入开展“双培”活动，赋予争创示范岗、党员立项攻关等特色内容。全年培养党员骨干152名，培养入党积极分子98名，发展党员38名。加大对中层干部的培养选拔、考察考核力度，先后出台中层后备干部管理办法、选拔任用规定、管理考核规定，调整中层干部55人次，新聘任中层干部21人。推行党政交叉任职，书记兼任行政副职，赋予行政管理职责，实现党政工作的深度融合。加强人才队伍建设，先后出台岗位绩效工资、外语补偿、人才津贴等管理办法，开办了专升本、硕士研究生班，加强专家和拔尖人才管理，扩大专家、拔尖人才和技师、高级技师评聘比例。加强作风建设，建立作风督导制度，有效提高了领导团队的执行力。出台党风廉政建设责任制，构筑与公司发展和管理相适应的惩防体系。突出履行监督职能，先后监督招议标项目101个，监督职业技能鉴定、技术比武、管理人员招聘32次。

工团组织以提升员工素质为重点，深入开展现场教学练比活动，提高技术技能。举办首届职工技术运动会。组织员工开展和西门子公司支持人员“结对子，交朋友”活动，推进350公里/小时动车组的生产进度。开展“创建学习型班组，争做知识型员工”活动，扩大试点范围，全面推进“创争”活动并取得实效。开展丰富多彩、喜闻乐见的文体活动，增强员工的向心力。

【重要纪事】 3月31日，公司中标加纳动车组。6月1日，中央委员、十届全国政协常委、经济委员会副主任、中央巡视组组长阎海旺带领中央巡视组到公司视察工作。6月4日，中华全国总工会副主席、书记处第一书记孙春兰一行6人到公司视察工作。6月27日，第一辆高速动车组CRH3铝合金车体完成组焊、加工，成功下线。6月28日，中共中央政治局常委、全国政协主席贾庆林，副主席王忠禹、副主席兼秘书长郑万通一行，在河北省省长郭庚茂等陪同下到工厂视察时速350公里动车组进展情况。7月19日，国有企业监事会主席季晓南一行，在集团公司总经理崔殿国、总会计师高志等陪同下到公司检查指导工作。8月15日，全国人大常委会副委员长、全国妇联主席顾秀莲视察公司350公里动车组生产线。9月15日，全国人大常委会副委员长、中国科学院院长路甬祥视察公司CRH3动车组项目。11月20日，公司承接68辆长客股份公司地铁客车生产订单，将用于北京2008年奥运会期间地铁13号线运营。12月25～26日，中共唐山轨道客车有限责任公司第一次代表大会召开。

【企业领导名单】

董事长	余卫平
副董事长	陈孝敏
总经理	陈孝敏(8月11日免) 卢西伟(8月11日任，11月15日免) 余卫平(11月15日任)
副总经理	甄大伟　侯志刚
总工程师	孙帮成
财务总监	徐汝君
党委书记	余卫平(兼，8月11日免) 陈孝敏(8月11日任)
党委副书记	陈孝敏(8月11日免) 余卫平(8月11日任) 侯宝凤
纪委书记	侯宝凤(兼)
工会主席	侯宝凤(兼)

(企业文化部　供稿)

中国北车天津机辆轨道交通装备有限责任公司
中国北车集团天津机车车辆机械厂

董事长、总经理、厂长　宗保全

党委书记　谢纪龙

【企业基本情况】 天津机辆轨道交通装备有限责任公司（简称天津轨道装备公司）是由中国北车集团公司投资，于2007年7月在天津对应设立的一人有限责任公司，并将原中国北车集团天津机车车辆械厂（简称天津厂）的主营业务、拟上市资产无偿划入天津轨道装备公司。2007年末，天津轨道装备公司员工总数1687人，其中具有高级专业技术职称82人，中级职称115人。固定资产原值3.15亿元，净值1.7亿元。占地面积36.86万平方米，建筑面积12.47万平方米。拥有各类机械动力设备1254台（套），其中具有国际先进水平的数控加工和检测设备155台（套）。设置15个行政部室、6个分厂、1个维修车间。全年实现销售收入1.45亿元，净利润1198万元；在岗全员劳动生产率21.81万元/人·年，全面完成集团公司下达的各项经营指标。

2007年末，天津厂员工总数1124人，其中在岗职工561人。固定资产原值0.55亿元，净值0.21亿元。占地面积4.67万平方米，建筑面积1.05万平方米。拥有各类机械动力设备596台，其中数控加工设备2台、检测设备6台。下设3个生产车间、5个实体公司，负责存续企业经营管理以及部分非生产性房屋、场地等资产的管理工作。全年完成现价工业总产值2.40亿元，完成销售收入2.23亿元，实现利润279万元；在岗全员劳动生产率15.95万元/人·年，全面完成集团公司下达的各项经营指标。

【改革改制】 按照集团公司整体改制上市工作计划安排，6月，成立集团公司整体改制上市、工厂主辅分离工作领导小组和8个专项工作小组，全面负责工厂改革改制工作，对改制上市及主辅分离过程中的重大问题进行决策。7月，天津厂对应设立一人有限责任公司，在所在地注册成立天津机辆轨道交通装备有限责任公司。相继完成公司法人治理结构、组成人员任职等程序，编制公司组织机构和划分主要职能等工作；办理天津厂向天津轨道装备公司无偿划转国有资产、产权登记申报和生产资质转移申报及债权债务处置、公司银行开户和税务登记等企业改制工作。基本完成天津厂和天津轨道装备公司经营管理的平稳过渡和衔接，全面完成集团公司改制上市整体工作部署。

【企业管理】 强化基础管理工作，明确各项专业基础管理工作的分工界定及应达标准。制定自查、整改计划，加强监督、检查和考核力度。加强营销管理工作，重点修订并执行《产品销售发货流程》、《销售合同管理办法》、《目录外产品合同管理办法》等一系列市场营销管理规章制度，进一步提升营销管理水平。加强企业法律事务管理，依据国资委《国有企业法律顾问管理办法》，制定并实施《合同管理办法》，规范合同互签中的资信调查、合同起草及审核、审批和归档等程序，明确承办、审核部门职责，建立委托代理人制度，严格对外签订合同。强化财务管理工作，推进财务物流一体化建设，加强合同订立、修改、执行等关键环节管理，重点做好资金、成本、预算等管理工作。全方位开展节能降耗工作，通过减少贸易环节、压缩材料消耗、加快资金周转、加强设备管理、提高职工素质和实施节能减排等手段，有效控制成本费用。全面开展技师、高级技师评审工作，为30多个工种技能合格者颁发职业资格证书；对质量管理、劳动定额、资产管理、法律、财务等专业岗位员工开展培训；举办首届职工技术运动会，继续提高职工队伍技能素质整体水平。在关键、重点、废品率高的工序中，开展“大工匠”活动，充分调动广大员工积极性和创造性，有效解决一些生产中的关键和质量难题，使节能降耗工作落实到基层。全年实现百元商品产值成本70元、百元销售收入成本90.5元。

【生产发展情况】 全年主要产品生产各型调速器268台、各型制动机2869套、各型滤器1426套、各型活塞环83741道、各型增压器432台、修理增压器1045台，生产各型缓冲器38498套。弹簧生产线改造后，提高了产品生产能力、技术等级和质量水平。企业充分发挥弹簧基地优势，使K2、K6型弹簧由年初月产1500辆份上升到3000辆份，全年分别完成1568000个（28000辆份）和420300个（5837辆份）。

【新产品新技术开发】 加大规范科技创新工作力度，推进新产品研发工作。加快“风电”制动器、F8H型控制阀、ZN301G－2型增压器、国内汽车弹簧等产品开发和试制。对增压器、调速器、制动机、缓冲器、弹簧等传统产品进行改进，满足路内、路外、出口等不同用户需求。新成立的研发中心以现有产品为依托，大力发展系列产品。新研制TM－80/100摩擦胶泥缓冲器已完成全套试验，结果达到设计要求。新建缓冲器试验线，为产品试验提供技术支持。在现有产品技术改进上，根据乌鲁木齐铁路分局南疆铁路风沙较大的地域气候特点，研制出具有防尘、防沙、防盗的F8型分配阀加制防尘装置，客车首批改造获得用户肯定。

【市场营销】 坚持“新造与修理、国内与国外”并举方针，努力拓宽销售渠道，打破陈旧销售格局。大力组建涵盖路局、国内、国际范围的专业化销售队伍，采取“大包干式”销售回款挂钩机制，调动销售人员的积极性。应用矩阵式销售结构和激励机制，有效地促进销售收入和回款指标的完成。成立路局专业化队伍，解决在销售上“重车辆、轻机车”的问题；组建社会市场专业销售队伍，缓解“重国铁、轻地方”的问题。上半年，有效打开了冶金车辆弹簧、缓冲器、缓解阀产品的市场。全年共销售各型缓冲器38696套，各型增压器514台，各型活塞环86182道，各型滤器1748套，各型制动机3369套，K2型弹簧27839辆份，增压器修理1000台，均比上年有较大幅度增长。其中缓冲器、增压器市场占有率均达 27%，K2 型弹簧、制动机市场占有率分别为 28% 和 65%。

【多元经营】 精心组建内外贸易专业化销售队伍，开拓路外市场和国际市场新的经济增长点。年初首次实现产品自主出口，240 套缓冲器远销澳大利亚，并首次实现产品出口退税。企业产品赢得了国际信誉，7 月，获加拿大庞巴迪公司颁发的弹簧产品认证书。在稳定国际市场客户基础上，新发展的客户有俄罗斯、澳大利亚、新加坡、越南，企业产品已出口 12 个国家和地区。全年路外产品销售收入完成 5326.21 万元，占企业销售收入总量的 15.5%；实现出口销售收入 3440.57 万元，比上年增长 9.61%。

【基本建设与技术改造】 继续加大科技投入，自筹资金 120 多万元，建成产品研发中心。分别设有产品研发工作室、多功能学术演示厅、会议室、图书资料室、业务洽谈室以及配套的生活设施等。提高缓冲器研发手段，创建国内一流缓冲器研发基地，已投资兴建缓冲器冲击试验线。配合实施天津市"蓝天工程"，在天津市环保部门大力帮助下，对 20 吨锅炉进行脱硫除尘改造，该工程总投资约 97 万元，其中市、区财政补贴 56 万元，自筹资金 41 万元。

【节能减排】 企业节能排工作得到集团公司和地方政府的充分肯定,被评为天津市节水先进企业,中央及地方多家媒体进行专题采访和宣传报导。节能减排工作先后实施雨水地表水利用工程、生产余热利用工程和智能卡节水工程,每月节约自来水 4500 多吨,全年节约近 5.5 万吨。停开非采暖期一台 10 吨锅炉和冬季采暖期一台 20 吨锅炉,有效改善了空气质量,完全达到天津市关于《锅炉大气污染物排放标准》要求,基本实现节能减排和降低成本工作双赢。

【存续企业】 2007 年,天津厂按照"集团公司整体改制上市,工厂主辅分离工作"总体部署,对形成年度生产经营综合指标的生产、经营、财务和各项费用以及新产品开发、工艺质量管理、设备更新改造、安全环保指标等各项专业计划,重新进行分解落实和检查考核。加大企业管理力度,先后制定、修订并落实执行一系列市场管理规章制度。推进财务物流一体化建设,加强合同订立、修改、执行等环节管理,重点做好资金、成本、预算等管理工作。采取控制采购成本、提高技术进步和加大节能减排等措施,有效降低成本费用。按照集团公司对主辅分离工作的具体要求,制定并实施《天津机车车辆机械厂主辅分离改制分流工作总体方案》。6 月,按照"维持经营、妥善处理、平稳过渡、逐步消亡"的工作思路,加大改制分流工作力度,将存续企业中的一些单位改制成国有不参股、独立核算、产权清晰、投资主体多元化的公司制企业。

厂办集体企业在集团公司和地方政府的大力支持协调下,实施"并户"安置方案,基本解决厂办集体企业退休职工养老、医保等长期不能解决的历史遗留问题。

【党群工作】 加强党内民主建设,制定并实施党务公开实施办法。按照"四好"创建活动实施方案,有 100 多名中层干部分别与主管领导签订《效绩目标责任书》,明确量化考核指标、工作进度和工作质量标准等要求。进一步做好组织发展工作,培训 41 名入党积极分子,全年共发展党员 31 名。对中层以上领导干部提职、转岗进行集体廉政教育谈话,并由党委书记、纪委书记进行专题授课,全年共对 14 名中层以上领导干部进行岗前廉政教育谈话。同市场营销、物资采购、财务会计等 49 名重点岗位人员签订《2007 年廉洁承诺书》。坚持审计管理与效能监察相结合,全年开展效能监察5项，针对存在问题提出9条效能监察建议。制定并实施《关于对职工违法违纪行为党纪政纪的处理规定》，全年共受理信访举报6件，对1名违纪违法党员给予开除党籍处分。宣传工作取得突出进展，在企业网站，对外播发440余篇宣传稿件和信息。天津电视台、天津广播电台等多次制作播出反映企业改革发展及节能减排工作等专题宣传片。工会工作紧紧围绕全年生产经营目标，组织开展以降成本、增效益为重点的双增双节和职工合理化建议等活动。13个单位共1147人参加合理化建议活动，共收集建议630件，采纳97件；完成“双增双节”项目56项，实现效益278万元；完成“五小”项目27项，实现效益20万元。进一步加强职代会源头参与、民主决策力度，重点对经营策略、改革改制、工资考核和职工安置等议案进行审议。在“创建学习型班组、争当知识型职工”活动中，推进师徒结对子17对，在9个单位开展创建学习型示范班组、组织技术培训和岗位练兵500多人次，进一步提升职工技术业务素质。坚持开展送温暖活动，自筹5万余元专项资金，共慰问各类困难职工500余人。“五一”、“国庆”节期间，对20多名特困职工和困难劳模进行慰问，发放慰问金7000元。为缓解部分职工看病难的问题，自筹资金报销医药费近200万元。加强党建带团建工作，坚持把团员青年思想政治工作放在首位，广泛开展青年科技论文征集、青年科技创新百点计划、青年“五小”成果征集等活动；坚持把发展青年党员放在重要议事日程上，经“推优”有6名28岁以下团员青年骨干发展为党员。

【重要纪事】 1月10日，天津厂产品首次实现自主出口，3个集装箱共240套缓冲器远销澳大利亚。6月21日，人民日报、经济日报、中国企业报、人民网、天津电视台、天津广播电台等28家媒体记者到工厂进行“津沽环保行”重点采访活动。6月26日，集团公司党委书记王立刚到工厂检查指导工作。8月1日，新成立的天津机辆轨道交通装备有限责任公司正式运行。10月10日，召开第十三次党员代表大会，选举产生新一届党委会和纪委会，集团公司党委书记王立刚出席并讲话。11月22~25日，在国家知识产权局举办的第四届中国国际专利与名牌博览会上，公司参展的铁道车辆螺旋压缩弹簧减振装置，获中国国际专利与名牌博览会金奖。11月24日，公司研制的浮动式喷泉及水加压过滤装置获中国第十二届企业新纪录称号。

【企业领导名单】

天津轨道装备公司

董 事 长　宗保全
副董事长　谢纪龙
总 经 理　宗保全
副总经理　问增杰　戚建人　刘建国
　　　　　张展福　王彦明
总会计师　王国廷

天津厂

厂　　长　宗保全
副 厂 长　问增杰　戚建人　刘建国
　　　　　王彦明
　　　　　张展福(7月1日任)
总会计师　王国廷

党委书记　谢纪龙
党委副书记　宗保全(兼)　刘京男
纪委书记　刘京男(兼)
工会主席　刘京男(兼)

（吴建志　供稿）

中国北车北京二七轨道交通装备有限责任公司
中国北车集团北京二七机车厂有限责任公司

董事长、党委书记　王东明

总经理　刘晓平

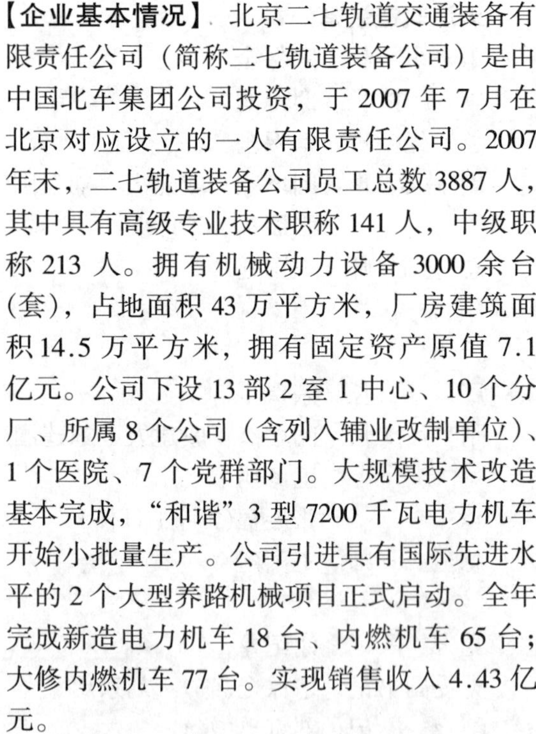

【企业基本情况】 北京二七轨道交通装备有限责任公司（简称二七轨道装备公司）是由中国北车集团公司投资，于 2007 年 7 月在北京对应设立的一人有限责任公司。2007 年末，二七轨道装备公司员工总数 3887 人，其中具有高级专业技术职称 141 人，中级职称 213 人。拥有机械动力设备 3000 余台(套)，占地面积 43 万平方米，厂房建筑面积 14.5 万平方米，拥有固定资产原值 7.1 亿元。公司下设 13 部 2 室 1 中心、10 个分厂、所属 8 个公司（含列入辅业改制单位）、1 个医院、7 个党群部门。大规模技术改造基本完成，“和谐”3 型 7200 千瓦电力机车开始小批量生产。公司引进具有国际先进水平的 2 个大型养路机械项目正式启动。全年完成新造电力机车 18 台、内燃机车 65 台；大修内燃机车 77 台。实现销售收入 4.43 亿元。

【改革改制】 年内，按照中国北车集团公司整体改制上市工作总体方案，公司按时完成一人公司的注册，北京二七轨道交通装备有限责任公司开始正式运营；选举产生公司董事会、监事会；确定进入和不进入公司的相关业务、资产和人员。中国北车集团北京二七机车厂有限责任公司为存续企业。按照主辅分离改制分流工作部署，辅业改制工作有效推进，设备维修安装公司、热加工分厂、物业公司、技工学校 4 个单位分别召开改制大会及新公司创立大会，成立北京二七宏丰机械有限责任公司、北京二七宏泰锻热有限责任公司、北京二七宏安物业管理有限公司和新的北京二七机车厂技工学校，有关工商登记注册等后续事项已基本完成。

【企业管理】 年内，公司与所属各单位签订《经营管理责任书》和《效绩目标责任书》，进一步完善公司经营管理指标体系。重新修订《经营责任考核办法》、《技术专家制度暂行办法》，制定《专家、技术主审考核与绩效评价管理办法》、《新员工拜师学艺办法》等制度。开展专家、技术主审考核与绩效评价工作。定向引进专家型人才 3 人；招聘大专以上毕业生 72 人，中专、技校毕业生 68 人。在辅业改制的过程中鼓励员工自谋职业，减员 416 人。对翻译岗位、技术岗位、国际贸易岗位人员按其外语水平，实施岗位工资浮动制度；对承担公司涉外项目人员实施项目外语津贴制度。制定《技术专家技师工资待遇规定》。调整新入公司大专以上毕业生工资待遇；在大型、关键精密设备操作岗位实行岗位津贴；在资产管理部设备维修管理中心试行岗位工资动态管理。继续开展企业标准化工作，完成并发布《2007年公司内燃机车用有效标准目录汇编》。ISO10012计量检测体系通过首次监督审核。编制《培训管理手册》，重点对与电力机车生产关联度大的人员进行技能培训，实行电力机车生产操作岗位员工考试（考核）持证上岗制度。制定《质量奖惩办法》和中高层管理者质量责任考核及追究办法等管理制度。初步建立质量工程师队伍，完善项目质量管理，重新确定公司的质量方针和质量目标，ISO9000质量管理体系通过监督审核。加强设备管理，组建设备维修管理中心。深入开展节能降耗工作，推行凭证式用能制度。中水回用工程已开始投入使用。加强全面预算管理，压缩各项费用支出。定期检查各分厂成本归集与核算，确保成本核算的真实性。加强材料采购的管理审批制度。加大货款和历史欠款的清欠力度。开展专项效能监察，完成经济责任审计2项，经济合同审计等1666项，审减金额372.32万元。成立提高路外机车毛利水平专项工作小组，进行产品售价、设计成本、工时定额及财务核算的调整工作。制定实施增收节支减亏11条措施。成立工程机械部，负责铁路大型养路机械技术引进项目的管理及对外联络，协调完成产品施工设计和产品质量控制；开展市场调研和市场开拓及铁路养护机械新产品研发的项目管理等。加强与国内大专院校、研究机构和有实力的技术开发机构的技术合作，就多个项目的合作达成协议。

【生产发展情况】 全年生产电力机车18台；生产内燃机车65台，比上年的61台增长6.6%，其中出口机车6台，路外机车59台；大修内燃机车77台，比上年的54台增长42.6%，其中路外机车2台；实现销售收入4.43亿元，比上年的3.7亿元增长19.7%。产品质量基本稳定，未发生重大工伤死亡、火灾、设备等事故。

【新产品新技术开发】 GK_{1E31}型模块化内燃机车以GK_{1E31}型车架作为GK系列机车方案的平台，以EQ4012B、EQ4012C型液力换向传动箱作为动力传递枢纽，在同一车架平台上实现EQ6240ZJ、EQ6240ZJB型号柴油机换装，形成机车功率等级为1000千瓦、1100千瓦，轴重23吨、25吨的系列产品。该机车具有各模块可互换、功能可选配、适应批量生产制造等优点。CK_{6E2}型内走廊机车和CK_{6E3}型外走廊机车，是公司在CK_{6E}型机车基础上，为满足安哥拉铁路运用条件而设计制造的机车产品。该机车装车功率为1678千瓦，轨距为1067毫米，装有美国CAT 3508B型柴油机。

【技术引进工作】 公司正式接收大连机辆公司转授的日本东芝公司和谐3型电力机车的图纸和技术资料。各项目组在消化吸收工作中，结合现有的生产条件，编制了试行的123项工艺文件，并通过了集团公司组织的专家评审，形成批量生产的能力。完成18台电力机车的组装、调试工作。AHM800R型路基处理车是公司从奥地利普拉塞－陶依尔公司引进的产品，可以在不拆除钢轨、轨枕的条件下，机械化地对失效道床和路基面层进行综合整治，大大提高了作业效率和施工精度。该路基处理车能挖取路基上层旧道碴，通过回收、破碎作为路基保护层的材料，挖掘剩余道床和路基上层；平整路基顶面；也可辅设相应的保护物，铺设路基面保护层；适用于各种轨距的铁路、高速铁路、重载铁路、工业和矿山铁路以及城市地铁和轻轨铁路等。GMC96型钢轨打磨列车是引进瑞士斯彼诺公司（SPENO）的技术设计制造，可在运行中对线路上的钢轨进行磨削，消除因重载、高速运输等对钢轨造成的侧磨、波磨、剥离等损伤，从而恢复轨头工作部分的设计形状，延长钢轨使用寿命，保证高速列车平稳安全运行。大型养路机械项目已启动，发布了路基处理车项目总体计划，第1、2台50%路基处理车制造网络计划和96头钢轨打磨列车项目总体计划及项目管理办法等；抽调14名工程技术人员专职负责技术引进的实施工作。与技术转让方开展积极的技术联络工作并按照双方的分工开始技术设计工作。与PLASSER公司签订对第1、2台50%国产化率路基处理车5%备件和随车配件采购合同。与SPENO公司签订了配件采购合同；起草完成除SPENO公司供货部分之外的检测装置、辅助发电机组、CAT柴油机、VOITH传动箱采购技术规范，经SPENO公司确认后，已签订采购合同。

【市场营销】 年内，签订出口安哥拉16台内燃机车的合同，合同金额约1亿元。与刚果（布）、越南再次分别签订各2台机车出口合同，巩固了这两国的市场。签订路外机车合同60台，其中新增客户10家；签订国铁大修机车合同77台，路外大修机车合同2台。出口第二批古巴机车开始组织投料生产。公司所属柴油机分公司与韩国现代重工签订了360根曲轴来料加工合同。

【售后服务】 年内，处理铁路电报23份，处理电话信息443件，处理电话传真35份。全年共派出售后服务人员520人次，完成驻古巴、刚果（布）、安哥拉的售后服务工作，同时完成国内路内、路外质保期内新造、大修机车600余台的售后服务工作。派驻人员到南京机务段为配属南京东段的电力机车开展售后服务。

【基本建设与技术改造】 完成新建厂房33049平米，新建料场4500平方米，改造厂房8000平方米。新增龙门镗铣加工中心、数控车床、轮对压装机及反压机等设备25台。新增三坐标划线仪和工装49台（套），搬迁设备、工装74台（套）。完成车体及配件涂装共34台（套）设备及打磨喷涂工具的制作安装和采购，引进的41项检验检测设备中的直读光谱仪、三坐标测量仪、金相显微镜、裂纹测深仪、超声波探伤仪、激光干涉仪等设备已投入使用；17项冲压备料新设备中的数控等离子火焰切割机、1600吨数控折弯机、精密板料校平机、激光切割机等设备已投入使用；完成涨拉蒙皮装置的制作安装，钢结构组焊新购工装到货23项，8项已完成安装调试；完成金属结构分厂原厂房车体钢结构生产装备向新厂房的搬迁。

【党群工作】 年内，公司党委开展“双培双保”党建主题活动，来自生产一线、分剥离单位的21个党支部参加活动立项158项。公司员工响应中共北京市委宣传部等单位关于组织开展“捐赠一件棉衣（被），温暖你我他”社会募捐活动的号召，以对口支援江西、内蒙古灾区和贫困地区为重点，为灾区群众捐献棉衣棉被等3300余件115包，现金18300多元。在公司中层领导班子和领导干部中开展以“查问题、找原因、定措施”为主要内容的领导干部工作作风检查。公司工会举办“唱响二七”卡拉OK比赛，召开“金秋助学活动座谈会”，向当年考上大学的5位单亲困难员工子女赠送助学金和生活学习用品，为116户困难职工发放了大米和食用油。

【重要纪事】 2月6日，公司召开第一届职工代表大会第一次会议，确定2007年公司改革发展总方针和总目标。4月16日，公司与奥地利普拉塞–陶依尔公司（PLASSER）签订AMH800型路基处理车进口部件采购合同和技术协议；与北京、上海、武汉铁路局和广铁集团公司签订总价值19.98亿元的AMH800型路基处理车采购合同。7月24日，公司与瑞士斯彼诺公司（SPENO）签订GMC96型钢轨打磨列车技术转让协议；与北京铁路局签订总价值13亿元的10列GMC96型钢轨打磨列车采购合同。8月24日，公司与安哥拉莫桑梅德斯铁路后勤保障部签订出口安哥拉16台内燃机车的合同。9月27日，公司召开庆祝二七轨道装备公司110华诞暨转产电力机车大会。

【企业领导名单】

北京二七轨道装备公司

董 事 长　王东明
副董事长　刘晓平
监事会主席　杨少波
总 经 理　王东明(10月免)
　　　　　刘晓平(10月任)
副总经理　闫建华　马建勋　高维寅
　　　　　刘纯义　李海滨　孙建军
总工程师　杨修伟
总会计师　刘嘉华

北京二七机车厂公司

董 事 长　王东明
副董事长　刘晓平
监事会主席　杨少波
总 经 理　王东明(10月免)
　　　　　刘晓平(10月任)
副总经理　张建中(1月免)　闫建华
　　　　　马建勋　高维寅　刘纯义
　　　　　杨修伟(1月免)
　　　　　李海滨(1月任)
　　　　　孙建军(1月任)
总工程师　李海滨(1月免)
　　　　　杨修伟(1月任)
总会计师　刘嘉华(1月任)

党委书记　刘晓平(10月免)
　　　　　王东明(10月任)
党委副书记　王东明(10月免)
　　　　　刘晓平(兼,10月任)
　　　　　魏尚志(1月免)
　　　　　杨少波
纪委书记　杨少波(兼)
工会主席　朱渝华(1月免)
　　　　　王玉麟(1月任)

(姚春立　胡跃平　供稿)

中国北车北京南口轨道交通机械有限责任公司
中国北车集团北京南口机车车辆机械厂

董事长、总经理、厂长　宋治贵

党委书记　王振雄

【企业基本情况】 北京南口轨道交通机械有限责任公司（简称南口轨道机械公司）是由中国北车集团公司投资，于2007年7月在北京市昌平区科技园区对应设立的一人有限责任公司，并将原中国北车集团北京南口机车车辆机械厂（简称南口厂）的主营业务、拟上市资产无偿划入南口轨道机械公司。2007年末，南口轨道机械公司员工总数1251人。其中高级专业技术职称56人，中级职称91人。固定资产原值3.73亿元，净值2.18亿元。占地面积96万平方米，其中生产经营面积15.5万平方米。拥有各类设备828台（套），其中大型精密设备58台，进口设备56台。设置16个行政部室、4个党群部门，5个生产车间、1个分厂、1个控股公司。全年实现销售收入1.9亿元，比上年增长14.8%；净利润809万元；劳动生产率109700元/人·年，比上年增长13.8%；员工人均年收入19401元，比上年增长9%；全面完成集团公司下达的各项经营指标。

2007年末，南口厂员工总数157人，其中在岗职工71人。固定资产原值4770万元，净值2852万元。下设生活物业公司、北京昌平南口经联有限责任公司、北京佳达有限责任公司，负责对已改制单位包括南铁工业有限责任公司、南铁运输有限责任公司、南口铁路轴承有限责任公司、北京南德建筑工程公司的管理以及部分非生产性房屋、场地等资产的管理工作。

【改革改制】 公司根据中国北车集团公司整体改制上市工作部署，按照“资产随业务走、人员随资产走”的划分原则，完成企业资产评估、产权登记、资产无偿划转、存续企业资源调查和新设一人公司注册登记。8月1日，新设一人公司“北京南口轨道交通机械有限责任公司”正式运行。4月24日，所属铁路职工医院协议移交昌平区政府管理。改革不适应市场竞争需要的组织体系与管理流程，组建综合管理部、二机车间，合并纪检监察部与审计部，调整经营规划部、民用产品部管理职能。根据北京市环保要求，撤销锻造公司及配套的风机班，将污水处理站移交地方管理。

【企业管理】 年内，公司贯彻落实安全生产责任制，从预防入手，规范安全生产秩序，轻伤事故率为1.58‰，控制在2.6‰指标以内，未发生重伤以上工伤事故。狠抓节能降耗，实现综合节能效益256万元。有效控制成本费用支出，制造成本费用支出明显下降，各车间、分厂综合成本率由年初的92%降至年末的84%。完成33项主要产品成本价格、65项产品对外价格、47项厂内产品价格的制定、修改、核算。按照国家法律法规，对市场营销部、三机车间等5个单位的成本核算进行常规审计，完成工程决算、物资采购审计共1851项，审减资金7万多元，维护了所有者合法权益。

【生产发展情况】 年内，公司完成主要配件产量170523件套。包括为同车公司技术引进法国阿尔斯通公司八轴大功率交流传动和谐D2型电力机车配套的从动齿轮414个、主动齿轮170个、轴箱铸件879个、抱轴箱铸件356个、上齿轮箱铸件322个、下齿轮箱铸件335个，为铁路机车配套的NPT5型活塞式空气压缩机35台、2.7螺杆式空气压缩机7台，东风系列内燃机车主动齿轮1411个、从动齿轮1764个，韶山系列电力机车主动齿轮46个、从动齿轮51个，其他电力机车主动齿轮342个、从动齿轮415个，二七伞齿轮95个，240喷油泵上体装配1972套、下体装配1480套，280喷油泵上体装配628套、下体装配260套，E型喷油泵上体装配553套、下体装配2957套。其中，技术引进机车齿轮、箱体铸件产品实现销售收入2768万元，弥补了国内机车市场变化造成的影响。完成为宝石、兰石公司油田机械产品配套的拉杆1327条、人字齿轮303对、齿圈及轴34对，为唐山、北京银桥有限公司等民用市场配套的螺杆式空气压缩机23台。出口美国英格索兰公司转子1327对。实现民用产品销售收入3600余万元，是上年收入的3倍，取得优异的成绩。

【新产品新技术开发】 年内，公司自主研发能力进一步提升，实施新产品新技术开发16项。其中轨道产品有：完成电喷项目4台样机改进以及部分性能测试试验和小批量试制方案。3立方螺杆泵主机项目完成图纸设计和螺杆泵转子、泵体加工工艺编制。5立方螺杆泵主机项目完成方案设计评审，进入样机试制阶段。240E型高压油管等其他产品研制项目也取得良好进展，有关产品样机正在进行装车运用考核。民用产品有：完成申报集团公司开发项目22立方螺杆空压机试制。5.6立方螺杆空压机、3.8立方变频螺杆空压机开发项目，完成主要零部件选型等技术准备和地面联机实验准备工作。与美国开利公司签署了转子产品采购协议，正在进行新型转子的研发试制。开发了宝石公司1300泵大型齿圈、1600泵主动齿圈和兰石公司1600泵齿轮、齿轮轴以及兰州国民公司1600泵十字头产品，并逐步投入批量生产。为宝石公司开发的70DBⅠ型齿轮箱试制工作快速有序推进，70DBⅡ型齿轮箱通过宝石公司技术评审，签订了商务合同，为做大民用市场奠定了坚实的基础。完成9项专利技术的申报，并对实用新型专利项目进行了公示。

【技术引进消化吸收国产化工作】 公司以技术引进为平台，加快工艺技术创新，推进消化吸收国产化工作。和谐D2型电力机车齿轮箱、轴箱、抱轴箱铸件以及主、从动牵引齿轮产品分别通过阿尔斯通公司过程审核、样件检验、首件检验放行、供应商分级审核复审，保持了B级供应商资格。和谐D3型电力机车从动齿轮产品通过大连机辆公司首件检验，投入批量生产。

【市场营销】 在铁道部原型机车不招标、技术引进机车产品上半年未实现批量生产、各种原材料价格不断上涨、生产成本显著增加的困难情况下，针对技术引进机车市场和石油机械市场需求，加快生产进度和新产品研制，实施急需产品应急组织方案，全力以赴增效创收。技术引进机车配套产品下半年批量进入市场，出口美国英格索兰公司转子产品受到国际市场好评，供应宝鸡石油机械厂、兰州国民公司等民用市场产品的生产、技术能力不断提高，成为长期稳定的供应商。在扩大原有民用市场、国际市场的基础上，开发了唐山、齐齐哈尔、二七轨道装备公司、北京银桥有限公司以及美国约克、开利公司等新的市场领域。已经形成以轨道产品、民用产品、出口产品为主的三大主体市场。三大主体市场实现销售收入近1.5亿元。根据用户反馈信息跟踪产品质量，售后服务及时率100%。由过去的寻找市场，到包括法国阿尔斯通公司、加拿大庞巴迪公司、美国GE公司和英格索兰公司、开利公司、约克公司等国际知名企业都主动向公司寻求产品供应，显现了从“我找市场”到“市场找我”、有选择地生产高附加值产品的市场态势。

【质量管理】 公司在产品技术水平已同国际接轨的基础上，结合客户反馈信息，制定和实施了质量改进控制方案。开展供方动态业绩评价，跟踪验证供应商纠正预防措施整改实施效果，明确供应商资质。修订质量管理体系文件，扩大质量管理体系覆盖范围，完善内部审核方式。通过持续改进、加强过程审核、优化供应商渠道，保证了公司的产品质量和档次，提高了企业的信誉和竞争优势。

【多元经营】 公司所属控股子公司南口南机机电设备有限责任公司主动开拓市场，服务公司大局，克服原材料涨价、设备老化等不利因素的影响，积极创收增效，全年实现销售收入898万元。公司全面做好对南口斯凯孚公司、克诺尔公司、夏金宇公司、绿色金可公司、绿波金可公司、速原公司、宏福源公司、微纳公司、中山盛兴公司等对外合作、租赁单位的风、水、气、电动能转供和服务工作，全年实现转供收入4978万元。

【基本建设与技术改造】 年内，公司在资金紧张的情况下，投入1179万元购置滚齿机、立式万能数控磨床、铸造抛丸机等急需生产装备；投资192万元安排锅炉除尘器管道、铸造树脂砂再生机、1.5吨中频电炉等设备大修改造项目23项，保证了生产组织的正常进行。完成110千伏增容项目全部工程，确保铸造车间、新建热处理车间和南口斯凯孚合资公司增容需要。实施厂外40吨锅炉房改造、社区广播系统改造以及住宅中区6号楼电器改造、住宅中区11号楼房建设等工程项目。有关节能降耗更新改造项目和环保项目得到地方各级政府的大力支持，获得供暖燃煤补贴86万元、环保补贴120万元，获得齿轮扩能技改项目贴息400余万元。加强住宅建设、环境治理，完成中区11号住宅楼竣工验收，入住员工喜迁新居。完成394户及1019户购买现住房、改成本价等相关手续的办理工作。配合承租单位完成员工食堂装修工程，改善了员工就餐条件。拆除社区私搭乱建240余处，修建储藏间400余间，硬化路面1.12万平方米。

【存续企业】 南口厂按照集团公司对存续企业做好“四改、两管、一经营”的管理思路，以生产经营为中心，加强基础管理工作，明确管理方式，促进了企业改革发展。所属北京昌平南口经联有限责任公司、北京佳达有限责任公司、生活物业公司，以及已改制单位南铁工业有限责任公司、南铁运输有限责任公司、南口铁路轴承有限责任公司、北京南德建筑工程公司，全年实现销售收入6253万元。其中，北京南德建筑工程公司、南口铁路轴承有限责任公司、南铁工业有限责任公司实现销售收入分别为1467万元、2754万元、1236万元。正在办理所属北京昌平南口经联有限责任公司、北京佳达有限责任公司股权变更手续。受北京市土地调查工作影响，所属生活物业公司改制工作尚未结束。加强内退人员、离退休人员的管理，做好改制企业资产经营、对外投资股权经营、账面资产和账外资产的经营管理，妥善安置带资分流人员、离退休人员、劳务用工人员，保证存续企业的和谐稳定，为存续企业的健康发展奠定了基础。

【人力资源建设】 年内，公司招聘大学本科、中专、技校毕业生共计157人。积极开展员工培训和岗位练兵、技术比武活动，组织内部培训2531人次，外部培训60人次。制定专家人才选拔管理办法，建立了公司领导联系人才制度。按照效率优先、兼顾公平的原则，采取多种分配方式，调整技术人员和单位骨干人员共86人的岗位工资，其中杰出青年21人、优秀见习生18人、单位骨干人员47人。制定《质量工资考核办法》，形成重实绩、重贡献的分配激励机制。

（陈宗河）

【党群工作】 工厂（公司）党委围绕生产经营和改革发展中心工作，充分发挥政治核心作用。党政工团联合召开“创造新成绩，实现新发展，迎接十七大”主题活动大会，围绕“干精细活，练硬功夫，降低成本、创新成果”四大专题组织开展系列活动。多次组织集中学习十七大精神，举办“十七大精神知识竞赛100题答卷”活动，深入开展“四好”班子创建活动，不断提高领导干部政治素质、战略素质、科学文化素质和参政议政能力。下发《厂务公开实施细则》，促进领导班子成员自觉接受民主监督。建立《基层党支部工作手册》管理制度，发挥党支部的战斗堡垒作用和党员的先锋模范作用。坚持贯彻人才强企战略，建立以党政主要领导为总负责的人才工作目标责任制，为党员和员工岗位成才搭建平台，“双培”主题实践活动取得实效。全年发展党员30名，培养入党积极分子126名，评聘的11名首批专家人才全部是共产党员。“双培”活动被北京市国资委党委评选为国企党建工作创新成果三等奖。开展以成本管理为重点的效能监察，配合行政部门研究制定基建工程、物资设备采购招标办法，进一步规范管理，防止违纪违规问题的发生。深入开展“创建和谐社区，共建美好家园”活动，促进社区精神文明建设，提高员工和家属的文明素质。打造“南厂之星”评选系列活动品牌工程，扎实推进企业文化建设。内部报刊质量不断提高，闭路电视增加了自办节目和播出次数，广播系统从厂区延伸到社区。拍摄题为《百年征程，万里雄风》的企业商务宣传片。开展“十大新闻”评选活动。强化宣传思想工作，鼓舞士气。

工会围绕企业发展战略，每季度定期组织职工代表进行重点工作的监督检查。开展“创建学习型组织，争做知识型员工”活动，立项49项，产生经济效益150万元。开展以“全员保质量、全员保安全”为主题的“安康杯”劳动竞赛，参赛员工1500多人，提出合理化建议49条，南口厂获得北京市“安康杯”竞赛活动优胜单位荣誉称号。对特困、困难职工定期走访、慰问，补助1446人次，补助金额146973元。参加北车集团“第二届运动会”，获得“体育道德风尚奖”。组织文体活动13次，参加1365人。组织“和谐企业、激情奥运”消夏文艺晚会、国庆节文艺晚会等文艺活动。联合北京图书城开展“新北京，新文化，员工读书活动”，向员工公益赠书2000多册。举办庆“三八”女职工健身娱乐活动。在全国妇联举办的“喜迎奥运、放飞梦想”知识竞猜和编织中国结活动中被授予“优秀组织单位”。做好来信、来访工作，接待来访人员179人次。在深化建家竞赛考核中，取得好成绩，获得多项荣誉称号。

共青团组织团干部观看共产党员作风建设光盘，加强对青年的教育学习，向党组织推优25人。开展的“共建和谐社区—从我做起”主题青年志愿者活动，受到社区群众好评。举办青年大学生篮球友谊赛、足球联谊赛等体育活动。配合北京团市委做好“爱心基金”发放工作，为12名困难学生发放爱心基金4800元。完成北京奥运志愿者选拔和招募工作，确定2名青年员工为2008奥运会正式驾驶员志愿者。组织第一届杰出青年评选工作，树立21名在企业改革发展中作出突出业绩和重大贡献的青年典型。

（党办、工会、团委、厂办）

【重要纪事】 3月21日，举行首批10名专家人才聘用和重点新产品开发项目责任书签字仪式。3月21日，与同车公司签订首批和谐D2型电力机车配件合同6667万元。4月27日，集团公司总经理崔殿国到工厂检查指导工作。6月28日，召开庆祝中国共产党成立86周年暨“一先两优”表彰大会。7月26日，《大功率机车及200公里以上动车组齿轮箱、转子加工专业化生产技术改造项目和电喷技术改造项目》得到集团公司正式批复。8月14日，通过了法国阿尔斯通公司分类认证审核，保持了B级供应商资质。9月27日，公司通过埃尔维质量认证中三体系复查换证审核。10月9日，公司召开“创造新成绩，实现新发展，迎接十七大”主题动员大会。12月，齿轮分厂实现月度交库收入1020万元，取得历史性突破。

【企业领导名单】

南口轨道机械公司

董事长　宋治贵
副董事长　王振雄
总经理　宋治贵
副总经理　谢传军　何金祥　曾建平　李克山
总会计师　纪　利
总工程师　魏亦南

南口厂

厂长　宋治贵
副厂长　谢传军　何金祥　曾建平　李克山
总工程师　魏亦南
总会计师　纪　利

党委书记　王振雄
党委副书记　宋治贵(兼)　耿　刚
纪委书记　耿　刚(兼)
工会主席　耿　刚(兼)

（陈宗河）

中国北车大同电力机车有限责任公司

董事长、总经理　杨永林

党委书记　邹　涛

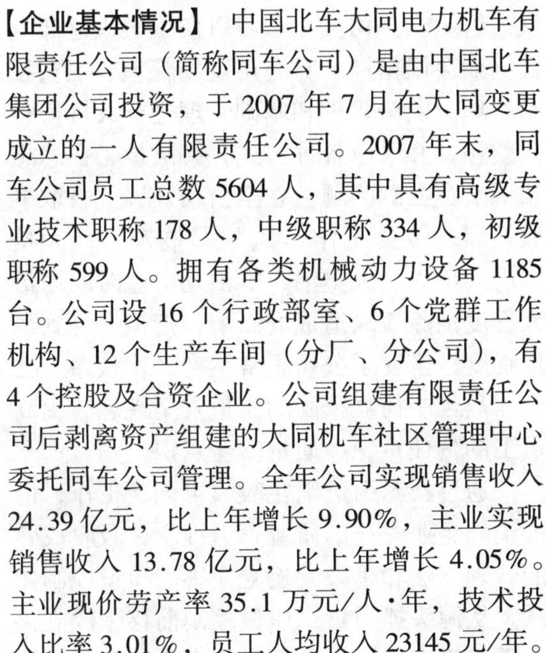

【企业基本情况】 中国北车大同电力机车有限责任公司（简称同车公司）是由中国北车集团公司投资，于2007年7月在大同变更成立的一人有限责任公司。2007年末，同车公司员工总数5604人，其中具有高级专业技术职称178人，中级职称334人，初级职称599人。拥有各类机械动力设备1185台。公司设16个行政部室、6个党群工作机构、12个生产车间（分厂、分公司），有4个控股及合资企业。公司组建有限责任公司后剥离资产组建的大同机车社区管理中心委托同车公司管理。全年公司实现销售收入24.39亿元，比上年增长9.90%，主业实现销售收入13.78亿元，比上年增长4.05%。主业现价劳产率35.1万元/人·年，技术投入比率3.01%，员工人均收入23145元/年。

【改革改制】 根据集团公司整体改制上市工作部署，公司成立股改工作领导组和工作组，就集团公司整体改制上市工作进行深入研究和全面部署。开展上市法律调查和审计、评估工作，完成集团公司整体改制上市各项工作部署。按照集团公司统一安排，公司以整体进入的方式参与集团公司整体改制，成立一人有限责任公司。公司正确把握主业与存续企业的关系，界定存续企业的业务范围，加强离退休、内退人员的预留费用管理，确保做好改革、发展、稳定工作，为集团公司整体改制上市作出了努力。

【企业管理】 公司贯彻落实集团公司“管理年”要求，借鉴合作企业的先进管理理念和模式、方法，对所有岗位职责进行修订和完善。借鉴国外先进的生产组织管理流程，以拉动式生产管理为指导，在生产作业现场实施现代化物流管理，建立一体化物流统一配送流程配送体系，满足和谐D2型电力机车生产现场物流管理需要，推动了公司生产组织、物料管理的科学化、系统化。创新项目管理模式，精简优化机构，实现项目管理向专业化靠拢，由原有的“七组一办”管理模式向“两组一办”组织机构转变。加强信息化建设，全方位、多层次、宽领域、有同车特色的信息化建设格局基本形成，公司被评为“中国企业信息化500强”企业。

【生产发展情况】 公司实现首台国内组装和谐D2型机车成功下线。面对和谐D2型机车处于试制阶段，全年生产任务不均衡，各项费用持续发生，经营工作面临巨大压力的严峻局面，公司及时制定、落实各项措施，开展了“决战三季度，确保和谐D2型机车上批量”活动，第四季度顺利实现和谐D2型机车批量生产。公司加大承揽市场产品力度，扩大产品销售收入，全年共生产完成和谐D2型机车68台、韶山4G型机车16台、韶山7型机车2台、韶山7型轻大修机车6台。全年公司整车实现销售收入11.19亿元，配件产品实现销售收入9.37亿元，出口产品实现销售收入2.89亿元，市场产品实现销售收入9320万元。机车外产品销售收入占全部销售收入的54.12%。安全生产继续保持良好态势，安全管理水平持续提高，生产安全管理成绩显著，实现安全生产2770天。公司运行了近50年的煤气分厂正式停产，引入天然气作为替代能源，企业环保工作受到大同市表彰。

【技术引进】 公司实施近4亿元的技术改造，完成转向架、车体、电器屏柜等大部件试制。建立数字化板材备料、单元化车体制造、专业化转向架制造、模块化电气屏柜制造、专业化中高压电器制造、专业化牵引变压器制造和流水化机车油漆美化及组装试验7条专业化生产线，搭建起平面布局合理、工艺流程顺畅、装备水平先进的世界一流电力机车工业化制造平台。公司技术引进项目阶段目标通过集团公司检查验收，技术引进工作取得突破性进展。

公司与法国阿尔斯通公司再次联手，与铁道部签订500台六轴大功率交流传动货运电力机车合同，为公司实现“十一五”规划目标提供了有力保障，为形成更强的市场竞争能力提供了有力支持，为全面掌握世界一流技术进行再创新提供了支撑平台。

【新产品新技术自主研发】 公司以技术引进为契机，大力提升技术水平。以和谐D2型机车为载体，优化标准，以研制新型车型为重点，建立大功率交流传动电力机车系统集成和自主创新体系，形成以八轴大功率交流传动电力机车技术为基础的自主研发平台。200公里/小时客运交流传动电力机车联合设计工作已经完成，机车部件研发工作正在稳步推进。公司全年科研立项攻关17项，其中11项按照合同计划如期完成，6项进入最后试验阶段。基本完成北京研发基地建设，公司科研技术、管理迈上新台阶。

【质量管理】 公司面对“1·14”事故带来的深刻教训，从深层次挖掘事故根源，分析事故原因，及时采取措施。召开事故专题会议，组织全公司员工学习贯彻落实铁道部电视电话会议精神。对公司现场管理、工艺技术管理、安全管理和基础管理进行大规模整改整顿，并采取各种方式，解决员工在思想认识上存在的问题。在全公司开展“吸取事故教训，转变工作作风”大整顿和“大检查、大反思、大整治”等活动，短时间内最大程度消除事故造成的影响，把损失降到最低程度，恢复了公司正常生产经营秩序。在全体员工中树立牢固的质量安全观念，提高员工的责任意识、质量安全意识。

通过技术引进消化吸收再创新工作，借助国外企业先进的质量管理理念，吸收成熟的管理方法和手段，建立完善的质量控制体系。从源头抓质量，质量控制前移，成立供方质量管理室，加强对供应商的管理。借鉴国外先进模式，建立供应商管理体系，科学建立、培育、管理供应商队伍，从技术、商务、质量、管理等各方面强化与供应商的沟通协作，加快国产化进程。正式实行质量工程师制度，创新质量管理模式。公司ISO9000质量体系通过了中质协监督检查，质量体系有效运行。

【多元经营】 通过深化改革，实施资源整合，优化产业结构，公司已形成主业、控股、改制分流企业协同并进、协调发展的多元化经营格局，以及形成铆焊、轻大修、铸钢轮、变压器等多元化经营产业链条。为进一步发挥资源优势，做大做强轮轴产业，公司成立大同斯麦肯轨道运输设备有限责任公司。该公司主营各种机车、货车、客车轮对、非标准轮对及其他铁路轨道运输设备配件的制造，代理机车车轮轮对及其他铁路轨道运输设备配件的进出口贸易、技术咨询及进出口贸易服务等，产品全部销往印度等国际市场。全年实现销售收入1.6亿元，实现净利润2500万元。

【售后服务】 公司不断加大售后服务工作力度，针对铁路第六次大提速和公司配属路内外机车数量不断增多的新形势，进一步创新思路，以用户满意为宗旨，改进服务方式和方法，建立和培养了一支反应迅速的售后服务队伍。全年在段服务机车1503台，其中在服务期内机车214台，为用户提供服务机车1289台。全力做好和谐D2型机车售后服务和技术支持、信息反馈等工作，及时准确地掌握机车运行动态，为用户提供及时、高效的优质服务，树立了公司良好的市场形象。

【存续企业】 公司加强对存续企业的领导和管理，做好存续企业资产、经营、管理等方面工作。安排专人负责存续企业的经营管理，加强对存续企业法人治理结构的监管与建设，规范集体企业经营运作管理模式，构建存续企业、改制企业、集体企业多元经营管理创新机制，增强改制单位自我生存发展意识，促进存续企业和集体企业稳步发展。大同机车社区管理中心实现销售收入870万元，集体企业实现销售收入2.35亿元。

【人才队伍建设】 公司以技术引进项目为契机，全面提高专业技术人才队伍素质。强化技术中心在技术引进消化吸收工作中的骨干作用，加强研发人员培养，突出工艺人才在和谐D2型机车制造中的作用。深化技师、高级技师聘任制度，择优选拔以青年高校毕业生为主力的调试人才队伍，增加调试人才储备。加强专家人才队伍和技能人才队伍建设，全年共有60人次获得集团公司专家和技术能手称号，其中集团公司首席专家2名、资深专家3名、专家44名，中央企业技术能手1名，集团公司金蓝领5名，集团公司技术能手5名。全年共计39人次在国家、省、市各类技能大赛中取得不同名次，荣获不同荣誉称号，促进了公司人才队伍建设。

【党群工作】 围绕公司中心工作，成立和谐D2型机车生产督导组和工作组，以机车生产为目标，深入生产一线单位，加强和谐D2型机车生产督导工作，确保和谐D2型机车批量生产能力的快速形成。在全体党员中开展围绕和谐D2型机车项目的“双培”活动和“创争”活动，充分发挥党支部的战斗堡垒作用和党员的先锋模范作用，促进了公司生产经营任务的完成。加强中级管理人员和后备队伍建设，举办新上岗中级管理人员培训班，对近两年新聘上岗的34人进行培训。举办改制单位、集体企业领导人员培训班。全年完成对92名中级管理人员的聘任、任命、任（免）职工作。制作完成2007版《员工手册》、《员工行为规范手册》，举办《手册》培训班，促进员工文化素养和综合素质的提高。制作完成公司专题片《世界一流的电力机车研发基地》，展示公司快速发展的新形象。深化为民服务活动，开展“加强精神文明建设，共建和谐车城”活动，全年共组织13个党团支部的党团员走进居民小区，开展“党团员月月为民服务”活动。签订《大同电力机车有限责任公司稳定工作包保责任书》，实施《维护稳定工作预案》。按照“预防为主，标本兼治，狠抓落实”的原则，加大工作力度，为公司改革发展、技术引进提供了良好的和谐稳定环境。

工会各级组织始终围绕服务公司中心工作，深入开展“三创两保一提升”劳动竞赛，调动广大员工的积极性、创造性。针对和谐 D2 型机车批量生产工序存在的关键问题和“瓶颈”环节，在重点单位开展“攻关键、上质量、保进度”和谐 D2 型机车专项劳动竞赛，迅速扭转和谐 D2 型机车生产进度缓慢局面。以“第二届员工文化艺术节”为载体开展文体活动，活跃职工业余文化生活，促进和谐车城建设。

共青团各级组织开展“决战三季度，确保和谐 D2 型机车上批量，深化‘双岗、双创’活动”，全面提高团员青年执行和谐 D2 型机车项目合同能力。开展“与祖国共奋进、与企业同发展”主题教育实践活动，进一步加强青年思想政治工作。 （梁永刚）

【重要纪事】 1 月 14 日，公司生产的韶山 7C 型 0050 号电力机车发生险性行车事故。1 月 21 日，首台联合设计合作生产的和谐 D2 型机车运抵天津港。3 月 12 日，公司在北京与法国阿尔斯通交通运输股份有限公司签署大功率交流传动六轴电力机车项目进口部件采购合同和技术合作合同，与北京铁路局、中国技术进出口总公司签订 500 台大功率交流传动六轴电力机车项目采购合同。4 月 13 日，大同斯麦肯轨道运输设备有限责任公司成立。5 月 18 日，首台国内组装和谐 D2 型机车下线。5 月 22 日，山西省省长于幼军到公司进行专题调研。6 月 16 日，公司第二届员工文化艺术节开幕。6 月，公司入选 2006 年度“中国企业信息化 500 强”。7 月 25 日，英国贝利市议会议长鲍勃·比尔、议会首席执行官马克·桑德斯一行到公司参观访问。10 月，公司技术引进项目通过集团公司验收。10 月 19 日，大同市委副书记、市长丰立祥到公司调研。11 月，公司被评为 2007 年山西省企业 100 强，排名第 34 位。11 月 24 日，公司污水处理及中水回用工程入选中国企业新纪录。

【企业领导名单】

董事长　石晓丁(11 月 14 日免)
　　　　杨永林(11 月 14 日任)
副董事长　张乃生(3 月 19 日免)
　　　　邹　涛(3 月 19 日任)
总经理　石晓丁(11 月 14 日免)
　　　　杨永林(11 月 14 日任)
副总经理　李晓思(12 月 21 日免)
　　　　杨永林(11 月 14 日免)
　　　　宁如斌　吕　海　邹　涛
　　　　郭胜清　李贤有
总工程师　杨永林(兼,6 月 7 日免)
　　　　宁如斌(兼,6 月 7 日任)

党委书记　张乃生(3 月 19 日免)
　　　　邹　涛(3 月 19 日任)
党委副书记　石晓丁(兼,11 月 14 日免)
　　　　黄启超
　　　　杨永林(兼,11 月 14 日任)
纪委书记　韩亚东
工会主席　范志远

（张贵强　供稿）

中国北车太原轨道交通装备有限责任公司
中国北车集团太原机车车辆厂

董事长、总经理、厂长　张毅力

党委书记　霍艳军

【企业基本情况】 太原轨道交通装备有限责任公司(简称太原轨道装备公司)是由中国北车集团公司投资,于2007年7月9日在太原对应设立的一人有限责任公司,其主营业务、拟上市资产由原太原机车车辆厂(简称太原厂)无偿划入。2007年末,太原轨道装备公司职工总数4692人,其中在岗职工3801人;专业技术人员707人,具有高级技术职称130人,中级职称247人。固定资产原值4.62亿元,净值3.07亿元。公司占地面积68万平方米,其中厂区41万平方米。房屋建筑面积25万平方米,其中生产房屋16万平方米。拥有机械动力设备2587台。设有党政职能部门19个、分厂2个、公司7个,其中独资公司4个、合资公司1个、集体企业3个。全年实现销售收入11.41亿元,比上年增长13.7%。实现净利润1668万元,比上年增长90%。全员劳动生产率30万元/人·年,比上年增长21%。净资产收益率7.18%,比上年增长82.23%。全面完成集团公司下达的各项经营指标。

2007年末,太原厂职工总数993人,其中企业托管人员125人、非在岗人员868人。下设工业公司、配件厂、福利厂。

【改革改制】 按照集团公司整体改制上市工作部署,成立改制上市工作领导组,分设各专业小组,做好资产、财务等审计评估工作。太原轨道装备公司7月9日成立,8月1日正式运行。开展清岗整顿,重新签订集体劳动合同。利用859号文件及配套政策,对最后一批10家单位实施改制,有9家单位(铸造分厂、锻造分厂、机械分厂、配件分厂、机电修造分厂、汽运公司、生活服务公司、物业公司、新雅装潢公司)完成新公司工商注册并开始运作,职工医院于8月22日完成改制。主辅分离、辅业改制工作全面结束,为企业整体改制上市创造了有利条件。

【企业管理】 实施重点效绩指标动态监控,完善经济责任制考核,效绩管理取得实效。借助公司U8系统完善和细化成本核算管理,通过优化科目设置,会计核算更详细合理。依托财务核算体系,与软件公司研发适应企业实际需求的财务分析体系，提高公司财务分析水平。推进财务物流一体化工作，完成专版 V1.0 向 2.0 升级，推动精细化成本管理。配合整体上市，完善产品质量可追溯性与责任追究管理。规范质量管理体系文件，与验收室共筑安全质量检查保障体系，车辆抽检取得较好成绩。合理调整生产组织，规范动能管理，实施节能减排措施，能耗控制有新成效。强化内部审计监察，提高企业管控水平。继续推行安全目标管理，与 17 个生产单位签订了《环境/职业健康安全目标责任书》。对已改制单位，按照集团公司《关于加强和规范安全生产工作的规定》，实施内部“安全生产许可证”管理，分两批对 14 个外来单位和改制单位办理了内部“安全生产许可证”。加强环境监管力度，开展企业环境行为评价工作，进一步完善公司环境管理体系，安全环保工作取得佳绩，全年无重伤以上安全生产事故。荣获山西省首批重点排污企业机械行业唯一绿色企业称号。

【生产发展情况】 为缩短在修周期，机车分厂调配生产管理人员，从韶山型机车开始推行“三定作业法”，以总组装工序为先导，扩散到整个生产工序。实行日事日毕，定每日任务量、工序作业时间。现场问题现场解决，实施监控和考核，取得明显效果。下半年出台《机车分厂生产作业管理评价（考核）办法》，明确生产作业流程、各部门承担的义务和权利，整个生产活动处于受控状态。年内韶山$_7$、韶山$_8$、韶山$_9$ 等新型机车检修量增多，制约生产因素增加，各型机车检修在厂周期平均 37.7 天，比上年缩短 6 天。为实现货车生产日产目标，车辆分厂招聘中专技校等技术工人补充到重要岗位，各车间主要生产班组实行倒班作业，同时出台《出厂线交车生产管理考核办法》，出厂线交车每天 20 辆以上。提前完成上半年提速改造车 750 辆（超计划 10 辆）和全年货车新造、检修任务。全年完成电力机车检修 128 台，货车新造 1253 辆，货车检修 3426 辆，工程车制造 27 台。

【新产品开发】 围绕“货车全面升级”主线开发车辆产品，70 吨级不锈钢石碴漏斗车总体方案通过铁道部技术评审并开始样车试制；与有关单位联合设计开发试制 70 吨级水泥罐车，并通过静强度试验和装卸性能试验；70 吨级铁矿石漏斗车和石灰石漏斗车研制开发进入关键阶段；70 吨级增设侧门煤炭漏斗车设计方案通过铁道部技术评审。机车产品围绕“客运机车轻大修”主线，开展韶山$_{7C}$、韶山$_{7D}$、韶山$_9$ 型机车轻大修技术开发工作，并全部进入批量生产，创造了一年试修三种新车型的业绩。年内，完成 TY6B 两轴机械传动作业车、TY18D 作业车和 TY20 立杆车 3 种工程作业车新产品开发。

【市场营销】 公司针对市场竞争，开拓营销思路，加大营销力度。签订 15 台电力机车检修合同，合同金额 4.04 亿元，签订配件合同 1000 余万元。实现销售收入 3.54 亿元，比年度计划增加 3000 余万元。货车新造及货车检修投标工作取得较好成绩。新造货车中，C_{70} 型敞车中标 831 辆，KZ_{70} 型石碴漏斗车中标 112 辆；厂修货车中标 3101 辆，其中敞平车 2871 辆，矿石车 230 辆；承接厂修集装箱平车 263 辆；签订转 K2 型转向架改造车 1900 辆；合同总金额 2.64 亿元。签订自备车合同 236 辆，合同金额 1.02 亿元。面对自备线轨道车辆生产对手增多、竞争激烈的局面，公司加大营销力度，签订自备线轨道车合同 182 辆，合同金额 6782.41 万元。发挥漏斗车主造企业优势，开拓销售网络，指派专人负责车辆配件销售工作，年内签订配件合同 3710 万元。

【售后服务】 建立售后服务网络，各分厂、车间由技术厂长或技术主任任组长，由3~5名技术精、业务强的人员组成服务小组，配合公司搞好售后服务工作。组织售后服务人员学习电力机车结构原理、检修工艺，深入生产一线了解生产中的新工艺和质量现状，提高售后服务人员的业务水平。采取集中访问和平时访问相结合方式，对哈尔滨、沈阳、北京、济南、上海、南昌、广州、成都、郑州局进行走访，对郑州北等30多个车辆段及株州、武昌南等20多个机务段进行段访，及时了解产品使用情况，征求、收集用户意见，保证产品修造质量。公司机车售后服务在上、下半年全路打分评比中，连续两次保持第一名的好成绩。

【基本建设与技术改造】 公司加快车辆制造系统技术改造，满足车辆提速、重载需求，新建面积1764平方米中梁生产厂房，新增流水生产线，中梁生产能力和产品质量得到很大提高。端墙自动焊生产线建成投产，满足了C_{70}、KZ_{70}、KM_{70}等多种车型生产需求。新建面积1260平方米板材预处理生产线，板材预处理、校平能力快速提高。侧墙生产线进行移装改造，满足了多种车型生产需求。完成转向架南侧新建轻钢厂房建设及工艺调整，转向架轮对车轴加工及检修、机车构架检修等能力大幅提高。

【存续企业】 公司存续企业包括工业公司、配件厂及福利厂。工业公司投资300万元，新建配件三厂厂房300余平方米，维修三厂厂房400余平方米。购入落锤实验机、压吨实验机、下侧门调修等装备，为再上新产品创造条件。先后开发出TJD系列接地装置（检修）、机车轴箱拉杆组装（检修）、机车空气干燥器（检修）、韶山$_9$风笛网罩（检修）、各类机车连锁阀（检修）、敞车下侧门检修等产品。全年完成产值4596万元，净利润实现17万元。职工人均年收入12702元，比上年提高26%。配件厂新产品开发实现辅助电机、控制变压器等机车关键配件检修系列化，已形成以螺杆泵电机新制和检修，深圳稀土电机、汽车牵引托架、水箱、负载电阻设计等多项产品为主的市场开发局面，货车产品加工种类不断增加。全年完成工业总产值1228万元，销售收入1113万元，职工人均工资收入比上年增加6.95%。福利厂针对机车车型变化，通过半年多努力，ABB交流接触器检修通过工厂产品鉴定，并完成CJ8交流接触器和6C110、6C180交流接触器试验台改造，提高了检测能力和精度，扩大了检修品种和范围。全年完成产值1489万元，利润实现15万元。圆满完成了2007年的各项任务，产值和利润创历史最好水平。

【党群工作】 企业党委深入贯彻落实科学发展观，扎实推进领导班子、基层党组织、党员队伍和职工队伍建设，党建和思想政治工作有效融入生产经营，完成全年党建工作的主要任务。严格干部管理考核工作，对全厂64个单位的173名中层管理人员进行年度考核，对测评为优秀的17名中层管理人员进行表彰奖励，对综合考核排名后11名的中层管理人员进行警示，增强中层管理人员的责任意识、完成绩效目标的紧迫感。推进干部管理“一岗双责、交叉任职”制度，行政正职兼任党支部副书记（不含联合党支部），所有党支部书记兼任行政副职，党群工作与行政工作更好融合，为复合型领导干部的培养与成长搭建平台。深入开展“双培”活动，明确培养重点，制定骨干标准，全年共有42名业务骨干发展为党员，有161名党员培养成为岗位骨干。在全厂共产党员中开展“以立项保质量，以质量促发展”主题活动，通过党员岗位质量承诺，激励带动广大职工对关键工序、项点的质量问题开展攻关，提升工厂产品质量。组织召开了工厂第十八次党代会，选举产生工厂党委新一届领导班子。

厂工会各级组织紧扣企业发展中心工作，以提高产品质量、降低生产成本为重点，开展小型多样的劳动竞赛和技术比武活动。积极营造民主管理氛围，利用厂务公开栏、广播、局域网等形式对生产经营中的热点、职工关心的焦点进行集中公开，保证职工参与民主管理的权力。深入开展"创建学习型组织，争做知识型职工"活动和"六好"班组建设工作。实施"送温暖"工程，落实帮扶机制，全年累计救济困难职工 189 名。开展"感动机车"征文活动、"全民健身与奥运同行"职工时代列车比赛、第三届"兴工厂，做贡献"文化艺术暨全民健身活动、元宵节赛灯会及元宵节游艺等活动，丰富职工的业余生活，增进职工的凝聚力和向心力。

厂团委通过组织团员青年学习十七大报告、新党章，深化团员意识主题教育活动。围绕质量、安全两大重点，举办喜迎党代会"安全"主题演出活动，开展以"创新、实践、进步"为主题的"我与工厂同发展"创新创效活动和"关爱生命、注重安全"漫画展评活动，提高团员青年的安全意识和质量意识。举办焊接操作先进作业法讲座，开展"青年技术创新百点计划"和青年技师评聘工作，为先进技术的传、帮、带搭建平台。

【重要纪事】 2月1日，集团公司总经济师刘克鲜到工厂慰问老干部及困难职工。2月6日，铁路总工会副主席索河等一行三人到工厂慰问送温暖。3月26日，在集团公司技术工作会上，太原厂KM70 型煤炭漏斗车、KZ70 型石碴漏斗车获一等奖，K18BK 型矿石漏斗车获二等奖，GF18K 型水泥罐车获三等奖。4月10日，首台轻大修韶山 7E 型 006 号电力机车一次试运合格。5月10日，铁道部运输局专家组对太原厂 70 吨级石灰石漏斗车、70 吨级铁矿石漏斗车和 70 吨级增设侧门煤炭漏斗车设计方案进行技术审查。5月22日，铁道部运输局装备部专家对工厂试改的K13、K13N 型石碴漏斗车换装转 K2 型转向架提速改造样车进行技术审查。12月24日，铁道部运输局装备部会同营运部对太原轨道装备公司试改的U15 型水泥漏斗车进行技术审查。

【企业领导名单】

太原轨道装备公司

董事长	张毅力
副董事长	霍艳军
总经理	张毅力
副总经理	马凡　秦忠义　张小林　郑宇平
总工程师	孙勇
总会计师	杨永孝

太原厂

厂长	张毅力
副厂长	马凡　秦忠义　张小林　郑宇平
总工程师	孙勇
总会计师	杨永孝
党委书记	霍艳军
党委副书记	南选义
纪委书记	南选义(兼)
工会主席	南选义

（苏小良　供稿）

中国北车永济新时速电机电器有限责任公司
中国北车集团永济电机厂

董事长、总经理、厂长　徐印平

党委书记　王勇智

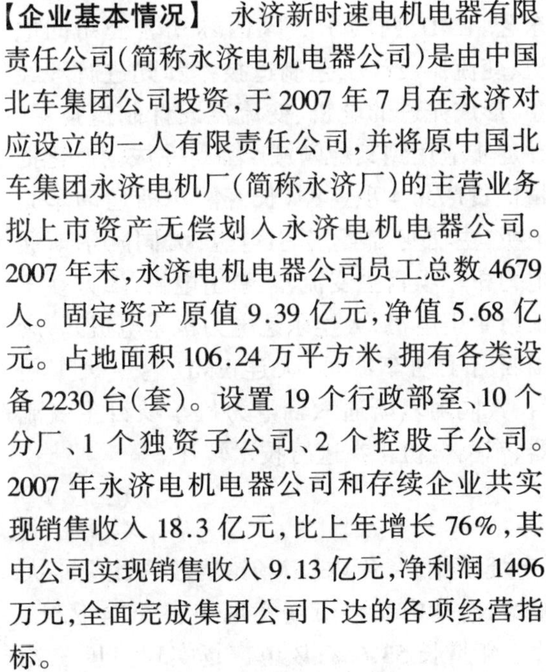

【企业基本情况】 永济新时速电机电器有限责任公司(简称永济电机电器公司)是由中国北车集团公司投资,于2007年7月在永济对应设立的一人有限责任公司,并将原中国北车集团永济电机厂(简称永济厂)的主营业务拟上市资产无偿划入永济电机电器公司。2007年末,永济电机电器公司员工总数4679人。固定资产原值9.39亿元,净值5.68亿元。占地面积106.24万平方米,拥有各类设备2230台(套)。设置19个行政部室、10个分厂、1个独资子公司、2个控股子公司。2007年永济电机电器公司和存续企业共实现销售收入18.3亿元,比上年增长76%,其中公司实现销售收入9.13亿元,净利润1496万元,全面完成集团公司下达的各项经营指标。

2007年末,永济厂员工总数1454人,其中在岗职工836人。固定资产原值2.16亿元,净值1.29亿元。下设永济电气锻压有限责任公司、永济铁路铸造有限责任公司、永济电机宾馆有限责任公司、永济电机厂纯净水有限责任公司、永济电机厂综合修造厂。永济电机电器公司设有存续管理部,负责存续企业的资产管理工作,保证国有资产保值增值;主辅分离、带资分流;协调存续企业与公司之间的关系,促进企业稳定快速发展。

(王正民)

【改革改制】 按照集团公司统一部署和要求,永济新时速电机电器有限责任公司注册成立,从2007年8月1日起正式开始运营。为适应市场及企业快速发展的需要,成立内部改革组,着手对企业内部组织结构和运行机制进行资源整合,公司技术中心正式运行。主辅分离完成技工学校的改制分流,锻压公司、电机宾馆、综合修造厂已做好下一步实施主辅分离的准备工作。　(高旺胜)

【企业管理】 年内,公司以夯实基础管理为重点,不断提高管理效率和效益。在增收节支活动中,共降低成本8326万元,盘活资金及追缴欠款2970万元。建立节支降耗长效运行机制,物资采购、设备基建实施招议标,废旧物资竞标出售;从设计工艺源头降低成本,采取新设计、新工艺、新材料,改进产品结构,精简材料规格,加快技术引进产品国产化进程,降低成本。完成生产线所有产品定额管理及59种新产品目标成本的制定和修订。规范了包括技术标准、工作标准、管理标准在内的企业标准。员工培训完成47项11175人次。深化信息化管理,财务物流一体化扩大到主要产品,实现限额领用;建立软件开发管理体系,对人力资源和精细生产管理系统进行功能扩充。 (刘益民)

【生产发展情况】 全年完成各类产品总功率733万千瓦,比上年增长72%,生产各类电机及变流装置7080台套,比上年增长33%。其中,铁路技术引进电机电控产品1906台套,电力电机198台,内燃电机832台,油田电机1771台,风力发电机1501台。出口大配件531台(件),工矿车48台。 (王文胜)

【新产品新技术自主开发】 公司完成新产品开发88项,产品累计达97个系列492个品种2132个规格。新获国家授权专利18项(发明专利3项),累计授权专利151项。制定高原铁路机车、石油钻机用电机等五项国家及行业标准。三个系列的油田电机取得中国船级社颁发的认证证书,五种工矿电机车产品获国家矿用产品安全标志证书。完成东风8D机车同步主发电机研制。风电产品研制完成了具有完全自主知识产权1.5兆瓦空空冷却双馈风力发电机,以及目前国内风电领域中功率最大、可实现变速恒频的绕线式2兆瓦双馈异步风力发电机。电力电子产品研制成功1.5兆瓦双馈风电变频器、750千瓦风电机组电控系统;研制完成直流轧钢调速装置并实现首批供货;完成无级绳变频器的研制并开始现场联调。油田电机产品研制完成9000米钻机绞车用变频调速异步电机,填补了国内超深井钻机电机的空白。工矿、轨道车完成10吨、12吨、14吨架线式电机车及45吨蓄电池式电机车、25吨材料车等工矿产品研制;GCD1000重型轨道车取得铁道部颁发的产品型号合格证。挖掘机电机研制成功35立方米、55立方米大斗容交流电铲电机组。首次配套的12立方米交流传动挖掘机出口秘鲁,助推国内交流挖掘机企业走出国门。采煤机电机研制出三种矿用隔爆型电机,改写了中国连续采煤机电机依赖进口的历史。 (赵 华)

【技术引进消化吸收和国产化工作】 公司加快组织技术引进国产化消化吸收再创新工作,在构建电传动系统集成、变流装置和牵引电机等三大技术平台基础上,自主再创新三个项目:充电机国产化研究;功率模块国产化研究;200公里/小时客运电力机车牵引电机和变流器设计、制造。融合阿尔斯通、日立、东芝、EMD、西门子5家国际知名公司的电机、变流器设计工艺制造技术和先进管理经验,形成先进的电机、变流器设计制造技术,并逐步应用到其他领域产品。完成国产化批量供货产品4项7种(长客阿尔斯通动车充电机、主辅变流器、牵引电机,大同阿尔斯通电力机车项目主变流器、牵引电机,四方动车项目牵引电机,大连东芝电力机车电机)。唐山西门子动车项目、大连EMD内燃机车项目、大同阿尔斯通六轴电力机车项目主变流器、牵引电机正在进行技术转让。

(王 寅)

【市场营销】 年内,市场销售收入比上年大幅增长,其中铁路市场实现销售6.74亿元,比上年增长53.6%;风电市场实现销售3.22亿元,比上年增长280.5%;国贸市场实现销售1.17亿元,比上年增长54.4%;电力电子市场除技术引进产品实现销售1.83亿元外,自营部分实现销售4507万元;油田市场实现销售3.7亿元,比上年增长26.8%;新市场实现销售1944万元,比上年增长94%;工矿车实现销售1919万元,比上年增长161.1%。

(李小平)

【售后服务】 集中组织服务人员进行引进东芝YJ85A电机理论知识培训。开展“如何打造一流服务”大讨论、“优质服务保春运”、“优质服务保‘两会’”等活动。及时、迅速处理用户反映的质量问题。对大连机辆公司和宁东、江岸机务段和谐D3型机车,长客和沈阳动车所CRH5型动车,四方和北京、青岛、汉口、上海动车所CRH2型动车,北京、上海动车所CRH5型动车,大同和湖东段和谐D2型机车进行专项服务。接力服务路局163台和地方铁路87台机车及3台轨道车、1台挖掘机。坚持“三不允许”原则,严格把关,“三包”费用支出比上年度降低29.4%。建立主机厂电机产品配属档案和产品质量信息档案,收集各主机厂月度出车配属信息,全年242台机车配属公司牵引电机1544台。对10家新用户600余人次进行有关培训147课时。

(杜宝平)

【基本建设与技术改造】 完善投资管理机制,制定《永济电机厂投资管理办法》。全年共完成基本建设投资1193.5万元,全部为自筹资金。技术引进新购及更新改造设备202台套,签订合同186台套,到厂102台套。完成2条动车电力变流器总装、试验生产线及动车、电力机车功率模块和牵引电机生产线,完成牵引电机型式试验站、系统联调试验站的建设,形成月产引进电机300台、动车变流器20台、电力机车变流器40台的生产能力。

(何泽 史华)

【存续企业】 继续推进主辅分离改制分流工作。按照主辅分离工作计划,完成永济电机高中(技工学校)主辅分离改制分流工作,分流永济厂员工97人,支付经济补偿金383万元。向山西省劳动和社会保障厅上报运输公司、绝缘公司职工安置劳动关系处理报告,获得《经济实体安置富余人员认定证明》,办理完成相关免税手续。按照有关文件要求,测算电机宾馆的人员、资产、补偿金等相关数据,上报第四批主辅分离、改制分流方案。劳务公司与综合修造厂进行机构合并,进一步强化综合修造厂的延伸加工能力,为下一步实施主辅分离做好准备。

(刘宝成)

【集体企业】 工业公司固定资产1886万元,其中工业设备196台(套),占地面积13948平方米,生产作业面积7684平方米。年末,从业人员537人。全年完成机车电阻制动装置、油田能耗制动装置、矿用电铲车制动装置等产品开发29项;完成油田钻机通风机、矿山车通风机、油田滤沙装置等产品开发24项。不锈钢防盐雾制动柜成功打入外资企业“上海国民油井钻机公司”并进入澳洲直升机钻机制动装置项目。首次提供12000米超深油井钻机能耗制动电阻装置,结束了国内主机厂高价成套购进国外同类产品的历史。全年实现销售收入6740万元,同比增长7.3%;实现利润298万元,同比增长13.7%;全员劳动生产率10.7万元/人·年,同比增长11.86%。

(周春琪)

【党群工作】 厂党委以作风建设为重点,抓好“四好”班子建设,发挥各级班子整体功能。以“选题立项”为重点,深化“双培”主题实践活动。以观念转变为重点,在员工中开展“我们如何才能生产出国际一流产品”大讨论活动。加强对中层干部的管理、监督和考核,制定实施《中层干部换岗交流办法》。加强保持党员先进性长效机制制度建设,制定实施《党务公开实施办法》、《党务公开实施细则》、《加强党员经常性教育工作实施办法》、《党员联系和服务群众工作实施办法》等。召开工厂第七次党代会,选举产生工厂第七届党委会和纪律检查委员会。坚持党风廉政教育谈话制度,先后对12名新提拔(聘用)的中层干部进行上岗前党风廉政教育谈话,并对9名管理人员进行诫勉谈话。制定完善《领导干部重大事项报告制度》、《领导干部廉洁自律规定》、《基层二次分配结余款管理规定》、《对厂属各单位及各控股公司正确履职情况实施重点监察的暂行规定》等,对规范和约束领导干部从业行为起到积极作用,保证了惩防体系建设各项工作稳步进行。开展对基层单位二次分配结余款管理情况、闲置报废设备销售情况、委外配件质量情况、控(参)股公司资产、董事、监事职责履行情况、工厂内控制度执行情况等5项效能监察,共查出主要问题9条,向有关部门提出整改意见12条。查处违纪违规行为6件。受理来信来访和电话举报12件,办结12件。

厂工会组织开展"增收节支,节约挖潜"和"奋战5个月,确保兑现合同,完成全年绩效指标"等专项劳动竞赛活动。持续开展以"改进操作方法、改进工艺技术、改进工装工位器具"为主要内容的经济技术创新活动。深入开展"创建学习型班组、争做学习型员工"活动。坚持和规范以职工代表大会制度为主的民主管理、厂务公开制度。职代会审议年度员工养老保险金等6项重大事项,职工代表组长会议审议《工厂改制后员工安置方案》等5项重要议题和事项。组织对9名厂级领导和全厂177名中层干部进行民主评议。

厂团委持续开展"与祖国共奋进、与企业同发展"主题教育系列实践活动。始终把新进厂大学生管理作为一项重要工作,配合人力资源部对新进厂大学生进行培训,组织他们开展文体活动和"1+1"朋友制活动。积极开展义务劳动、利民服务、保护环境等青年志愿者活动,全年组织大型活动2次,240余名团员青年参加,服务群众2300余人次。

(李跃新)

【重要纪事】 1月18日,工厂被山西省科学技术厅授予山西省制造业信息化工程重点示范企业。1月30日,工厂在俱乐部召开第八次科学技术大会。4月17~19日,中国北车集团公司总经理崔殿国到工厂检查指导工作。9月21日,公司举行风力发电机组1.5兆瓦双馈电机变频装置和750千瓦定桨距失速型发电机组控制系统样机下线剪彩仪式。11月21日,公司举行和谐D2机车主变流柜落成交付仪式。12月11日,公司成立永济新时速电机电器有限责任公司技术中心。12月28日,中国北车集团永济电机厂第七次党代表大会召开。

(张淑琴)

【企业领导名单】

永济电机电器公司

董事长　徐印平
副董事长　王勇智
总经理　徐印平
副总经理　王勇智(兼)　南秦龙　许月法　高军武
总会计师　董春梅
总工程师　吴昭平(代)

永济厂

厂长　董　宇(3月19日免)
　　　徐印平(3月19日任)
副厂长　王勇智(兼)　南秦龙　许月法　高军武
总会计师　董春梅
总工程师　吴昭平(代)
党委书记　王晋荣(3月19日免)
　　　　　王勇智(3月19日任)
党委副书记　董　宇(3月19日免)
　　　　　　徐印平(3月19日任)
　　　　　　古长征
纪委书记　古长征(兼)
工会主席　古长征

(任玉梅)

中国北车济南轨道交通装备有限责任公司
中国北车集团济南机车车辆厂

董事长、总经理、厂长　贾世瑞

党委书记　初　军

【企业基本情况】 济南轨道交通装备有限责任公司（简称济南轨道装备公司）是由中国北车集团公司投资100万元，于2007年7月在济南对应设立的一人有限责任公司，并将原济南厂的主营业务、拟上市资产无偿划入济南轨道装备公司。2007年末，济南轨道装备公司员工总数2656人，其中具有高级专业技术职称82人，中级职称206人。固定资产原值4.57亿元，净值3.23亿元。占地面积79万平方米，其中厂区面积45万平方米。拥有各类设备1841台。设置15个行政部室、5个货车生产车间、3个辅助车间、3个全资子公司。全年实现销售收入14.26亿元，净利润5500万元，劳动生产率49.75万元/人·年；实现利税总额1.1亿元，首次突破亿元大关；在岗员工人均年收入26700元，全面完成集团公司下达的各项经营指标，被评为集团公司2007年效绩考核优秀企业。在中钢结构协会第五次会员代表大会暨2007年中国钢结构学会年会上，获“中国钢结构制造特级企业”资质。

2007年末，济南厂员工总数883人，其中在岗员工108人。在岗员工中具有高级专业技术职称10人。固定资产原值1900万元，净值1100万元。下设职工医院、建筑安装公司，还负责企业内退人员的管理及部分非生产性房屋、场地等资产的管理工作。连续17年保持“山东省思想政治工作优秀企业”称号，连续18年保持“省级文明单位”称号。

【改革改制】 完成主业资产无偿划转工作。年初，撤销钢结构车间，组建车体一车间、车体二车间。将铁力公司、环保工程研究所并入华腾公司。根据集团公司整体改制上市要求，设立济南轨道交通装备有限责任公司，完成工商注册工作。将党委办公室、厂长办公室合并，设置公司办公室。成立设备基建部、国际业务部。撤销多经企业集团，设置山东同力钢构有限公司，与华腾公司、同力达公司一起成为公司的全资子公司，并将配件公司、动能公司、润和公司划归公司管理。深化工资制度改革，实行新的工资制度，调整岗位工资标准，提高关键岗位的工资待遇，合理拉开各类人员工资收入差距，对直接生产人员实行计件工资制，对经营、技术管理人员实行岗位绩效工资制，对产品研发人员实行岗位职务评聘及相应薪酬待遇，对独立核算单位经营管理者实行年薪制，在货车主要生产车间推行大部件计件工资制度，建立与劳动力市场价位接轨新的工资体系，职工平均工资增长22%。深化用工制度改革，成立人才中心，管理、培训和调配公司富余人员，采取灵活的用工制度，打破职工的“铁饭碗”。加强外聘工管理，将外聘工纳入人才中心统一招聘、统一管理。改变人才引进培养模式，在引进高校优秀毕业生的同时，直接从市场上引进成熟的技术管理人才。深化干部人事制度。在货车车间取消工段，管理人员职数下降39%。对80名中层及以上管理人员进行了调整。

【企业管理】 深入开展“管理年”活动，以“建立和完善六大体系，努力完成十项任务”为重点，制定、实施“管理年”活动方案，加强对活动的指导、检查，取得明显成效。适应多品种、小批量、快节奏的生产模式，实施流程再造，将计划、采购、仓储配送职能分离，形成良性的闭环管理。车间库房全部取消，主业车间所需配件由领料制改为配送制，实现物资、配件定置、定量、准时配送，初步建立快捷、高效的物流系统。坚持5万元以上的招标制度，全年招标采购120项，降低采购成本900万元。坚持配件、物资采购给市场不给价格的原则，形成规范、良好的外部采购环境。设立总经理奖励基金，主要用于月度各项效绩目标责任制考核奖励和专项奖励，促进各项重点工作的完成。加强材料消耗定额管理，对物资定量定尺采购、批量质量损失、重要材料利用率等重要环节加强管理，货车生产车间材料费用比定额降低460万元；全年万元产值综合能耗0.09吨标准煤/万元，比上年下降10%；板材、型材、辅助材料利用率分别比上年提高2.53、1.51、5.08个百分点。加大货款清欠力度，全年共清理历年欠款3058万元。加强设备管理，所有焊接设备实行统一租赁管理，提高焊接设备使用效率。加强安全管理，实行红黄牌警示制度，全年出示红牌93张、黄牌297张，考核2.81万元。加强对职工安全意识教育，开展两次安全生产大检查，巩固安全质量标准化评级成果，全年未发生工伤死亡、重伤、重大火灾事故，通过了职业健康安全/环境管理体系年度审核。加强审计、监察和合同管理，全年开展经营责任、财务收支、工程结算等审计151项，审查合同916份，完成效能监察3项。

【生产发展情况】 面对任务重、工期紧、车型多、转型频繁、部分配件供应紧张等困难，采取应对措施，继续推进精益生产方式，科学组织生产，强化生产动态控制，实施库房配件最低储备预警制，配件采用直接配送制，保证配件供应。坚持每天召开生产例会，及时组织协调解决生产中出现的问题，确保生产任务的完成。全年生产货车3724辆、车型14种，大工序转型24次，均为历史新高，并创造单月生产车型5种、日产24辆、同一生产线一月转型5次的新纪录。

【新产品新技术开发】 自主开发70吨级活动棚钢卷运输专用平车，通过了铁道部的生产技术认证。试制成功C80型铝合金运煤专用敞车。完成X4K型集装箱平车开发，顺利通过部级生产质量认证。开发17型锻造钩尾框，通过了中铁认证中心生产质量认证审查。取得钢结构制造特级资质、建筑钢结构承包三级资质和D级压力容器生产资格，进行了铁路桥梁钢模板、盾构管片模具等项目的开发生产，为开拓钢结构产业市场打下坚实基础。青藏铁路旅客列车集便系统等6

个项目顺利通过集团公司科技成果鉴定。完成北京奥运会场馆卫生间、天津地铁卫生间等环保产品研发，取得6项国家专利。完成地面移动式钩尾框托板拧紧机、轨道螺栓拧紧机及拉铆枪等新产品开发。

【市场营销】 精心组织参加铁道部货车招投标工作，年度第一次铁道部货车投标，中标C70型通用敞车1518辆，全年中标部标货车1839辆。开拓非上线自备车市场，加强对重点客户的营销力度。推行货车项目负责制，成立多个项目专业小组，针对目标客户专人负责，全年中标货车3187辆。积极开拓主业多经市场，全年销售收入突破1.5亿元。与土耳其、澳大利亚等国外公司进行接触和洽谈，国际货车市场开拓取得新进展。

【质量管理与售后服务】 加强制度建设，重新修订完善12项管理制度，全年考核755项，考核奖惩13余万元。开展"信得过质量检查员"评选活动，建立动态管理制度，激发检查员学技术、练技能的积极性，提高质量检查水平。开展"造修零故障、运用无事故"、货车安全质量"四查整治"、"质量月"、货车安全质量专项检查整治等6次质量专题活动。严把配件、原材料入厂关，杜绝不合格品流入生产环节。加强对新产品的过程控制，确保新产品试制和批量生产的质量稳定。大力推行内部生产工序商品化，严格执行"三检制"，货车落成一次交验合格率达91%。制定《产品质量等级管理考核办法》，对大部件和整机产品实施质量等级管理和考核。全面加强质量过程控制，产品实物质量不断提高，取得2006年度部检车评比第一名、2007年第一季度典型故障反馈率第二名的优异成绩。做好第六次大提速包线技术服务和售后服务工作。对全路18个铁路局、28个车辆段及运用车间进行全面走访，广泛征求顾客的意见和建议，收集公司车辆产品在运用中的信息，及时处理有关问题，赢得用户好评。

【多元经营】 积极开拓多元经营国际市场，向西门子印度公司和巴基斯坦公司出口吊板、拉带9万多美元，实现国际业务零的突破。与韩国签订90万欧元的气垫式输送机盘槽出口合同，并建立长期合作关系，完成集团公司下达的国际业务收入考核指标。大力开拓环保民用市场，参加2008北京奥运会卫生间采购项目招标，公司制造的真空组合和水冲式组合卫生间中标两个标段，占北京奥运会卫生间采购项目总金额的33%。济南奥体中心、天津地铁、上海南站等项目取得重大突破。利用各种资源，积极开拓风电项目市场，中标鲁能风电塔筒项目，签订5328万元的订单，以钢结构塔筒为突破口成为风电工程制造商，成功跻身中国风电领域。全年实现多经销售收入1.3亿元。

【技术改造与基本建设】 对车体二车间的货车柔性生产工艺线进行改造，新增大型工装16项，部分已完成安装调试。新建成1083平方米的货车交验厂房，实现双线交车，提高了交车能力。投资1.2亿元，建设约3万平方米的同力钢构厂房，并配备数控龙门镗铣床、焊接机器人、数控激光切割机等一系列高精密设备，是公司历史上一次性投资最多、厂房建筑面积最大的项目。全年共签订投资项目合同8600万元，公司装备水平得到明显提升。

【存续企业】 根据集团公司统一要求，济南厂占用济南轨道装备公司的房屋设备、使用其动能及相互提供产品、劳务等，双方均签定正式的合同（协议），工厂所发生费用，按收益对象分别由济南厂和济南轨道装备公司承担。职工医院加强内部管理，完善组织结构脉络，健全制度，降耗挖潜，扩大经营开发，全年医疗事故为零，总收入 662 万元，能源消耗下降 20%。社区建档和满意率达标。建筑安装公司全年完成销售收入 1000 万元，利润 10 万元。4 月底，对建筑安装公司进行业务调整，将宿舍维修业务及人员划归动能公司，使公司成为以土建工程为主的经济实体。建安公司扩大经营范围，完善各种组织管理、施工管理、财务管理制度，完成申报钢结构三级资质工作。

【班组建设】 公司减少管理层次，撤销工段，由四级管理改为三级管理，保证生产指挥的协调、高效和顺畅。实施以班组“裂变”为核心的班组建设，注重班组长的选拔，通过公开竞聘的方式，把有能力、责任心强的人员选拔充实到班组长岗位，充分发挥班组长的“兵头将尾”作用。制定车间班组职责、班组管理标准、考核标准，把工资、成本、质量、安全、用人、分配等权限下移到班组，扩大班组的权利和责任，从根本上实现职工“要我干”到“我要干”的转变。把管理重心放在班组，为提高劳动效率、产品质量、员工收入打好基础。

【人才工程实施】 公司继续实施优秀人才送培制度，选送 5 名员工到山东大学进修学习，选送 50 多名专业技术人员参加上级部门组织的各类委外培训。制定《社会专业技术人才招聘办法》，在社会上公开招聘成熟技术人才。从高等院校共接收应届高校毕业生 44 名。组织 120 多名中层以上管理人员赴日学习考察，开阔视野，快速提升中层以上管理人员管理水平。分 4 期对 170 余名班组长进行培训，进一步提高班组管理水平。全年共举办各类培训班 68 期，培训职工 3475 人次，其中工程技术和管理人员培训 1376 人次，技术工人培训 2099 人次。举行电焊工、车辆钳工、铆工 3 个工种员工技能大赛，激发员工学技术、练技能、钻业务、争贡献的积极性。

【党群工作】 工厂（公司）党委坚持两级中心组学习制度化、规范化，做到年初有计划，全年抓落实，严格管理与检查。抓好领导班子考核和调整，全年先后调整中层管理人员 80 名。组织开展“管理争先进，岗位争能手，向十七大献礼”主题活动，全厂集体立项 134 项，党员个人立项 367 项，完成 492 项，占全部立项的 98%。开展“迎七一、忆党史、知厂情、创未来”主题系列活动。在全厂范围内组织开展转变思想观念和工作作风活动，组织全体党员深入查摆、认真整改存在的问题，召开副总师以上领导干部转变工作作风专题会，面对面开展批评与自我批评，促进思想观念和工作作风的转变。加强电视、报纸等传统媒体和网络、电子显示屏等新型媒体的建设，厂报全年出刊 50 期，工厂信息网刊登各类信息近 600 篇。出刊《济车风采》画册，拍摄制作工厂宣传片。积极开展效能监察工作，全年完成效能监察 3 项。加强招标过程监督，全年共参加招投标 120 项，降低采购成本 900 万元。

工会加强班组建设，修订《生产班组建设基本规范》，组织开展创建学习型班组活动，不断提高班组管理水平。深入开展两级立项攻关活动，组织技师对影响产品质量和进度的 16 项重点课题进行攻关。开展提合理化建议活动，共收到厂级合理化建议 50 多条。广泛开展送温暖活动，利用节日期间走访慰问职工家属 592 户，救助困难职工 534 人，发放救济款 98518 元。加强困难职工的动态管理，认真做好日常救助和重点救助，全年共为 435 名困难职工办理救济 66879 元；为 81 名特、重困户进行重点救助，金额共计 2．8 万元。在全厂开展“交一次特别会费献爱心”活动，2378 名职工捐款 29087 元。筹集 78720 元，开展“夏送清凉、情暖人心”活动。做好职工互助补充保险的补偿工作，共补偿35人，补偿金额66560元。及时为“7·18”特大洪水受灾职工发放6.8万元救济款，做好救助和妥善安置工作。举办一期有70余人参加的“工会劳动保护”培训班。组织180余名职工健康疗养。举办落实职代会精神展板展览、职工书画摄影展、迎春联谊会和“创和谐企业，建和谐社区”大型文艺晚会。

团组织深入开展“弘扬志愿精神，共建和谐企业”青年志愿服务、青年论坛、青年职业生涯讲座、青年人才标准调研和“导师带徒”等活动。继续推行大学生辅导员制度，定期召开辅导员会议。举办“活力青春，展我风采”青年网页设计大赛和“五四”系列庆祝活动，建立青年人才库。

【重要纪事】 1月29日，山东省委副书记、济南市委书记姜大明到工厂视察工作。2月1日，全国铁路总工会副主席索河到工厂走访慰问。4月10日，工厂试制的X_{4K}型集装箱平车通过部级生产质量认证。4月10～11日，中国北车集团公司2007年经营管理工作会议在济南召开。8月1日，工厂开始实施新的工资制度改革方案。8月13日，公司试制的KZ_{70}型石碴漏斗车车体落成通过批量生产首件鉴定。8月27日，公司自主研发的70吨级不锈钢活动棚钢卷运输专用平车在四方车辆研究所通过静强度、刚度试验。8月29日，公司通过ISO9001质量管理体系认证的监督审核。9月5～6日，公司与韩国KPC株式会社签订首批出口合同并建立长期合作关系。9月19日，公司通过职业健康安全/环境管理体系监督审核。11月16日，公司试制的17型锻造钩尾框通过中铁铁路产品认证中心生产质量认证审查。10月18日，公司KM_{70}整列同步卸车风控系统研制成功。11月26日，铁道部运输局装备部轮轴工作专项检查组到公司检查轮轴工作情况。11月26日，公司与西门子变压器有限公司举行牵引变压器项目合作意向书签字仪式。12月7日。公司自主研发的70吨级不锈钢活动棚钢卷运输专用平车通过动力学试验。12月28日，公司自主研发的70吨级不锈钢活动棚钢卷运输专用平车完成冲击试验。

【企业领导名单】

济南轨道装备公司

董 事 长　贾世瑞
副董事长　初　军
总 经 理　贾世瑞
副总经理　夏　伟　于帮会　范永强
　　　　　冯文泉　刘　溥
总工程师　杨知猛
总会计师　时景丽

济南厂

厂　　长　贾世瑞
副 厂 长　夏　伟
　　　　　公佩钦(3月19日免)
　　　　　于帮会
　　　　　初　军(3月19日免)
　　　　　范永强
　　　　　冯文泉(6月4日任)
　　　　　刘　溥(6月4日任)
总工程师　冯文泉(6月4日免)
　　　　　杨知猛(6月4日任)
总会计师　时景丽

党委书记　张　伟(3月19日免)
　　　　　初　军(3月19日任)
党委副书记　贾世瑞(兼)　郑学军
纪委书记　郑学军(兼)
工会主席　毕德泉(3月19日免)
　　　　　郑学军(兼，3月19日任)

（韩长城　供稿）

中国北车西安轨道交通装备有限责任公司
中国北车集团西安车辆厂

董事长、总经理、厂长　陈　忻

党委书记　张向东

【企业基本情况】 西安轨道交通装备有限责任公司(简称西安轨道装备公司)是由中国北车集团公司投资,于2007年7月在西安对应设立的一人有限责任公司,并将原西安厂的主营业务、拟上市资产划入西安轨道装备公司。2007年末,西安轨道装备公司设置16个行政职能部室、10个党群部室、3个事业部、2个分公司。超额完成集团公司下达的各项经营指标。质量管理体系和职业健康安全管理体系通过年度复评换证审核,环境管理体系通过年度监督审核。荣获"第十四届国家级企业管理现代化创新成果"二等奖、"陕西省装备制造业最具社会责任感企业"奖、陕西省厂务公开民主管理先进单位称号。

2007年末,西安厂下设4个独资子公司,4个分公司、1个印刷厂和1所医院。年内,全面完成销售收入、利润等各项经营指标,企业管理、改革改制和生产经营取得成效。　(孙　敬)

【改革改制】 深入稳妥推进企业改革改制总体方案,第三批主辅分离改制分流目标全部实现。完成原物业管理公司、燃料公司改制分流。改制成立的西安车城物业管理有限公司和西安西车鑫汇能源有限公司相继完成工商注册。重组制动梁公司,成立陕西华源铁路配件有限责任公司,成为具有独立法人资格的第四家独资子公司。撤销客修事业部机电车间,其人员和职能分别划归客修事业部总装车间、客解车间。成立西安丰远罐车物流有限责任公司,拓展新的经营领域。中、小学全部移交地方管理。完成第四批主辅分离(存续部分9个单位)整体改制方案设计。成立西安轨道交通装备有限责任公司,标志着企业整体改制迈上新台阶。

【企业管理】 落实《西安车辆厂基础管理实施方案》和《基础管理评价标准》,强化企业基础管理,将各单位基础管理成效纳入绩效考核体系。深化财务管理,开发以全面预算管理为基础的效益预测及执行情况模块,加大成本费用预算的控制、分析与考核、激励力度,实行单位指标逐级包保,期间费用比年计划大幅度降低。加强定额管理,修订70吨级货车物资消耗定额,物耗水平逐步降低。严格投资管理,按照《工厂投资管理办法》,对大型投资实行厂级领导项目负责制,对经营单位实施投资收益回报管理。严格审计制度管理，强化经济责任审计，对单位管理者离任、财务收支、投资、资产等审计形成制度化、规范化。推进信息化建设，完善 PLM 系统，实现产品设计过程流程化管理及产品数据统一平台管理。优化人力资源管理，建立人才培养激励机制，加强技术管理人才专业化建设和高技能人才队伍建设，鼓励员工创新。

（孙　敬　林　辉）

【生产发展情况】　公司面对新造货车转产频繁、工艺调整多和货车修理品种杂、任务重以及客车修理受春运影响等诸多困难，加强调度，强化生产效能，实施三大系统主机任务滚动排产，全面完成各项生产任务。新造货车全年完成 6 个品种 3136 辆，其中GQ_{70} 型轻油罐车 760 辆、GS_{70} 型浓硫酸罐车 540 辆、GJ_{70} 型液碱罐车 60 辆、G_{11K} 型酸碱罐车 40 辆、C_{70} 型敞车 1733 辆、C_{70B} 型不锈钢敞车 3 辆。厂修货车完成 4183 辆，其中各型罐车 3103 辆、敞车 443 辆、平车 216 辆、箱车 94 辆、棚车 4 辆，检修路外车 323 辆。段修货车 518 辆。4183 辆厂修货车中改造转 K2 型转向架 1333 辆。厂修货车比上年增加 454 辆。厂修客车完成 455 辆，其中厂修空调客车：YZ_{25G} 型硬座车 57 辆、YZ_{25B} 型硬座车 3 辆、YW25G 型硬卧车 76 辆、YW_{25B} 型硬卧车 20 辆、RW_{25B} 型软卧车 25 辆、RW_{25G} 型软卧车 14 辆、RW_{22} 软卧车 3 辆、XL_{25G} 型行李车 6 辆。普通型客车：YZ_{22} 型硬座车 80 辆、YZ_{25B} 型硬座车 57 辆、YW_{22} 型硬卧车 5 辆、YW_{25B} 型硬卧车 17 辆、XL_{22} 型行李车 2 辆、XL_{25B} 型行李车 12 辆。翻新改造车：YZ_{22} 型硬座车 61 辆，YW_{22} 型硬卧车 17 辆。厂修客车比上年增长 21.98%。

（孙　敬　周　军）

【新产品新技术开发】　按照铁路货运实现重载、快速发展目标，全面推进 70 吨级系列新型罐车研发与基础技术研究。全年完成 70 吨级新产品研发 12 项。其中 23 吨轴重不锈钢精细化工品罐车（GH_{70A} 型乙二醇罐车、GH_{70B} 型冰醋酸罐车）、GN_{70A} 型对二甲苯罐车、GQ_{70A} 型苯类罐车通过铁道部科技司、运输局组织的技术审查；70 吨级煤焦油罐车、沥青罐车完成各种型式试验；23 吨轴重低压液化气、液化石油气、液氨罐车、70 吨级食用油罐车进入试制阶段；70 吨级三氯乙烯罐车、浓硝酸罐车通过铁道部方案审查。应用 CAE 仿真分析技术开展理论研究；联合科研院校对罐车基础技术和关键技术进行理论分析和实验研究；完成 TCS 不锈钢材料腐蚀试验研究；完成GHA_{70} 型醇类罐车、70 吨级沥青罐车的静强度及冲击型式试验，进行罐车内加热管及外加温套加热效果试验和分析研究。初步具备货车静强度及冲击实验能力和罐车保温、加热试验能力。逐步实施 PLM 系统。自主完成出口罐车及配套转向架研制；完成罐车新型人孔等 11 种铁路罐车专用配件开发和应用。申报专利 19 项，获得国家专利权 8 项。$GQ_{70(H)}$ 型轻油罐车、$GN_{70(H)}$ 型粘油罐车、GS_{70} 型浓硫酸罐车、GJ_{70} 型液碱罐车被集团公司确定为国内领先、国际先进水平，并获科技成果一等奖；呼吸式安全阀微控实验台被集团公司确定为国内领先水平，并获科技成果三等奖。GS_{70} 型浓硫酸罐车和GJ_{70} 型液碱罐车获中国铁道学会科学技术三等奖；既有铁路货车（C．P．G 型车）提速技术获中国铁道学会科学技术二等奖。

（孙　敬　孙冬香）

【市场营销】　面对路内外市场变化，公司适时调整营销策略，树立“大市场、大营销”理念，确立紧盯路内敞车和企业自备罐车两个市场，实现市场和效益双赢的目标。把握路内市场动态，全力做好投标。加强企业自备车市场信息收集和跟踪，发挥优势，协助用户办理审批手续，签订售前服务协议，把营销服务贯穿到售前、售中、售后的各环节中。及时捕捉市场时机,向用户推介罐车新产品,拓展罐车营销市场,并取得实效。年内,在坦赞铁路50辆轻油罐车招标中顺利中标,成功签订整列罐车出口合同,全面实现新造货车经营目标。新造罐车市场占有率达到50.6%,新造货车本期货款回收率达到100%。

【售后服务】 围绕“以构建和谐处室为目标,实现确保典型故障受控,确保优质服务,提高管理水平,提高队伍素质,全面做好铁路第六次大提速的服务工作”总体工作思路,严格执行顾客满意度测量及售后服务控制程序,全力做好第六次大提速的技术保障工作。以“高效、优质”作为售后服务基本准则,加强客户走访和服务。顾客对产品质量、售后服务质量满意度为93%,比上年提高0.15个百分点。年内新造货车典型故障为零,故障反馈率排名实现了“保五争三”目标。

(孙　敬　谷永香)

【质量管理】 规范和强化新造货车、修理货车、修理客车三大主机产品和车辆零部件质量监督管理,制定《产品质量监督管理办法》,对事业部、子公司、分公司产品质量及采购的原材料质量强化监督抽查。配合铁路第六次大提速,开展质量安全“大反思、大检查、大整治”活动。在“质量月”活动中,组织开展以“树立质量法制观念,提高全员质量意识”为主题的征文活动和“质量攻关”活动。组织对转K2型转向架、转K6型转向架下心盘等10余种车辆零部件进行厂级质量鉴定。年内,特别重大、重大、大质量事故、客车干线险性事故为零;批量返厂、批量质量事故为零;一次交验合格率货车制造为97.56%、货车修理为91.81%、客车修理为92.76%;铁道部产品质量监督抽查合格率100%。在铁道部组织的产品质量抽查中,公司新造货车(C70型)第7名、厂修货车(G70K型)第1名。计量管理取得中启计量体系认证中心颁发的国内测量管理体系最高级别的AAA级测量管理体系认证证书。货修事业部货解车间木工QC小组被评为“铁道部优秀质量管理小组”。

(孙　敬　杨　静)

【基本建设与技术改造】 按照“十一五”发展规划,公司加大加快技改投入,全年完成技术改造项目164项,完成投资2239万元。罐车生产线技术改造项目全面启动,其中二期投资改造项目进入核心技术攻关实施阶段。铸钢B+级钢整体芯技术改造项目加快实施。投资新建的货车制造配件厂房和超大型新造货车防雨棚竣工投入使用,6.33万平方米的生活东区改建项目一期工程全面完工交付使用。

(孙　敬)

【存续企业】 2007年,面对不断变化的外部竞争环境,市场原材料涨价、成本费用加大等因素影响,工厂围绕生产经营目标,加强资金和预算管理,加强成本控制管理,推行“5S”管理,强化质量责任意识,加快技术改造,加大技改投入,取得实效。全年完成技术改造项目21项。在全面做好改革改制的同时,推进机制创新、技术创新、管理创新,以节能为突破口,引入市场机制,出台按实际计量和合理价格结转新办法,动能费总额比上年降低。各独资子公司、分公司克服困难,全面完成生产经营任务。

厂办集体企业工贸总公司有10个独立核算法人实体,全年实现销售收入8606万元,比上年增长16.14%。职工人均年收入12070元,比上年增长19.64%。主要生产经营项目有:铁路罐车罐体、风缸、铸钢件、贝铁等铁路产品制造;二氧化碳、混合气体、水玻璃等非铁路产品生产。年内,生产铁路罐车罐体43台,铸钢件生产783吨。

(孙　敬　俞慧良)

【党群工作】 加强领导班子和干部队伍建

设，推进创建"四好"班子活动，并纳入中层领导班子和领导人员考察内容。制定《中层助理选拔招聘工作实施办法》，改革中层领导选拔方式，首次公开招聘7名中层助理。完成中层领导和班子年度绩效考核。制定《关于在企业改制过程中必须严格遵守的若干规定》。制定《关于落实"十一五"人力资源规划的指导意见》，将人才培养指标纳入班子考核。落实党员发展计划，发展新党员76名。加强宣传思想政治工作，企业文化建设扎实推进。厂党委获集团公司"先进基层党组织"称号。厂工会开展职工经济技术创新活动，完成创新成果立项275项，两项成果获西安市优秀创新成果。以三个事业部为重点，组织开展节约增效，比质量、保安全为主题的劳动竞赛活动。深入开展"创争"活动，编印"创争"活动学习材料560册。培训班组长203名，学习型试点班组增至89个。开展以"讲职业质量、守职业纪律、学职业技能、尽职业责任"为内容的"四职"教育实践活动和"四职"教育征文活动。对9名厂级领导、188名中层领导人员和68个中层领导班子进行民主评议。年内，举办12项较大规模文体活动，投资25万元改善体育设施。厂团委组织开展"立足新起点、创造新业绩"活动，在团员青年中掀起学习贯彻十七大精神及各种思想教育活动34次。深入开展"创新创效"、"双岗"、"安全生产，青年争先"主题实践活动和各种文体及文明创建活动。实施青年志愿者注册制度，开展志愿者服务200余人次。年内厂团委获2007年西安市优秀团委称号。

（孙　敬　李耀辉　张革斌　刘　宁）

【重要纪事】　1月7日，工厂试制的C70B型不锈钢通用敞车通过铁道部生产质量认证。4月19日，集团公司总经理崔殿国到工厂检查指导工作。5月11日，工厂研制的70吨级23吨轴重不锈钢精细化工品罐车通过铁道部技术审查。9月3日，公司研制的70吨级沥青罐车通过厂级鉴定。9月4日，澳大利亚EDI铁路公司总经理亚历克斯一行到公司参观交流。9月18日，公司研制的70吨级苯、对二甲苯罐车通过铁道部技术审查。

（孙　敬）

【企业领导名单】

西安轨道装备公司

董 事 长　陈　忻

副董事长　张向东

总 经 理　陈　忻

副总经理　杜忠科　贾　晨　李宝宝　杨建安　赵　勇

总工程师　韩志坚

总会计师　刘　毅

西安厂

厂　　长　刘应果（3月19日免）
　　　　　陈　忻（3月19日任）

副 厂 长　张向东（3月19日免）
　　　　　徐印平（3月19日免）
　　　　　杜忠科　贾　晨　李宝宝
　　　　　杨建安
　　　　　赵　勇（6月4日任）

总工程师　韩志坚

总会计师　刘　毅（6月4日任）

党委书记　陈　忻（3月19日免）
　　　　　张向东（3月19日任）

党委副书记　刘应果（3月19日免）
　　　　　陈　忻（3月19日任）
　　　　　高力佳

纪委书记　高力佳（兼）

工会主席　张升海

（孙　敬）

中国北车兰州金牛轨道交通装备有限责任公司
中国北车集团兰州机车厂

董事长、总经理、厂长　陈北群

党委书记　生春林

【企业基本情况】　兰州金牛轨道交通装备有限责任公司（简称兰州轨道装备公司）是由中国北车集团公司出资，于 2007 年 7 月在兰州对应设立的一人有限责任公司，并将原中国北车集团兰州机车厂（简称兰州厂）的主营业务、拟上市资产无偿划入兰州轨道装备公司。2007 年末，兰州轨道装备公司员工总数 1865 人。固定资产原值 3.4 亿元，净值 2.2 亿元。占地面积 59.5 万平方米。拥有各类设备 1333 台（套）。设置 19 个行政部室、6 个生产车间、3 个分公司、1 个轴承大修检测站。全年实现销售收入 1.7 亿元，净利润亏损 1996 万元，全员劳动生产率 26.36 万元/人·年。

2007 年末，兰州厂员工总数 956 人，其中在岗职工 492 人。固定资产原值 6000 万元，净值 2000 万元。下设配件分厂、锻造分厂、铸造分厂、铸造二分厂、热处理分厂、配件修复车间、工业公司、医院等单位。全年实现销售收入 2.3 亿元，净利润亏损 85 万元。

【改革改制】　按照集团公司整体改制上市要求，企业设置整体改制工作办公室，完成财务审计、资产评估和资产划转等工作，成立兰州金牛轨道交通装备有限责任公司。按照 859 号文件精神，兰州厂完成物业公司和实业公司带资分流工作，分别注册成立兰州通恒物业管理有限责任公司和兰州汇鑫机车车辆配件有限责任公司。完成第三批带资分流单位申报工作。推进人事、劳动用工制度改革，加强劳动合同管理，按照新《劳动合同法》要求，与员工签订劳动合同。

【企业管理】　公司以成本控制和资金管理为重点，开展“增收节支、节能降耗、检修攻关、修旧利废”活动，制定措施和办法，健全完善机车检修降成本激励和约束机制，机车检修成本得到有效控制。东风4B 型内燃机车下半年平均每台车成本比上半年降低 12 万元。解决各独立核算单位往来资金周转不畅问题，下发《厂内独立核算单位资金往来清算办法》。实施债务重组，为企业实现效益 1530 万元。强化质量管理，学习《视质量如生命》质量安全教育专题片，深入开展“大反思、大检查、大整改”活动和质量安全法制教育活动。开展“质量月”活动，推进机车检修单元化建设，加强工序质量控制，提高机车检修质量和机车一次交验合格率。加强安全和现场管理，制定安全生产工作要点和《重特大安全生产事故应急预案》，开展百日安全生产竞赛活动。实现安全生产 1216 天。加强环保工作，下发《突发性环境污染事故应急预案》和《环境保护监督管理考核奖惩办法》，建立企业领导环境保护分片包干责任制，公司“综合污水处理工程”技术改造项目通过集团公司专家评审。加强设备设施维护保养，全年检查设备设施 270 次，检查设备 2300 台（套）。完成 54 项大修项目；设备设施转固 75 项，新增固定资产 515 万元；盘活存量资产，处理废旧闲置资产变现 54 万元。全年节煤 4153 吨，用煤量比上年减少 20.25%；节水 2.26 万吨，用水量比上年减少 4.14%；节电 398 万千瓦时，用电量比上年减少 14.1%。完成财务收支、经济责任、管理审计等审计项目 8 项，工程项目审计 66 项，合同审计 294 份，提出审计建议 38 条。举办各类职工培训班 41 期，培训 2890 人次，全员培训率 80%以上。鉴定职业（工种）23 个，参加职业技能鉴定 320 人次，开展技师考核评聘工作，评聘高级工 52 人，评聘中级工 58 人。评聘 22 名公司、集团公司技师、高级技师。开展选树“金蓝领”、“首席技师”、“首席设计师”、“首席工艺师”等活动，截至年末，有高级工 264 人，高技能人才数量占技术工人总数的 22%。技术工人持有职业资格证书的比例上升到 51%，其中技师（含高级技师）达到 6.4%，大专及以上学历技术工人占比由 8%提高到 11.1%。

【市场营销与生产经营】 年内，公司签订机车检修合同 171 台，创历史新高。本着“修、改、制并举”的方针，首次签订 160 吨铁路起重机固定臂改伸缩臂生产合同、160 吨伸缩臂式铁路起重机新制合同和 2 台 160 吨铁路起重机臂架平车合同。继部分产品打入东北后，9 台 14 吨蓄电池式工矿电机车和后配套销往印度地铁市场，全年签订各种吨位工矿机车 30 余台（套）。强化生产组织领导，每周召开生产经营协调会，从生产作业计划落实、考核入手，制定有效措施，创新分配机制，克服上半年机车招（议）标滞后、车源不足和下半年任务集中的困难，全年完成机车检修 153 台。

【新产品新技术开发】 完成韶山 7C 型电力机车检修工艺技术文件准备。完成攻关项目 10 项、厂级协调降成本项目 30 项。完成东风 4DK 型客运内燃机车全悬挂轮对检修攻关、东风 8B 型机车柴油机大波纹管新制，协助完成东风 8B 型内燃机车辅助传动系统电传动改造。完成《铁路货车检修建议项目可行性研究报告》、NS160G 型 160 吨铁路救援起重机提速改造设计两种方案、NS1603 型 160 吨铁路救援起重机新制设计、电气化接触网综合维修车改造设计、NS160G 型 160 吨铁路救援起重机及进口起重机配套平车动力学试验前期工作。完成配属青藏线 2 台进口起重机配套平车研制工作。

【售后服务】 完善售后服务信息化管理办法，通过 OA 系统，每日通报各局段质量反馈信息，对厂外反馈的质量问题，每周、每月进行统计、分析、公布。全年公司领导带队定期走访用户两次，分片走访 200 人次，“售后服务”、“用户咨询”满意度均为 100%。加强售后服务人员服务质量考核，用户反馈问题应答率 100%。要求处理故障人员，赴兰州局 24 小时内到达，其他路局最迟三天到达，在最短时间内恢复机车运用，确保用户满意。全年派出售后服务人员 400 余人次，处理厂外质量反馈 500 台次，

"三包损失"按年检修台车故障比例计算下降20%。

【存续企业】 工厂加强存续企业监管，成立存续企业领导小组和工作办公室，全面负责存续企业生产经营，以及部分非生产性房屋、场地等资产的管理工作。2007年，兰州厂实现销售收入2.3亿元，净利润亏损85万元。其中铸造分厂、配件分厂、铸造二分厂、锻造分厂、热处理分厂分别实现内部销售收入1875.61万元、861.98万元、1427.46万元、678.94万元、336.71万元。

厂属集体企业工业公司拥有职工521人，其中厂派职工253人。拥有固定资产原值1657万元，净值941万元。全年实现销售收入4243.2万元，完成年度指标租赁资产3200万元（原值）的121.23%，比上年增长24.95%；实现净利润52万元，完成年度指标的104%。

【机车检修生产攻坚战】 为确保全年生产任务完成，9~12月在机车检修系统及相关单位开展以"保周期、保质量、保安全；上批量，降成本，增效益"为主要内容的机车检修生产攻坚战劳动竞赛活动。公司成立竞赛活动领导小组和考评小组，召开专题会议，研究制定竞赛方案和实施计划。每月选树典型进行表彰，层层落实生产目标责任制，创造生产新纪录。9月完成18台机车检修任务，10、11月连续检修22台机车，12月创造检修机车25台的最高纪录。

【党群工作】 发挥党政工团合力作用，推动职工素质工程建设，深入开展"创建学习型组织、争做知识型员工"活动，营造强化学习、提高素质的良好环境氛围。以深化"四好"班子建设为主线，加强两级领导班子和干部队伍建设。加强党组织自身建设，撤销原独立支部4个，成立联合支部、独立支部5个。与地方党组织接洽协商，3个带资分流单位党组织关系成建制移交地方党组织。开展以"脱困发展、共建和谐"为目标，以"学技术、做骨干，创效益、当先锋，我为工厂脱困发展做贡献"为主题的党内"创先争优"四项主题实践活动，全年完成立项攻关项目63项，发展新党员28名。完善帮困救助机制，分批慰问生活困难党员、技术骨干49人次。配合机车检修生产攻坚战活动，深入报道先进典型，编发宣传专刊4期，举办新闻大赛和黑板报大赛，撰写长篇通讯《疾风知劲草》，全面反映广大职工拼搏奉献的感人事迹。制定《对外报道工作制度》，全年向集团公司、省、市等宣传媒体报送稿件248篇，刊发80篇。加强廉政教育，组织各单位开展自查自纠，提出6项重点检查内容。开展效能监察，盘活不良资产，挽回经济损失100多万元。调查处理信访13件，了结率100%。

厂工会召开第十次代表大会，确定今后五年工会工作指导思想和目标任务。规范厂务公开内容，及时公开干部招聘、质量考核奖惩、职工退休公示等重要事项。制定"创争"活动达标指标，开展创新建家活动。组织300名职工参加甘肃省总工会举办的以"欢度国庆节、喜迎十七大、唱响奥运会"为主题的《黄河潮声》大型职工文艺演出活动。开展春季晨练、健康长跑、班前广播操、女职工趣味体育竞赛、足球比赛和排球比赛，工厂获"全国亿万职工迎奥运健身活动月"先进单位称号。补助困难职工387人次，金额48450元。"两节"期间走访慰问困难职工106户。开展金秋助学活动，补助35人。加强职工互助合作保障工作，为10人次补偿金额1.2万元。厂工会及工业公司工会获集团公司"建立职工互助合作保障体系工作"先进集体。

厂团委举办学习党的十七大精神知识竞

赛。开展以现场整顿、环境美化、扶贫帮困等为内容的志愿者活动28次，270余人参加。招募青年志愿者65名。开展“喜迎党的十七大，增收节支做贡献”主题竞赛活动。强化“青安岗”工作，全年巡查68次，查出隐患126起。举办青安岗培训班，培训岗员21名。组织各团支部开展义务劳动30余次，参加人员360余人次。年内表彰青年文明号集体3个、青年岗位能手20名。

【重要纪事】 2月8日，集团公司总经理崔殿国到工厂检查指导工作。3月2～3日，铁道部质量检查组到工厂检查工作。4月27日，工厂环境职业健康安全管理体系通过中国质量认证中心监督审核。7月4～5日，集团公司安全检查组一行6人到工厂检查工作。7月25日，工厂质量管理体系通过中国质量认证中心甘肃评审中心审核。8月1日，兰州金牛轨道交通装备有限责任公司正式运行。8月10日，集团公司副总经理孙锴到公司厂检查指导工作。8月28日，兰州通恒物业管理有限责任公司举行成立揭牌仪式。9月20日，兰州汇鑫机车车辆配件有限责任公司举行成立揭牌仪式。10月18日，公司工矿分公司生产的首批4台印度地铁隧道工矿机车装车发运。10月23日，公司被评为2006年度甘肃省工业百强企业。11月2日，NS1603型160吨铁路起重机新制设计通过厂级鉴定。12月17～18日，公司22个内燃、电力机车检修单元通过集团公司专家组验收。

【企业领导名单】

兰州轨道装备公司

董 事 长　陈北群
副董事长　生春林
总 经 理　陈北群
副总经理　生春林　范俊生　王常智　詹余斌
总会计师　高永君
总工程师　戴绍奇

兰州厂

厂　　长　陈北群
副 厂 长　生春林(1月任)　范俊生　王常智　詹余斌
总工程师　戴绍奇
总会计师　高永君

党委书记　生春林
党委副书记　陈北群　李　丛
纪委书记　李　丛(兼)
工会主席　李　丛(兼)

（企业文化部　供稿）

中国北车大连机车研究所有限公司

董事长、总经理、党委书记　张　岩

【企业基本情况】 中国北车大连机车研究所有限公司（简称大连所公司）是由中国北车集团大连机车研究所改制设立的一人有限责任公司，由中国北车集团公司全资设立。2007年末，大连所公司在岗职工总数501人，其中专业技术人员211人。拥有固定资产原值1.37亿元，净值8516万元。占地面积34800平方米，建筑面积40092平方米。设有内燃机核心部件、电力电子、机车轻轨车、换热元件4个事业部和试验检测中心、科技信息中心、标准化室；行政、职能部门设有8个管理部室，是铁道部产品质量监督检验中心内燃机车检验站和铁道行业内燃机车标准化技术委员会秘书处单位。主要产品有钢顶铝裙活塞、增压器、车载微机控制装置及软件、彩色显示器、辅助交流传动电机、机车冷却风扇、电力机车变压器油冷却器、变流器水冷却器、液力变矩器、液力偶合器和城市轻轨电车走行部及控制系统等。全年实现销售收入1.52亿元，劳动生产率31.4万元/人·年，全面完成集团公司下达的各项经营指标。

【企业管理与改革改制】 加强制度建设和规范管理，制定《事业部效绩目标责任制实施办法》、《事业部效绩目标责任制2007年重点工作考核内容》、《技术引进项目资料管理》制度，完善《科技档案管理工作保密制度》。推进质量管理体系、环境/职业健康安全管理体系的持续改进，成立质量管理部，负责对质量工作进行统一管理。在通过环境/职业健康安全管理体系复评认证审核的基础上，紧抓安全生产不放松，实现连续30年无重大安全事故。实施关键岗位技术人员津贴管理办法。制定《出国培训管理办法》，规范出国培训管理工作。组织财务物流一体化工作，财务会计、管理会计、供应链三大模块的业务流程成功运行，加强财务与采购等业务的资源共享、规范业务流程，加强产品成本核算。

【新产品新技术自主开发】 全年向铁道部、集团公司、辽宁省、大连市等上级有关部门申报科技课题并获得批准立项14项。其中3个项目顺利通过集团公司技术鉴定，3个项目成功申报“中国企业新纪录”，2项专利申报“第十届中国专利奖”。全年共申报专利10项，获得授权4项。ZN315-LSA1型增压器获中国铁道学会科学技术奖二等奖；电力机车变压器、变流器新型冷却装置获集团公司科技成果一等奖；大功率气体发动机活塞获集团公司科技成果二等奖；轨道车冷却装置获集团公司科技成果三等奖。加快新产品开发和转化速度，进行增压器、换热元件、活塞、转向架、偶合器等产品研发工作。新材料增压器用轴承通过100小时型式试验，正在装车运用考核；配装船用柴油机增压器产品通过CCS检验；采用喷丸强化技术的导风轮试验件经验证提高了疲劳寿命；主机工厂和GE公司及EMD公司已认可大连所公司开展引进机车活塞国产化研制工作，引进机车活塞图纸和相关标准的接收、翻译和转化工作已展开。各类风机、水泵用调速型液力偶合器完成各型产品的分析计算和图纸设计工作，形成系列产品；在原有DL6W型现代有轨电车基础上，大连市201线用轻轨电车转向架改进设计工作全面完成，开始批量生产并投入使用。新研制的内燃机车辅助交流电源控制柜基本实现单缸柴油机变频启动、蓄电池斩波充电、脉冲整流600伏供电等实验台模拟试验功能；与研发中心合作研发的城轨车辆35千瓦空调电源装置在大连202线路DL6W电车装车试运行，运用情况良好，并通过集团公司技术鉴定。完成和谐D2型电力机车主变压器用油冷却器样机制作及型式试验，并通过大同ABB公司供应商审核；完成300公里/小时动车组油冷却器芯体和和谐D2型油冷却器芯体的真空钎焊工艺研究。

【基本建设与技术改造】 围绕发展规模产业、培育核心能力、提升产品质量，结合技术引进国产化需要，推进产业化基地建设。编制完成的技术改造项目初步设计通过集团公司科协组织的专家评审，得到集团公司批复同意。加快机车网络及微机控制系统产业化基地建设，制定电子产品生产基地的建设方案和设备选型方案，完成ALSTOM六轴电力机车电子控制技术项目首次工业化评估，编制完成土建施工和电装生产线关键设备招标采购标书。加快机车柴油机关键零部件制造基地建设，基础建设和改造工程全面竣工，新购机械加工、试验检测设备采购合同已全部签订，部分设备通过调试验收，开始投产使用。加快换热元件基地建设，一期厂房改造施工全部完成，大部分生产设备安装到位并正式投入使用。

【党群工作】 大连所党委以经营管理、技术引进消化吸收、产品质量及成本控制等方面存在的问题和不足为切入点，组织开展“四好”班子创建活动，推动领导干部素质全面提高。在充分发扬党内民主，切实保障党员民主权利的基础上，完成党支部换届选举工作，选出党员信任、精干高效的党支部委员会。“双培”主题实践教育活动效果显著，先后有近20名年轻党员成为技术骨干，有5名重点培养对象被吸纳到党员队伍中。加强宣传思想工作和企业文化建设工作，录制新的企业宣传片，建立健全宣传网络和管理制度；用制度规范管理，严格考核，奖罚分明，推进舆论宣传工作再上新台阶。深入开展党风廉政建设，针对产业化基地建设招议标工作，实施同步监督监察。工会、共青团及科协等群团组织发挥桥梁纽带作用，围绕中心突出特点，积极开展各项活动。推进“创建学习型组织，争做知识型职工”活动，提高职工队伍的整体素质。加强基层体育活动场所建设，为丰富职工业余生活提供支持。组织篮球赛、台球赛等文体活动，活跃职工的文化生活。举办青年科技论文征集活动，为青年立足岗位成才搭建平台。扎实推进青年“思想筑基、文明先锋、学习成才、创新创效、团建创新”五大行动。组织完成团委换届改选，选出新一届团委会。

【重要纪事】 3月12日，大连所与ALSTOM公司签订机车电子控制系统技术转让协议。4月6日，德国Voith公司冷却系统产品组总经理巴斯曼先生率队到大连所就和谐D1冷却塔项目合作事宜进行会谈。7月26日，大连所正式成为美国GE公司机车配件供应商。7月31日，集团公司党委副书记、纪委书记林万里到大连所检查指导工作。8月8日，美国EMD公司副总裁拉尔夫·罗宾森到大连所参观增压器生产基地，并对进一步合作事宜深入洽谈。10月6日，集团公司总经理崔殿国到大连所检查指导工作。10月16日，瑞士PIXY公司营销总监佛朗兹·斯托里先生一行到大连所进行交流会谈。10月16日，第二届铁道行业内燃机车标准化技术委员会成立大会及标准审查会在北京召开。10月25日，美国EMD公司代表及其供应商代顿菲尼克斯集团总裁一行到大连所考察。11月21日，向中国企业新纪录审定委员会申报的三项中国企业新纪录全部通过审核批准，被列入中国企业第十二批新纪录。11月26日，美国GE公司机加零件采购组对大连所承担的GE压气机叶轮项目生产能力和项目进展进行评估、审核。12月3日，由大连所与大连公交集团电车工厂自主研发、联合制造的大连市201号线用首台70%低地板现代有轨电车通过线路试验。12月5日，大连所更名为中国北车集团大连机车研究所有限公司。

【企业领导名单】

董事长	张岩
总经理	张岩
副总经理	迟兴国 姜冬 马展 王忠勋
党委书记	张岩（兼）
党委副书记	李宏峰
纪委书记	时亚光（兼）
工会主席	时亚光

（总经办 供稿）

中国北车青岛四方车辆研究所有限公司

董事长、总经理　任玉君

党委书记　尹桂江

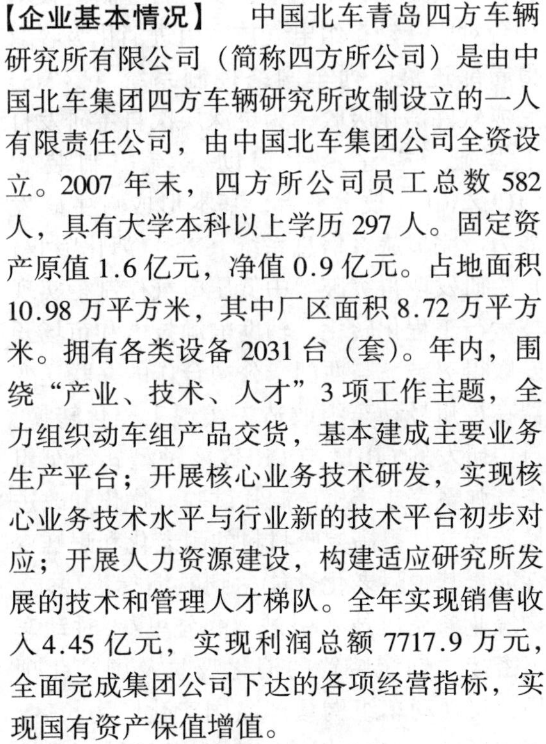

【企业基本情况】　中国北车青岛四方车辆研究所有限公司（简称四方所公司）是由中国北车集团四方车辆研究所改制设立的一人有限责任公司，由中国北车集团公司全资设立。2007 年末，四方所公司员工总数 582 人，具有大学本科以上学历 297 人。固定资产原值 1.6 亿元，净值 0.9 亿元。占地面积 10.98 万平方米，其中厂区面积 8.72 万平方米。拥有各类设备 2031 台（套）。年内，围绕“产业、技术、人才”3 项工作主题，全力组织动车组产品交货，基本建成主要业务生产平台；开展核心业务技术研发，实现核心业务技术水平与行业新的技术平台初步对应；开展人力资源建设，构建适应研究所发展的技术和管理人才梯队。全年实现销售收入 4.45 亿元，实现利润总额 7717.9 万元，全面完成集团公司下达的各项经营指标，实现国有资产保值增值。

【企业管理】　在集团化管控体制下，形成战略管理、研发管理、人力资源管理、财务管理、质量管理、市场管理、生产管理等标准化管理模块建设方案，建成基础管理制度体系框架。对主要子业务与职能进行分战略策划，确定清晰可控的子业务战略。结合集团化管控，调整质量管理职能，在质量管理部门和生产制造部门之间形成职能清晰、责任明确的质量控制过程，改善产品制造质量。推行故障模式影响分析（FMEA），建立产品故障数据库，故障信息闭环管理系统（FRACS）开始试运行。对信息化建设规划和分年度实施计划进行策划，逐步构建覆盖全公司的信息管理系统和决策支持系统。

推进人力资源建设，增强专业技术能力和水平，设立技术主审制度，强化技术决策的专业性，初步构建系统技术与专业技术相结合的人才发展平台。完善员工激励体系，加快人才队伍建设，培养具有较高业务水平的骨干队伍，建立专家、中青年拔尖人才制度。简化归并原有工资体制，修订“工资制度改革暂行办法”，引入职位体系管理，建立以职位体系管理和绩效管理为基础的员工晋升机制。优化和完善绩效考核与评价指标，简化并优化考核操作过程，提高运行效率。建立人力资源效能评价指标框架，准确反映各项业务人力资源效能情况。在技术引进中实施项目管理，提高团队管理效率，培养和锻炼员工的自身能力。

【新产品新技术自主开发】 全年共承担科技研究开发项目36项，其中科技部项目6项，科技司项目2项，集团公司科技开发项目12项，公司开发项目16项。电气业务全面完成2005－2007年青藏客车电气系统技术研发、试验以及引进时速200公里动车组列车网络控制系统消化吸收及国产化延续项目；具备旅客信息系统自主研发能力；初步完成列车网络控制系统（TCMS）和牵引辅助变流控制装置（TCU/ACU）阶段性的以应用为目标的技术研发；处于研发进程中的可并联辅助电源装置（APS）研制和四象限交流器技术研究取得初步成效。减振业务具备欧洲标准空气弹簧产品开发与制造能力。开发青藏客车空气弹簧，实现批量供货。首次实现欧洲标准空气弹簧自主设计和批量制造。与欧洲庞巴迪公司和阿尔斯通公司签订空气弹簧长期战略供应商协议，并获得两家公司的国外市场订单。完成欧洲标准系列化产品广州地铁用空气弹簧的研制；两种机车用橡胶减振元件研制同步完成，并实现销售，出口产品取得突破。掌握主型汽车空气弹簧设计技术，实现规模化进入汽车市场的技术准备。钩缓业务初步掌握时速200公里动车组车钩设计技术。具备进入欧洲标准城轨车和动车组市场的技术能力。完成弹性胶泥缓冲器芯子国产化样机制作，掌握弹性胶泥缓冲器类比设计方法，完成昆明工程车用缓冲器设计和样机试制。发挥试验研究与技术服务业务效益与效能作用。精心组织时速200公里动车组的滚动试验、车体强度试验、K值试验等试验项目，保证主机厂技术引进国产化总体进度；开展青藏铁路客车空调、供氧系统试验，为青藏铁路客车线路运营提供技术支持。针对货车提速改造，进行大量试验研究。

【技术引进消化吸收和国产化工作】 通过充分的技术准备和实施外购件采购，稳步开展国产化工作，保证生产进度、产品质量和动车组正常生产。严格按照合同规定的节点计划完成电气、减振和车钩产品生产制造，并陆续交付。签订时速300公里动车组项目供货合同，产品包括旅客信息系统、电气控制柜、充电器、空气弹簧等，开始技术与生产准备，交付2列车配套产品。完成大功率交流传动电力机车制动系统产前准备、物料采购和生产组织，按照同车公司生产进度，提供机车制动系统50套。稳步推进技术研发，主要业务技术水平初步与行业新的技术平台对应。动车组电气技术引进消化吸收取得局部进展，列车网络控制系统（TCMS）完成软件消化吸收，为更深层次自主研发打下基础。搭建牵引辅助变流控制装置（TCU/ACU）技术平台，基本形成自主研发能力。完成旅客信息系统（PIS）消化吸收，自主研发取得突破。中低压电气控制柜实现技术与工程化转化。辅助电源技术和市场开发取得突破，与西门子公司合作的并联逆变器在神州号动车组改造中实现工程化转换。自主研发的CRH2与CRH5两种型式动车组空气弹簧完成样机试制和试验。优化和改进橡胶配方，提高橡胶材料的耐老化和耐蠕变性能，其中耐老化性能达到欧洲标准要求。钩缓业务完成技术引进200公里/小时动车组密接式钩缓装置的消化吸收及国产化项目，实现动车组钩缓产品国产化。为长客/阿尔斯通、四方/川崎、青岛/庞巴迪项目提供时速200公里/小时动车组强度、热工等试验研究服务。电气、减振和钩缓核心业务产品技术平台建设全面启动。

【基本建设】　提升国外企业技术承接和产业承接双重能力，构建电气和机械制造生产平台。扩大电气生产场地4000平方米，建成满足动车组生产能力要求、以电气控制柜为主的电气产业平台。完善以表面贴装技术（SMT）为主的电子产业平台建设，完成引进技术动车组列车网络控制系统（TCMS）、牵引辅助变流控制装置（TCU/ACU）产业承接，改进既有产品和新开发产品工艺流程，具备电子、电气关键部件制造和电气系统制造、集成能力。完成1.4万平方米机械制造厂房和办公设施建设，配套设施配置到位，设备安装调试完毕，9月正式投产。增配加工中心和车削中心等数字化加工设备，定制钩体加工专机，机械加工装备基本配置齐全。依据欧洲标准，对车钩制造关键焊接工序进行恒温、恒湿环境改造，具备符合欧洲标准的焊接生产能力。依靠焊接生产制造平台，自主开发车钩批量采用焊接结构，提高生产效率，降低生产成本。启动金属件喷涂生产线建设，开始设备采购。通过产业化建设，机械制造平台已形成机械加工、焊接和组装生产能力。减振厂房完成规划设计、工艺设计和主体工程建设。

【市场营销】　全年实现销售收入4.45亿元，完成电气、减振、钩缓、制动、试验研究等核心业务年度销售任务。电气业务实现销售收入1.6亿元。减振业务海外轨道交通市场开发和产品开发取得实质性突破，在北京、上海地铁市场获得批量销售，实现销售6709万元。推进钩缓业务国产化进程，开发地铁和机车市场，实现销售6948万元。试验研究业务实现收入3199万元。工程装备业务赢得动车所地面电源批量订单，实现销售收入5436万元。

【党群工作】　所党委深入学习贯彻党的十七大精神，举办十七大精神学习辅导班。召开以“深入贯彻党的十七大精神，积极推进各项工作又好又快发展，充分发挥党组织和党员的作用”为主题的党员民主生活会，召开以加强领导干部作风建设为主题的领导干部专题民主生活会和以“落实十七大精神，促进企业发展”为主题的班子民主生活会。加强后备干部队伍建设，坚持员工培训制度，提高员工综合素质。开展“创质量优秀岗，建质量模范区”活动和“双培”活动，充分发挥党支部的战斗堡垒作用和党员先锋模范作用。开展党员民主评议工作，全体党员经民主评议全部为合格党员。根据党员分布和机构变动情况，调整支部设置，完成党支部换届工作，并在新建合资企业青岛四方法维莱轨道制动有限公司设置党支部。举行建党86周年庆祝活动，对先进党支部和优秀党员进行表彰。进一步加强宣传、思想工作，推进企业文化建设。党风建设和反腐倡廉工作进一步加强。加强对工会、共青团等群团组织的领导，充分发挥群团组织的桥梁和纽带作用。

【企业领导名单】

董事长　任玉君
副董事长　尹桂江
总经理　任玉君
副总经理　尹桂江　王　云　刘保明　赵云生　孔　军
党委书记　尹桂江
党委副书记　任玉君　王华光
纪委书记　王华光
工会主席　王华光

（总经办　供稿）

合资合作企业

责任编辑　刘玉芬

长春长客-庞巴迪轨道车辆有限公司

北京南口斯凯孚铁路轴承有限公司

大同爱碧玺铸造有限公司

大连东芝机车电气设备有限公司

日立永济电气设备(西安)有限公司

大同 ABB 牵引变压器有限公司

大同斯麦肯轨道运输设备有限责任公司

青岛四方法维莱轨道制动有限公司

西安阿尔斯通永济电气设备有限公司

长春长客-庞巴迪轨道车辆有限公司

长春长客-庞巴迪轨道车辆有限公司是由长春轨道客车股份有限公司和庞巴迪控股(毛里求斯)有限公司共同设立的中外合资经营企业。注册地址:长春绿园经济开发区纺织工业园区,注册资金23945万元。主要经营:开发、制造组装地铁车辆、轻轨车辆、市郊车辆(动车组)、转向架、铝合金车体、高档客车及其相关产品、替代办理与自产产品配套零部件相关的进口手续等。

2007年末,公司有员工421人,其中生产工人217人,管理人员94人,工程技术人员110人;具有高级专业技术职称31人,中级职称41人;工人中高级技师1人、中级技师19人,外籍员工4人。设有生产制造部、技术部、财务与控制部、人力资源部、项目管理部、采购部、生产协调控制部、工艺技术部、市场部、质量部、调试试验部及信息系统部12个职能部门。固定资产原值1.85亿元,净值1.11亿元。拥有设备109台(套)。占地总面积72388平方米,建筑面积21343.3平方米,其中生产建筑面积21162平方米。全年实现工业总产值4730万元,工资总额1996万元。

合资公司于4月与上海申通地铁集团有限公司签订上海轨道交通7号线32列192辆A型地铁车辆采购合同,合同总金额15亿元。公司新建生产厂房和调试厂房,提升了公司的车辆生产能力。公司获得"广州轨道交通工程赛区优秀供应商"称号。

(长客股份公司　供稿)

北京南口斯凯孚铁路轴承有限公司

北京南口斯凯孚铁路轴承有限公司通过引进瑞典SKF技术和管理,已成为世界级铁路轴承供应商。向国内外提供符合SKF质量、技术要求的铁路轴承新制和维修服务。先后引进SKF197726型铁路货车轴承、轴承塑钢保持器、新型轴承油脂、LL油封及已被确定为中国铁路25吨轴重铁路货车轴承标准的353130B紧凑型轴承产品和技术,使中国铁路轴承生产技术达到国际领先水平。

公司根据SKF集团部署,启动iScala ERP系统,即企业资源计划,使公司业务处理流程得以优化,对市场的响应速度明显加快,客户满意度显著提高。公司还购进国际先进的磨床和世界一流的检测设备。引进自动气氛控制系统,确保热处理设备的稳定。公司开始为北京至拉萨、京沪铁路等快速列车提供客车轴承的修理服务,拓展了业务领域。国际相关领域的专家持续为企业提供培训和支持。

截至2007年底,已经向中国铁路提供新造轴承约210万套,修理轴承110万套。

(曹春元　供稿)

大同爱碧玺铸造有限公司

2007年,大同爱碧玺铸造有限公司克服原材料、燃料、动能等价格上涨及设备老化、产能严重不足等不利因素影响,产销量及利润水平创历史新高。共签订车轮订单270140个,销售车轮266348个,其中通过大同斯麦肯公司出口印度车轮18335个,平均月产车轮25447个,产量创历史新高。全年实现销售收入8.13亿元,上缴各项税金1.15亿元,实现净利润2.35亿元,均创公司历史最好水平。

公司从原材料入厂检验到形成产品,运用先进的磁探、超探、X光检查及静平衡检测,全过程监控产品质量,并为每一个车轮建立档案,形成完善的质量跟踪体系。年内,公司通过ISO9001、AAR-M-07/208和AAR-M-1003质量管理体系年度复审。全年成品率指标平均在90.69%。

2007年,公司投资660万元对环形炉和回火炉进行天然气改造,清洁燃料的使用改善了员工的作业环境。投资280万元对电炉除尘系统进行改造,改善车间工作环境。投资416万元对5号、6号加工机床进行数控改造,提高了产品质量和工作效率。投资345万元对员工更衣室、办公楼进行改造,改善员工休息和办公环境。 (姚 健 供稿)

大连东芝机车电气设备有限公司

2007年末,大连东芝机车电气设备有限公司拥有员工364人,其中中日双方母公司各派出3名管理人员,其余员工全部为招聘录用。主营业务收入8.9亿元,是上年的3.18倍;实现净利润1.01亿元,是上年的3.64倍。公司董事会决定,继上年实际分红1117万元之后,本年度向股东支付红利5657万元。至此,公司已收回全部投资。5月,公司电机生产厂房竣工投入使用,扩大了生产规模,增加了电机系列产品。

2007年,公司在产品设计、物资采购、外协厂家认定、质量管理、生产制造、销售和售后服务等方面继续沿用日本东芝公司管理模式,并结合中国实际情况,进一步修订、补充和完善。

公司在生产铁路机车、城市轨道车辆和地铁用主逆变器及辅助电源装置基础上,新增电机系列产品。内销产品全部面向大连机辆公司,全年销售收入6.85亿元,占全部收入的77%,内销比重连续两年大于出口,实现经营方向的全面转换。年内,向大连机辆公司销售辅助电源装置165台,出口日本市场各类装置等615台,电机线圈191台,超额完成年初董事会确定的经营目标。

合资公司党支部在日常工作中注重开展党建工作,力求通过共产党员先锋模范作用,提升党组织和党员在群众中的威信,做好外资企业环境下的党建工作。年内,公司发展党员4人。党、政、工、团联合组织员工经常开展丰富多彩的活动,使合资公司充满活力。2007年末,合资公司党支部有共产党员22人。 (秦 莹 供稿)

日立永济电气设备(西安)有限公司

日立永济电气设备(西安)有限公司是由永济新时速电机电器有限责任公司、日立制作所公司及日立(中国)有限公司三方共同出资设立的中外合资企业。公司面向城市轨道交通车辆和铁路机车车辆市场,从事交流牵引电传动产品及空调装置、换气装置等电气产品的设计、生产、销售、售后服务及相关业务。主要产品为铁路机车车辆和城市轨道交通车辆用主牵引变流器(VVVF 逆变器)、辅助逆变器、列车监控装置和网络控制系统、空调、换气装置等 5 大系列产品。2007 年,完成铁道部 200 公里/小时动车组项目和北京地铁 5 号线产品相关配件的制造,实现销售收入 1.2 亿元。年末,在册员工 105 人,其中日方人员 4 人。

(王永刚　供稿)

大同 ABB 牵引变压器有限公司

大同 ABB 牵引变压器有限公司从 2007 年 1 月 15 日开始正式批量生产牵引变压器,产品覆盖 CRH1、CRH2、CRH5 动车组和和谐 D2 机车等实施技术引进项目的多个国内知名企业,市场占有率达 47%,全年共计生产牵引变压器 161 台,其中 LOCO 型 83 台、A250 型 24 台、CHE 型 54 台;实现销售收入 1.7 亿元,实现利税 2551 万元。公司已具备年产 400 台牵引变压器的生产能力。

公司顺利通过 ISO9001:2000 质量管理体系认证。完成 3 个动车项目和 1 个机车项目的技术转让,获得日内瓦赛雪龙 ABB 公司的人员培训和技术支持。牵引变压器主要部件的国产化工作取得新进展和显著成效,国产化率达到 70%。公司注重产品质量;切实做好安全生产工作,全年无安全事故发生。

2007 年,召开 3 次董事会,规划公司发展方向。作出扩大国产化范围、规范质量控制和生产工艺流程、大力培养项目管理人才等重要决策。

(马佳路　供稿)

大同斯麦肯轨道运输设备有限责任公司

2007 年 4 月 13 日,中国北车集团大同电力机车有限责任公司与印度斯麦肯公司、大同机车锻造有限责任公司、大同机车设备制修有限责任公司、大同机车实业公司合资组建的大同斯麦肯轨道运输设备有限责任公司注册成立。合营公司投资总额 3000 万元,注册资本 1700 万元,其中中国北车集团大同电力机车有限责任公司与印度斯麦肯公司、大同机车锻造有限责任公司、大同机车设备制修有限责任公司、大同机车实业公司认缴出资额分别为595万元、595万元、227.80万元、141.10万元、141.10万元人民币，占注册资本的35%、35%、13.4%、8.3%、8.3%。公司经营范围：各种机车、货车、客车轮对，非标准轮对及其他铁路轨道运输设备配件的制造；代理机车车辆轮对及其他铁路轨道运输设备配件的进出口贸易；技术咨询及进出口贸易服务。公司于6月正式运作，至2007年底，实现销售收入1.64亿元，净利润2523万元。

（大同斯麦肯公司　供稿）

青岛四方法维莱轨道制动有限公司

中国北车集团四方车辆研究所和法国法维莱集团组建的青岛四方法维莱轨道制动有限公司于2006年4月30日注册成立，地址设于青岛市高新区新产业园地，注册资金3000万元，出资比例为四方所50%，法维莱集团50%。公司主要从事设计、制造、销售轨道交通制动系统、零部件产品并提供相关服务。公司外方股东法国法维莱运输集团公司是国际知名的轨道车辆配件供应商，其制动、空调、受电弓等项技术国际先进，尤其是制动系统，名列世界第二强。

公司上年获同车公司166台和谐D2型大功率电力机车制动系统订单，合同总额2.8亿元。2007年1月28日，举行青岛四方法维莱轨道制动有限公司开业暨第一台制动系统下线仪式。8月3日，法国法维莱运输集团公司发来贺信，祝贺法维莱和谐D2型机车制动系统型式试验取得成功。截至2007年底，按照供货合同要求，青岛四方法维莱轨道制动有限公司向同车公司提供机车制造系统50套，实现销售收入9000余万元。

（四方所所办　供稿）

西安阿尔斯通永济电气设备有限公司

2007年7月，根据中国北车集团公司股份制改革要求，中国北车集团永济电机厂将其在西安阿尔斯通永济电气设备有限公司49%的权益转让给永济新时速电机电器有限责任公司，合资公司于2007年12月获取变更后的企业法人营业执照，注册资本266万欧元，其中阿尔斯通公司占51%，永济新时速电机电器有限责任公司占49%。董事会由7人组成，其中阿尔斯通公司4人，永济新时速电机电器有限责任公司3人，董事长为永济新时速电机电器有限责任公司董事长徐印平。合资公司注册地址为西安经济技术开发区出口加工区，厂房租赁出口加工区厂房，面积6364平方米。公司具备年产400台牵引电机的生产能力。产品范围包括：出口EMU用牵引电机；出口客运和货运交流机车牵引电机；出口交流传动电力机车辅助电机、油泵以及销售给国内交流传动电力机车的辅助电机、油泵。2007年，实现销售收入1905万元。年末，公司在册员工64人，下设生产设备部、采购物流部、质量部、人事部、财务部、工艺部。

（杨晓勇　供稿）

学会·协会

责任编辑　刘玉芬

科学技术工作者协会

企业联合会

体育协会

党建思想政治工作研究会

科学技术工作者协会

【综述】 2007年，集团公司科协按照中国科协关于重视与加强企业科协工作的总体要求，围绕集团公司中心工作，加强科协组织建设，开展“讲理想、比贡献”等科技活动，努力做到“三服务一加强”，在为企业技术进步与科技人员服务中，发挥桥梁纽带作用。

【科协年会】 集团公司科协2007年年会于11月14～15日在北京南口轨道机械公司召开。集团公司副总经理兼总工程师、科协主席奚国华，集团公司科协领导及集团公司党委办公室、人事部等有关负责人，所属企业科协秘书长及科协工作者参加会议。会上，奚国华作了重要讲话，在充分肯定科协开展各项活动、努力发挥好桥梁纽带作用的同时，对科协工作提出三点要求：要深入贯彻十七大精神，进一步增强做好科协工作的责任感；要坚持以科学发展观为指导，充分发挥好科协组织的积极作用；要进一步加强科协自身建设，努力开创科协工作的新局面。号召科协工作者要坚持以人为本，强化服务意识，拓宽服务渠道，为开创集团公司科协工作新局面、建设“实力北车、活力北车、凝聚力北车”作出新贡献。集团公司科协常务副主席傅纯力作题为《深入贯彻落实科学发展观，创新求实，为开创科协工作新局面、增强企业技术创新能力而努力》的工作报告。报告总结了搞好企业科协工作的基本经验和体会，提出2008年科协工作的基本指导思想是：以党的“十七”大精神为指针，深入贯彻落实科学发展观。学习贯彻中国科协关于加强企业科协工作的有关规定和意见，健全组织、完善制度，持续开展“讲、比”活动，有效开展以技术创新为重点内容的科技活动，坚持为企业增强技术创新能力和科技工作者服务，办实事、抓落实、求实效，发挥好桥梁纽带作用，使科协整体工作水平得到提高。要以人为本，坚持量力而行办实事办好事，营造利于科技人员“干事业、干成事业、干好事业”的良好氛围，为努力建设和谐企业发挥作用。齐齐哈尔轨道装备公司、沈车公司、西安轨道装备公司、南口轨道机械公司科协在会上交流工作经验。

【科协活动】 1月，集团公司科协应邀参加北京市科协第七次代表大会；5月，应邀参加中国科协召开的全国企业科协工作会议。集团公司科协转发《中国科协关于加强企业科协工作的若干意见》和中国科协、发改委、科技部、国资委联合发出的《关于在企业深入开展“讲理想、比贡献”活动的意见》两个文件，并要求所属企业科协学习贯彻。

年内，组织推荐中国科协开展的“院士专家企业行”活动，以北车科协［2007］2号文，推荐长客股份公司、大连机辆公司、齐齐哈尔轨道装备公司、同车公司4个单位获中国科协认定，其中大连机辆公司为首批开展“院士专家行”活动单位。

【科技论文征集】 2007年，集团公司团委和科协联合开展第六届青年科技论文征集活动。所属企业共征集论文1000余篇，推荐上报集团公司125篇。经集团公司第六届青年科技论文评审委员会评审，大连电力牵引研发中心于跃、吴健的《基于TCN的机车网络控制系统平台》为优秀论文特等奖；长客股份公司黄治轶的《铁路客车侧墙大板工艺》等11篇论文为优秀论文一等奖；同车公司胡志鹏的《电力机车状态信息图形化显示研究》等34篇论文为优秀论文二等奖；南口轨道机械公司许阿萍的《转子型线加工技术及关键工序分析》等36篇论文为优秀论文三等奖；大连所公司王志刚的《机车用增压器试验台的现状及比较》等41篇论文为纪念奖。获奖论文受到集团公司团委和科协的表彰和奖励，《内燃机车》杂志设立专辑，刊登获一、二等奖的优秀论文。同时，所属企业科协参加2007中国科协年会论文征集活动，集团公司科协向中国科协年会推荐上报了唐山轨道装备公司、永济电机电器公司、南口轨道机械公司、齐齐哈尔轨道装备公司等单位的15篇论文。

【青年技术创新百点计划】 截至2007年10月，集团公司所属各单位共完成并上报集团公司百点计划成果98项。经集团公司“青年技术创新百点计划”成果评审委员会评审，齐齐哈尔轨道装备公司姜长明的《转K6转向架标准作业法》等10个项目获一等奖；大连机辆公司刘爱军的《RK270柴油机整铸机体工艺设计》等18个项目获二等奖；西安轨道装备公司卢奎刚的《新型呼吸式安全阀研发》等29个项目获三等奖；太原轨道装备公司赵志红的《检修K13型石碴漏斗车操纵室改造》等33个项目获纪念奖。集团公司团委和科协对获奖项目予以表彰和奖励。

【技术服务】 年内，根据集团公司和所属企业技术改造工作需要，科协参与机车车辆工业“国债”技术改造项目的竣工验收。承担有关竣工项目总结资料的预审、为竣工验收委员会准备竣工验收资料和组织工作，参与完成二七轨道装备公司的“交流传动内燃机车制造”国债专项资金技改项目竣工验收。按照集团公司安排，具体参与组织或参加有关技术引进消化吸收和国产化等项目的立项、可研报告、初步设计专家论证评审，并提出评审意见书。对齐齐哈尔轨道装备公司、同车公司、长客股份公司、唐山轨道装备公司、南口轨道机械公司、西安轨道装备公司、太原轨道装备公司、长春轨道装备公司、二七轨道装备公司、天津轨道装备公司、兰州轨道装备公司、沈车公司、大连机辆公司、大连所公司、四方所公司等单位的“货车研发制造基地建设、客车修理、时速300公里动车组与转向架、电力机车国产化、新厂建设、建立合资企业、25吨轴重70吨级货车制造工艺、齿轮箱与车轴制造、电力机车检修、大型养路机械与工程车制造”等46个技术改造项目，先后对其立项、可研报告或初步设计组织进行40余次调研论证和评审。协助对完成的科研计划项目进行科技成果验收和鉴定工作。先后对齐齐哈尔轨道装备公司、哈尔滨轨道装备公司、同车公司、济南轨道装备公司、西安轨道装备公司、二七轨道装备公司、永济电机电器公司、大连所公司、长春轨道装备公司、电力牵引研发中心等单位的X_{4K}型平车、DA_{21}、DA_{25}型凹底平车、1.5兆瓦风力发电机、韶山$_{7C}$型电力机车、GN_{70}型罐车、青藏铁路集便器等41项科技成果进行鉴定；对42项科研计划项目科技成果进行验收。

为宣传机车车辆产品，相继为齐齐哈尔轨道装备公司、沈车公司、二七轨道装备公司设计开发粮食漏斗车、守车、东风$_{7G}$型机车三种电动仿真模型。 (科协 供稿)

企业联合会

【综述】 2007年，集团公司企联和各单位企协从实际出发，紧紧围绕中心工作，在调研咨询、管理创新、培训教育等方面积极开展工作，为集团公司经营发展积极发挥作用。

【调研咨询】 针对技术引进管理课题，集团公司企联先后到长客股份公司、大连机辆公司、同车公司、永济电机电器公司、大连所公司、四方所公司等单位进行专题调研，听取企业技术引进管理情况介绍，就如何引入新的管理理念、提高管理水平，与国际接轨、保证引进技术的顺利进行、持续创新等内容同所属企业领导和有关专家座谈讨论，撰写调研报告。

所属企业企协针对本企业实际，在年初工作计划中确立调研专题，组织开展调查研究工作，对深化企业内部改革、加强基础管理、修订规章制度和强化现代化管理手段等方面提出建议和意见，促进企业提高管理水平。兰州轨道装备公司企协针对现行的工效挂钩分配办法存在的问题深入调查研究，提出修改效绩目标责任制管理和考核办法的具体意见和建议，得到企业领导充分肯定，有关部门采纳企协建议，制定了新的效绩目标责任制管理和考核办法。

【管理创新】 集团公司所属企业企协认真开展企业管理创新和培育企业新纪录工作，制定计划，组织立项攻关，进行督促检查和评审奖励。年内，集团公司企业管理创新项目立项 123 项。齐齐哈尔轨道装备公司荣获第五届中国机械 500 强企业、国家级“优秀诚信企业”、黑龙江省企业 50 强等称号，连续 3 年被评为黑龙江省推进现代化管理先进单位；组织申报的《铁路载重 450 t 落下孔车》项目被列为第十一届中国企业新纪录。沈车公司企协组织有关部门和专业人员评审近年来管理创新成果 86 项。同车公司评审 10 项企业新纪录，其中污水处理和中水回用两项目成功入选中国企业新纪录。哈尔滨轨道装备公司企协组织有关部门提出 14 个现代化管理创新项目，确定 9 个立项培植，进行跟踪问效。大连机辆公司企协组织立项 33 项，并在项目实施过程中督促检查，进行指导和培训，保证攻关项目的先进性和实用性。

【培训教育】 集团公司企联举办第二期通讯员培训班，注重提高所属企业企协通讯员公文写作和管理水平。

所属企业企协结合开展基础管理年活动、引进技术管理和新产品开发等工作重点开展职工教育培训。太原轨道装备公司企协组织 100 多名企协会员参加“学习与发展”培训，并举办两期基础管理知识培训班，学习国内外先进管理经验、理论、方法和手段。同车公司企协重点组织完成和谐 D2 型电力机车基本知识、PDM-ERP 基本知识和 07 版 OA 系统应用知识培训，全年共举办培训班 51 期，780 多人参加学习。长春轨道装备公司企协围绕企业技术创新项目，协助开展岗位继续教育和全员技术培训，增强科技人员的创新意识和创新能力。

【企业管理刊物】 集团公司企联继续配合企业文化部办好《北车求索》杂志，组织所属企业企协积极投稿。西安轨道装备公司、济南轨道装备公司、太原轨道装备公司等企协刊物注重选登结合企业实际的专业论文、总结报告、创新成果和现代化管理信息，努力办出特色。长客股份公司企协出版 4 期《企管文摘》，发表论文 32 篇。

【企协活动】 集团公司所属企业企协围绕中心工作开展形式多样的活动。沈车公司企协组织开展创建自控型企业活动，在上年推行创建活动取得实效的基础上，将活动范围扩大到质量、成本、安全、人事、财务、物资、生产、技术、设备、治安消防 10 个方面，效果明显。长春轨道装备公司企协围绕高技术产业化项目、具有自主知识产权项目和高新技术改造传统产业项目开展合理化建议活动，共提出合理化建议 500 多项，立项 100 余项，30 多项实施。西安轨道装备公司企协在“基础管理年”活动中，与有关部门配合，强化成本控制，促进企业经济效益稳步增长。唐山轨道客车公司企协按照现代企业制度要求，协助有关部门制定公司章程、管理大纲、议事规则、组织机构框架等管理制度，使企业管理更加规范。二七轨道装备公司企协开展的创建学习型企业活动、天津轨道装备公司企协开展的节能减排活动、南口轨道机械公司企协配合有关部门开展的评选企业明星活动、太原轨道装备公司企协开展的管理知识问答竞赛活动等，对于加强企业管理、促进生产经营起到了积极作用。

【企协会议】 4月19日，集团公司企协秘书长工作会议在厦门召开，集团公司企联领导和各企业企协秘书长参加会议。会上，企联常务副会长彭振风总结了企联企协上年的工作，分析了面临的形势和任务，提出2007年工作思路和工作重点。各企协秘书长交流了工作经验和体会。

(刘丽萍　供稿)

体　育　协　会

【综述】 2007年，集团公司和所属企业体协以迎接2008年北京奥运会为契机，以办好集团公司第二届运动会为重点，开展“职工体育年”活动。职工体育工作进一步融入企业工作中心，服务改革发展稳定大局，取得明显成绩，发挥了积极作用。

【体育工作会议】 1月27日，中国北车集团公司2007年体育工作会议在长春召开。集团公司工会副主席、体协副主席兼秘书长张双成作工作报告，体协常务副主席王玉文主持会议，各所属企业主管体育工作的工会副主席和体协秘书长参加会议。会议全面总结和部署了年度体育工作，提出开展“北车职工体育年”活动口号和要求，重点安排集团公司第二届运动会的有关准备工作，为全年体育工作的有效开展奠定了基础。

【中国北车集团公司第二届运动会】 8月18～20日，中国北车集团公司第二届运动会在齐齐哈尔轨道装备公司召开。会上，集团公司总经理崔殿国宣布开幕，党委书记王立刚致开幕词，副总经理赵光兴致闭幕词，工会主席董宇全程主持。主承办单位齐齐哈尔轨道装备公司和承办先期赛事的大连机辆公司、西安轨道装备公司、沈车公司、济南轨道装备公司精心筹划，细致工作，共同保证了赛会的圆满成功。齐齐哈尔轨道装备公司、唐山轨道装备公司、长客股份公司、同车公司、大连机辆公司、沈车公司、西安轨道装备公司、永济电机电器公司分获团体总分前八名。第二届运动会检阅了集团公司体育健身活动成果，展示了昂扬向上的精神风貌。同时，在推动全民健身活动，凝聚人心，促进科学发展，共建和谐，展示形象，提高知名度等方面，产生了积极的影响。

【重要赛事活动】 3月中旬至5月底，先后在大连机辆公司、西安轨道装备公司、沈车公司和济南轨道装备公司，分别进行乒乓球、羽毛球、桥牌、毽球和男子篮球等集团公司单项比赛。8月19～20日，在齐齐哈尔轨道装备公司进行了田径和大众体育项目比赛，集团公司所属企业和总部机关全部组队参赛。在筹办集团公司第二届运动会的工作带动下，集团公司所属企业组织的综合性、季节性、主题型以及集散结合的大型比赛和活动共计30多项。按照全国和火车头老年体协要求，集团公司体协发出关于组织离退休人员参与“全民健身与奥运同行·全国亿万老年人健步走向北京奥运会”活动的通知。各单位及时启动运作，加强组织指导，活动进展顺利。

【体育先进评选表彰】 经集团公司第二届运动会组委会评定，集团公司工会对11个“集团公司职工体育工作先进单位”、27名“优秀体育工作领导干部”、26名“优秀体育工作者”和55名“职工体育积极分子”进行表彰。在优秀体育论文评选活动中，所属各单位共报送论文37篇，经集团公司第二届运动会组委会评定，一等奖2篇，二等奖4篇，三等奖8篇，优秀奖23篇，由集团公司体协予以表彰和奖励。

【老年体育展演评比】 作为集团公司第二届运动会一项重要内容，在老年体育展演评比中。永济电机电器公司等13个单位分获一、二、三等奖和优秀奖。展演内容包括大众传统项目和独到、新颖的创新推广项目。通过组织动员、编排演练、摄像制作、报道宣传，推动了老年体育和全民健身活动的深入开展，受到铁道部老年体协充分肯定。

【集团公司体协理事会成员】

名誉主席　王立刚
主　　席　董　宇
常务副主席　王玉文
副 主 席　曲　川　张双成
秘 书 长　张双成(兼)
副秘书长　姚旅军
常务理事　董　宇　王玉文　曲　川
　　　　　张双成　姚旅军　肖东升
　　　　　权　亮

（曲　川　供稿）

党建思想政治工作研究会

【综述】 2007年，集团公司党建思想政治工作研究会围绕企业中心工作，以课题研究为载体，认真研究如何加强与改进党建和思想政治工作，积极探索如何加强企业文化建设。在中央企业党建思想政治工作研究会第二次会员大会上，集团公司党建思想政治工作研究会被评为“中央企业党建思想政治工作研究先进集体”；集团公司党委书记王立刚当选为中央企业党建思想政治工作研究会常务理事。

【课题研究及成果】 年内，下发了《关于印发2007～2008年度党建思想政治工作研究参考课题的通知》，在所属企业13个单位申报的30个研究课题中对20个研究课题进行立项。年末，共评选出12项2005～2006年度优秀研究成果，其中一等奖2个，二等奖4个，三等奖6个。12月，在中央企业党建政治思想工作研究会第二次会员大会上，集团公司4项研究课题获2005～2006年度中央企业党建思想政治工作优秀研究成果奖，其中集团公司《理念创新，引领企业快速发展》获一等奖，沈车公司《以观念更新推动理念创新，以文化管理创新促进企业发展》获二等奖，长春轨道客车公司《持续不断地更新思想观念，促进企业发展创新》和济南轨道装备公司《创新学习模式，强化学习效果，以持续有效的理论学习推动企业快速发展》获三等奖。

【《北车求索》】 全年出版《北车求索》3期。刊发集团公司各单位在思想政治工作和企业管理方面取得的宝贵经验、理论研究成果、国内思想政治工作动态及其他单位成功做法60多篇，有效发挥了提高理论水平和解决实际问题的载体作用。

（金秀荣　供稿）

人物·荣誉

责任编辑　刘兴国

新闻人物

先进人物

逝世人物

集体荣誉

新闻人物

【中共十七大代表】

常桂春　女，汉族，大专学历，1961年2月出生。1979年5月参加工作，1992年6月加入中国共产党。二七轨道装备公司传动分厂工人。先后荣获“北京市三八劳动能手”、“北京市劳动模范”、“火车头奖章”、“全国先进女职工”、“全国五一劳动奖章”、“全国劳动模范”等称号，是北京市第十次妇女代表大会代表和北京市第八届青年联合会委员。2007年当选中国共产党第十七次全国代表大会代表。

【党代会代表】

中央企业系统（在京）党代会代表

王立刚　中国北车集团公司党委书记、副总经理

任玉君　四方所公司董事长、总经理

赵明华　长客股份公司副总工程师

高保江　齐齐哈尔轨道装备公司党委书记、副董事长

崔殿国　中国北车集团公司总经理、党委副书记

黑龙江省第十次党代会代表

高保江　齐齐哈尔轨道装备公司党委书记、副董事长

北京市第十次党代会代表

宋治贵　南口轨道机械公司董事长、总经理

【政协委员】

第十一届全国政协委员

李海滨　二七轨道装备公司副总经理

北京市第十一届政协委员

魏亦南　南口轨道机械公司总工程师

先进人物

【国家级荣誉称号获得者】

全国“五一”劳动奖章获得者

董晓峰　长客股份公司

陈德水　沈车公司

国家级“863”计划现代交通技术领域专家

奚国华　集团公司总部

赵明花　长客股份公司

全国优秀工会工作者

侯宝凤　唐山轨道客车公司

首届中国优秀青年技师

王　峰　长春轨道装备公司

中国十大科技英才

张业明　济南轨道装备公司

全国先进妇女职工工作者

张毅峰　集团公司总部

全国知识型职工优秀个人

杨　洋　沈车公司

全国知识型职工先进个人

金正哲　齐齐哈尔轨道装备公司

谢元立　长客股份公司

张东义　唐山轨道装备公司

李晓辉　唐山轨道装备公司

姜　波　兰州轨道装备公司

【中央企业荣誉称号获得者】

中央企业优秀思想政治工作者

高保江　齐齐哈尔轨道装备公司

石　垒　沈车公司

苏永安　大连机辆公司

中央企业优秀共青团员

张美玉　天津轨道装备公司

中央企业优秀团干部

胡　刚　唐山轨道装备公司

中央企业技术能手

徐　波　大连机辆公司

王雪峰　齐齐哈尔轨道装备公司
邓立强　同车公司
姚　进　大连机辆公司
尹道建　大连机辆公司
由四海　大连机辆公司
高云巍　大连机辆公司
万传广　大连机辆公司
李　松　齐齐哈尔轨道装备公司

中央企业青年岗位能手

霍卫国　齐齐哈尔轨道装备公司
孙席忠　齐齐哈尔轨道装备公司
王兆福　长客股份公司

中央企业知识型先进职工

林孝华　齐齐哈尔轨道装备公司
李丕庆　长客股份公司
姚丽萍　长客股份公司
刘大志　长春轨道装备公司
王兴元　沈车公司
孙立功　沈车公司
耿太昌　大连机辆公司
吴兰敏　唐山轨道装备公司
刘春海　唐山轨道客车公司
张　伟　天津轨道装备公司
曹宏晏　二七轨道装备公司
刘喆龄　南口轨道机械公司
赵一元　同车公司
杨绍时　同车公司
孙新贤　太原轨道装备公司
李咏梅　永济电机电器公司
朱传水　济南轨道装备公司
林　廷　西安轨道装备公司
刘立明　兰州轨道装备公司
张维国　四方所公司

【火车头奖章获得者】

林孝华　齐齐哈尔轨道装备公司
修　磊　齐齐哈尔轨道装备公司
王晓峰　齐齐哈尔轨道装备公司
李丕庆　长客股份公司
姚丽萍　长客股份公司
牛得田　长客股份公司
刘大志　长春轨道装备公司
王光元　沈车公司
孙立功　沈车公司
孙永才　大连机辆公司
耿太昌　大连机辆公司
杨守君　大连机辆公司
吴兰敏　唐山轨道装备公司
刘春海　唐山轨道装备公司
张　伟　天津轨道装备公司
曹宏晏　二七轨道装备公司
刘喆龄　南口轨道机械公司
杨绍时　同车公司
孙新贤　太原轨道装备公司
李咏梅　永济电机电器公司
朱传水　济南轨道装备公司
林　延　西安轨道装备公司
郭小峰　西安轨道装备公司
刘立明　兰州轨道装备公司
张维国　四方所公司
赵文洪　集团公司总部

【茅以升铁道工程师奖获得者】

祝　震　齐齐哈尔轨道装备公司
张小军　大连机辆公司
单　巍　长客股份公司
黄俊辉　集团公司总部

【第八届詹天佑铁道科学技术奖成就奖获得者】

祝　震　齐齐哈尔轨道装备公司

【第八届詹天佑铁道科学技术奖青年奖获得者】

单　巍　长客股份公司
王旭东　长客股份公司
刘会岩　大连机辆公司

【省级劳动模范、劳动奖章获得者】

黑龙江省劳动模范

高保江　齐齐哈尔轨道装备公司

王　海　齐齐哈尔轨道装备公司

安凤翔　哈尔滨轨道装备公司

吉林省劳动模范

曹　然　长客股份公司

杨富军　长客股份公司

山西省特级劳动模范

王　宏　同车公司

山西省劳动模范

石晓丁　同车公司

邢绍军　同车公司

王玉海　太原轨道装备公司

庞卓卉　永济电机电器公司

陕西省劳动模范

李永军　西安轨道装备公司

吉林省“五一”劳动奖章

屈伟建　长客股份公司

杨富军　长客股份公司

曹　然　长客股份公司

辽宁省“五一”劳动奖章

杨　洋　沈车公司

毛正石　大连机辆公司

刘会岩　大连机辆公司

首都劳动奖章

王玉广　二七轨道装备公司

山西省“五一”劳动奖章

薛金良　永济电机电器公司

甘肃省“五一”劳动奖章

张　涛　兰州轨道装备公司

【省级技术能手称号获得者】

辽宁省有杰出贡献高技能人才

刁培松　大连机辆公司

辽宁省职工十大创新能手

刘会岩　大连机辆公司

吉林省职工创新能手

罗昭强　长客股份公司

北京市青年岗位能手

王晓娟　南口轨道机械公司

王延奎　南口轨道机械公司

山西省优秀青年技术创新能手

刘　荣　同车公司

山西省青年岗位能手

王　晗　同车公司

甘肃省青年岗位能手

杨文斌　兰州轨道装备公司

黄作鹏　兰州轨道装备公司

陕西省优秀高技能人才

杨勇刚　西安轨道装备公司

【其他省级荣誉获得者】

黑龙江省优秀企业家

魏　岩　齐齐哈尔轨道装备公司

黑龙江省企业事业民主管理工作优秀厂长

魏　岩　齐齐哈尔轨道装备公司

黑龙江省纪检监察系统先进工作者

孙志山　齐齐哈尔轨道装备公司

黑龙江省优秀共青团干部

王绍峰　齐齐哈尔轨道装备公司

吉林省优秀女职工干部

贾丽华　长客股份公司

吉林省十佳女职工标兵

曹　然　长客股份公司

甘肃省优秀共青团干部

张　尧　兰州轨道装备公司

甘肃省优秀共青团员

张海林　兰州轨道装备公司

陕西省“三八”红旗手

杨玉美　西安轨道装备公司

河北省十大杰出青年

张雪松　唐山轨道客车公司

河北省优秀工会积极分子

刘世俊　唐山轨道客车公司

山西省女职工先进工作者

于　波　同车公司

山西省维护妇女儿童权益贡献奖

范志远　同车公司

山东省职工体育工作先进个人

李文清　济南轨道装备公司

全路优秀工会积极分子

苗广斌　唐山轨道客车公司

【集团公司首席专家】

齐齐哈尔轨道装备公司

祝　震　李　福　杨爱国

长客股份公司

李瑞淳　王炎金　赵明花

大连机辆公司

张思庆　高洪光

同车公司

封全保　赵明元

四方所公司

李国平

【集团公司资深专家】

集团公司总部

任　健　赵文洪　王顺强　郎　杰

齐齐哈尔轨道装备公司

邢书明　吕可维　张力群　于跃斌
周来胜　陈增有　常文玉

哈尔滨轨道装备公司

居晓然

长客股份公司

孙灵军　陆海英　刘玉民　闫雪冬
罗昭强

大连机辆公司

韩树明　刘会岩　王　力　孙秀玲
丁凤铁　刁培松

二七轨道装备公司

王　东　王春元

同车公司

杨东平　仝　雷　马　君

太原轨道装备公司

程　平　刘文胜

永济电机电器公司

尚诗贤　姬惠刚　姚陶生

西安轨道装备公司

郭小锋

大连所公司

刘淑华　杨　英

四方所公司

程海涛　刘宏友

大连电力牵引研发中心

王文举　吴　健　马惠春　马晨普
李砾工　姜悦礼

【集团公司优秀共产党员】

齐齐哈尔轨道装备公司

杜东升　黄凤龙　王世鹏　李　华
孙宏宇　郑国友

哈尔滨轨道装备公司

喻衍建　李敬国

牡丹江厂

陈晓光

长春轨道装备公司

李朝武　蔡立群　赵长春　姚向东

长客股份公司

王　震　王洪亮　罗昭强

唐山轨道客车公司

杜永强　王秀义

沈车公司

陈德水　姜树忠　周国良　陈德君
郑　平

大连机辆公司

杨守君　郑翠玲　王文国　李大海
毛正石

唐山轨道装备公司

孔向东　吴兰敏　张俊起　郑玉良

天津轨道装备公司

程润发　邢振民

二七轨道装备公司

李晓明　任　钢　王冠英

南口轨道机械公司

孟庆顺　许阿萍　樊学军

太原轨道装备公司

康雪仑　张志敏　王小玲　成　萍

同车公司

蔡永强　南利军　王东敏　用海军

杨霄虹

永济电机电器公司

张峰杰　张晋芳　张建东　陈永刚

济南轨道装备公司

曲　超　王法珍　于维加

西安轨道装备公司

陈　伟　张小秦　史大勇　任绪群

杜　伟

兰州轨道装备公司

王明军　宋　怡　过明杰

大连所公司

孔丽君

四方所公司

邢晓东

集团公司总部

徐建刚

【集团公司优秀党务工作者】

齐齐哈尔轨道装备公司

周凯明　韦忠林　赵建民　曲家林

哈尔滨轨道装备公司

刘松滨　李文军

牡丹江厂

孙树橙

长春轨道装备公司

翁之罘　冯慧平　梁万发

长客股份公司

鲍志全　宋会军

唐山轨道客车公司

侯宝凤　朱印良

沈车公司

张　进　李玉坤　王绍平

大连机辆公司

孙永才　薛家彦　刘锡君　刘发祥

唐山轨道装备公司

邵宝申　薄永为

天津轨道装备公司

尹建民

二七轨道装备公司

傅振德　张显斌

南口轨道机械公司

韩述玉

太原轨道装备公司

王良东　赵向东

同车公司

李金伟　南景库　崔安平

永济电机电器公司

王正民

济南轨道装备公司

郑学军　王　强　韩　荣

西安轨道装备公司

高力佳　权宗让　陈海涛　杨国美

兰州轨道装备公司

陈国瑞

大连所公司

贾伟斌

四方所公司

尹桂江　刘兴臣

集团公司总部

戴庆珍

【第二届“中国北车集团公司十大杰出青年”】

王洪亮　长客股份公司

朱宝利　长客股份公司

许阿萍　南口轨道机械公司

吴　健　大连电力牵引研发中心

张民才　二七轨道装备公司

李永军　西安轨道装备公司

杨　洋　沈车公司

杨东平　同车公司
杨守君　大连机辆公司
邵文东　齐齐哈尔轨道装备公司

【集团公司技术标兵】
徐　波　大连机辆公司
王雪峰　齐齐哈尔轨道装备公司
邓立强　同车公司
姚　进　大连机辆公司
尹道建　大连机辆公司
由四海　大连机辆公司
高云巍　大连机辆公司
石传广　大连机辆公司
李　松　齐齐哈尔轨道装备公司

逝世人物

张尚华　男，1925 年 10 月生，陕西省淳化县人。1940 年 3 月参加革命工作，1945 年加入中国共产党。历任班长、分队长、股长、副区长、团地委副书记、西安铁路分局团委书记。1952 年 5 月起，任西安车辆工厂厂长。1962 年起，任齐齐哈尔车辆工厂副厂长、厂长。1970 年 3 月起，任眉山车辆工厂建厂领导小组组长、党委书记。1978 年 9 月至 1983 年 12 月，任大连机车车辆工厂厂长、党委副书记。2007 年 6 月 12 日在大连逝世。

周玉铭　男，1949 年参加工作，1954 年 11 月加入中国共产党。历任北京南口机车车辆机械厂劳动工资科办事员、劳动工资员、定额技术员、主任技术定额员、副科长，兰州机车厂劳动工资科副科长、农场副场长、机械车间主任、生产计划科科长、副厂长、厂长、党委副书记、调研员。1992 年 4 月退休。2007 年 4 月 13 日因病逝世，享年 76 岁。

集体荣誉

【国家级集体荣誉】

全国“五一”劳动奖状获得单位
长客股份公司
唐山轨道客车公司铝合金分厂铆钳班
大连机辆公司机修厂电子班

中国企业工业 500 强企业
齐齐哈尔轨道装备公司

全国“四五”普法先进集体
齐齐哈尔轨道装备公司

全国职工体育示范单位
齐齐哈尔轨道装备公司

全国企业文化建设优秀企业
齐齐哈尔轨道装备公司

2007 年国家火炬计划重点高新技术企业
齐齐哈尔轨道装备公司

全国厂务公开民主管理先进单位
长客股份公司

全国首批 103 家国家创新型试点单位
长客股份公司

中国第十二届企业新纪录创造奖
天津轨道装备公司

中国制造业信息化工程产品创新单位
同车公司

国家级技术中心
唐山轨道客车公司

国家高新技术企业
大连所公司

全国“安康杯”竞赛优胜企业
齐齐哈尔轨道装备公司
同车公司

全国“安康杯”竞赛活动优胜班组
西安轨道装备公司货车制造事业部罐车车间组焊组

全国青年文明号
太原轨道装备公司产品开发部车辆设计

组
兰州轨道装备公司电机电器厂定子班

【中央企业集体荣誉】

国资委“科技创新特别奖”
中国北车集团公司
中央企业思想政治工作先进单位
齐齐哈尔轨道装备公司
大连机辆公司
长客股份公司
在京中央企业防范和处理邪教工作先进单位
南口轨道机械公司党委
中央企业五四红旗团支部
南口轨道机械公司动能团支部
中央企业学习型红旗班组
大连机辆公司机修厂电子班
同车公司备料车间数控组

【“火车头奖杯”获得单位】

齐齐哈尔轨道装备公司电修车间
哈尔滨轨道装备公司制造分厂
长客股份公司第一装配厂
大连机辆公司机车车间
大连所公司内燃机核心部件事业部

【省部级集体荣誉】

黑龙江省先进集体
齐齐哈尔轨道装备公司
黑龙江省企业事业民主管理工作先进单位
齐齐哈尔轨道装备公司
黑龙江省五四红旗团委标兵
齐齐哈尔轨道装备公司团委
辽宁省文明单位
沈车公司
河北省“高技能人才突出贡献奖”先进单位
唐山轨道客车公司机车机械车间
河北省园林式单位
唐山轨道装备公司
河北省模范职工之家
唐山轨道客车公司工会
山西省“五一”劳动奖状
同车公司
山西省安全文明企业
同车公司
山西省厂务公开民主管理先进单位
同车公司
山西省模范集体
同车公司构架车间构架组对组
山西企业 100 强
同车公司
山东省富民兴鲁劳动奖状
济南轨道装备公司
山东省文明单位
四方所公司
山东省“科技金桥奖”
四方所公司
陕西省装备制造业最具社会责任感企业
西安轨道装备公司
陕西厂务公开民主管理先进单位
西安轨道装备公司
陕西省青年突击队
西安轨道装备公司技术中心设计处设计三组
甘肃省工业 100 强企业
兰州轨道装备公司

【集团公司先进基层党组织】

齐齐哈尔轨道装备公司党委
长客股份公司党委
大连机辆公司党委
西安轨道装备公司党委
齐齐哈尔轨道装备公司
货车分厂党支部
冲压车间党支部
市场营销部党支部
哈尔滨轨道装备公司
生产安技党支部

牡丹江厂

　　牡丹江金缘钩缓制造有限责任公司党总支部

长春轨道装备公司

　　客车装配厂党支部

　　长机辆公司车轮分厂党支部

长客股份公司

　　第二车体厂党委

　　电镀车间党支部

唐山轨道客车公司

　　铝合金分厂党总支部

沈车公司

　　新造分厂党总支部

　　电气分厂党支部

　　机车分厂党总支部

大连机辆公司

　　电机电器厂党支部

　　机车车间党支部

　　大力机车锻压有限公司党支部

唐山轨道客车公司

　　客车检修公司党总支部

　　机车公司机车组装车间党支部

天津轨道装备公司

　　弹簧车间党支部

二七轨道装备公司

　　机车分厂党支部

　　规划发展部党支部

南口轨道机械公司

　　动能公司党支部

太原轨道装备公司

　　越达电机党支部

　　冲压党支部

同车公司

　　党委组织部党支部

　　构架车间党支部

　　技术中心党支部

永济电机电器公司

　　机械加工一分厂党支部

　　永济电气锻压有限责任公司党支部

济南轨道装备公司

　　转向架车间党支部

　　办公室党支部

西安轨道装备公司

　　经营党支部

　　机运分公司党支部

　　货修事业部货解车间党支部

兰州轨道装备公司

　　工业公司党总支部

　　机车车间党支部

大连所公司

　　换热元件事业部党支部

四方所公司

　　电气研发中心党支部

集团公司总部

　　人事部（党委组织部、干部部）党支部

统计资料

责任编辑　韩长城

统计资料(表 1 ~ 表 11)

表 1　　**2007 年主要指标综合表**

名　称	单位	数　量	名　称	单位	数　量
年末从业人员人数	人	88286	新造机车	台	456
其中：所属子企业	人	88188	其中：内燃机车	台	212
集团公司总部	人	98	电力机车	台	244
资产总计	万元	4065363	新造客车	辆	724
固定资产原价	万元	1740229	新造动车组	辆	192
固定资产净额	万元	1072198	新造城轨车	辆	379
营业收入	万元	2948137	新造货车	辆	18749
主营业务收入	万元	2705656	修理机车	台	691
利润总额	万元	51689	其中：内燃机车	台	538
净利润	万元	66615	电力机车	台	153
工业总产值	万元	2839609	修理客车	辆	1898
工业销售产值	万元	2871903	修理货车	辆	27452
工业增加值	万元	584103	其中：段修	辆	2112
			钢　水	万吨	18

注：本表为合并数据。

表 2　　**2007 年主要经济指标**

单位名称	固定资产原价(万元)	固定资产净额(万元)	主营业务收入(万元)	利润总额(万元)	成本费用利润率(%)	国有资本保值增值率(%)
集团公司	1740229	1072198	2705656	51688	1.93	103.82
其中：集团总部	2813	1558	383	47678	800.48	105.74
齐车公司	22308	9055	314914	13264	4.38	114.97
齐装公司	129140	58453	161943	14205	9.4	0.00
哈车公司	2944	1511	33952	－507	－1.44	98.53
哈装公司	62953	56640	21693	450	2.04	0.00
牡丹江厂	61448	30458	3690	－7730	－70.81	168.45
长机辆公司	333	315	14529	－299	－1.99	86.28
长客厂	6292	4193	34680	48	0.14	102.22
长春装备公司	61491	39056	42792	1763	4.38	0.00
长客股份公司	224460	143169	462055	14417	3.23	118.46
沈车公司	171589	131700	214518	5026	2.40	104.02
沈车工贸公司	681	395	519	－555	－82.44	92.18
大连机辆公司	148082	69752	375903	8010	2.10	107.81
大连装备公司	15208	8232	4950	－267	－4.90	0.00
唐山厂	5288	2929	90927	－12476	－12.40	84.28
唐山装备公司	43164	31829	36572	－808	－2.15	0.00
唐山客车公司	113855	88494	53092	－15939	－23.01	0.00
天津厂	5572	1901	22269	280	1.27	101.35
天津装备公司	31856	15532	14460	1661	12.80	0.00
二七机车公司	19832	10757	20754	－8256	－28.41	83.60
二七装备公司	70410	36031	24310	－1724	－6.56	0.00
南口厂	4770	2852	9293	724	6.12	106.49
南口机械公司	37336	21803	8892	17	0.17	0.00
同车公司	137689	90177	243910	17214	7.42	102.59

续表 2

单位名称	固定资产原价(万元)	固定资产净额(万元)	主营业务收入(万元)	利润总额(万元)	成本费用利润率(%)	国有资本保值增值率(%)
大同前进装备公司	—	—	—	0	−100.00	0.00
同车社区	8727	5045	873	18	1.75	100.64
太原厂	3332	1752	71481	−862	−1.18	97.71
太原装备公司	43826	29185	42652	2465	6.07	0.00
永济厂	21625	12730	91685	1021	1.10	97.68
永济电机公司	93877	56142	91270	1396	1.53	0.00
济南厂	1950	1146	134951	2357	1.79	102.72
济南装备公司	47605	32240	58508	2776	4.98	0.00
西安厂	13351	6455	160107	5479	3.53	112.09
西安装备公司	53604	29382	74584	2836	3.95	0.00
兰州厂	6129	1661	23217	−67	−0.28	122.69
兰州装备公司	34533	21623	17378	−1996	−10.21	0.00
大连所	14337	8991	15155	1554	10.99	107.95
四方所	16045	9463	41559	7718	22.11	144.42
进出口公司	363	265	4160	284	5.26	104.14
物流公司	1997	1701	135636	952	0.71	106.44
北京铁工租赁公司	2978	914	386	−271	−41.23	55.32
大同铁工煤炭运销公司	166	61	3786	83	2.25	120.55
大连华铁公司	220	74	1326	93	7.47	103.49

表 3

2007 年主要产品产量

单位名称	新造							修理						钢水(吨)
	内燃机车(台)	电力机车(台)	客车(辆)	动车组(辆)	城轨车(辆)	货车(辆)	吊车(台)	内燃机车(台)	电力机车(台)	客车(辆)	厂修货车(辆)	段修货车(辆)	吊车(台)	
合计	212	244	724	192	379	18749	2	538	153	1898	25340	2112	2	183068
齐车公司						7641	2				2400	43		93521
哈车公司						174					5231			
长机辆公司														
长客厂										680				
长客股份公司			378	192	379									
沈车公司						2191		85			10113	1538		20595
大连机辆公司	147	163				970		80						22013
唐山客车公司			346					144	4	763				629
天津厂														8753
二七机车公司	65							77						
南口厂														
同车公司		81							8					
太原厂						1253			128		3413	13		11695
永济厂														4791
济南厂						3384								0
西安厂						3136				455	4183	518		17219
兰州厂								152	13				2	3852

表 4 **2007 年新造机车、吊车** 单位：台

车　　型	合　计	大连机辆公司	二七机车公司	同车公司	齐车公司	兰 州 厂
内燃机车	212	147	65			
其中：东风$_{4B}$各型	5	5				
东风$_{4D}$各型	44	44				
东风$_{5B}$各型	2	2				
东风$_{5D}$各型	10	10				
东风$_{7C}$型	20		20			
东风$_{7G}$型	11		11			
东风$_{8B}$型	1	1				
东风$_{10}$各型	42	42				
GK 车各型	51	23	28			
其他内燃机车各型	26	20	6			
电力机车	244	163		81		
其中：韶山$_{3}$型	2			2		
韶山$_{4G}$型	21			21		
韶山$_{7}$型	2			2		
和谐$_{D}$2 型	56			56		
和谐$_{D}$3 型	163	163				
吊　车	2				2	
其中：160T 液压伸缩臂吊车	2				2	

表 5 **2007 年新造客车、动车组和城轨车辆** 单位：辆

车　　型	合　计	长客股份公司	唐山客车公司	大连机辆公司
新造客车、动车组、城轨车辆	1295	949	346	
其中：软卧 19T 型　$RW_{19}T$	9	9		
软卧 25G 型　RW_{25G}	24	1	23	
软卧 25T 型　$RW_{25}T$	25	25		
硬卧 25G 型　YW_{25G}	115		115	
硬卧 25T 型　$YW_{25}T$	159	126	33	
硬座 25G 型　YZ_{25G}	121	1	120	
硬座 25T 型　$YZ_{25}T$	49	39	10	
行李 25G 型　XL_{25G}	33	9	24	
行李 25T 型　$XL_{25}T$	2	2		
餐车 25G 型　CA_{25G}	12	1	11	
餐车 25T 型　$CA_{25}T$	15	15		
发电 25G 型　FD_{25G}	1		1	
邮政 25G 型　UZ_{25G}	5		5	
其他客车各型	154	150	4	
动车组—200KM 动车	120	120		
动车组—200KM 拖车	72	72		
城市轨道车辆	54	54		
地铁客车	325	325		

表 6　　2007 年新造货车

单位：辆

车　　型	合　计	齐车公司	哈车公司	沈车公司	大连机辆公司	太原厂	济南厂	西安厂
新造货车	18749	7641	174	2191	970	1253	3384	3136
其中：敞车 C_{70}	8687	2970		1375		828	1781	1733
敞车 C_{70A}	408					200	208	
敞车 C_{70B}	11	2		2		3	1	3
敞车 C_{80B}	2169	1689					480	
敞车 C_{100A}	30	30						
棚车 P_{70}	2028	2028						
平车 NX_{70}	976			254	722			
X_{2K} 双层集装箱平车	200	200						
X_{4K} 集装箱平车	200	200						
X_{6K} 集装箱平车	580	200	130	100			150	
C_{3MK4} 型集装箱平车	100	100						
罐车 G_{11K}	40							40
罐车 GF_{70}	30					30		
罐车 GJ_{70}	60							60
罐车 GQ_{70}	1078			70	248			760
罐车 GN_{70}	35			35				
罐车 GS_{70}	540							540
漏斗车 KM_{70}	80					80		
漏斗车 KZ_{70}	209	20				112	77	
自翻车 KF-60	16		16					
自翻车 KF-80	12		12					
自翻车 KF5-100	5		5					
长轨车 T_{11BK}	355			355				
KM_{70A} 底开门敞车	60	60						
DL_{1} 预制梁运输车	417	3					414	
JSQ_{5} 双层运输车	393	120					273	
T_{7} 检衡车	10	10						
其他货车各型	20	9	11					

表7　　2007年修理机车在厂在修周期　　单位：天

单位名称	内燃机车		电力机车	
	在厂日数	在修日数	在厂日数	在修日数
唐山厂	28.5	20.4	66.8	46.3
沈车公司	43.0	24.5		
兰州厂	39.8	25.7	34.2	21.7
大连机辆公司	58.5	55.1		
二七机车公司	58.1	41.1		
太原厂			37.7	37.1

表8　　2007年修理客车在厂在修周期　　单位：天

单位名称	客车		软席		硬席	
	在厂日数	在修日数	在厂日数	在修日数	在厂日数	在修日数
长客厂	52.7	46.1	59.8	51.0	51.4	45.2
唐山厂	39.9	26.0	56.4	36.4	38.7	25.3
西安厂	37.4	29.2	47.4	40.0	36.3	28.1

表9　　2007年修理货车在厂在修周期　　单位：天

单位名称	货车		敞车		棚车		平车		罐车		漏斗车	
	在厂日数	在修日数	在厂日数	在修日数	在厂日数	在修日数	在厂日数	在修日数	在厂日数	在修日数	在厂日数	在修日数
齐车公司	8.5	7.4	9.4	8.2	7.2	6.3	6.6	6.0	10.2	8.6		
哈车公司	7.0	4.8	6.9	4.6			7.7	6.1				
沈车公司	17.0	10.2	16.2	9.9	18.0	11.1	16.5	10.1	18.1	10.0		
太原厂	13.8	7.3	13.5	7.3			14.4	7.1	14.5	7.0	14.7	7.9
西安厂	16.9	8.7	18.1	9.0	91.5	79.5	17.7	9.1	16.6	8.5		

表 10　　**2007 年总产值、销售产值、增加值**　　单位：万元

单位名称	工业总产值	工业销售产值	增加值
集团公司	2839609	2830943	584103
其中：齐车公司	420299	420745	96749
哈车公司	60424	59669	12051
牡丹江厂	3500	4773	－3022
长机辆公司	15948	16212	2957
长客厂	70494	76863	21526
长客股份公司	459073	459073	105908
沈车公司	219365	217019	43500
大连机辆公司	379533	379533	53406
唐山厂	85859	84456	24243
唐山客车公司	59687	59678	－4280
天津厂	36432	36723	11594
二七机车公司	32766	34547	4436
南口厂	17106	15462	6211
同车公司	250822	258043	69043
太原厂	116701	116701	23307
永济厂	191496	179255	34349
济南厂	130390	130390	31114
西安厂	184920	187165	42026
兰州厂	36834	34095	6315
大连所	19959	15155	6856
四方所	46526	43909	16362

表 11　　**2007 年所属企业在岗职工岗位分布**　　单位：人

单位名称	在岗职工期末人数		工人和生产人员	学徒	技术人员	管理人员	其中:技术管理人员	服务人员	其他人员
	合计	政工人员							
齐车公司	6839	99	5103	83	467	812	138	307	67
哈车公司	1710	50	1045	0	125	356	0	184	0
牡丹江厂	65	9	0	0	0	27	0	30	8
长客厂	3122	50	1930	0	220	624	0	348	0
长客股份公司	8184	93	5786	0	1092	1079	491	227	0
沈车公司	6156	85	4951	0	445	676	93	84	0
大连机辆公司	8021	105	5395	0	1087	849	181	648	42
唐山厂	3333	36	2205	0	206	443	0	477	2
唐山客车公司	5372	66	3613	0	666	710	310	371	12
天津厂	2158	38	1582	0	85	340	28	90	61
二七机车公司	3750	58	2305	164	461	437	0	380	3
南口厂	1259	18	624	0	202	292	0	141	0
同车公司	4559	60	2686	36	670	795	263	366	6
太原厂	3175	54	2256	77	368	451	0	0	23
永济厂	4079	93	2490	0	412	726	165	379	72
济南厂	2473	49	1805	0	211	288	43	162	7
西安厂	4843	61	3537	12	532	371	185	375	16
兰州厂	2355	54	1683	0	176	343	38	153	0
大连所	370	7	121	0	150	68	24	24	7
四方所	415	7	85	0	196	108	0	26	0
合计	72238	1092	49202	372	7771	9795	1959	4772	326

（刘丽萍　供稿）

附录

责任编辑　乔英忍　吴宏道

美国直流传动内燃机车的最新发展

国内外高速动车组的发展

我国城市轨道交通行业发展现状与对策

浅议中国铁路快速货物运输的发展趋势

2007 年铁路主要指标完成情况

美国直流传动内燃机车的最新发展

1 引言

最近一段时期以来，我们观察到这样一个现象，即在北美以及欧洲的许多国家，人们在大量应用交流传动内燃机车的同时，对传统的直流传动内燃机车的兴趣似乎有增无减。这主要表现为：直流传动内燃机车的订货数量持续增加，新型直流传动内燃机车不断涌现，其铁路用户也越来越多。为了进一步研究和探讨这一现象，笔者对美国和全球最大的内燃机车制造商GE公司和EMD公司自上个世纪90年代初以来获得的交流传动和直流传动两种内燃机车的订货数量进行了统计对比，重点介绍了两家公司的几种最具代表性的直流传动内燃机车的主要设计特点和技术参数；在此基础上，分析了直流传动内燃机车在美国及其他许多国家仍受青睐的原因。

2 GE公司和EMD公司交流传动机车和直流传动机车订货数量对比

20世纪90年代初，是美国内燃机车发展的一个重要阶段。从这个时期起，美国的一些大型铁路公司，尤其是一级铁路公司纷纷开始大量订购和使用新型大功率交流传动内燃机车，从而打破了在此之前清一色使用直流传动内燃机车的局面。根据笔者对美国GE公司和EMD公司从1993年到现在的10多年间获得的交流传动和直流传动两种内燃机车的订货数量所作的不完全统计和粗略估算，得到了以下几组值得关注的数字。

(1) GE公司和EMD公司获得的内燃机车总订货量约为14000台，其中交流传动机车约为6500台，约占总订货量的46%；直流传动机车约为7500台，约占总订货量的54%。

(2) EMD公司获得的内燃机车总订货量约为5500台，其中交流传动机车约为2500台，约占其总订货量的45%，直流传动机车约为3000台，约占其总货量的55%。

(3) GE公司获得的内燃机车总订货量约为8500台，其中交流传动机车约为4000台，约占其总订货量的47%，直流传动机车约为4500台，约占其总订货量的53%。根据GE公司网站最近发布的消息，目前GE公司的交流传动机车和直流传动机车的业务量约各占50%。

(4) EMD公司与GE公司获得的内燃机车总订货量之比约为1:1.5（5500:8500）；两家公司获得的交流传动内燃机车订货量之比约为1:1.6（2500:4000）；两家公司获得的直流传动内燃机车订货量之比约为1:1.5（3000:4500）。

从以上4组数字可以看出：在过去的10多年中，GE公司和EMD公司的直流传动内燃机车订货数量均达到或超过了交流传动内燃机车的订货数量；GE公司获得的两种型式的机车订货数量明显超过了EMD公司。

在上述机车总订货数量（14000台）中，美国本国用户的订货量约占80%，其中一级铁路的机车总订货量超过10000台，年均接近800台（见表1）；出口机车（出口国主要包括加拿大、英国、澳大利亚、哈萨克斯坦、中国等）约占20%。

表1 美国一级铁路机车统计数字

年份	运用台数	总功率/百万英制马力	购买和租用的新机车/台	通过改造获得的机车/台
1993	18161	50.4	504	203
1994	18505	52.4	821	393
1995	18812	55.1	928	201
1996	19269	57.5	761	60
1997	19684	60.2	743	68
1998	20261	63.3	889	172
1999	20256	64.8	709	156
2000	20028	65.3	640	81
2001	19745	64.6	710	45
2002	20506	69.2	745	33
2003	20776	70.9	587	34
2004	22015	76.1	1121	5
2005	22779	79.0	827	84
2006	23732	82.8	922	158

注：美国非一级货运铁路公司的机车总保有量约为4000台。

3 GE公司和EMD公司的几种典型交-直流传动内燃机车

3.1 GE Dash 9系列内燃机车

GE Dash 9系列内燃机车是在其前身GE Dash 8系列内燃机车基础上发展而来的，包括Dash 9-40CW和Dash 9-44CW两种型号，前者功率为4000马力，后者为4400马力。首台Dash 9系列机车于1993年制成，迄今已交付2000多台，是GE公司交付数量最多的新一代大功率货运交-直流传动内燃机车。较之Dash 8系列机车，Dash 9系列机车在结构和性能上有许多重大改进：7FDL柴油机采用电子燃料喷射和分裂式冷却技术，从而改善了燃油经济性，减少了排放和降低了维修费用；采用高黏着HiAD转向架，与微机控制的防滑系统相结合，具有低的轴重转移特性和高的黏着系数（全天候黏着系数提高11%）；GE 752AH型牵引电动机带有抱轴滚子轴承和充油齿轮箱，使运行更为可靠，并延长维修周期（10年大修一次）；采用了功能更强大的32位微机系统，改善了机车控制和加强了车上故障诊断；最大牵引功率提高10%，持续牵引力提高8%，起动牵引力提高14%；简化了设计，提高了运用可靠性，大修周期达到160万km。

3.2 GE ES44DC型内燃机车

GE ES44DC型内燃机车是GE公司的"创新系列"机车中的直流传动型机车。它的姊妹型机车是ES44AC型交流传动内燃机车。首台ES44AC型机车于2002年12月23日在GE公司运输系统分公司（GETS）位于宾夕法尼亚州伊利市的Lawrence Park工厂成功下线。"创新系列"机车既可用于货运，也可用于客运。GE公司声称，"创新系列"机车是它有史以来制造的技术最先进、燃油效率最高、对环境最友好的内燃机车。该系列机车的最大特点是采用了一台全新设计、被命名为GEVO-12型的12缸柴油机。据报道，该型柴油机是由GE公司的150名工程师和科研人员组成的专门工作组历时6年、耗资近2亿美元而开发成功的。GEVO-12型柴油机缸径×行程为250×320 mm，在1050 r/min的标定转速下可发出它的前辈GE 7FDL型16缸机的相同功率（4400马力）。

GEVO-12型柴油机具有许多创新特点，例如：采用了带超低油囊喷嘴的电子燃油喷射系统，使燃油雾化得到优化；采用了复合式空-空冷却系统，提高了冷却能力；采用了经过改进的在微机之间实行新的通信连接的发动机控制系统，即所谓的"集中控制系统结构"。正因为具有这些特点，GEVO-12型柴油机比7FDL型柴油机燃油效率高3%～5%，NOx和颗粒物质排放量分别减少40%。另外，还由于简化了设计，柴油机少了4个气缸，总的零部件数量减少，机车寿命期成本可降低10%，运用可靠性进一步提高，机车运行保养周期延长到184天，比过去增加一倍。

据不完全统计，截至2005年底，GE公

司已经向4家铁路交付了300多台4400马力的ES44DC型直流传动机车，另外还向诺福克南方铁路（NS）交付了165台功率稍小（4000马力）的ES40DC型直流传动机车；同期，GE公司交付的ES44AC型交流传动机车的数量也达到了400多台。

3.3 EMD SD70M型内燃机车

1992年8月10日，EMD公司的首批3台SD70M型直流传动内燃机车样车在其位于加拿大安大略省伦敦市的机车组装厂成功下线。该型机车是在EMD公司早先的60系列机车基础上研制开发的。机车的动力装置为一台装车功率为4000马力的16缸二冲程710G3B型柴油机。较之早先装用EMD 16-645 E3B型柴油机的SD40-2型机车，SD70M型机车的燃油效率提高12.2%，有害物排放量也明显减少。为了提高机车通过曲线的黏着性能，降低轮缘和钢轨磨耗，机车采用了HTCR型径向转向架。新的D90TR型牵引电动机替代了原来的D87型牵引电动机。新型电动机的电枢冷却得到了改进，同时加大了转子支承轴承的锥度，加大了齿轮传动装置的能力，提高了牵引性能。SD70M型机车在最坏的轨面状态下黏着系数达到28%。在19.7 km/h的持续速度下机车牵引力为500 kN，起动牵引力达到726 kN。机车装用先进的EM2000型32位微机控制系统，提高了运算速度，增强了诊断功能。1999年，美国联合太平洋铁路（UP）与EMD公司签订了一份租用1000台SD70M型机车的订货合同，交付时间截止到2003年。这是UP铁路有史以来最大的一次机车订货，也是EMD公司有史以来获得的最大一笔机车订单。这些高燃油效率的货运机车完全能够满足美国最新的机车排放限制标准，并且具有非常高的运用可靠性，其完好率达到95%~96%。巴西CVRD铁路公司最近也订购了27台该型机车。据EMD公司的网站发布的最新消息，截至2007年4月，已有1500多台SD70M型机车在北美地区运用。

3.4 EMD SD70M-2型内燃机车

SD70M-2型直流传动内燃机车是EMD公司目前最高技术水平的SD70 MACe型交流传动机车（首台该型机车于2003年6月推出）的姊妹型机车。除采用的传动方式不一样外，两种机车的基本结构相同。

SD70M-2型机车装用一台经过重大改进设计的16-710G3C-T2型柴油机，装车功率达到4300马力，比它的前身高10%，而NOx排放量降低50%，完全达到并优于美国环保局（EPA）Tier 2排放标准。它的具体改进包括：改变压缩比，进行旨在优化空气流动的涡轮增压器参数匹配，从而改善了燃烧；改进电子燃油喷射定时和采用了更大尺寸的发动机冷却系统；加装了发动机自动起动/停机（AESS）系统，使燃油经济性得到改善。机车装有功能强大、技术先进的故障诊断系统，可实行预防性状态修。由于SD70M-2型机车是在已生产了1500多台装用710型柴油机的SD70M型直流传动机车基础上改进设计的，所以具有非常高的可靠性。机车的计划修周期比现有装用710系列柴油机的机车延长一倍，达到184天。机车装用更加可靠和耐久的D100型牵引电动机和HTSC无摇枕高黏着标准型转向架（根据用户需要，也可选装HTCR高牵引性能三轴径向转向架），减少了零件磨耗，延长大修周期至160万km。机车司机室安全、舒适，尤其是对司机操纵台进行了人-机工程学优化设计，深受司乘人员的欢迎。据报道，SD70M-2型机车自2004年完成线路试验以来，一直很畅销。截至目前，已有约400台订货，其中仅向美国诺福克南方铁路就交付了130台。

3.5 EMD公司为英国等欧洲国家制造的66型内燃机车

1996年下半年，英国EWS铁路以3亿英镑向EMD公司订购250台66型（JT42-CWR型）直流传动货运内燃机车，这是英国，也是欧洲首次大批量引进欧洲以外国家生产的机车。66型机车的标定功率为3300马力，最高速度为120 km/h，可牵引2500 t列车，并可重联运行。机车装用EMD 12N-710G3B-EC型柴油机，属于EMD公司的第三代机车柴油机——710G系列中的一种变型机。该机的标定转速为900 r/min，采用电子燃料喷射，配一台高效率涡轮增压器，具有世界水平的燃油效率，其排放指标完全符合欧盟3a级排放法规的要求。机车采用双端司机室结构，经过改进和优化设计，司机室内具有低的噪声水平和安全舒适的运用环境。66型机车的控制装置为先进的高性能EM2000型计算机，具有强大的机车控制和故障诊断与显示功能，信息可以下载到便携式计算机上，以方便维修。作为可选件，还可以为机车配装带GPS（全球定位系统）的智能化远程监视和诊断装置。机车装用EMD的HTCR径向转向架和采用电子控制的高黏着车轮蠕滑系统。与传统的三轴转向架相比，HTCR径向转向架具有很多优点：在过弯道时具有明显低的冲角和横向轨道力，减少了脱轨的危险和减轻了轮轨磨耗；降低了轴重转移和提高了黏着性能。66型机车具有很高的运用可靠性：柴油机大修期达到10年，机车大修期达到160万km。

首台66型机车于1998年4月交付，按原定计划，全部250台机车应在2000年底前交清，后来稍微延期。66型机车所表现出的良好运用可靠性赢得了英国铁路用户的信任。自1999年起，EMD公司已陆续获得来自包括EWS铁路在内的多家英国铁路和其他几个欧洲国家的铁路关于66型机车的追加订货。据不完全统计，截至2005年8月，66型机车的总订货量接近500台，其中英国的订货量达到400多台。目前，66型机车已获得在英国、德国、瑞典、挪威、丹麦、比利时、荷兰等国运用的许可证，下一步可望获得在法国、捷克和斯洛伐克运用的许可证。据EMD公司最近发布的消息，它目前推出两种66型机车的变型，其中一种用于英国，另一种用于欧洲大陆。最新的变型机车被命名为JT42CWRM型，其中的英文字母M代表“modified”，意为“改进的”。

4 直流传动内燃机车仍受青睐的原因分析

通过以上介绍不难看出，作为交流传动内燃机车的竞争对手，直流传动内燃机车在最近10年中在美国及其他许多国家普遍受到人们的青睐，因而获得了广泛应用。也许有人要问：在当今人们普遍看好交流传动技术，或者换句话说，在人们普遍地认为当今内燃机车技术以交流传动为主流趋势的情况下，传统的直流传动技术缘何在美国等国家能够取得如此大的发展？对此，笔者通过调研，试从以下几点进行分析，以供参考。

4.1 直流传动技术的成熟性

众所周知，美国不仅是世界第一铁路大国，也是世界第一内燃机车大国。据美国铁路协会提供的统计数字，截至2004年，仅美国一级铁路公司就拥有铁路营业里程184848 km（约占美国铁路网总营业里程的80%），内燃机车保有量为22015台。美国铁路牵引动力自20世纪50年代完全实现内燃化（1960年，美国拥有内燃机车28000多台，内燃机车市场达到饱和）以来，一直到90年代初开始大规模引入交流传动技术之前，内燃机车清一色采用直流传动。所以，内燃机车直流传动技术在美国非常成熟，不论是其设计制造水平，还是其运用水平，几乎达到了“炉火纯青”的高度。原国际铁路联盟秘书长Jean Bouley先生曾指出：“80年代初，世界内燃机车的平均运用率（完好率）约为75%，而同期在北美高达90%～94%。”随着时代的进步和科学技术的发展，尤其是伴随着内燃机车交流传动技术的引入和发展，直流传动技术本身也在进一步完善和发展。而且，一开始针对交流传动机车而开发和研制的许多新的配套技术和装置随后也被直接移植到直流传动机车上，从而使得直流传动内燃机车技术更加完善、更加成熟。

4.2　直流传动机车的价格优势

毋庸置疑，直流传动内燃机车较之交流传动内燃机车具有明显的价格优势，这也正是其在美国等国家受青睐的主要原因之一。据报道，在美国，直流传动内燃机车与交流传动内燃机车的差价在1/3～1/4之间。下面给出几笔典型的交流传动和直流传动机车交易的价格以作对比分析。

（1）1993年1月，美国伯灵顿北方铁路（BN）以6.75亿美元向EMD公司订购350台SD70MAC型4000马力交流传动内燃机车，单台机车价格为192.8万美元，折合每马力价格为482美元。

（2）1993年初和年底，美国联合太平洋铁路（UP）分两次向GE公司共订购75台Dash 8型4135马力直流传动内燃机车，总定价为1.07亿美元，单台机车价格为142.7万美元，折合每马力价格为345美元。

（3）1994年下半年，UP铁路与GE公司签约以3亿美元订购140台AC44-CW型4400马力交流传动内燃机车，单台机车价格为214万美元，折合每马力价格为487美元。

（4）1994年3月，美国南太平洋铁路（SP）向GE公司订购100台Dash 9-44CW型4400马力直流传动内燃机车，总定价为1.35亿美元，单台机车价格为135万美元，折合每马力价格为307美元。

以上第1笔和第2笔机车交易均发生在1993年，直流传动机车的价格约为交流传动机车的72%，换言之，后者的价格约相当于前者的近1.4倍。以上第3笔和第4笔交易均发生在1994年，直流传动机车的价格仅为交流传动机车的63%，换言之，后者的价格相当于前者的1.5倍还多。

随着交流传动技术的进一步发展和普及，制造成本逐渐降低，因而交流传动机车与直流传动机车之间的差价有逐渐减小的趋势。关于这一点，笔者援引美国著名的Garibaldi咨询公司的Steve Petracek先生的一段话来加以说明。Petracek先生在2006年3月接受美国《Railway Age》（《铁道时代》）杂志编辑关于“将来的新造干线机车是普遍采用交流传动还是直流传动?”的专题采访时回答说：“这在很大程度上将取决于制造商所确定的交流传动机车和直流传动机车之间的差价，目前两种型式机车的差价正在进一步缩小。”

4.3　特定的铁路运用条件对交流传动机车的限制

交流传动内燃机车较之直流传动机车具有更高的牵引力、更大的黏着力和制动力，因而特别适合于重载铁路牵引和有长大坡道的铁路线路。尤其是在多机重联牵引的铁路运用条件下，采用交流传动机车，可以充分发挥其2台代替3台或3台代替5台早期生产的直流传动机车的优势。在美国，铁路公司普遍的做法是：将交流传动内燃机车用于牵引重载运煤列车或谷物列车等；而将交-直流传动内燃机车主要用于牵引普通货物列车和背负式列车（例如集装箱列车、装运小汽车的列车等）。这类列车的重量不是很大，因此不要求机车有很大的牵引力，而是要求机车有大的功率，以使列车达到更快的运行速度。

例如，1995年，美国诺福克南方铁路

公司（NS）董事会批准向 GE 公司购买 240 台 Dash 9-40CW 型直流传动内燃机车。当时就有人提出：“在机车市场趋势已经明显向交流牵引倾斜之时，为何仍选择直流传动机车?”回答是：“交流传动机车的主要优点之一是其能够以 2 台代替 3 台或 3 台代替 5 台直流传动机车，然而 NS 铁路最高吨位的重载列车通常只用 2 台直流传动机车牵引，所以不能够证明使用价格更高的交流机车是合算的。”

再例如，美国伊利诺斯中央铁路在 1995 年初向 EMD 公司订购 20 台 SD70 型 4000 马力直流传动机车，后来又追加订购 20 台。该铁路声称，他们之所以没有选择交流传动机车，是因为他们的线路曲线半径较大，且线路坡度比较平缓，在这样的线路条件下，交流传动机车并不能提供明显的额外好处。

加拿大国家铁路也是放弃选择交流传动内燃机车的北美铁路之一。他们认为：在最大功率为 4500 马力的情况下，成本明显高于直流传动机车的高黏着交流传动机车，在坡度平缓的线路上并不会显示出多大优势。

5　结语

美国从 20 世纪 90 年代初开始大规模开发和应用交流传动内燃机车，目前是世界上拥有交流传动内燃机车数量最多的国家。美国在大力发展交流传动内燃机车的同时，并没有忽略和停滞直流传动内燃机车的发展。作为美国和全球最大的内燃机车制造商，GE 公司和 EMD 公司在过去 10 年中为本国和世界铁路市场提供了与交流传动内燃机车相同甚至更多数量的新型高性能直流传动内燃机车。美国等国的经验证明，虽然交流传动内燃机车具有许多优点，但因其价格较高，因而并非在所有铁路运用条件下都适用，而现代直流传动机车仍是铁路用户的一种不可或缺的选择。所以，我们在大力发展交流传动技术（包括技术引进、消化吸收和自主创新）时，亦需加强直流传动技术的发展。只有这样，才能研制开发出更多、更好、可真正满足我国铁路各种不同运输需求的现代化交流传动和直流传动内燃机车。

（本文作者　程永陆，摘自《内燃机车》2008 年第 2 期）

国内外高速动车组的发展

提高旅客列车运行速度是增加铁路运能、提高铁路在客运市场占有率的最有效途径。长期以来,我国铁路旅客列车一直沿用机车牵引客车运行的模式,而国内外高速铁路发展的经验表明,由于采用该模式运行时列车动力完全集中于机车,受黏着等因素影响,即使采用多机重联运行,列车运行速度进一步提高的空间也已不大;同时,列车高速运行带来的空气动力学等方面的问题也逐渐暴露出来,故该模式仅适用于最高运行速度不大于 200 km/h的旅客列车。因此,国外高速列车一般采用动车组模式运营。

1　动车组的特点与我国高速动车组发展模式

将一定数量的动力车和拖车连挂,形成编组固定的车组称为动车组。动车组一般在两端均设置司机室,列车折返时不必调头,以满足城际间运行对列车高密度运行的严格要求。按驱动轴和驱动设备的布置可以把高速动车组分为动力集中型和动力分散型两种。

动力集中型动车组是指将列车电气和动力设备集中安装于列车端部的动力车上,仅动力车的轮对是动力轮对,动力车不载客或仅设置较小的客室,旅客主要集中于中间拖车的动车组。法国 TGV、德国 ICE1 和 ICE2、瑞典 X2000 和我国的DJJ1型等均属于动力集中型动车组。这种动车组与传统列车模式相似,便于按传统习惯进行运营和维修管理;故障相对较高的电气与机械设备集中在动力车上,便于保养,而且工作环境也较清洁;由于拖车不设置牵引电气和机械设备,故拖车内噪声、振动小;其动力车可以进行摘挂与转换,可以满足电气化区段与非电气化区段的直通运行需要。但动力集中型动车组也存在着一些固有缺陷,诸如:动力集中方式使列车相对载客量减少;动力车轴重与高速动车组小轴重和低轮轨动力作用的运行要求相矛盾;黏着质量不及动力分散动车组,速度的进一步提高将受到功率和黏着的限制;列车动力制动性能欠佳等。

动力分散型动车组是将由电机驱动的动力轮对分散布置在列车的全部或部分轮对上,同时将列车的主要电气和机械设备吊挂在车辆下部,列车全部车辆可载客的列车模式,其代表是日本新干线、德国 ICE3 型和我国"先锋"号动车组。动力分散型动车组黏着性能优于动力集中型动车组,采用该模式可大大降低恶劣气象条件下其动轮空转的可能性,从而避免损坏钢轨和轮对,同时也提高了电动车组的加速能力。此外,动力分散电动车组还可充分利用列车载客;而且由于动力设备分散设置在各车体下,其动轴轴重小,可以减小车辆与轨道之间的动力作用,动力分散型动车组编组灵活,扩编运行后可在保持其列车牵引特性不变的前提下增加运能,这较好地满足了我国铁路客运市场的需要。但是,动力设备分散布置也带来了车下吊装设备影响车内舒适性、设备布置困难、设备工作环境差等新问题。

由于列车牵引功率与其运行速度的三次方成正比,更高的运行速度要求列车具有更大的牵引功率。就动力集中型动车组而言,增加动车单轴牵引功率与高速列车对车辆轴重的要求形成矛盾。同时,受动力车黏着性能的影响,动力集中型动车组起动加速性能、恶劣气候条件下运行性能和制动性能均无法满足列车高速运行的需要。法国、德国在研制其前几代高速动车组时均选择了动力集中模式,但随着列车运行速度的提高,其高速动车组技术路线已开始向动力分散方向转移。德国 ICE3 型动力分散动车组已运用于科隆—法兰克福的高速铁路,基于该产品平台的 Velaro E 高速动车组已成功运用于西班牙高速铁路,我国"和谐号"CRH3 型动车组也是基于该平台设计;法国 AGV 动力分散型高速动车组也已投入线路试验。基于高速运行对车辆性能的需要,我国高速动车组应该选择动力分散模式。

2 国外高速动车组的发展

自 1964 年 10 月 1 日世界上第一条高速铁路——日本东海道新干线开通运营以来,动车组的运用随着高速铁路的发展日益广泛。经过 40 余年的发展,形成了以日本新干线、法国 TGV 和德国 ICE 系列高速动车组为代表的三大技术体系。各国动车组从本国实际需要出发,具有各自的技术特色,为推动世界铁路向高速化发展起到了积极作用。

日本是世界上最早开行高速动车组的国家。在日本计划修建东海道新干线时,其高速动车组设计就已经同步展开。0 系新干线列车成为世界上最早运行的高速动车组。随着新干线路网的不断扩大,为了在不同的线路条件下提高列车运行速度和乘客的舒适度,降低列车对环境的影响,相关企业与研究机构在0系、100系、200系、100N系列车的基础上开发了300系、400系、500系、700系、N700系、800系、E1系、E2系、E3系、E4系等新干线列车和WIN350、300X、STAR21、FASTECH E954系等试验列车,共20余种新干线电动车组。自设计之初起,日本一直坚持采用动力分散作为其动车组发展模式。此外,日本新干线动车组的另一大特点是注重新技术的运用,如主动、半主动悬挂和旋转涡流制动、空气阻力制动等技术均最早运用在新干线动车组上。其动车组轻量化、车辆空气动力学设计水平已经走在世界前列。

作为世界铁路运输最发达的国家之一,早在1955年3月29日,法国就创造了电力机车牵引列车331 km/h的速度记录;1967年5月,CC-6500型电力机车牵引客列实现最高速度200 km/h商业运行。同年,法国国营铁路公司(SNCF)开始着手研究高速运输。在设计制造高速动车组方面,法国首先是尝试将航空用燃气涡轮发动机用于铁路动车组。1973年中东战争引起第一次世界石油危机后,法国开始将高速动车组技术政策转向电力牵引,并率先在欧洲实行将速度、环保能源、高新技术以及经济可靠性综合考虑的技术方针。自1976年开始,法国开始着力研究交一直传动的TGV-PSE动车组,并在1981年9月投入运用。此后,法国先后研制了交一直一交传动的TGV-A、TGV-R、TGV-2N、TGV-TMST、西班牙AVE、TGV-PBKA、TCV-K等型号的高速动车组。2007年4月3日,法国试验动车组V150创造了574.8 km/h的高速铁路试验速度新纪录。近年来,法国国家铁路已经开始进行动力分散型电动车组的研究,与Alstom等共同设计的新型动力分散动车组AGV已投入试验运行。

德国铁路在20世纪60年代也不得不面对公路和航空运输带来的巨大压力。但是在发展高速铁路采用磁悬浮技术还是轮轨技术的问题上,德国经过了旷日持久的讨论,影响了德国铁路高速化的进程。直到20世纪80年代中期,原联邦德国政府才意识到以往政策的失误,同时法国TGV列车的成功运营也刺激着素以高技术著称的德国,原联邦德国政府加快了发展高速铁路的步伐。1982年8月,联邦铁路投资1200万马克,试制ICE试验型城间快车。1986年开始试制ICE1型高速动车组,1990年7月试制完成并于1991年6月2日以280 km/h的速度正式投入运行。1991年开始第二代ICE高速动车组——ICE2的开发,1996年,该型动车组投入运用。德国1995年开始动工修建的科隆—法兰克福的高速铁路最高运行速度提高到了300 km/h,线路最大坡度达到40‰,既有的ICE1、ICE2型列车已经不能满足运行需要。为此,德国铁路于1994年向工业界订购了50列ICE3型动力分散电动车组并于1997年投入运行。此外,为了在既有线路实现列车运行速度的提高,德国铁路还开发了ICT型摆式动车组。目前,运行速度达到350 km/h的ICE21型高速电动车组正在研制中。

日本、法国和德国高速铁路的成功经验也带动了世界其它国家和地区高速铁路的发展。意大利、西班牙、瑞典、韩国和我国台湾地区均已有高速铁路投入运行。值得一提的是,除采用日本、法国和德国的技术外,瑞典等同家还通过采用摆式列车提高列车运行速度,以实现既有线路高速化,取得了良好的效果。

3 我国动车组的发展

我国自20世纪50年代开始引进动车组这一列车运行模式,先后将从匈牙利Ganz工厂引进的NC3型内燃动车组和自行设计制造的“东风”号双层动车组在北京—天津等区段投入试验运行。但由于不能适应传统的机车车辆运用、管理、检修体制，动车组并未得到广泛的运用。

改革开放后，基于城际旅客运输的需要，我国开始逐渐认识到动车组的特有优势。1989年，长春客车厂与株洲电力机车研究所试制出一列KDZ1型动力分散型动车组，环行线试验速度达到142.5 km/h。随后，随着提速战略的实施，我国机车车辆工业企业制造出多种内燃、电力动车组。自唐山机车车辆厂于1998年设计制造了“庐山”号双层内燃动车组并在南昌铁路局投入运用后，四方机车车辆厂、戚墅堰机车车辆厂、大连机车车辆厂、南京浦镇车辆厂、长春客车厂等企业前后设计制造了“晋龙”号、“神州”号、“新曙光”号等单、双层内燃动车组，部分车型最高运行速度达到180 km/h，并先后在太原—运城、北京—天津、兰州—西宁和上海—杭州—南京等区段投入运用。此外，我国机车车辆工业企业与高校合作，还设计了动力集中和动力分散两种摆式内燃动车组并投入试验。电动车组方面，为满足‘99昆明世界园艺博览会的需要，长春客车厂1999年制造了“春城”号动车组，并在我国首次实现电动车组商业运营。为满足广州—深圳间城际运输的需要，株洲电力机车厂与长春客车厂等单位合作，先后设计制造了DDJ_1型“大白鲨”号和DJJ_1型“蓝箭”号动车组。DJJ_2型“中华之星”动力集中型电动车组最高试验速度达到321.5 km/h，为当时我国列车试验最高速度。此后，我国机车车辆工业企业还设计、制造了“中原之星”、“长白山”和“先锋”号动力分散型动车组，其中“先锋”号动力分散型动车组最高试验速度达到了292.2 km/h。此外，我国还从瑞典引进一列X2000摆式动车组在广深铁路投入运用。

为进一步增强设计、制造能力，并满足第六次提速调图列车运行时速达到200 km/h的需要，我国机车车辆工业企业通过技术引进制造了“和谐号”CRH1、CRH2和CRH5型动力分散型高速动车组，并已投入运营，这些动车组部分区段最高运营速度可达到250 km/h。最高运营速度达300 km/h的CRH3型动车组也即将下线。“和谐号”CRH1、CRH2、CRH3、CRH5型动车组的主要技术参数见表1。

表1　我国“和谐号”CRH系列动车组主要技术特征

型号	CRH1	CRH2	CRH3	CRH5
制造商	青岛四方-庞巴迪-鲍尔铁路运输设备有限公司	南车四方机车车辆股份有限公司，日本川崎重工等	北车唐山轨道客车有限责任公司，西门子公司	北车长春轨道客车股份有限公司，阿尔斯通公司
基型车	Regina	新干线 E2-1000	Velaro	SM3
编组辆数与动力配置	2(2M+1T)+(1M+1T)	4M+4T	4M+4T	(3M+1T)+(2M+1T)
定员/人	668+2(残疾人)	610	600+1(残疾人)	621+1(残疾人)
编组总质量/t	420.4	359.7	447	451.3
编组总长/m	214	201.4	200	211.5
最高运行速度/$km\cdot h^{-1}$	200	200	300	200
牵引功率/kW	5300	4800	8800	5500
最大轴重/t	≤16	≤14	≤17	≤17(动车)/16(拖车)
制动方式	再生制动、空气制动	再生制动、空气制动	再生制动、空气制动	再生制动、空气制动
车体材料	不锈钢	铝合金	铝合金	铝合金
牵引电机悬挂方式	架悬	架悬	架悬	体悬
首批生产数量/列	40	60	60	60

4 结束语

经过40余年的发展,动力分散已经成为国内外高速动车组的主要模式,其良好的黏着性能和较小的轴重能够较好地满足高速运行的需要。我国应该着力发展动力分散型高速动车组。通过引进国外先进技术,我国机车车辆企业设计、制造能力将得到进一步提高,更多高技术水平的动车组将投入运行,这将使我国铁路客运实现高速化,并显著提升铁路在客运市场的优势,以满足国民经济和社会发展的需要。

(本文作者 李芾、安琪,摘自《电力机车与城轨车辆》2007年第5期)

我国城市轨道交通行业发展现状与对策

1 我国城市轨道交通发展现状及既有政策执行情况

1.1 我国城市轨道交通总体情况及分析

我国城市轨道交通建设始于北京地铁。进入20世纪90年代,我国城镇人口迅速增长,城市规模不断扩大,机动车快速增加,城市交通堵塞日益严重,城市环境不断恶化。发展城市轨道交通已成为我国大中城市发展公共交通的根本方针和缓解交通拥堵的最佳选择,城市轨道交通建设进入了一个快速发展时期,建设规模世界少有。我国城市轨道交通的发展具有以下几个特点。

(1) 建设速度快。目前10座城市已建成25条线路,运营里程已达713.93 km(见表1)。(2)制式多样。多数城市建设了地铁,长春建设了轻轨,重庆二号线建设了跨座式单轨,广州四号线采用了直线电机制式,天津滨海轻轨一期和广州地铁3号线分别建成了100 km/h、120 km/h不同等级的城轨快线。(3)由一条线路向网络化发展。我国的城市轨道交通建设逐步成网。北京、上海、广州等城市已建成多条线路,并已构成城市轨道交通网络的基本骨架。对此,我国也已由原来一条线路单独批建,转变为城市轨道交通网络规划和建设规划的审批。(4)车辆及机电设备国产化率不断提高。通过建立合资企业,开展各种技术合作,引进技术、消化吸收等多种方式,车辆与机电设备的技术水平和国产化率不断提高,城市轨道交通装备产业初具规模。(5)城市轨道交通建设造价明显下降。地铁造价已从20世纪90年代初的7亿元/km左右,下降到90年代末的5亿元/km左右;轻轨造价已由4亿元/km左右,下降到2亿元/km左右。(6)从城市中心区向城市边缘和卫星城发展。我国城市轨道交通建设已开始向城市的边缘和卫星城扩展。北京、上海、广州等城市已按照城市空间转移和卫星城建设要求,正在规划或建设市郊线或市域快速轨道交通。

表1 我国已建城市轨道交通线路及里程

城市	项目名称	线路长度/km	建成年份
北京	地铁1号线	31.44	1969/1999
	地铁2号线	23.1	1982
	城市铁路(13号线)	40.95	2003
	八通线	18.95	2003
	地铁5号线	27.6	2007
	小计	142.04	
上海	轨道交通1号线	33.7	1995/1997/2004
	轨道交通2号线	25.3	2000/2006

续表 1

城市	项目名称	线路长度/km	建成年份
	轨道交通 3 号线	40.3	2000/2006
	轨道交通 4 号线	33.6	2003/2007
	轨道交通 5 号线	17.2	2005
	轨道交通 6 号线	33	2007
	轨道交通 8 号线一期	22.4	2007
	轨道交通 9 号线一期	31.1	2007
	小计	236.6	
广州	地铁 1 号线	18.5	1999
	地铁 2 号线	18.2	2003
	地铁 3 号线	36.7	2005/2006
	地铁 4 号线	36.2	2005/2006
	小计	109.6	
天津	津滨轻轨一期	45.4	2003
	地铁 1 号线	26.2	2005/2006
	小计	71.6	
大连	快轨 3 号线	49.15	2004
长春	轻轨环线一、二期	31.96	2002/2006
南京	地铁 1 号线一期	21.7	2005
重庆	轨道交通 2 号线(单轨)	19.15	2005
武汉	轨道交通 1 号线一期	10.23	2004
深圳	地铁一期	21.9	2004
合计		713.93	

注:以城市轨道交通线路总里程长度为准(未含上海浦东磁悬浮线),2007 年底统计(不含香港、台湾)

1.2 我国城市轨道交通发展的预测

目前,我国 100 万人口以上的城市已达 43 个,有 10 个城市建成城市轨道交通系统,同时还在建设新的线路;有 6 个城市正在建设;有 30 多个城市开展了建设城市轨道交通的前期工作。我国城市轨道交通的发展大致可分为 4 种情况:第一种是具有建设和运营管理城市轨道交通经验、又正准备迎接大型国际活动的城市,如北京迎接 2008 年奥运会、上海迎接 2010 年世博会、广州迎接 2010 年亚运会、深圳迎接 2011 年大运会,正在加快建设城市轨道交通,并开始形成网络。第二种是已建成一条线并同时在进行第二条或多条城市轨道交通线路建设的城市,如天津、深圳、南京、武汉、重庆等城市。第三种是正在开展轨道交通建设前期或首条线建设工作的城市。除已建成轨道交通的城市外,国家又相继批准了成都、杭州、哈尔滨、沈阳、西安、苏州等城市的轨道交通建设。长沙、石家庄、宁波、青岛等城市已开展前期和报批工作。第四种是在经济发达的珠江三角洲、长江三角洲、环渤海地区正启动城际轨道交通建设。

2003 年底至 2005 年,北京、上海等 15 个城市陆续上报了城市轨道交通建设规划。在未来 10 年左右的时间里,这 15 个城市共规划建设 60 多条线路,总里程约 1700 多 km,约需投资 6200 亿元左右(见表 2)。到 2010 年,我国将有 20 多个城市(包括已建设轨道交通项目的城市)具备发展和建设城市轨道交通的条件;到 2020 年,将有 30 个城市有发展城市轨道交通的可能。按目前每年开工建设 100 ~ 120 km 线路的发展速度,2020 年我国城市轨道交通线路有可能达到 2000 ~ 2500 km 的规模,约需总投资 7000 ~ 9000 亿元。

表 2 15 个城市轨道交通近期建设规划表

城 市	规划年度	线路数/条	建设长度/km	总投资/亿元
北 京	2006—2015	15	447.4	1636
上 海	2005—2012	10	389	1439
广 州	2005—2010	7	127.66	487.01
深 圳	2003—2010	5	120.7	364.3
南 京	2004—2015	3	97.6	368.3
杭 州	2004—2010	2	82.2	355.7
重 庆	2004—2012	3	82	242
武 汉	2004—2010	3	59.74	237.22
成 都	2004—2013	2	54.18	197.18
天 津	2003—2010	2	51.1	209.6
西 安	2006—2015	2	50.3	179.5
苏 州	2003—2010	2	47.4	165
哈尔滨	2004—2013	2	45.53	163
沈 阳	2004—2010	2	40.85	171.8
长 春	2003—2010	2	37.5	38.98
合 计		62	1733.16	6234.59

1.3 我国城市轨道交通的相关政策及执行效果

由于 20 世纪 90 年代利用国外贷款建设

地铁工程,很多地铁项目引进了国外车辆和机电设备,使地铁工程投资额居高不下。因此,从1999年开始,国家先后发布了一系列有关城市轨道交通设备国产化工作的文件,如《关于城市轨道交通设备国产化实施意见和实施方案》提出城市轨道交通全部车辆和机电设备的平均国产化率要确保不低于70%,国产化工作重点是车辆和信号系统,确定了车辆和信号系统的定点生产企业;《加快城市轨道交通设备制造业发展的若干意见通知》要求深化城市轨道交通设备国产化工作,加强专家队伍建设,各相关企业要抓住机遇,注意引进和借鉴国外先进技术,培养产品研发和系统集成能力,努力降低产品成本,提高市场竞争力;《关于加强城市轨道交通建设管理的通知》指出,发展轨道交通应当坚持量力而行,有序发展的方针。这些文件对轨道交通的建设标准、安全管理、经营体制和国产化提出了具体要求,要求拟建城市要认真贯彻设备国产化的有关政策,积极采用国产设备,促进国内设备制造业发展,《城市轨道交通建设项目机电设备采购规则的通知》提出了机电设备采购核定的范围、组织、程序、标准和相关的责任,规范了机电设备的采购核定方式。《关于加快振兴装备制造业的若干意见》提出以项目为依托,通过引进消化吸收先进技术和自主创新相结合,掌握新型地铁车辆等装备核心技术,要求以科技进步为支撑,大力提高装备制造业自主创新能力,以系统设计技术、控制技术与关键总成技术为重点,增加研发投入,加快提高企业的自主创新能力和研发能力。

在贯彻车辆与机电设备国产化政策的同时,国家发展和改革委员会(简称国家发改委)先后批准了深圳地铁1号线、上海地铁3号线和广州地铁2号线作为国产化依托项目,开始了车辆与机电设备国产化工作。自1999年实施设备国产化以来,达到了设备国产化预期的目标。已建成通车的多条线路都认真贯彻执行了城市轨道交通设备国产化政策,车辆与机电设备平均国产化率达到70%以上(见表3)。城市轨道交通车辆与设备国产化政策的实施,使设备投资大幅度下降,车辆与机电设备投资占工程总投资的比例降到30%以下,提高了国内车辆与机电装备生产技术水平,国内车辆制造企业已完全掌握了铝合金车体和不锈钢车体、车体内装修、转向架、车钩缓冲装置、基础制动、车门、空调、广播、旅客信息和系统集成等设计制造技术。截至2006年底,我国车辆企业已形成1750辆城轨车辆的年生产能力。城市轨道交通的发展带动了当地经济的发展,同时培养和造就了一支坚持国产化道路的中青年技术队伍。

表3 已建成部分城轨交通线路的车辆与机电设备国产化率

项目名称	广州2号线	深圳1号线	南京1号线	天津滨海线
开通时间(年、月)	2002.5	2004.12	2005.10	2004.3
车辆/%	61.83	70.0	70.0	73.37
信号/%	53.91	60.52	45.03	
通信/%	100.0	54.62	75.5	78.43
供电/%	89.98	98.89	90.0	87.76
综合监控/%	100(BAS)	73.98	10(BAS)	—
(FAS)防灭报警/%	100	66.03	100	100
(AFC)自动售检票/%	62.56	68.7	71.21	22
电扶梯/%	100	94.39	97	100
环控通风/%	100	100	100	100
屏蔽门/%	77.26	54.40		
给排水设备/%	100	100	100	100
车辆段设备/%	72.95	65.22		
综合平均国产化率/%	71.4	72.95	70	71.43

2 我国城市轨道交通发展中存在的若干问题

中央政府主管部门“多头管理”致使管理职责重叠,却没有机构负责区域城市轨道交通的规划和管理,造成管理职责的缺位。如国家发改委负责建设规划的审批、项目的立项、资金筹措方案的审查和国产化率的核查，建设部负责工程建设和运营标准的归口管理、线网规划的审批，大部分城轨机电设备的技术标准采用铁道部标准，国家技术监督总局负责城轨设备的质量监管。地方主管部门应全面、完整、有效地执行中央政府的政策和决定，在管理职责上各负其责、互相配合，成为国家主管部门管理的延伸。由于城市轨道交通的建设主体实际上是一级地方政府，在地方政府领导下，地方政府主管部门难以完全执行中央政府主管部门的政策和决定，造成政府管理责任的缺位。

政府监管体系主要由审批体系、安全评估体系和标准体系组成。目前我国城市轨道交通建设审批体系已经完善并发挥着作用，而安全评估体系和标准体系的建立则滞后于行业发展需要。由于我国尚未建立城轨交通安全评估体系，车辆和机电设备采购基本采用甲方采购、甲方"验收"的合同制度，对国内研发的具有自主知识产权的车辆与机电设备产品，由于没有相应的认证机构认可，业主单位难以冒安全和质量风险使用国内已开发成功的车辆和机电设备产品。城轨领域还没有建立起全面城市轨道交通标准体系，标准修编不及时，产品标准体系正在制订中。标准的范围和质量不能满足建设的需要，信号、通信、自动售检票、屏蔽门、电扶梯等一些关键设备和产品只能引用其他国家或国际组织的相关标准。

国产化尚未全面突破车辆和机电设备核心系统技术。有些系统设备国产化率还未达到预期值。如信号系统国产化率只有 50%～60%，自动售检票系统的国产化率为 60%～70%。尚未完全掌握车辆与机电设备的关键核心技术。如车辆牵引传动与控制技术和制动关键技术，信号系统、AFC 系统终端设备和应用软件等关键技术仍靠引进；屏蔽门的关键部件、核心技术仍由外国公司掌握；通信系统的传输网络和数字集群设备、供电系统的 DC 1500 V 快速开关设备和分段绝缘器、综合监控系统的服务器和系统软件等也需要引进。

没有理顺区域发展、行业能力与区域平衡的关系。科技投入与行业资源共享体制不健全。城市轨道交通发展急需建立利于吸引投资和盈利的模式，解决好市场经济体制的建设与公益性运营服务的矛盾和建设速度、规模与建设能力、质量的矛盾。建设管理方、服务方和承包商三方的能力和经验水平要进行合理组合，"小业主、大社会"的建设管理模式充分利用了服务方专业技术能力和丰富的工程经验，同时解决了业主建设时期经验不足和运营时期人员负担重的问题，是今后建设管理的发展方向。

3　保障我国城市轨道交通行业健康发展的对策

3.1　体制方面

明确中央政府各部门的管理职责。继续优化中央各部委对城市轨道交通行业的管理职责，明确牵头部门的责任，合理配置专业人员，梳理工作分工和工作程序，提高工作效率和效果。形成中央—地方协调贯彻机制，规范和加强地方政府(省、市)各部门在城市轨道交通项目立项、建设、运营各阶段的管理职权和监管职责，逐渐形成全国相对协调的地方政府管理权限和机制，保证相关政策的贯彻执行。应高度重视城市和城市群间综合交通运输体系的规划，注意各类公共交通运输工具的衔接。国家应规定城市"综合交通运输"的主管部门和管理机制，加速形成以城市轨道交通为骨干的综合交通运输体系，满足各城市高速发展的需要。应加强对区域都市群轨道交通的管理。针对已开始规划并逐渐形成的京津唐、珠三角、长三角、长株潭、沈阳都市圈等都市群,为满足其曰益增长和频繁的城间客流,国家应尽快明确这类既具城市轨道交通技术和运营特征,又有行政区域管理无法覆盖的轨道交通项目的管理主体,以及未来的监管和运营模式。这类项目是社会的迫切需求,但需要各城市间、各区域间统一协调。国家加强对该类项目的统筹规划和管理,才能健康、稳步推进这些区域轨道交通规划的实现。

3.2 政策方面

切实提高国产化率,形成拥有自主知识产权的国产化产品和系统应用的基础条件。推进、完善并贯彻执行国家制定的一系列城市轨道交通装备技术的国产化政策,逐步提高国产化率的指标要求。对车辆牵引和制动系统、信号系统、传输网、大型维修养护设备、自动售检票核心系统等影响国产化率进一步提高的关键装备和系统,要采取新的政策和措施突破其工程应用瓶颈。建议采取的政策和措施包括:国家鼓励建设单位定购和使用我国自主研发的具有自主知识产权的国产首台(套)高新技术装备;加速制定和完善城市轨道交通装备的各项技术标准;加速建立城市轨道交通行业主要技术装备的准入制度;加快认证机构和试验基地、试验条件的建设,积极推行行业质量监督检验单位的产品型式试验、检验和安全认证制度。为落实国务院《关于加快振兴装备制造业的若干意见》提出的"制定重点领域装备技术政策"的要求,应尽快颁布执行《城市轨道交通装备技术政策》,该政策在业内广泛征求意见基础上,已经修改完善,得到了业内的广泛支持和欢迎。

从区域均衡发展和统筹兼顾的角度,国家应对迫切需要城市轨道交通而地方财力又明显不足的城市,采取资金和政策支持的方式,加快其建设,防止过去出现的城市基础设施建设明显滞后于城市发展,而导致一系列"城市病"的再次发生。但由于这类城市轨道交通行业的建设和运营管理缺乏经验和人才,国家可采取"代建制"和委托运营的方式提高投资效率。要进一步创造和落实优先发展公共交通的条件,中央政府和各地方政府应保证以发展城市轨道交通作为城市公共交通骨干的政策的落实,在制度上保证项目资本金的足额到位,保障项目建设的顺利实施。要因地制宜,创造吸引社会资金的条件,减轻投资过大的压力。

3.3 环境方面

城市轨道交通行业的环境建设是指这一行业所有相关方对这一行业的共识,共谋这一行业的健康、可持续发展。在科研体制和科技攻关上,城市轨道交通各建设和运营单位近20年来针对项目需要和运营中出现的问题,开展了大量的科研工作,为这一行业的建设和运营发挥了重要作用,但由于体制和机制的原因,这些项目过于分散,力度有限,执行研究的主体参差不齐。国家科技部应组织相关部门和单位,通过产、学、研、用的结合,集中财力,解决这一行业发展过程中存在的重大技术问题,并通过标准引用、新产品和新系统的应用实现这些科研成果的转化。国家发改委、科技部等部门应结合国家工程实验室、国家工程研究中心和国家重点实验室的建设,组织轨道交通行业的科研单位和重点企业,在实践中进一步推进和加强城市轨道交通行业的科研工作。尽管城市轨道交通是绿色交通,但仍有许多潜力可挖,如广泛采用变频技术、优化车流组织、降低车辆自重等,以实现真正意义的示范性的绿色交通。

随着城市轨道交通的迅猛发展,城市轨道交通行业在管理、技术、技能人才上都很短缺,在规划、建设、运营、经营等各环节都缺乏高素质的群体。应通过学位教育、职业教育、培训交流机制的形成,创造广泛吸引和培养高素质人才的环境和机制。要使广大公众形成对城市轨道交通行业是准公共产品、是公益性服务的共识,对建设过程中出现的扰民问题,加以理解和配合,国家也应对相应的征地、拆迁、管道改移等影响城市轨道交通建设的重要问题加以重视,合理制定相应的补偿标准和条件,利于项目建设。同时,充分发挥行业协会的作用,从学术交流、技术发展和人才培养角度,建立全国性的学会,促进全行业健康、可持续发展。

(本文作者 孙宁,摘自《中国铁路》2008 年第 4 期)

浅议中国铁路快速货物运输的发展趋势

1 我国高速铁路提速改造情况及发展

随着铁路第 6 次大提速的顺利实施,我国可以在铁路上同时运行时速 200 km 的高速旅客列车和 5000 t 的重载货物列车。

根据对运输需求和线路条件的分析,笔者认为以“四纵两横”六大干线为主的既有线中,有些线路或区段的条件较好,进行适量技术改造就可满足 200 km/h运行的需要;有些线路则可结合电化扩能、增建二线等工程,改善线路条件,使其适应 200 km/h的要求。既有线中具备提速 200 km/h条件的线路有 12 条,总计约 3290 km。第 5 次大提速时已初步具备 200 km/h的线路约为 1018 km,主要分布在京沪、京广、京沈、京九、陇海、兰新六大干线。第 6 次大提速将提速到 200 km/h的线路约为 2270 km,其中陇海线的徐郑段、胶济线和沪杭线通过电气化改造,除两端枢纽外,全部提速到 200 km/h;浙赣线通过电气化改造,除部分枢纽地区和桥梁限速外,其他路段也都提速到 200 km/h;武九线通过复线建设,也提速到 200 km/h。此外,京沪、京广、京哈(含哈尔滨—齐齐哈尔)、京九、陇海、兰新等线其他部分路段也具备提速到 200 km/h的条件。

2010 年全国铁路营业里程达到 9 万 km 以上,快速客运网总规模将达到 20000 km 以上。快速客运网的建设,必将给快速货物运输带来前所未有的生机与活力。京沪高速铁路全长 1318 km,预计 2010 年投入运营,设计时速 350 km,初期运行时速 300 km。京沪高速铁路位于中国华北和华东地区,两端连接环渤海和长江三角洲 2 个经济区域,全线纵贯北京、天津、上海三大直辖市和河北、山东、安徽、江苏四省。

2 国内外铁路货车技术的发展

2.1 国外货车技术的发展

为了提高铁路货运能力和竞争水平,货运快速化和专用化是当今世界铁路货运的发展趋势。快速货物运输以集装箱运输以及小汽车、家用电器和鲜活物品等高附加值的货物运输为主,货车速度一般为 140 ~ 160 km/h,轴重为 18 ~ 22.5 t。列车编组 20 辆左右,牵引吨位为 1400 ~ 1800 t。快运货车的关键部件是转向架。欧洲典型的货车转向架有法国的 Y25 型、Y37 型,德国的 DB-661 型、DRRS 型,英国的 TF25 型等。快捷货车技术的发展越来越客车化,欧洲已开始研究 200 km/h的轻快货车。

美国、加拿大、澳大利亚和南非等国积极发展重载运输,加大车辆轴重,提高运输效率。美国、加拿大货车绝大多数轴重为 29.8 t、32.43 t,部分货车轴重达到 35.7 t;

载重大多数为90～110 t，少量货车达120 t；编组为100～150辆，牵引吨位为15000～17500 t，速度为80～96 km/h。澳大利亚货车轴重分别为25 t、29.8 t、32.43 t、35.7 t；载重为97～98 t，少量达110～120 t；编组为192～240辆；牵引吨位为17450～29000 t；运行速度为80 km/h左右。南非煤车轴重为26 t，载重为84 t，编组为200辆，牵引吨位为20800 t，运行速度为60 km/h左右。澳大利亚正在发展轴重为40 t的矿石车。

2.2 国内货车技术的发展

中国铁路货车经历了3次大的升级换代：（1）1957年，新中国第1个自主设计的P13型棚车在齐齐哈尔的诞生和载重30 t级货车在中国的全面停产，标志着中国铁路货车实现了载重由30 t级向50 t级的第1次升级换代；（2）1976年—1978年，载重60 t C_{62A}、型敞车在齐齐哈尔的落成和载重50 t级货车在中国的全面停产，标志着中国铁路货车实现了载重由50 t级向60 t级的第2次大的升级换代；（3）2005年—2006年，C_{70}型敞车等载重70 t级货车的研制成功和载重60 t级货车在中国的全面停产，标志着中国铁路货车实现了载重由60 t级向70 t级、时速由70～80 km向120 km的第3次大的升级换代，原来的转8A型转向架逐渐被转K2型转向架所取代。

另外，我国还研制了载重80 t级的C_{80}系列运煤专用敞车，并配套研制了转K5型、转K6型货车转向架。转K6型转向架现已成为我国新一代铁路货车的主型转向架。轴重23 t、载重70 t、时速120 km、单列运载重量5000 t，标志着我国铁路货车装备实现了快速和重载并举。

3 我国快速货运及关键技术的发展经过

1998年由齐齐哈尔铁路车辆（集团）有限责任公司研制的第1代P_{65}型行包快运棚车率先拉开了中国铁路快速专列运输的序幕。该车装用转K1型、转K2型转向架，自重为25.6 t，载重为40 t，容积为135 m^3，共生产3000余辆，分别配属广州北、杭州北、丰台、永安、成都东、郑州北等9个车辆段。在广州—沈阳、上海、乌鲁木齐、成都、天津、昆明，杭州—哈尔滨、成都、乌鲁木齐、昆明、丰台，厦门—沈阳、丰台，丰台—成都、沈阳，天津—哈尔滨等16条专用线路上运行，实际最高运行速度达120 km/h。随着铁路既有货车120 km/h提速改造的完成，中国铁路货运拟在京哈线、京沪线、京九线、京广线、胶济线、浙赣线、武九线、陇海线、大秦线等九大干线进行大面积提速，商业运行速度达到120 km/h。

从20世纪90年代中期开始，铁道部就组织铁路货车制造厂和有关科研院所着手进行提速货车及相关技术的研发工作。1995年研制开发了转K1型转向架，装在早期的P65型行包快运棚车上。1997年，借鉴Y25型转向架技术，研制开发了转K3型转向架，装在X_{1K}型集装箱平车上。1998年，引进了美国交叉支撑转向架技术，研制了转K2型转向架。1999年，株洲车辆厂与美国ABC-NACO公司联合设计开发出转K4型转向架。2003年，研制开发了25 t轴重的转K5型、转K6型转向架。2004年开始，对既有货车进行换装转K2型转向架的120 km/h提速改造工作，现已完成20余万辆。

4 我国高速货车的技术研究

为了发展高速快捷货物运输，铁道部早在2000年就立项由齐车公司和株洲车辆厂分别研制160 km/h高速货车转向架。2003年齐车公司成功开发了160 km/h高速货车转向架。该转向架属于焊接构架式转向架，轴重为16.5 t。2003年10月，在西南交通大学对配装 160 km/h高速货车转向架的 P64A 型棚车进行了滚振试验，空重车最高试验速度为 270 km/h;2004 年 9 月，在北京局管内双桥—洞庙河和双桥—丰润间进行了线路动力学试验，试验最高运行速度为 181.6 km/h。试验结果表明，在 160 km/h速度范围内，各项动力学指标均满足 GB/T 5599—1985《铁道车辆动力学性能评定和试验鉴定规范》的要求。该试验速度创造了我国货车转向架正线运行速度的最高记录。

2006 年 1 月，铁道部运输局装备部在齐齐哈尔组织召开了 160 km/h集装箱平车技术研讨会。按照此次会议的精神，齐车公司开发研制了 18 t 轴重 160 km/h货车转向架。为了使该转向架能够与集装箱平车车体性能匹配，齐车公司联合科研院所对转向架的结构、参数和车体结构等进行了深入的分析，并在西南交通大学进行了多方案的滚振试验，空重车最高试验速度达 190 km/h。2007 年 1 月，160 km/h集装箱平车在铁道科学研究院环行试验线进行了空车动力学性能试验，试验最高速度为 171.2 km/h。试验结果表明，在 160 km/h速度范围内，各项动力学指标均满足 GB/T 5599—1985 的要求。160 km/h集装箱平车的空车动力学性能取得了突破。

目前，北京二七车辆厂研制的集装箱平车车体，株洲、眉山车辆厂分别开发研制的 160 km/h货车转向架，正在进行室内台架试验。

5　铁路快速货运的发展趋势

目前，客运专线的建设和既有线 200 km 改造已逐步完成，160 km/h高速货车转向架与 2×20 英尺集装箱平车匹配的研究也取得突破。同时，为了进一步增加铁路与公路、航空的竞争力，充分发挥铁路运输迅速、地区跨距大、安全可靠、运输品质高的特点，大力发展铁路快速货运通道势在必行。

高价值货物和过夜行包的快运服务可形成标准的业务。在客运非高峰期间，尤其是在夜间，旅客列车数量较少，可以利用闲置的运输能力在客运专线上开行快速货车。因此，开行速度为 160 km/h的诸如快速集装箱平车、特种行包快运车、快速邮政车等一系列轻便、快捷式货车，以满足高附加值货物运输的需要，适应发展“客车化”的快运货物列车的要求是非常必要的。

6　结束语

我国的高速货车转向架从 2000 年开始着手开发，相继研制了 16.5 t、18 t、21 t 轴重的 160 km/h货车转向架。在转向架与定距短、质量轻的 2×20 英尺集装箱平车匹配研究上取得了性能上的突破。在转向架结构细节设计上结合了高速客车转向架的运用经验，提高了零部件的疲劳可靠性。建议相关铁路货车制造工厂尽快形成生产能力，进行小批量生产，并尽快组织投入运用考验，为我国将来在高速铁路线上开行快速货运专列积累经验。

（本文作者　徐世锋、邢书明，摘自《铁道车辆》2008 年第 4 期）

2007年铁路主要指标完成情况

指　　标	单　位	2006年	2007年	±%
一、铁路运输设备				
全国铁路营业里程	公里	77083.8	77965.9	1.1
全国铁路复线里程	公里	26403.9	27030.9	2.4
全国铁路电气化里程	公里	24432.8	25456.5	4.2
全国铁路机车拥有量	台	17799	18306	2.8
其中：内燃机车	台	12148	12111	-0.3
电力机车	台	5518	6071	10.0
全国铁路客车拥有量	辆	42659	44243	3.7
全国铁路货车拥有量	辆	564899	577521	2.2
国家铁路正线60公斤钢轨里程	公里	68067.4	70799.1	4.0
国家铁路正线无缝线路里程	公里	52332.6	56355.1	7.7
国家铁路自动化驼峰	处	101	111	9.9
国家铁路半自动化驼峰	处	29	24	-17.2
国家铁路营业车站	个	5576	5544	-0.6
国家铁路自动闭塞里程	公里	25630.3	26525.9	3.5
国家铁路半自动闭塞里程	公里	39144.8	38562.9	-1.5
二、铁路运输				
全国铁路旅客发送量	万人	125656	135670	8.0
全国铁路旅客周转量	亿人公里	6622.12	7216.31	9.0
旅客平均运程	公里	527	532	0.9
全国铁路货运总发送量	万吨	288224	314237	9.0
其中：煤炭（国铁）	万吨	112034	122081	0.9
全国铁路货运总周转量	亿吨公里	21954.41	23797.00	8.4
货物平均运程	公里	762	757	-0.7
全国铁路每营运公里换算密度	万换算吨公里/公里	3707	3978	7.3
全国铁路每营运公里客运密度	万人公里/公里	859	926	7.8
全国铁路每营运公里货运密度	万吨公里/公里	2848	3052	7.2
国家铁路平均一日装车数	车	109537	116514	6.4
国家铁路平均一日运用车数	车	546698	565519	3.4
国家铁路货运机车日产量	万吨公里	114.3	120.4	5.3
国家铁路货运机车日车公里	公里	465	480	3.2
货运机车平均牵引总重	吨	3105	3193	2.8
国家铁路旅客列车旅行速度	公里/小时	65.4	68.9	5.4
国家铁路旅客列车技术速度	公里/小时	74.7	78.8	5.5
国家铁路货物列车旅行速度	公里/小时	32.1	33.2	3.4
国家铁路货物列车技术速度	公里/小时	46.2	47.6	3.0
国家铁路货车周转时间	天	4.87	4.76	-2.3

续上表

指　　　　标	单　位	2006年	2007年	±%
国家铁路内燃机车万吨公里耗油	公斤	24.3	24.6	1.2
国家铁路电力机车万吨公里耗电	千瓦时	110.0	109.5	-0.5
国家铁路运输业劳动生产率	万换算吨公里/人	182.2	198.2	8.8
三、铁路固定资产投资				
总计	亿元	2071.13	2581.37	24.6
(一) 铁路基本建设投资	亿元	1542.50	1789.99	16.0
新建铁路投产里程	公里	1657.3	743.6	-55.1
复线铁路投产里程	公里	856.0	725.7	-15.2
电气化铁路投产里程	公里	4034.5	930.6	-76.9
(二) 国家铁路更新改造投资	亿元	209.23	220.79	5.5
(三) 国家铁路机车车辆购置	亿元	319.40	570.59	78.6
四、工业生产				
新造机车	台	939	802	-14.6
其中：内燃机车	台	467	430	-7.9
电力机车	台	472	372	-21.2
新造客车	辆	1699	1409	-17.1
新造货车	辆	33976	36068	6.2
新造动车和拖车	辆	225	715	217.8
新造城轨车辆	辆	669	641	-4.2

注：除工业生产数字由中国南车集团公司和中国北车集团公司提供外，其余数据由铁道部统计中心提供。

（原载《铁道知识》2008年第3期）

索　引

使用说明

1. 本索引采用主题条目分析索引法编制。本年鉴列入索引范围的内容为设有类目、条目的相关栏目,"下属企业"栏目中只列"特色条目"。鉴于"综述"条目重叠出现,故不列入索引范围。
2. 索引款目依据现代汉语拼音音序排列,同音字依声调顺序排列。首字相同则以第二个字排列,以此类推。
3. 索引标目后的数字,表示内容所在的页码,数字后的英文字母 a、b,代表年鉴正文自左至右的栏别区域。

A

B

D

E

F

G

H

J

K

L

M

N

P

Q

R

S

T

Z

（韩长城　编）

图书在版编目（CIP）数据

中国北车年鉴．2008/中国北车年鉴编纂委员会编．－北京：中国铁道出版社，2008.11

ISBN 978－7－113－09354－9

Ⅰ．中… Ⅱ．中… Ⅲ．北车－中国－2008－年鉴 Ⅳ．F426.472－54

中国版本图书馆 CIP 数据核字（2008）第 167574 号

书　　名：《中国北车年鉴》（2008）

作　　者：中国北车年鉴编纂委员会

责任编辑：罗桂英　　**电话**：51873027

装帧设计：乔英忍　吴宏道

出版发行：中国铁道出版社（100054，北京市宣武区右安门西街 8 号）

网　　址：http://www.tdpress.com

印　　刷：大连机车研究所科技服务公司印刷厂

版　　次：2008 年 11 月第 1 版　　2008 年 11 月第 1 次印刷

开　　本：787 mm × 1092 mm　1/16　印张：23.25　插页：64　字数：535 千

印　　数：0001～1000 册

书　　号：ISBN 978－7－113－09354－9/U·2385

定　　价：200.00 元